Die Lüneburger Heide und das Hannoversche Wendland

Eine kleine Landeskunde für das ehemalige
Fürstentum Lüneburg

Impressum

Herausgeber:
Lüneburgischer Landschaftsverband e.V.

Zusammenstellung und Redaktion:
Anne Denecke und Dr. Andrea Hoffmann

Lektorat:
Benjamin C. Christ, Anne Denecke, Dr. Andrea Hoffmann, Christine Kohnke

Gestaltung:
Homann Güner Blum, Visuelle Kommunikation, Hannover

Druck und Bindung:
Westermann Druck GmbH, Zwickau

Uelzen 2010

ISBN 978-3-07-509704-5

Lüneburgischer
Landschaftsverband

Mit freundlicher Unterstützung von:

Landschaft
des Fürstentums
Lüneburg

Die Lüneburger Heide und das Hannoversche Wendland

Eine kleine Landeskunde für das ehemalige Fürstentum Lüneburg

Deutschland

Niedersachsen

Die Lüneburger Heide
und das Hannoversche Wendland

Inhalt

Grußwort

Heimatkunde, Sachkunde, Sachunterricht. Als Bezeichnungen für ein Unterrichtsfach an deutschen Grundschulen spiegeln diese drei Worte gleichsam auch in umfassenderer Hinsicht gewichtige Veränderungen wider: Veränderungen etwa der Einstellung vieler Menschen ihrem Land und ihrer Region gegenüber, vor allem aber auch gesellschaftspolitische Veränderungen.

Der Weg von der Heimatkunde hin zum Sachunterricht wurde in der Bundesrepublik Deutschland nach dem 2. Weltkrieg beschritten – in einer Zeit also, in der Werte und Normen neu definiert und immer wieder überdacht werden mussten. Diese Auseinandersetzungen haben ihren Niederschlag natürlich auch in den Lehrplänen gefunden.

Das Fach Heimatkunde gab es aber bereits in der Weimarer Republik. Später, als während der Zeit des Nationalsozialismus heimatkundliche Themen einen starken Bedeutungszuwachs erfuhren, wurde das Schulfach nationalsozialistischem Gedankengut gegenüber geöffnet. Durch diese Vereinnahmung geriet auch der Begriff »Heimat« in Misskredit und blieb nach dem Ende des 2. Weltkrieges langfristig umstritten. Dennoch blieb es auch nach 1945 zunächst bei der Bezeichnung »Heimatkunde«. Ziel des Unterrichts war es, den Kindern die eigene Lebensumwelt näher zu bringen. Hier lernten sie zum Beispiel, was Hafer von Roggen unterscheidet und in welchen größeren Fluss der kleine Bach im Ort mündet.

In den späten 1960er Jahren setzte vermehrt Kritik an den Inhalten des nicht mehr zeitgemäßen Heimatkundeunterrichts wie auch an der als nicht ausreichend empfundenen Auseinandersetzung mit der Zeit des Nationalsozialismus ein. Denn, obwohl die Menschen mobiler geworden waren und immer häufiger in Büros und Fabriken statt in der Landwirtschaft arbeiteten, wurde im Schulunterricht – oft verklärend – vor allem das bäuerlich-handwerkliche Leben vorgestellt. Mit der Reformierung des Faches wurde dann aus der Heimatkunde erst die Sachkunde, später der heutige Sachunterricht; die Unterrichtsthemen wurden dabei zunehmend alltags- und lebensnaher. Inzwischen ist der Umgang mit dem Begriff Heimat wieder offener geworden.

Nach der Grundschule finden sich heute statt des Sachunterrichtes Erdkunde, Biologie und Geschichte auf dem Stundenplan und Lehrerinnen und Lehrer sind gehalten, bei der Unterrichtsgestaltung der einzelnen Schulfächer auch weiterhin regionale Bezüge in den Lehrstoff einzubauen. Hier setzt unsere Landeskunde an. Sie soll Anregungen und Stoff für einen Unterricht bieten, in dem die eigene Lebenswirklichkeit und Umwelt als Produkt historischer Prozesse und Entscheidungen vorgestellt wird. Doch soll ihr Einsatz nicht allein auf die Schule beschränkt bleiben, sondern die Landeskunde kann auch ein handlicher Reiseführer für Jugendliche ab 12 Jahren sein, die sich selbstständig über Vergangenheit und Gegenwart ihrer Region informieren wollen.

Die Bandbreite der Themen machte die Beteiligung mehrerer Autoren erforderlich, deren jeweils eigener, unterschiedlicher Sprachstil wesentlich zur Lebendigkeit der Landeskunde beiträgt. Dabei ist nicht jeder Text immer so populärwissenschaftlich verfasst worden, dass er für Jugendliche sofort verständlich ist. In manchen Text muss man erst einmal »hineinwachsen«. So vermag unsere Landeskunde zu einem langjährigen Begleiter werden, von dem sich auch ältere Leserinnen und Leser angesprochen fühlen können.

Anstoß und Vorbild für die vorliegende Veröffentlichung war die von der Schaumburgischen Landschaft im Jahr 2003 herausgegebene Landeskunde, und daher gilt ein erster herzlicher Dank ihrem Geschäftsführer Sigmund Graf Adelmann. Über die gesamte lange Wegstrecke, die die Landeskunde bis zur Fertigstellung benötigte, wurde das Projekt von einem wissenschaftlichen Beirat fachkundig begleitet. Ein besonderer Dank gebührt dessen Mitgliedern: Dr. Karl Ermert (Direktor der Bundesakademie für kulturelle Bildung, Wolfenbüttel), Dr. Gudrun Fiedler (Leiterin des Niedersächsischen Landesarchivs – Staatsarchiv Stade), Prof. Dr. Hansjörg Küster (Institut für Geobotanik der Universität Hannover; Präsident des Niedersächsischen Heimatbundes), Dr. Johannes Prüter (Leiter der Biosphärenreservatverwaltung »Niedersächsische Elbtalaue«) und Michael Heinrich Schormann M.A. (Geschäftsführung der VGH-Stiftung). Für die erfolgreiche Planung und Umsetzung dieses Buchprojektes ist der Projektleiterin Dr. Andrea Hoffmann zu danken wie auch Christine Kohnke, die neben ihrer Tätigkeit als Autorin an Lektorat, Recherche und Bildredaktion beteiligt war. Zu danken gilt es aber auch den Mitgliedern des Lüneburgischen Landschaftsverbandes, die das Projekt mit wohlwollendem Interesse und wertvollen Hinweisen unterstützt haben. Der Klosterkammer Hannover, der VGH-Stiftung und der Landschaft des Fürstentums Lüneburg danken wir für ihr finanzielles Engagement.

Allen Leserinnen und Lesern – gleich welchen Alters – wünsche ich ein spannendes, mit zahlreichen »Aha!«-Erlebnissen verbundenes Lesevergnügen! Und all Jenen, die nicht aus dem Gebiet des ehemaligen Fürstentums Lüneburg kommen, wünschen wir, dass auch für sie unsere Landeskunde eines Tages zur Heimatkunde werden möge.

Uelzen, im Herbst 2010
Dr. Theodor Elster

»Heimat ist dort, wo mein Herz ist.«

Was verstehen Jugendliche unter Heimat?

Was ist das eigentlich – Heimat? Wie lässt sich dieses Wort mit Leben füllen, was verbindet man mit ihm? Kann es dazu eine allgemeingültige Antwort geben oder empfindet jeder »Heimat« völlig unterschiedlich? Wir haben Kinder und Jugendliche zwischen sieben und 18 Jahren gefragt, was Heimat für sie ist. Das Zuhause, der eigene Wohnort, Familie und Freunde wurden in den Antworten besonders häufig genannt. Der 15-jährige Tobias aus Stadorf beschreibt das sehr schön: **»Heimat ist dort, wo ich wohne, alles was ich kenne, so wie meine Umgebung, meine Freunde und meine Familie.«** Und Luise, eine Achtklässlerin aus Gockenholz, meint: **»Heimat ist der Ort, an dem ich Freunde und Familie habe, wo ich praktisch jeden Stock und jeden Stein kenne. Es ist der Ort, an dem ich mich geborgen fühle und mich jedes Mal freue, wenn ich dorthin zurückkehre.«**

> »Heimat sollte eigentlich das sein, wo man sich wirklich zu Hause fühlt. Meistens ist man dort auch geboren und aufgewachsen, so ist es zum Beispiel für mich. Für andere kann es auch sein, dass sie sich nicht wohl fühlen und ihre Heimat woanders finden.«
> Annika aus Ebstorf, 16 Jahre

Heimat Ein realer Ort

Heute ziehen die Menschen öfter um als früher: von der Stadt aufs Land oder umgekehrt, von den Bergen ins Flachland oder sogar in fremde Länder, deren Sprache sie erst neu lernen müssen. Sie tun das, weil sie eine neue Arbeit gefunden haben, weil sie ein freieres oder besseres Leben führen möchten oder weil es ihnen an einem anderen Ort einfach besser gefällt. Wenn sich die Welt ändert, werden für Menschen vertraute Bezugspunkte besonders wichtig. Man will sich auskennen und sich vertraut und wohl – eben zuhause fühlen.

Den Ort, an dem man das tut, nennt man gern Heimat. Aber auch, wenn man aus der vertrauten Umgebung weggezogen ist, kann man an einem anderen Ort wieder Wurzeln schlagen. So fühlen sich zum Beispiel auch viele Menschen, die nicht in Deutschland geboren wurden, in der Lüneburger Heide oder dem Wendland zuhause. Die 16-jährige Ema aus Ebstorf nennt zwei Heimaten: **»Heimat ist dort, wo man geboren ist. Ich bin in Bulgarien geboren, also ist das meine Heimat. Meine neue Heimat ist jetzt Ebstorf.«**

Heimat kann man also auch aufgeben oder verlieren und neu finden.

»Heimat ist für mich
dort, wo man die Muttersprache spricht,
dort, wo man von Anfang an lebt
und wo man sich ohne Gewalt bewegt,
an dem Ort, wo man sich geborgen fühlt,
auch dort, wo man mal das Geschirr abspült,
dort, wo meine Freunde sind
und ich noch viele neue find.

Heimat ist dort, wo mein Herz ist!«

Niklas Czymmek aus Lachendorf, 16 Jahre

Heimat wächst mit
Heimat und Lebensalter

Was man mit dem Begriff »Heimat« verbindet, verändert und erweitert sich im Laufe des Lebens. Die Vorstellung von Heimat wächst quasi mit dem Menschen und seinem eigenen Bewegungsrahmen mit. In der Grundschule ist der Blick meist noch sehr auf das nahe Umfeld gerichtet. Auch die von uns befragten Schulkinder aus der zweiten und dritten Klasse der Grundschule in Eyendorf aus dem Landkreis Harburg verbinden damit vor allem noch ihr ganz enges Umfeld. **»Meine Heimat ist bei meinen Kuscheltieren, bei den Pferden, bei meiner Mama und meinem Papa, bei meinen Schwestern und bei den Hunden.«** So sieht das die 8-jährige Cordula aus Lübberstedt.

Auch wenn Teddy oder Stoffhase noch lange auf dem Bett weiterwohnen dürfen, verlieren sie doch bald ihre bestimmende Bedeutung. Mit zunehmendem Alter wird das Bild von Heimat komplexer und räumlich größer. Neben Eltern und engsten Verwandten gehören jetzt auch Freunde dazu. Und nicht nur die unmittelbare Umgebung wird als Heimat betrachtet, sondern auch Natur und Landschaft, Tradition und Brauchtum. **»Ich verstehe unter Heimat mein Zuhause. Ich verbinde Heimat mit Geborgenheit und Sicherheit. Wenn ich an das Wort Heimat denke, denke ich an das Schützenfest, was mir sehr viel Spaß macht«**, schreibt etwa der 17-jährige Bjarne aus Ebstorf. Und sein Schulkamerad André aus Linden ergänzt: **»Wenn ich an meine Heimat denke, denke ich an Wälder, Felder, Wiesen und Landwirtschaft.«**

Heimat Der Platz im Leben

In den meisten Schülerantworten wird der Begriff »Heimat« ganz konkret mit einem bestimmten Ort verbunden. Das ist auch bei Florian, 17 Jahre, aus Hohne so: **»Für mich ist Heimat zunächst einmal der Ort, an dem man aufgewachsen ist, (...) den man mit seinen schönsten Lebenserfahrungen in Verbindung bringt (zum Beispiel das Elternhaus). Vor allem jedoch existiert Heimat für mich im Kopf. Heimat ist weder eine abstrakte Größe noch ein realer Raum ohne Bezug. Zu Heimat wird ein Ort immer erst durch die biografische Verknüpfung. Die Heimat ist dort, wo man sich wohl fühlt, wo man Freunde hat, wo man akzeptiert wird. Somit kann jeder Ort zur Heimat werden.«**

Doch verbinden sich für Florian mit dem Gefühl von Heimat vor allem Menschen, mit denen er sich besonders vertraut und wohl fühlt. Dass Heimat nicht nur ein bestimmter Ort sein muss, sondern eher den Platz im Leben meinen kann, findet sich auch in der Aussage von Tom, einem Achtklässler aus Grebshorn: **»Heimat ist dort, wo ich geborgen bin, eine Art Schutzraum. Deshalb ist Heimat nicht der Ort, an dem ich geboren bin oder der Ort, wo ich wohne. Heimat existiert in meinem Herzen. Heimat ist auch auf keiner Karte verzeichnet. Man kann sie nicht sehen, schmecken, oder riechen, nur spüren. Sie fängt dich auf, wenn du Misserfolge hast, und spornt dich an, wenn du gut bist. Wenn du Heimat hast, dann hast du also sehr viel Glück.«**

Heimat ist also Glück, Vertrautheit ... vielleicht eine Art Hafen. Von ihr ausgehend können wir uns aufmachen und die weite Welt erforschen. Denn wir wissen ja, wo wir herkommen – und wohin wir auch wieder zurückkehren können. Aus den Antworten der Schülerinnen und Schüler geht deutlich hervor: Heimat ist etwas Schönes. Sie vermittelt uns Sicherheit und Geborgenheit. Indem wir uns an einem bestimmten Ort heimisch fühlen, erwacht auch oft unsere Neugier, und wir wollen die Fremde kennenlernen. Zu wissen, wo unsere Heimat ist, wo wir »verwurzelt« sind, trägt so dazu bei, auch Unbekanntem und Neuem offen und vorurteilsfrei gegenüber zu treten. Wenn man ein Gefühl für die eigene Heimat hat, kann man auch die Ferne, die anderen Menschen Heimat ist, besser wertschätzen. Denn so wie es uns mit unserer Heimat geht, so geht es auch Menschen in anderen Ländern mit ihrer jeweiligen Heimat. In diesem Licht betrachtet hat Heimat sehr viel mit Toleranz und Weltoffenheit zu tun, auch mit Weite und Ferne.

»Wenn ich *Heimat* höre, denke ich an mein Haus, in dem ich schon ein Leben lang wohne. Ich denke an meine Familie und meine wahren Freunde. Wenn ich auf meinem Pferd sitze und durchs Gelände reite, fühle ich mich angekommen und zuhause. In Ebstorf ist in jedem Jahr das Schützenfest. Es ist eine Tradition und ich besuche es, seit ich denken kann, da mein Vater schon lange Mitglied in der Gilde ist. Meine Familie hält fest zusammen und wir führen ein idyllisches Leben in unserem schönen Haus. Das ist Heimat für mich. Dort werde ich immer und immer wieder zurückkehren.«
Frank aus Ebstorf, 16 Jahre

Natur
und Landschaft

Hansjörg Küster   Unser Lebensraum
im Lauf der Zeit

Hansjörg Küster

Natur und Landschaft
Unser Lebensraum im Lauf der Zeit

Wie man Natur und Landschaft beschreibt

An jedem Ort kann man eine Liste zusammenstellen, die alles enthält, was zu Natur und Landschaft gehört: Tiere und Pflanzen, Steine, Sandkörner, Wasser, Himmel, Sonne, Mond und Sterne. Oder man überlässt diese Beschreibung den einzelnen Wissenschaftlern: Geologen befassen sich nur mit den Steinen, Botaniker mit den Pflanzen, Zoologen mit den Tieren.

Hier soll die Geschichte von Natur und Landschaft so erzählt werden, dass Zusammenhänge klar werden – zwischen den Steinen und dem Klima, zwischen Tieren und Pflanzen; und es soll berichtet werden, wie der Mensch auf die Entwicklung von Natur und Landschaft Einfluss nahm. Alles, was in dieser Geschichte erzählt wird, kann man heute in der *Lüneburger Heide* sehen, im Land zwischen den Flüssen **Elbe** und **Aller**.

nur 169 m

Wilseder Berg

Sand und Steine

In der Lüneburger Heide gibt es Sand und Steine, aber keine Felsen. Wenn man den **Wilseder Berg** besteigt, kann man aus der Puste kommen, denn man muss ein ganzes Stück steigen. Aber diese **höchste Erhebung Nordwestdeutschlands** ist doch »nur« 169 Meter hoch. Die Berge im Harz und in den Alpen sind erheblich höher, und sie haben steil aufragende Felsen mit Schluchten dazwischen. Um die Hügel des Heidelandes fließen Bäche und Flüsse aber langsam dahin, und man muss an den meisten Orten sehr tief bohren, um endlich auf kompaktes Gestein zu stoßen. Auch in großer Tiefe finden sich – genauso wie an der Oberfläche des Landes – nur lose Steine, Sand und feiner Ton. So ein Land gibt es nur ein einziges Mal auf der Welt, nur im Norddeutschen Tiefland. Manchmal wird es *Norddeutsche Tiefebene* genannt. Aber das ist nicht richtig, denn völlig eben oder platt ist das Land nicht; es gibt durchaus Hügel und Täler. Nur sind die Erhebungen weniger hoch als anderswo, und sie bestehen nicht wie anderswo aus festem Gestein, sondern aus lockeren Ablagerungen, Steinen und Sandkörnern. Sie wurden in der Eiszeit von riesigen Gletschern aus dem Norden Europas hierher gebracht; dazu später mehr.

Sinkendes Land

Unsere Erde hat eine lange Geschichte hinter sich. Einzelne Landschollen wurden gepresst, gefaltet und in die Höhe gehoben. So entstanden hohe Gebirge. Andere Teile der Erdoberfläche versanken im Untergrund. In solche tiefe Senken drang das Wasser der Meere vor. Der Harz und weitere Mittelgebirge wurden ebenso in die Höhe gehoben wie das Bergland in Norwegen und Schweden. Zwischen diesen Gebirgen brach schon vor Urzeiten das Land ein, und es entstand eine Senke, ein Meeresarm. Aber es herrschte ein heißes und trockenes Klima; Meerwasser verdunstete, und Salz blieb zurück. Später bildeten sich Wüsten, und Sand blieb liegen. Dann sank die Landoberfläche erneut, und wieder wurde sie vom Meer überflutet. Im Wasser lebten zahlreiche Pflanzen und Tiere mit Kalkpanzern, zum Beispiel Muscheln. Wenn die Lebewesen abstarben, sanken die Kalkschalen an den Meeresgrund. Dort setzten sich mit der Zeit dicke Kalk- und Kreideschichten ab, die aus den Resten von Meereslebewesen bestehen. Große Mengen an toten Algen, darunter auch Tang, wurden in stille Meeresbuchten getrieben. Sandschichten legten sich über die Algenreste und pressten sie zusammen. Wenn dieser Druck sehr lange anhielt, bildete sich durch vielfältige chemische Vorgänge **Erdöl**.

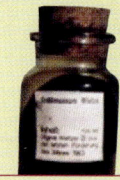

Erdölprobe
Erdöl ist eine zähflüssige Substanz. In der Raffinerie stellt man daraus z.B. Benzin und Heizöl her.

Im Lauf der Jahrmillionen sammelten sich immer dickere Pakete von Ablagerungen an, so dass das Meer verlandete. Aber immer wieder sank das Land zwischen dem Harz und Skandinavien ab und wurde erneut überflutet. Die Schichten aus der Urzeit wurden von immer neuen jüngeren Ablagerungen überdeckt. Sie gelangten im Verlauf von Jahrmillionen schließlich in Tiefen von mehreren tausend Metern. Sie wurden dabei so zusammengepresst, dass festes Gestein entstand.

Salzstock, Salzdom und Salzhut

SPURENSUCHE

Erdölmuseum Wietze
und Salzmuseum
Lüneburg

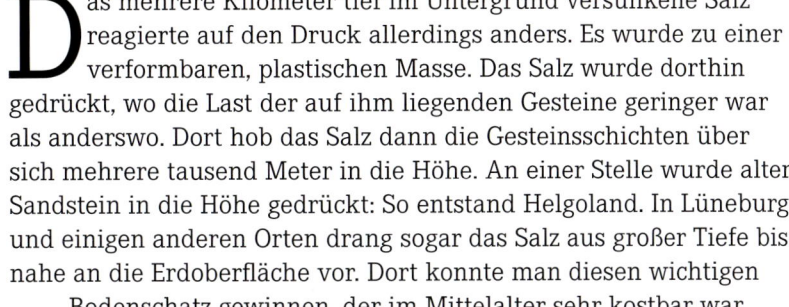

D as mehrere Kilometer tief im Untergrund versunkene Salz reagierte auf den Druck allerdings anders. Es wurde zu einer verformbaren, plastischen Masse. Das Salz wurde dorthin gedrückt, wo die Last der auf ihm liegenden Gesteine geringer war als anderswo. Dort hob das Salz dann die Gesteinsschichten über sich mehrere tausend Meter in die Höhe. An einer Stelle wurde alter Sandstein in die Höhe gedrückt: So entstand Helgoland. In Lüneburg und einigen anderen Orten drang sogar das Salz aus großer Tiefe bis nahe an die Erdoberfläche vor. Dort konnte man diesen wichtigen Bodenschatz gewinnen, der im Mittelalter sehr kostbar war, weil er selten vorkam: **Salz** war das »weiße Gold«. Man benutzte es zum Haltbarmachen von Lebensmitteln. An anderen Orten drückte das Salz Erdöl führende Schichten in die Höhe. Dort gewinnt man Erdöl oder auch Erdgas. Ab dem 19. Jahrhundert entwickelte sich auch auf dem Gebiet des ehemaligen Fürstentums Erdölindustrie, deren Spuren man noch heute sehen kann. Eine Stelle, an der Salz die Gesteinsschichten über sich in die Höhe drückte, nennt man **Salzstock** oder **Salzdom**. Die feste Gesteinsschicht über der Salzlage, die nicht vom Wasser aufgelöst wurde, ist ein **Salzhut**. Und wenn sich Geologen mit dem Vorgang der Pressungen und Gesteinsbewegungen durch Salz im Untergrund befassen, sprechen sie von Salztektonik. In Lüneburg besteht der Salzhut aus Gips, auf Helgoland vor allem aus Buntsandstein.

Salzdom

Schema eines Salzstocks oder Salzdomes, der mehrere geologische Schichten durchbrechen konnte. Über dem Salz liegt Deckgips (kreuzschraffiert; nach K. Gripp aus C. Schott, Die Naturlandschaften, in G. Schwantes, Geschichte Schleswig Holsteins 1: Die Urgeschichte. Neumünster 1958).

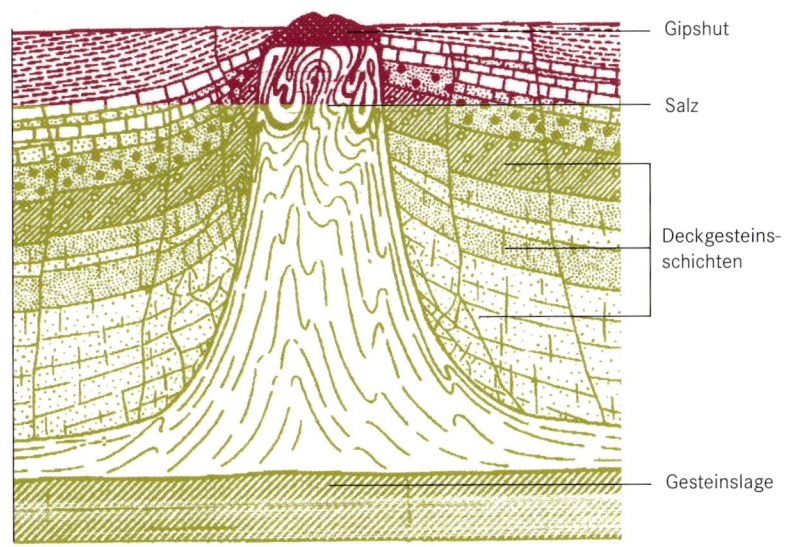

Gipshut

Salz

Deckgesteinsschichten

Gesteinslage

Lüneburger Kalkberg

Salzstock, Salzdom und Salzhut

Lüneburg + Helgoland

Fantastischer Ausflug zu den Inseln »Lüneland« und Helgoland

Nicht alle Salzstöcke reichen bis an die Erdoberfläche. An ihre Bodenschätze kommt man aber durch Bohrungen oder Bergwerksschächte heran. Oder Wasser löste das Salz und tritt an salzigen Quellen aus. In der Heide gibt es viele Ortsnamen, die auf Salz Bezug nehmen: Salzhausen, Soltau, Sottorf, Soderstorf, Soltendieck. In manchen Ortsnamen steckt auch das Wort Sole, das in Wasser gelöstes Salz (also eigentlich Salzbrühe) bedeutet.

Der **Lüneburger Kalkberg**, der eigentlich »Gipsberg« heißen müsste, weil er aus Gips besteht, wäre eigentlich eine einsame Insel inmitten eines flachen Meeres, so wie Helgoland. Man würde dann heute von einer Hafenstadt bei Hannover oder Braunschweig aus mit dem Seebäderschiff übers Meer nach Lüneburg fahren. Diese Insel würde vielleicht »Lüneland« heißen. Wer dann noch einen weiteren Tag auf See verbringen möchte, könnte weiter nach Helgoland fahren, das dann viel weiter von der Küste entfernt läge als heute. Wenn die Geschichte der Erde nicht seltsam anders verlaufen wäre ...

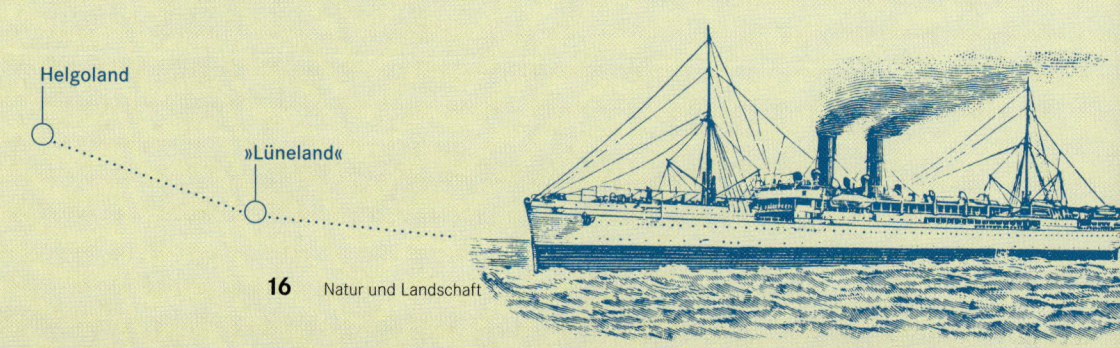

Helgoland

»Lüneland«

Die Eiszeiten

In den letzten zwei Millionen Jahren gab es mehrere Perioden, in denen es durchschnittlich etwa zehn Grad kälter war als heute: In den Eiszeiten bildeten sich große Eispanzer auf der Erde, unter anderem über Nordeuropa. In jedem Winter fiel eine Menge Schnee, und die Sommer waren so kurz, dass Schnee und Eis

nicht vollständig tauten. Jedes Jahr wurde die Eisdecke mächtiger. Schließlich kam sie ins Rutschen, herunter von den skandinavischen Gebirgen und hinein in die Meeressenke südlich davon. Das scharfkantige Eis mit seinem gewaltigen Gewicht hobelte ganze Berge ab und schuf tiefe Fjorde. Das Gestein wurde mitgerissen und in den Eismassen zertrümmert. Aus kantigen Felsbrocken wurden abgerundete Steine, oder sie wurden sogar zu Sand zermahlen. Die **Gletscher** breiteten sich Hunderte von Kilometern nach Süden aus. An ihrer Frontlinie schoben sie große Schuttmassen vor sich her, wie eine Planierraupe. Wo das Eis schließlich zum Halten kam, blieb ein Schuttwall aus Gesteinsbrocken und Sand liegen. Die Geologen nennen so einen Wall **Endmoräne**.

So kalt es auch immer war: Im Sommer taute dennoch ein Teil des Eises. Schmelzwasser sickerte von der Gletscheroberfläche an dessen Grund und sammelte sich in Seen und Bächen unter dem Gletscher. In den Seen lagerte sich feiner Ton ab, der sogenannte Beckenton.

Gletscher

Gletscher sind die größten Süßwasserspeicher der Welt und nach den Ozeanen die größten Wasserspeicher der Erde überhaupt. Sie bedecken in den Polargebieten große Teile der Landflächen. Daher sind Gletscher auch bedeutend als Wasserzulieferer für viele Flusssysteme und haben entscheidenden Einfluss auf das Weltklima.

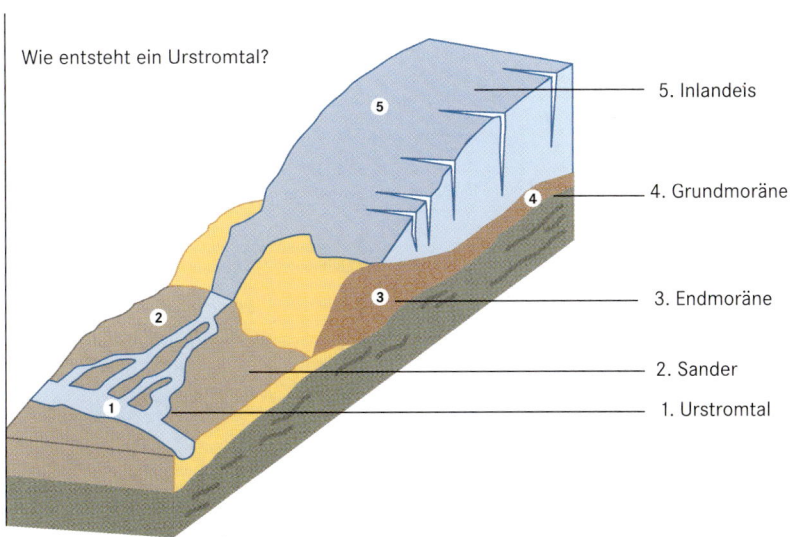

Wie entsteht ein Urstromtal?

5. Inlandeis
4. Grundmoräne
3. Endmoräne
2. Sander
1. Urstromtal

Im fließenden Wasser, das unter dem Gletscher in Eistunneln verlief, wurden feine Schuttbestandteile aus dem Gletscher mitgerissen, vor allem Sand und feiner Ton, auch kleinere Steine. Die Bäche formten talähnliche Gebilde unter dem Eis, die sogenannten **Tunneltäler**. An der Gletscherfront traten die Bäche durch Gletschertore an die Oberfläche, und sie durchbrachen die Endmoränen. Ihre Strömung ließ nach. Steine und Sand blieben liegen, daraus wurde eine sogenannte **Sanderfläche**.

Die Bäche mündeten in breite Schmelzwasserflüsse, die parallel zu den Endmoränen verliefen. Die Flüsse waren bis zu zehn Kilometer breit. Man nennt sie Urströme und die Täler, die von ihnen geformt wurden, **Urstromtäler**. Dort floss das Wasser nach Westen ab, aber so träge, dass zuerst die von den Bächen mitgebrachten Steine und Steinchen, die noch nicht auf dem Sander abgelagert worden waren, im Flussbett liegen blieben. Es entstanden **Kiesinseln**. Auch der Sand war zu schwer, um vom Wasser weiter transportiert zu werden. Es bildeten sich **Sandinseln**, und manchenorts setzten sich sogar feine tonige Teilchen ab. Im Winter, wenn kein Eis schmolz, trocknete das Flussbett aus. Eisige Winde verwehten nicht nur den Schnee, sondern auch Sand und Ton aus dem Flussbett. Der Sand flog nicht weit. Er blieb gleich am Rand des Flusstals liegen; dort bildeten sich **Dünen**. Der feine Ton wurde weiter getragen, beispielsweise an den Rand der Mittelgebirge. Dort wurde er als feiner Löss abgelagert, auf dem später die fruchtbaren Böden der *Börde* entstanden.

Geologische Folgen

Als ausgesprochen dünenreich gelten Sander und trockene Urstromtäler. Bekannte dünenreiche Landschaften sind unter anderem die Ränder und Täler von Elbe und Aller, die **Lüneburger Heide** *und das* **südliche Brandenburg.**

Binnendüne

Binnendüne unter Kiefernforst im Urstromtal der Aller bei Winsen (Aller)

Börde

Eine Börde ist eine fruchtbare Ebene. Börden finden sich vor allem am Nordrand der Mittelgebirge.

Sand

Nach Tausenden von Jahren mit kaltem Klima folgten wärmere Perioden, **Eiszeiten** wechselten sich mit **Warmzeiten** ab. Immer wieder drangen die Gletscher nach Süden vor, und immer wieder schmolzen sie ab. Dabei füllte sich der Südteil des Meeresbeckens zwischen Norddeutschland und Skandinavien allmählich mit Gletscherschutt aus dem Norden.

Die Gletscher drangen nicht immer gleich weit nach Süden vor. Ältere Endmoränen wurden bei jüngeren Vorstößen der Gletscher überfahren und beseitigt. Von vielen Eisvorstößen blieben daher keine Spuren zurück. Man weiß nicht, wie viele Eiszeiten es gegeben hat; nur von wenigen kennt man die Spuren. Die Geologen haben sie nach Flüssen benannt: Elster, Saale, Weichsel. In der Elstereiszeit drangen Gletscher bis an den Rand der Mittelgebirge vor, auch in einer frühen Phase der Saaleeiszeit dehnte sich die Eisfläche über der ganzen Senke des nördlichen Mitteleuropas aus, so dass man trockenen Fußes, aber über das Eis hinweg, vom Harz bis ins norwegische Gebirge gelangen konnte.

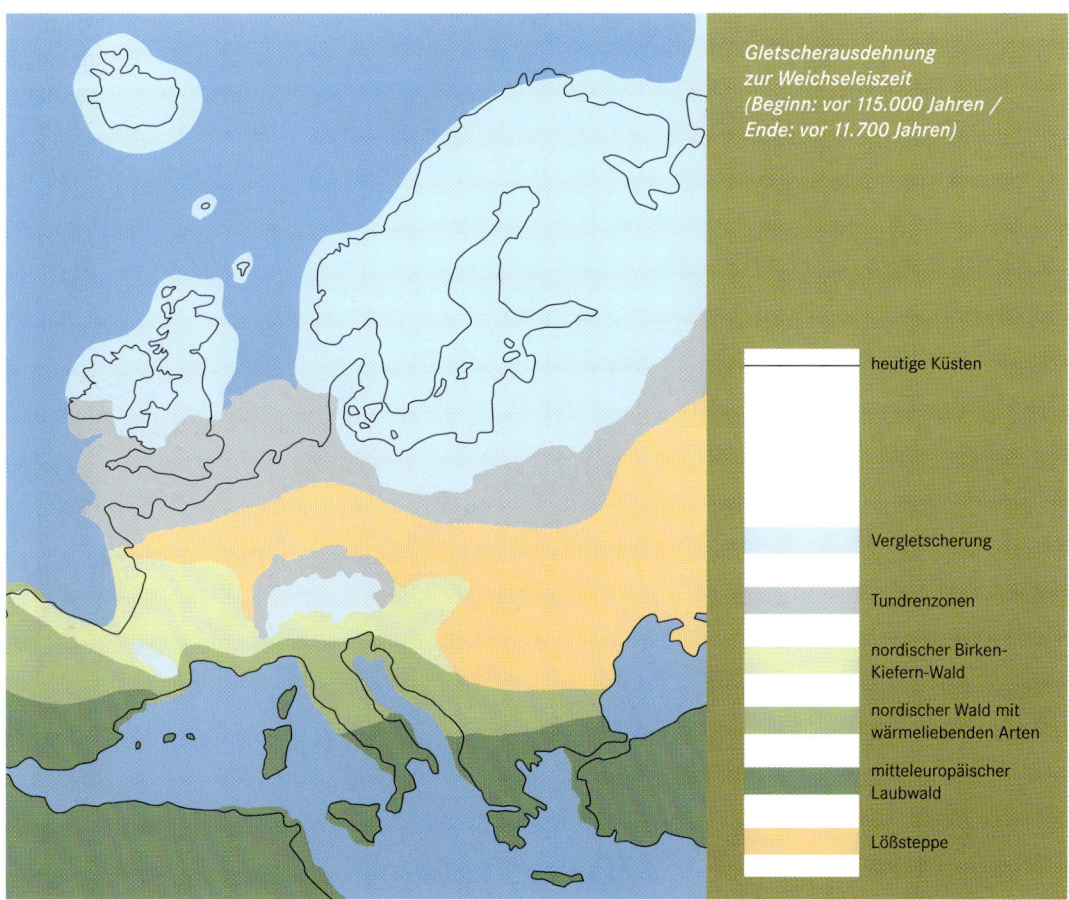

Gletscherausdehnung zur Weichseleiszeit
(Beginn: vor 115.000 Jahren / Ende: vor 11.700 Jahren)

heutige Küsten

Vergletscherung

Tundrenzonen

nordischer Birken-Kiefern-Wald

nordischer Wald mit wärmeliebenden Arten

mitteleuropäischer Laubwald

Lößsteppe

Moränen

(frz.: moraine »Geröll«) sind die Gesamtheit des vom Gletscher transportierten Gesteinsmaterials, im speziellen die Schuttablagerungen, die von Gletschern bei ihrer Bewegung mitbewegt oder aufgehäuft werden, sowie die im Gelände erkennbaren Formationen.

Dann aber verlagerte sich die Stoßrichtung der Gletscher. Das Eis kam nicht mehr auf direktem Weg aus dem Norden in den Süden, sondern rutschte von den skandinavischen Gebirgen zunächst nach Osten herunter. Warum dies geschah, wissen wir nicht. Der Gletscher bewegte sich dann nach Süden und schürfte ein besonders tiefes Becken aus, aus dem später die Ostsee hervorging. Vor der Gletscherstirn entstand eine bogenförmig verlaufende Endmoräne, die das Aussehen des nördlichen Mitteleuropas entscheidend prägte. Zu ihr gehört die Halbinsel Jütland, die seitdem Nord- und Ostsee voneinander trennt. Auch die weit aufragenden **Moränen** der Harburger Berge, der Hohen Heide, des Drawehns und der Altmark entstanden bei diesem Eisvorstoß in der zweiten Hälfte der Saaleeiszeit. In den Moränen findet man sehr verschiedene Steine. Sie stammen aus allen Gegenden, die vom Gletscher durchzogen worden waren: aus Ostschweden, von den finnischen und schwedischen Inseln, aus Finnland und dem Baltikum.

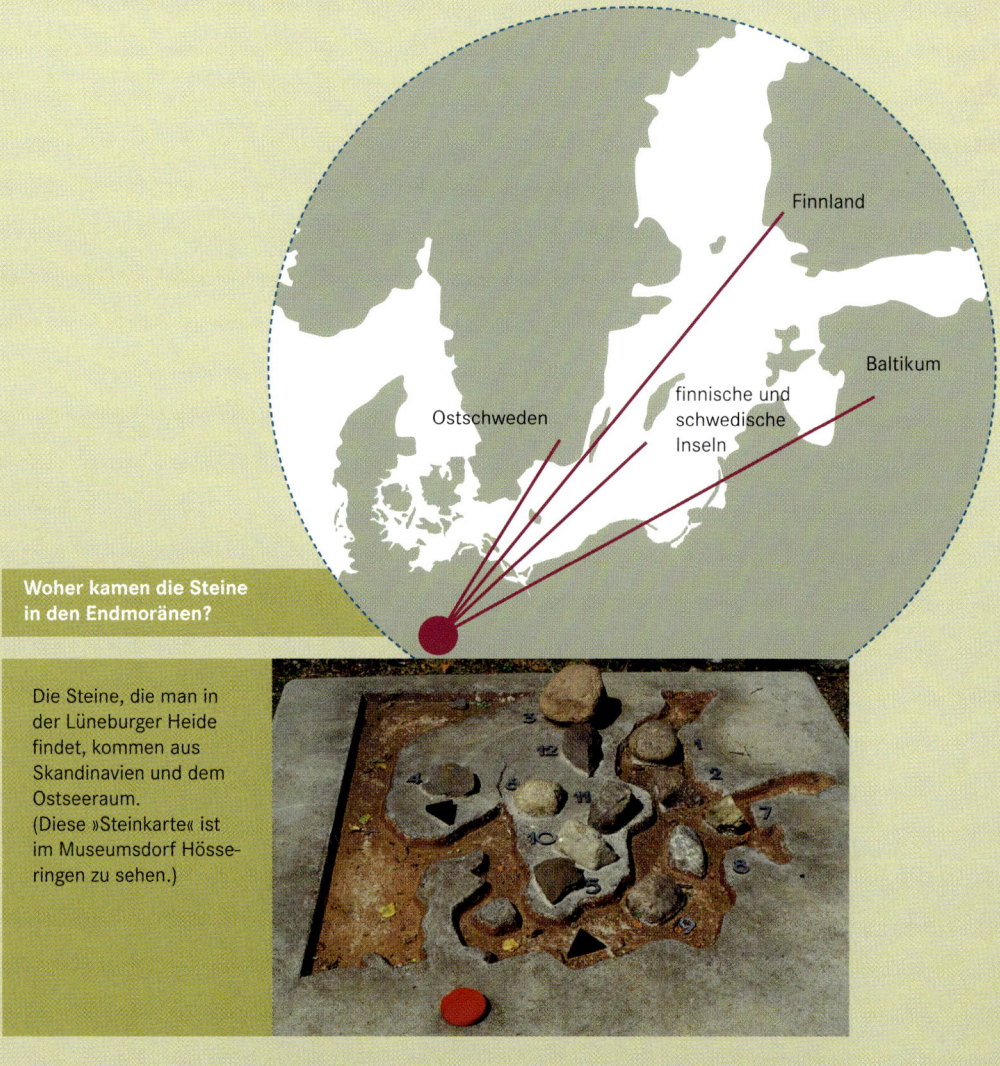

Finnland

Baltikum

Ostschweden

finnische und schwedische Inseln

Woher kamen die Steine in den Endmoränen?

Die Steine, die man in der Lüneburger Heide findet, kommen aus Skandinavien und dem Ostseeraum.
(Diese »Steinkarte« ist im Museumsdorf Hösseringen zu sehen.)

Der Untergrund des Giebelmoores besteht aus einer eiszeitlich entstandenen Senke. Mineralischer Untergrund sind Talsande der Saaleeiszeit.

Bruchwald im Giebelmoor (Drömling)

Die Eiszeiten

SPURENSUCHE

Der Naturpark Drömling erstreckt sich bis nach Sachsen-Anhalt.

Moos wächst in Wald und Moor.

Vor der Endmoräne lag ein breites Urstromtal, das man heute noch gut erkennen kann. Oberhalb von Magdeburg wurde es von der Elbe durchflossen. Im Urstromtal fließt auch die bei Gifhorn entspringende Ohre zur Elbe. Weiter westlich entstand nach dem Ende der Eiszeit eine Wasserscheide, wo das Wasser nur sehr langsam abfließt. Dort bildete sich der **Drömling**, ein ausgedehntes *Moorgebiet* östlich von Wolfsburg. Weiter im Westen gibt es wieder ein Fließgewässer im Urstromtal, die Aller. Sie ist viel schmaler als der frühere Urstrom. Nur ein kleiner Teil des eiszeitlichen Tales wird von dem Flüsschen eingenommen. Große andere Teile der Senke sind aber noch immer sumpfig. Und an den Rändern des Tales gibt es große Dünenfelder.

Noch einmal stießen die Gletscher in den Süden vor, mit einer ähnlichen Stoßrichtung wie in der späten Saaleeiszeit. In der Weichseleiszeit, die vor 18.000 Jahren zu Ende ging, häufte das Eis eine weitere markante Endmoräne auf: im östlichen Jütland und Schleswig-Holstein sowie in Mecklenburg. Auch in der Weichseleiszeit entstand ein Urstromtal. In ihm fließt heute die Elbe zur Nordsee. Und sogar dieser große Strom hat nicht genug Wasser, um die ganze Talniederung einzunehmen. Vor allem deren Randbereiche, die in den Sommermonaten des Eiszeitalters durchströmt wurden, sind heute *sumpfig oder moorig*: große Teile des Wendlandes und der Winsener Elbmarsch.

Urstromtal

Elbe

Marsch: Grünland, z.T. sumpfig

Hier lagerte die Elbe bei Hochwasser Sand und Ton ab. Daraus wurden Uferwälle.

Die Eiszeiten

Gletscher der Weichseleiszeit drangen also nicht mehr bis ins Gebiet südwestlich der Elbe vor. Aber das kalte Klima im Gletschervorfeld formte das Land zwischen Elbe und Aller weiter. Von den kalten Gletschern her wehten beständig starke Winde nach Südosten. Sie verfrachteten **Sand** in die Randgebiete des Elbe-Urstromtales; weiteren feinen **Ton** trugen sie an den Mittelgebirgsrand. Feine fruchtbare Gesteinsbestandteile überzogen schließlich auch einige Bereiche des zuvor von Gletschern geformten Landes, beispielsweise im **Uelzener Becken**, wo die Böden fruchtbarer sind als andernorts in der Heide.

Weil es damals so **kalt in Norddeutschland** war, wuchsen nur an wenigen Stellen *Gräser und Kräuter*, aber keine Bäume. Die kalten Winde, das Regen- und Schmelzwasser trugen vielerorts die Oberflächen der Sandhügel ab. Ihre Oberflächen wurden sanfter. Fruchtbare Bodenbestandteile wurden ausgewaschen. Das Wasser, das heute aus dem Sand heraus fließt, enthält kaum noch feine mineralische Bestandteile; es ist daher sehr klar.

Findling

*Der Bickelstein
(im Raum Wolfsburg-
Gifhorn) ist ein 2,5 Meter
langer und 1,2 Meter
hoher eiszeitlicher
Findling aus rötlichem
Granit. Er hat in der
frühen Neuzeit als
Grenzstein gedient.*

Lauenburger Ton

*... heißt so, nach der
Stadt Lauenburg an der
Elbe. Er wird seit langem
von Ziegeleien in z.T.
tiefen Gruben abgebaut,
weil er hervorragend zur
Herstellung von Ziegeln
geeignet ist. Wenn der
gewonnene **Ton** besonders
rein ist, muss er mit
Sand gemagert (gemischt)
werden.*

In den Sand sind Steine eingebettet, die »**Findlinge**«. Früher konnte man sich nicht erklären, wie sie in die Heide gekommen waren, daher waren sie eben »Findlinge«, die man zwischen dem Sand »finden« konnte. Erst seit dem 19. Jahrhundert weiß man, dass sie vom Eis aus Skandinavien nach Süden gebracht worden waren. Weil es kein festes Gestein gibt, sind Findlinge oder Feldsteine seit langer Zeit ein begehrtes Baumaterial. Weitere Bausteine muss man »backen«: Man kann den feinen Ton, der sich am Grund der Seen unter dem Eis gebildet hatte, abbauen und daraus Ziegel- oder Backsteine herstellen. Ein sehr gutes Material zum Ziegelbrennen nennt man *Lauenburger Ton* – nach der Stadt an der Elbe. Häuser in Regionen, die auf festem Gestein liegen, bestehen aus richtigen Mauersteinen. Man konnte die Steine in Steinbrüchen abbauen und musste sie nicht weit transportieren. In Norddeutschland aber ist alles ganz anders: Dort baut man Häuser aus Feld- und Ziegelsteinen.

Große Bedeutung haben Tonlagerstätten, die auch Kalk enthalten. Kalkhaltiger Ton ist der Mergel, den man vielerorts abbaute, um Felder damit zu düngen. Nur dann, wenn man Felder mergelt, können andere Formen von Dünger ihre volle Wirkung entfalten.

St. Marienkirche in Eldingen
aus Feldsteinen gebaut

Backsteinfassaden in Lüneburg

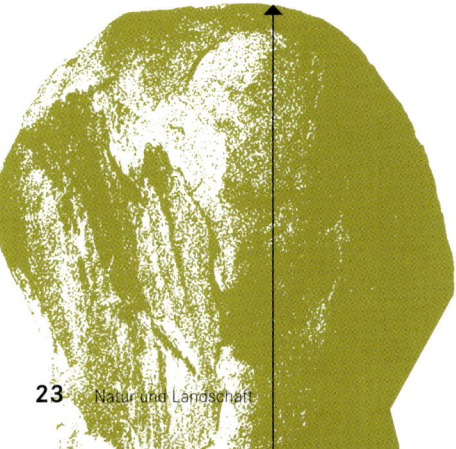

Ein Findling ist ein einzeln liegender
sehr großer Stein, der durch Gletscher
während der Eiszeiten in seine heutige
Lage transportiert wurde.
Der größte bekannte Findling ist der
Big Rock in Kanada. (15.000 t Gewicht,
41 m Länge, 18 m Breite, 9 m Höhe)

Wälder entstehen

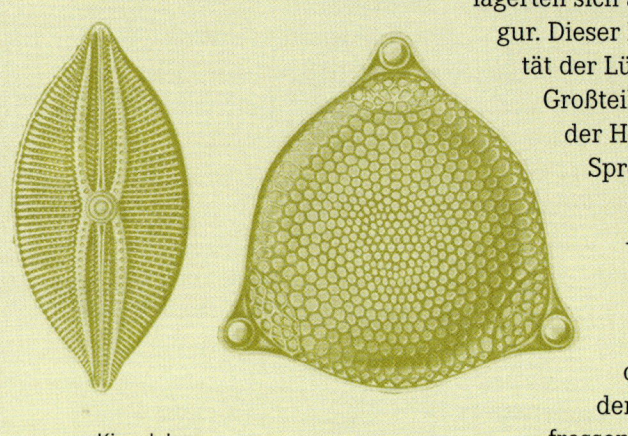

In den warmen Phasen des Eiszeitalters schmolzen die Gletscher ab, und Wälder breiteten sich aus. Damals gab es auch Seen in der Lüneburger Heide. In ihnen lebten unter anderem mikroskopisch kleine *Kieselalgen* oder *Diatomeen*. Deren harte Schalen lagerten sich am Seegrund ab – als sogenannte Kieselgur. Dieser Rohstoff war eine ganz besondere Spezialität der Lüneburger Heide. Zeitweise kam der Großteil der weltweit abgebauten Kieselgur aus der Heide: Man brauchte ihn zur Herstellung von Sprengstoff und von speziellen Filtern.

Als die letzte Eiszeit zu Ende ging, breiteten sich zunächst die Gräser und Kräuter aus, die auch während der Eiszeit im Land vorgekommen waren. Wir wissen das durch die Untersuchung von Blütenstaub, der in Mooren abgelagert wurde. Große Gras fressende Säugetiere, vor allem **Rentiere**, fanden am Ende der Eiszeit reichlich Nahrung. Rentiere zerstören mit ihren spitzen Hufen die Vegetationsdecke und hinterlassen lauter kleine Löcher im Boden. Sie können daher niemals lange an einem Ort bleiben, sondern brauchen immer wieder neue Weidegründe und legen im Jahreslauf weite Wanderwege zurück. Nach der letzten Eiszeit zogen sie durch unsere Gegend nach Norden; sie überquerten die Elbe bei Hamburg und suchten für einige Monate die fetten Weiden an der Ostsee auf, die erst kurz vorher vom Eis befreit worden waren, bevor sie, getrieben von der Winterkälte, in den wärmeren Süden zurückkehrten.

Kieselalgen

SPURENSUCHE

Kieselgur-Lehrpfad und Erlebnis-Ausstellung im Albert-König-Museum Unterlüß

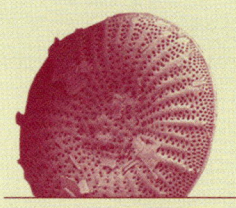

Kieselalgen oder Diatomeen kommen hauptsächlich im Meer und in Süßgewässern vor. Sie zeigen sehr genau die Gewässerqualität an.

Rentier

Weidegründe im Norden

Weidegründe im Süden

Museen der Region zeigen Pfeilspitzen – vor allem aus dem hier vorkommenden Feuerstein –, mit denen Menschen schon vor Jahrtausenden Rentiere und Elche jagten, und andere Gegenstände aus der regionalen Vor- und Frühgeschichte: Archäologisches Zentrum Hitzacker, Römstedt-Haus in Bergen, Bomann-Museum Celle. Auch: Museum Amelinghausen, Museum für das Fürstentum Lüneburg. Der Elch von Weitsche ist in der Urgeschichts-Abteilung des Landesmuseums Hannover zu sehen.

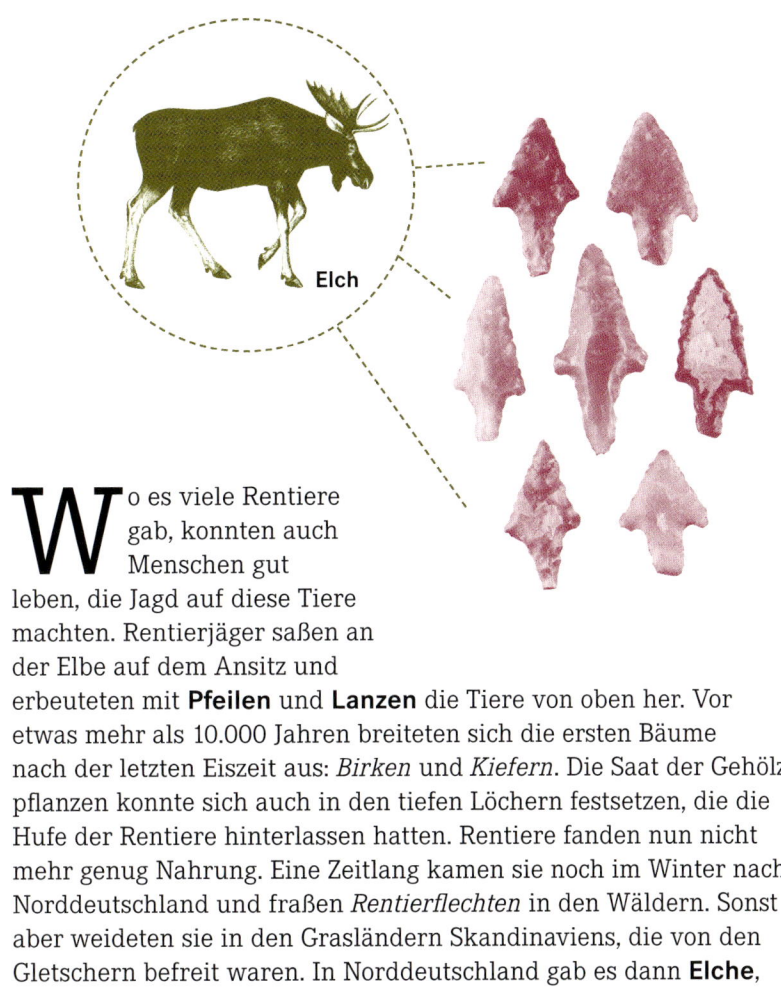

Elch

W o es viele Rentiere gab, konnten auch Menschen gut leben, die Jagd auf diese Tiere machten. Rentierjäger saßen an der Elbe auf dem Ansitz und erbeuteten mit **Pfeilen** und **Lanzen** die Tiere von oben her. Vor etwas mehr als 10.000 Jahren breiteten sich die ersten Bäume nach der letzten Eiszeit aus: *Birken* und *Kiefern*. Die Saat der Gehölzpflanzen konnte sich auch in den tiefen Löchern festsetzen, die die Hufe der Rentiere hinterlassen hatten. Rentiere fanden nun nicht mehr genug Nahrung. Eine Zeitlang kamen sie noch im Winter nach Norddeutschland und fraßen *Rentierflechten* in den Wäldern. Sonst aber weideten sie in den Grasländern Skandinaviens, die von den Gletschern befreit waren. In Norddeutschland gab es dann **Elche**, die in lichten Gehölzen Knospen und Laub fraßen. Einer der bemerkenswertesten archäologischen Funde der letzten Jahre, der aus Bernstein gefertigte Elch, den man bei Weitsche im Wendland entdeckte, beweist, dass die Menschen in der Zeit, als sich die ersten Gehölze bildeten, Elche erbeuteten.

Birken　　　*Kiefern*　　　*Rentierflechte*

Als die Wälder noch dichter wurden, fanden wohl auch die Elche nicht mehr genug Nahrung. Immer seltener trafen die Jäger auf geeignete Jagdbeute. Sie mussten sich entscheiden: Entweder zogen sie dorthin, wo man noch Jagd auf große Säugetiere machen konnte, also nach Skandinavien. Oder sie blieben im Land, mussten dann aber ihre Jagdmethoden umstellen. Im dichten Wald lebten nur wenige Tiere, die man erbeuten konnte. Rehe und Wildschweine fanden damals kein Auskommen in Mitteleuropa, denn sie leben nicht nur im Wald, sondern auch auf großen Lichtungen, die viel später erst von Menschen geschaffen wurden.

In der völlig bewaldeten Gegend gelang es den Menschen noch am besten, am Wasser zu überleben, beispielsweise auf den Dünen am Rand des Aller- und Elbetals: Dort konnten sie in der Nähe ihrer Wohnplätze *Fische* fangen und Jagd auf *Wasservögel* machen. Dennoch waren die Lebensbedingungen für die Menschen nicht einfach. Sie suchten ständig nach zusätzlichen Nahrungsquellen. Vor etwa 9.000 Jahren begannen die Menschen vielerorts damit, Haselnüsse in den Boden zu stecken, also gewissermaßen Haselbüsche anzubauen. So konnten sie im Herbst **Haselnüsse** sammeln oder ernten, eine willkommene zusätzliche Nahrung.

Prähistorische Höhlenzeichnungen, wie sie vor allem in Frankreich gefunden wurden, dokumentieren die Jagd mit Pfeil und Bogen.

Bachforelle

Flussperlmuscheln

Wälder entstehen

In den folgenden Jahrhunderten breiteten sich *Eichen* aus, auf fruchtbaren Böden auch Linden, Ulmen und Eschen. Die Kiefer hielt sich nur an ganz trockenen, unfruchtbaren Stellen, beispielsweise auf Dünen. Die Wälder wurden immer dichter. Moospolster überzogen den Boden. Zwischen den feinen *Moosblättchen* blieb Regenwasser lange haften. Ganz allmählich erst wurde es an die Bäche abgegeben. Das Wasser der Heidebäche und -flüsse, der Luhe, Ilmenau, Ise, Lachte, Böhme, Meiße, Wümme, Oste, Este und wie sie alle heißen, war besonders klar. Feine mineralische Stoffe aus den Böden waren in der Eiszeit bereits ausgewaschen worden, und beim Rieseln durch den Heidesand wurde das Wasser weiter gereinigt, ehe es aus den Quellen austrat. Im klaren Wasser der Heidebäche leben *Bachforellen*. In ihren Kiemen können die winzigen Jugendformen von *Flussperlmuscheln* heranwachsen. Sie graben sich später am sandigen Bachgrund ein und bilden ihre harten Schalen – und manchmal die wunderbaren Perlen.

Im Lauf der Zeit entstanden weite *Bachschlingen* in den breiten Tälern. Gelegentlich traten die Bäche über die Ufer. Dann setzten sie am äußersten Flutsaum Wälle aus Sand ab. Sie sind allerdings so flach, dass man sie im Gelände kaum sehen kann. Hinter ihnen kann das Regen- und Sickerwasser schlecht abfließen. Daher bildeten sich am Rand der Täler Sümpfe und Moore.

Bach

Sand

Moor

Die »Bullenkuhle«, ein Moor in der Lüneburger Heide, liegt etwa 15 Kilometer südlich der Stadt Uelzen.

Torfmoos

Glockenheide

Sonnentau

Moor und Torf

Die Pflanzen in den Mooren werden, wenn sie im Herbst absterben, nicht vollständig zersetzt. Denn sie sind von Wasser bedeckt, und Kleinlebewesen, die normalerweise pflanzliche Substanz abbauen, können unter dem Wasserspiegel nicht leben. Sie bekommen dort keine Luft. In den Mooren lagert sich daher jedes Jahr eine dünne Schicht aus abgestorbenen Pflanzenresten ab. Aus diesen Pflanzenresten entsteht der Torf. Im Lauf der letzten Jahrtausende konnte der Torf mehrere Meter dick werden. Man kann im Torf die Pflanzenreste aus vergangenen Jahrtausenden finden: Reste von Holz, von Seggen, Schilf und anderen großen Pflanzen, die in einem Moor wachsen, dessen Oberfläche unterhalb des Grundwasserspiegels liegt. Manche Moore sind im Lauf der Zeit aus dem Grundwasserspiegel hinausgewachsen. Dann wurden sie allein vom Regenwasser dauernd feucht gehalten, in dem es so gut wie keine Mineralstoffe gibt, die Pflanzen normalerweise zum Wachsen brauchen. Solche Moore wurden dann zu Hochmooren, in denen nur wenige Pflanzen wachsen konnten und können: vor allem das **Torfmoos**, aber auch die **Glockenheide** und der **Sonnentau**. Torf hat man auf dem Gebiet des ehemaligen Fürstentums bis in die Mitte des 20. Jahrhunderts hinein abgebaut und als billiges (und oft qualmendes) Brennmaterial benutzt. Heute wird in Deutschland aus bestehenden Mooren kein Torf mehr abgebaut. Jedoch in den Mooren, die schon in der Vergangenheit trocken gelegt wurden, wie etwa in Ostfriesland, gewinnt man noch heute Torf, der vor allem im Garten eingesetzt wird oder in der Medizin (für Moorpackungen) oder für die Körperpflege (Bäder) verwendet wird.

Hansjörg Küster

Ackerkratzdistel   Schwarzerle   Klettenlabkraut

Wälder entstehen

Weidengebüsch machte sich auf den Uferwällen der Bäche und Flüsse breit. Wenn das Hochwasser Weidenzweige abriss, trieben die Pflanzen rasch wieder aus. In den Sümpfen und Mooren am Talrand wuchsen zunächst Moorbirken, deren Stämme bräunlich gefärbt sind. Wo sich einige Mineralstoffe im sumpfigen Boden angesammelt hatten, wurde die Erle häufiger. Wegen ihres rötlichen Holzes wird sie auch Roterle genannt, wegen der schwarzen Zapfen auch **Schwarzerle**. An ihren Wurzeln sitzen winzige Bakterien, die den Stickstoff der Luft so umwandeln können, dass ein natürlicher Stickstoffdünger daraus wird, den die Erlen unbedingt zum Wachstum brauchen. Aber auch viele andere Pflanzen gedeihen auf dem fruchtbar gewordenen Boden unter den Erlen: *Brennnessel, Kratzdistel, Klettenlabkraut*. Einen Erlenwald nennt man »Brook« (das wird manchmal auch »Brock« geschrieben, aber gleich ausgesprochen) oder »Bruch«. Dieses Wort – mit langem »u« gesprochen – hat mit »brechen« nichts zu tun, sondern kommt aus dem Niederdeutschen und bezeichnet einen Sumpf, in dem Büsche und Bäume wachsen. Ein Bruch sieht aus wie ein Dschungel: Ihn zu durchdringen, kann ein Abenteuer sein. Man muss aufpassen, nicht im feuchten Untergrund zu versinken, und man bleibt immer wieder zwischen Schlingpflanzen hängen: *Wilder Hopfen, Jelängerjelieber und Waldrebe*.

Vor etwas mehr als 6.000 Jahren war das ganze Land zwischen der Elbe und der Aller dicht bewaldet. Eichen waren am weitesten verbreitet. Auf trockenen Dünen wuchsen Kiefern, Weiden, Moorbirken und Erlen in den Bach- und Flussniederungen. Für Menschen gab es in einem solchen Waldland kaum Nahrung.

Hopfen

Waldrebe

Menschen veränderten das Land

Vor etwas mehr als 7.000 Jahren lebten die ersten Acker-bauern in Mitteleuropa. Sie rodeten den Wald in der Börde und bauten Kulturpflanzen auf den Lössböden an. Löss war fruchtbar und enthielt kaum Steine, so dass man ihn mit Hacken aus Stein und Holz bearbeiten konnte. Gut eintausend Jahre später siedelten sich auch in der Lüneburger Heide die ersten Ackerbauern an. Ihre am stärksten beeindruckenden Hinterlassenschaften sind die *Grabstätten aus großen Feldsteinen*. Aber auch die mikroskopisch kleinen Blütenstaubkörner verraten viel über das, was die Men-schen damals taten. In den Mooren wurden Pollenkörner von Getreide und Heidekraut, aber weniger Blütenstaub von Gehölzen abgelagert. Daraus kann man erschließen, was in der Landschaft geschah. Moore sind so eine Art Archive der Landschaft, aus denen sich Veränderungen in der Natur ablesen lassen.

Die Bauern rodeten den Wald: Sie brauchten Holz zum Hausbau und zur Gewinnung von Brennstoff. Immer wieder wird vermutet, dass die Bauern auch Brandrodung betrieben haben – so wie Menschen im tropischen Regenwald. Doch das ist ziemlich unwahrscheinlich, denn anders als in den Tropen brauchte man im Norden Europas Holz zum Heizen. Und man musste auch stabile Holzhäuser bauen, um einen Winter überleben zu können.

SPURENSUCHE

Die Sieben Steinhäuser sind eine Gruppe von fünf Großsteingräbern in der Lüneburger Heide.

Sie befinden sich auf dem NATO-Truppen-übungsplatz Bergen-Hohne und sind nur an Wochenenden und Feiertagen zugänglich.

Steingrab

Lein, auch Flachs genannt, wird zur Ölgewinnung (aus Leinsamen) und zur Fasergewinnung (Leinengewebe) angebaut. Er blüht im Sommer blau. Daher stammt auch der Ausdruck »Eine Fahrt ins Blaue« machen – das heißt: Einen Ausflug aufs Land zu machen, zu den blaublühenden Feldern.

»Eine Fahrt ins Blaue machen«

Menschen veränderten das Land

Mufflon = Wildschaf

Das Mufflon gilt als Vorfahr des Hausschafs.

D ie Kulturpflanzen, die aus Westasien stammten, konnten nur auf Feldern wachsen, die nicht von Bäumen beschattet wurden. Sie brauchen viel Sonnenlicht. Die wichtigsten Getreidearten waren **Gerste** und **Emmer**. Emmer ist ein naher Verwandter von Weizen. Die Bauern bauten auch Erbsen und Lein an. Sie trieben Rinder, Schweine, Schafe und Ziegen in den Wald; dort fanden die Tiere genug Futter. Sie fraßen nicht nur Gras und Kräuter, sondern auch Laub von den Bäumen, und sie knabberten Triebe von jungen Bäumen und Sträuchern ab. In den beweideten Wäldern kam kaum noch ein junger Baum in die Höhe, aber das Heidekraut breitete sich aus. Dessen Pollenkörner kann man in den Mooren finden. Die Schafe, die von den frühen Bauern in das Gebiet der Lüneburger Heide gebracht wurden, könnten bereits Heidschnucken gewesen sein. Sie stammten wohl von südeuropäischen Mufflons ab.

In einer Landschaft mit Wäldern und Feldern breiteten sich zahlreiche Wildtiere aus: **Rehe** und **Wildschweine** verstecken sich am Tag im Wald, kommen aber von dort aufs offene Land. Dort gibt es mehr zu fressen: junge Triebe von Getreide und Gras für die Rehe, Maden und Würmer für die Wildschweine.

Im Deutschen allgemein verbreitet sind unter dem Oberbegriff **Schwarz-wild** die jagdlichen Bezeichnungen **Keiler** für ein männliches und **Bache** für ein weibliches Wildschwein sowie **Frischling** für ein frisch geborenes Jungtier.

Bache

Frischlinge

Die Siedlungen blieben nicht auf Dauer am gleichen Ort bestehen. Nach einigen Jahrzehnten zogen die Bauern an einen anderen Ort und schufen eine neue Lichtung im Wald. Sie taten dies wohl deshalb, weil es am Platz der alten Siedlung nicht mehr genug Holz gab, um Häuser auszubessern oder neu zu bauen. Sie hätten die Baumstämme über weite Distanzen auch an den Platz der alten Siedlung transportieren können, aber das war mühsamer, als die Siedlung gleich dort neu zu bauen, wo es noch gerade gewachsene, hohe Eichenstämme gab.

Podsol – reiner Quarzsand

Die Wälder wurden durch die Menschen in vielfältiger Weise beeinflusst. Wenn der Wald gerodet wurde, verschwanden die Moose, die in den Zeiten zuvor das Wasser gespeichert hatten. Das Wasser floss rascher ab: Nach einem Regen führten die Bäche Hochwasser, und in trockenen Perioden trockneten sie beinahe aus. Aus dem von Pflanzenwuchs entblößten Boden schwemmte das Wasser die letzten noch verbliebenen *Mineralstoffe* davon, dazu den *Humus*, der sich in den Jahrtausenden gebildet hatte, als die Böden von Wald bestanden waren. Allmählich bildete sich der typische Heideboden heraus, der sogenannte **Podsol**. »Podsol« ist ein russisches Wort und bedeutet »Ascheboden«. So sieht der Boden tatsächlich aus, seine oberen Schichten sind ascheartig weiß oder grau. Nur bestehen diese Schichten nicht aus Asche, sondern aus dem reinen Quarz des Sandes – und der ist völlig frei von düngenden Mineralstoffen. Podsolschichten fanden sich bei Ausgrabungen unter Grabhügeln aus der Bronzezeit, die etwa 3.000 Jahre alt sind. Das heißt: Schon damals dehnten sich Heideflächen aus, unter denen sich ein Podsol ausgebildet hatte, bevor der Grabhügel aufgerichtet worden war.

Podsol / Quarzsand: Landwirtschaftlich schlecht nutzbar

Fruchtbarer Boden: Landwirtschaftlich nutzbar

Birken in der Heide

Birkenblatt Eichenblatt Buchenblatt

Bäume in der Heide. Am Laub leicht zu erkennen.

Menschen veränderten das Land

Wenn immer wieder neue Siedlungen gegründet und alte aufgegeben wurden, eroberte der Wald das Terrain zurück, auf dem nicht mehr gewirtschaftet wurde. Heidekraut überzog den Boden. Bodenpilze, die mit dessen Wurzeln verbunden sind, brachten dem *Heidekraut* genug Wasser und Mineralstoffe. Allmählich wurde der Boden zwischen den Heidekrautsträuchern wieder etwas fruchtbarer. *Birken* wuchsen in die Höhe, schließlich auch wieder *Eichen*. Doch nun fanden auch neue Baumarten Platz, um sich auszubreiten. Vor allem in der **Hohen Heide**, aber auch im **Drawehn** und anderen Teilen des Höhenzuges, der in der Saaleeiszeit entstanden war, breitete sich die *Buche* aus, der Baum mit dem silbernen Stamm und den zerzaust wirkenden Kronen. Mit ihren oberen Ästen übergipfelten Buchen die Eichen – und setzten sich vielerorts durch. Die Buchenwälder der Hohen Heide sind besonders schön; weiter im Osten wird die Buche in Frostnächten geschädigt, die dort häufig noch im Mai auftreten.

Heidebauerntum: hier Schäferei

Die Nutzung des Landes –
war es des Guten zu viel?

Im Lauf der Jahrhunderte bildete sich eine sehr spezielle Form der Landnutzung heraus, die in vielen Gegenden Westeuropas betrieben wurde. Das charakteristische *Heidebauerntum* wird im Kapitel zur Wirtschaft ausführlicher beschrieben.

Bis zum Mittelalter wurden die Siedlungen immer wieder verlagert. Immer wieder neue Waldparzellen wurden gerodet, und immer wieder konnte sich der Wald aufgegebenes Siedlungs- und Wirtschaftsareal zurückerobern. Doch das klappte schließlich nicht mehr. Wo nur noch der reine Sand zurückgeblieben war, konnte kein Baum mehr wachsen. Der Wind tat das mit dem Sand, was er auch schon in der Eiszeit getan hatte: Er setzte ihn in Bewegung. Wieder gab es wandernde *Sandfelder* in der Heide, *Wanderdünen*. Sie begruben Äcker unter sich.

Wenn der Wald nicht nachwächst, breitet sich der Sand aus.

Die Nutzung des Landes – war es zuviel des Guten?

Im Mittelalter wurden Vorschriften erlassen, die besagten, dass Siedlungen nicht mehr verlagert werden durften. Es gab immer mehr feste Verkehrswege zwischen ihnen, auf denen Güter, an denen Mangel bestand, herbeigeschafft werden konnten – wenigstens sollte es so sein, denn die Wege waren oft kaum zu begehen, erst recht nicht zu befahren. Bei Regenwetter versanken die Fuhrwerke im verwehten Sand der Dünen oder in den weichen Böden der Erlenbruchwälder. Häufig litten die Menschen Not, einmal hatten sie nicht genug *Holz*, ein andermal nicht genug *Korn*. Man brauchte aber immer mehr Holz: zum Betrieb der Lüneburger Saline, zum Bau von Schiffen, zum Heizen der Häuser in den Städten. Es mangelte an Weideflächen, die Tiere fraßen immer mehr Pflanzen auf den Heiden ab, und schließlich wuchs dort nicht mehr genug, um die Tiere satt zu bekommen. Weite baumlose Heiden breiteten sich immer weiter aus. Trotz aller Verbote: Einzelne Siedlungen wurden doch aufgegeben, weil die Menschen auf den sandigen, unfruchtbaren Hügeln zwischen Elbe und Aller kein Auskommen mehr fanden.

Verwendung von Holz

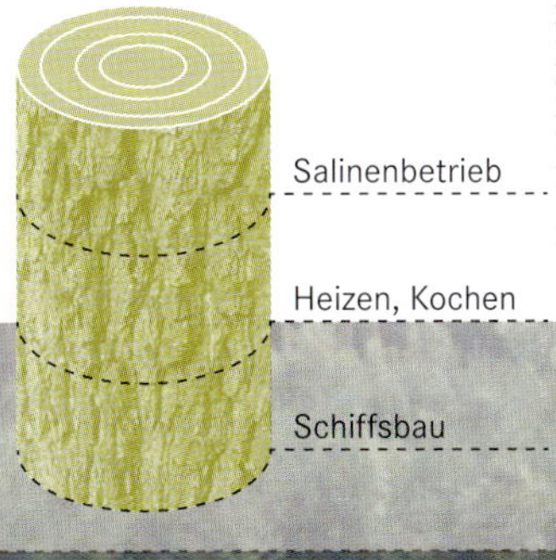

Salinenbetrieb

Heizen, Kochen

Schiffsbau

Heidefläche

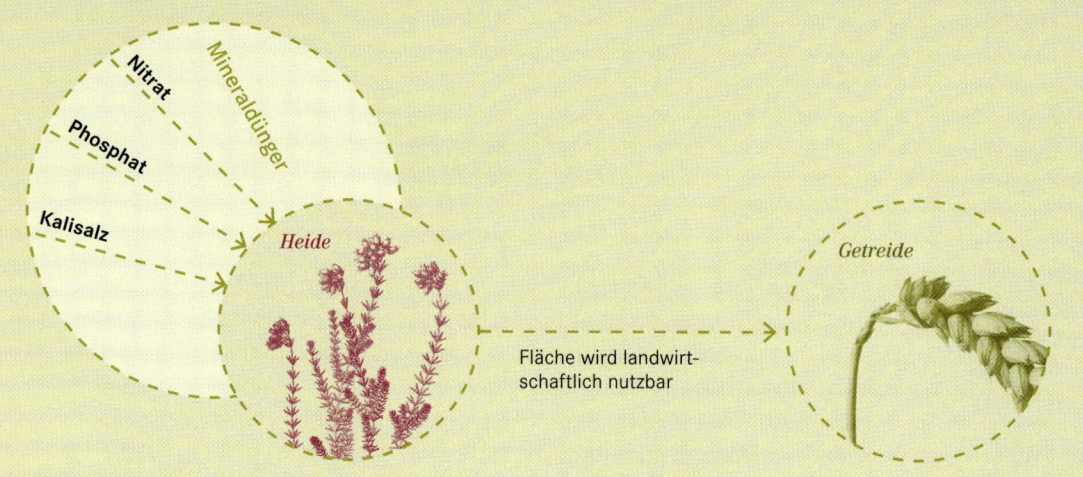

Nitrat

Phosphat

Kalisalz

Mineraldünger

Heide

Getreide

Fläche wird landwirt-
schaftlich nutzbar

Geschützte Natur, geschützte Landschaft

Mineraldünger

*Dünger oder Düngemittel
ist ein Sammelbegriff für
Stoffe und Stoffgemische,
die in der Landwirtschaft
und im Gartenbau dazu
dienen, das Nährstoff-
angebot für die Kultur-
pflanzen zu erhöhen. Meist
können dadurch höhere
Erträge oder schnelleres
Wachstum erzielt werden.*

In der Zeit der Industrialisierung gelang es, die Not der Menschen
zu besiegen. Man konnte neue Wälder aufforsten, vor allem mit
Kiefern, aber auch mit Eichen und Buchen. Denn in den Bergwerken konnte man Kohle abbauen, die man als Brennstoff an Stelle
von Holz verwendete. Man konnte nun Häuser auch aus anderen
Werkstoffen bauen, aus Beton und Stahlträgern. Man brauchte
weniger Bauholz. Man konnte die armen Böden der Heide düngen.
Dazu benötigt man »NPK-Dünger«, auch Nitrophoska genannt. Nitrat
stellte die chemische Industrie über das *Haber-Bosch-Verfahren* her.
Dabei wird in einer Chemiefabrik Ammoniak aus Stickstoff und
Wasserstoff gebildet. Phosphate fielen als Abfallprodukte bei der
Herstellung von Stahl an. Kalisalz wurde an norddeutschen Salz-
domen abgebaut. Pflanzen brauchen diese Stoffe zum optimalen
Wachstum. Mit Hilfe von *Mineraldünger* wurden die Heideflächen
gute Ackerböden. Das Vieh durfte nicht mehr in die Wälder getrieben werden. Wenn man Weideflächen gut düngte, fanden die Tiere
dort viel mehr Nahrung als in Wäldern und Heideflächen. Oder man
hielt die Tiere gleich im Stall – und versorgte sie mit Gras oder
Kraftfutter.

Kraftfutter

Heu

Natur im 19. Jh.

*»Ich war gewiß nicht
vorbereitet eine schöne
Natur zu finden, aber
ich dachte nicht, daß
das Land gar so elend
wäre. Mich dünkt, es ist
der schlechteste Strich
von einem solchen
Umfange, der mir jemals
vorgekommen. Der Boden
dieses Geländes ist eine
ungeheure Sandwüste,
die von Natur ganz nackt
ist oder Heidekraut oder
dürre stechende Halme
hervorbringt.«*
(Aus einem Reisebericht
von Carl Gottlob Küttner,
erschienen 1804)

SPURENSUCHE

Tourismus-Ziele: Heute hat
die Lüneburger Heide ein
eigenes Internet-Portal, in
dem Veranstaltungen, Orte
und Ziele zu finden sind.
Natur & Naturschutz:
NaBu-Gut Sunder, Meißen-
dorfer Teiche, Wilseder
Berg, Heidemuseum »Dat
ole Huus« in Wilsede, Heide-
Erlebniszentrum Undeloh,
Frühling bis Herbst: Natur-
informationshäuser in Döhle
und Niederhaverbeck,
Weltvogel-Park Walsrode,
Serengeti-Park Hodenhagen,
Otterzentrum Hankens-
büttel.

Viele Heideflächen verschwanden. Sie machten aber den ganz besonderen Reiz des Hügellandes zwischen der Elbe und der Aller aus. Ursprünglich mochten die meisten Menschen die Heide nicht, weil sie unfruchtbar war und man nur mit Mühe mit der Kutsche von Hannover nach Hamburg fahren konnte. Wenn man im 18. Jahrhundert durch die Heide reiste, blieb die Kutsche häufig im Sand stecken, manchmal brach die Achse oder das Rad, und die Reisenden mussten eine Zwangspause einlegen, bis der Wagen repariert war. Aber im 19. Jahrhundert änderten sich die Ansichten über die Heide. Als ihre Fläche immer kleiner wurde, traten immer mehr Menschen dafür ein, die Heide zu schützen – vor allem vor der technisierten Landwirtschaft und vor dem Mineraldünger. Viele Menschen meinten, die Heide sei besonders natürlich und müsse deswegen geschützt werden. Sie dachten nicht daran, dass die Heide mit ihrem Heidekraut und den Wacholderbüschen, den einzelnen knorrigen Eichen und den Heidschnuckenherden ihr Aussehen unter dem Einfluss des Menschen erhalten hatte. Mit Natur hat das eigentlich nichts zu tun. Im Gegenteil: Die Heide ist ja sogar das Ergebnis einer übermäßigen Nutzung durch Menschen in den Jahrtausenden zuvor!

Das ändert nichts daran: Die Heideflächen sind sehr schön und vor allem ein wunderbares **Wandergebiet**. Aber »Natur« sollte man sie nicht nennen. Denn dann könnte man nicht klar machen, dass man die Heide pflegen muss, wenn man sie erhalten will. Natürliche Entwicklungen aber würden die Heide nicht bewahren, sondern zerstören: Unter dem Heidekraut sammeln sich allmählich Humus und Mineralstoffe an, Birken wachsen in die Höhe, schließlich Eichen und Buchen. Innerhalb von wenigen Jahrzehnten wird jede Heide zu Wald, wenn man sie nicht mehr nutzt und sie sich selbst überlässt.

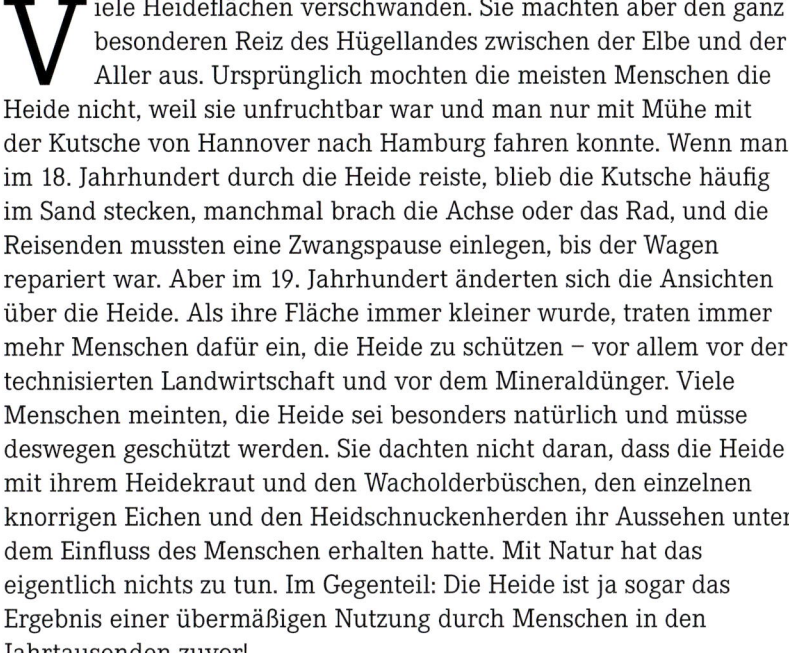

Früher war die Heide eine
Verzögerung auf der Reise-
route; heute ist sie beliebtes
Ausflugsziel.

Naturschutzgebiet

Lutter

Die Heide muss man pflegen, damit sie so erhalten bleibt, wie wir das gerne möchten. Das heißt: *Heidschnucken* müssen in der Heide weiden und junge Pflanzen abfressen, Birken müssen gerodet werden. Man kann auch die Heide abbrennen, oder man hebt die Heidekrautsoden mit ihrem humosen Boden ab, wie man das in den vergangenen Jahrhunderten bereits gemacht hat. Dann setzt der Wind wieder Dünensand in Bewegung, und erneut können junge Heidepflanzen das Terrain besiedeln. Aber das akzeptieren viele Menschen nicht: Darf man denn im Naturschutzgebiet Feuer legen?

Über alle Möglichkeiten des künftigen Schutzes der Heide muss man nachdenken: Soll man so weiter machen wie bisher, Heidschnucken weiden lassen und Birken herausreißen? Das kostet auf die Dauer viel Geld, und letztlich lässt sich nicht verhindern, dass immer mehr Gräser in den Heideflächen wachsen und das Heidekraut zurückdrängen. Soll man die Heide überhaupt noch schützen? Das würde wenig Geld kosten, aber der seit Jahrhunderten bestehende Charakter der Heideflächen würde verloren gehen. Oder soll man Heideflächen abbrennen, die Soden abnehmen? Das könnte man sogar mit Maschinen machen, man bräuchte wenige von den teuren Arbeitskräften. Den Touristen und vielen anderen Menschen würde es nicht gefallen, wenn die Heide brennt, aber in späteren Jahren würde sie das Ergebnis überzeugen: Nach dem Abstechen der Heidesoden und nach dem Brand entwickelt sich bald wieder junges Heidekraut, und es kommt nicht so viel Gras in die Höhe. Diese Form des Managements wäre vielleicht die billigste und wirksamste.

Vor- und Nachteile haben alle diese Formen der Heidebehandlung. Welche Art des Managements in Zukunft geleistet wird, können wir alle selbst mit entscheiden. Wir sollten uns immer wieder fragen, welche Landschaft wir haben wollen: eine Heidelandschaft, in der das Gras mehr und mehr Überhand nimmt, eine Waldlandschaft oder eine Heidelandschaft, in der sich immer wieder von neuem junges Heidekraut entwickelt.

Geschichte

Gudrun Pischke

Der Lauf der
Zeit in unserem
Lebensraum

Gudrun Pischke

Geschichte

Der Lauf der Zeit in unserem Lebensraum

Die Vor-Fürstentumszeit (Ur- und Frühgeschichte bis ins 12. Jahrhundert)

Aus grauer Vorzeit:
Von der Steinbearbeitung zur Metallverarbeitung

Bodenfunde, Ausgrabungen und Untersuchungen von Überresten liefern Zeugnisse menschlichen Wirkens in Ur- und Frühgeschichte. Die frühen Epochen werden unterteilt und benannt nach dem Material für Werkzeuge und Waffen: Steinzeit, Bronzezeit und Eisenzeit. In der Steinzeit, die vor etwa zwei Millionen Jahren begann, lebten zwischen Weser und Elbe die ersten Menschen. Starke Klimaveränderungen – Abfolge von Warm- und Eiszeiten – beeinflussten ihr Leben. Seit der letzten von drei Eiszeiten **vor rund 30.000 Jahren** gibt es den »Homo sapiens« (»der wissende Mensch«). Der erste **Homo sapiens** zog noch in kleinen Gruppen als Sammler und Jäger umher, bearbeitete Stein und stellte aus Tierknochen Werkzeuge und Waffen her.

Archäologen fanden 1963 bei *Deimern* aus der Endphase der **Altsteinzeit (11.000 bis 10.000 v. Chr.)** ein Lager der Rentierjäger. Sie lebten in Rundzelten, besaßen sorgfältig gearbeitete Waffen und Werkzeuge und benutzten Pfeil und Bogen für die Jagd. 24 Lagerplätze dieser »**Hamburger Kultur**«, benannt nach ihrem ersten Fundort nahe Hamburg, sind in der Lüneburger Heide entdeckt worden. In der **Jungsteinzeit (5.000 bis 1.700 v. Chr.)** wurden die Jäger und Sammler sesshaft, hielten Haustiere und bauten Nutzpflanzen an. In dieser Zeit breitete sich vom westlichen Mittelmeerraum bis nach Südschweden die Megalithkultur aus. Megalith heißt »Riesenstein« (mega = riesig, sehr groß, lithos = Stein). Die »Sieben Steinhäuser« auf dem *Truppenübungsplatz* Bergen sind Überreste dieser Zeit. Die Großsteingräber bezeugen technische Kenntnisse und den Glauben an ein Jenseits nach dem Tod. Es folgte die **Bronzezeit (1.700 bis 700 v. Chr.).** Dann setzte sich Eisen durch. Es kommt im Lüneburgischen als Raseneisenstein vor. Das ist ein dunkles, schweres Gestein, aus dem Eisen ausgeschmolzen wurde und das heute noch – in alten Gemäuern und Kellern verbaut – zu finden ist. Die **Eisenzeit** endete nach Christi Geburt. Die Zeit der Schriftzeugnisse begann.

Eine Grabanlage der »Sieben Steinhäuser«.

In der älteren Bronzezeit bildete sich im Illmenauge-biet ein eigener Kulturkreis heraus. Diese Lüneburger Gruppe unterschied sich in Schmuck, Tracht und Bewaffnung deutlich von anderen Bronzezeitgruppen. Dies zeigt zum Beispiel die kunstvoll ausgearbeitete Haarknotenfibel, ein Schmuckstück, aus dem Grab der »Dame von Deutsch-Evern«.

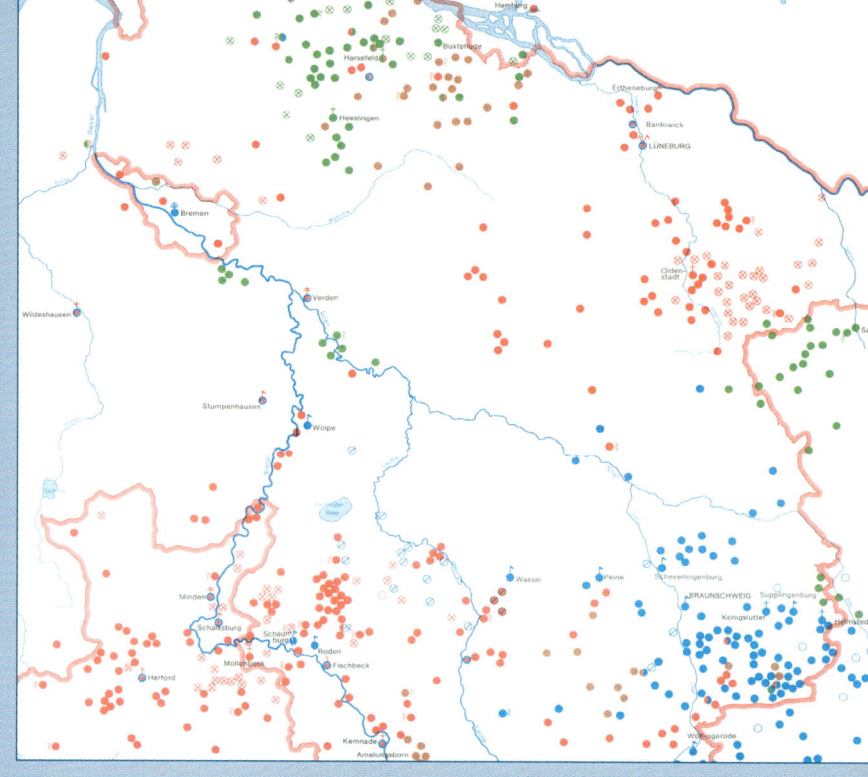

Die weit gestreuten Besitzungen der Billunger an Elbe, Ilmenau und Weser (Ende 9. – Anfang 12. Jahrhundert).

Rot = Billunger | Grün = Grafen von Stade | Braun = Grafen von Northeim | Blau = Lothar von Süpplingenburg

Die ersten Jahrhunderte nach Christus: Sachsen und Franken

Um das Jahr 100 v. Chr. siedelten an der Elbe germanische *Langobarden*. Daran erinnern *Bardengau* und *Bardowick*. Während der **Völkerwanderung** zogen sie im 5. Jahrhundert weg. Im aufgegebenen Siedlungsraum folgten die *Sachsen*. Sie stritten mit den *Franken* im Süden und Westen. Die Franken lebten in einem straff organisierten **Königreich** und waren seit dem ausgehenden 5. Jahrhundert Christen. Die Sachsen lebten im losen **Stammesverband** mit mehreren Anführern und glaubten an germanische Gottheiten. Der fränkische König *Karl der Große* (*747, 768–814), ein Karolinger, führte zwischen 772 und 804 Krieg gegen die Sachsen, eroberte ihre Siedlungsgebiete und führte das Christentum ein. Karl der Große ließ 780 die Einwohner des beiderseits der Ilmenau gelegenen Bardengaus taufen und 785/86 in Bardowick ein bis 814/15 bestehendes Missionszentrum einrichten. Er setzte Grafen ein, gab den Sachsen Gesetze und ließ das mündlich überlieferte sächsische Recht *(Lex Saxonum)* aufschreiben. Seine Enkel teilten 843 das fränkische Reich. Sachsen gehörte zum **Ostfränkischen Reich** Ludwigs des Deutschen (*um 805, 843–876). Der Verfall der Reichsgewalt unter den späten Karolingern ließ sächsische Adelsfamilien erstarken, darunter die *Billunger*.

Reiterfigur Karls des Großen, dem sich in Bardowick 785 Widukind, der Anführer der Westfalen, unterwarf (9. Jh.).

Königshäuser im frühen und hohen Mittelalter

Die ostfränkischen Karolinger starben 911 aus. Franken, Sachsen, Alemannen und Bayern wählten den fränkischen Konradiner Konrad (881–918) zum König im Ostfränkischen Reich. Mit Heinrich I. (*um 876, 919–936) aus dem sächsischen Geschlecht der Liudolfinger begann 919 die Herrschaft von fünf sächsisch-deutschen Königen, den Ottonen. Ihre Herrschaft endete 1024. Es folgten bis 1125 vier Könige aus dem Haus der Salier. Nach Lothar III. (*1175), sächsischer Graf aus dem Hause Süpplingenburg, gab es von 1137 bis 1254 sechs Könige aus dem Haus der Staufer. Fast immer gleichzeitig mit einem Staufer war von 1198 bis 1212/14 der Welfe Otto IV. (1175/76–1218) König.

Vor-Fürstentumszeit

9. bis 12. Jahrhundert: Von Sachsen zum Herzogtum Sachsen

Das Grenzland Sachsen war von Normannen (Wikinger), Ungarn und Slawen bedroht. Um die Reichsgrenze gegen die Slawen zu sichern, setzte König Otto I. (*912, 936–973) *Hermann Billung* (911–973) 936 als Stellvertreter und Heerführer ein. Er wurde bald Herzog, und aus den eroberten slawischen Gebieten nordöstlich der Elbe wurde die *Billunger Mark*. Die sächsische Herzogswürde verblieb den Billungern bis 1106.

In ottonischer Zeit war Sachsen dünn besiedelt, es gab keine Städte und kaum Fernstraßen. Zwischen Wäldern und Mooren lagen wenige Dörfer und einzelne Höfe. Im *Wendland* siedelten Slawen. Wirtschaftlich bedeutend war die Salzgewinnung in Lüneburg. Klöster prägten das Land geistlich-kulturell. Das Lüneburger Michaeliskloster – 956 zuerst genannt – wurde auf dem Kalkberg gegründet, das Kloster Walsrode kurz vor 986.

Siegelabdruck des Benediktinerklosters St. Michaelis, 13. Jh.

Herzog Magnus (* um 1045) starb 1106 ohne männlichen Erben. Den billungischen Güterbesitz übernahmen seine Schwiegersöhne, der *Welfe* Heinrich der Schwarze (um 1074–1126) und der *Askanier* Otto von Ballenstedt (um 1075–1123). Herzog in Sachsen und Herr der Billungermark wurde Lothar von Süpplingenburg (1075–1137), der 1125 zum römisch-deutschen König gewählt und 1133 zum Kaiser gekrönt wurde. Lothar III. bestätigte und erweiterte 1134 und 1135 in Lüneburg die Rechte des Michaelisklosters. Nach seinem Tod erhielt sein Schwiegersohn Heinrich der Stolze (um 1108–1139), Sohn Heinrichs des Schwarzen und der Billungerin Wulfhild († 1126), dessen Besitzungen und das Herzogtum Sachsen. Die Welfen waren ein altes süddeutsches Adelsgeschlecht und seit 1070 Herzöge von Bayern; mit Heinrich dem Stolzen betrat es die politische Bühne im norddeutschen Raum und wurde hier für Jahrhunderte eine der bestimmenden Kräfte.

Zum Nachfolger Lothars III. auf dem Königsthron wählten die Fürsten 1138 den *Staufer* Konrad (1093–1152). Konrad III. entzog dem Welfen das Herzogtum Sachsen und übergab es dem Askanier Albrecht dem Bären (um 1100–1170). In der Folgezeit kämpften Askanier und Welfen um das Herzogtum Sachsen. Damit belehnte Konrad III. dann aber doch den Sohn Heinrichs des Stolzen und der Kaisertochter Gertrud von Süpplingenburg (1115–1143). Das war *Heinrich der Löwe* (1133/35–1195), der bekannteste der welfischen Herzöge. Heinrich der Löwe war zwischen 1152 und 1180 mehrmals in Lüneburg. Er verfügte über die Saline, beschenkte das Michaeliskloster und hielt hier wie auch in Artlenburg an der Elbe Landtage ab.

Reitersiegel Heinrichs des Löwen, Herzog von Sachsen und Bayern.

Statue Heinrichs des Löwen von 1838 im Celler Schloss.

Heinrich der Löwe

Heinrich der Löwe, Herzog von Sachsen und Bayern, war einer der mächtigsten Fürsten mit vielen Gegnern. Sein Cousin Kaiser Friedrich I. Barbarossa (*1122/1152–1190) schützte ihn, bis ihm Heinrich 1176 militärische Unterstützung in Italien versagte. Der Löwe wurde angeklagt, weigerte sich, vor dem Hofgericht zu erscheinen und wurde 1179 geächtet. Damit war er friedlos, rechtlos und vogelfrei. 1180 wurde er verurteilt und verlor die Herzogtümer und seine Güter und Rechte. Das Herzogtum Sachsen wurde aufgeteilt. Der westliche Teil kam an den Erzbischof von Köln, der östliche an den Askanier Bernhard von Anhalt (1140–1212); er und seine Nachkommen waren fortan Herzöge von Sachsen. Nach der Unterwerfung 1181 erhielt Heinrich der Löwe seinen Besitz zurück und wurde für einige Jahre aus dem Reich verbannt. Das Exil – und auch ein zweites 1189 – verbrachte er am Hof seines Schwiegervaters, des englischen Königs. Nach der zweiten Rückkehr 1189 versuchte er vergeblich, seine Herrschaft in Sachsen zurückzuerobern. Dabei zerstörte er Bardowick. Bis zu seinem Tod 1195 lebte Heinrich der Löwe in Braunschweig.

Der Löwe mit der Inschrift Leonis vestigium (»Die Spur des Löwen«) am Dom in Bardowick weist seit dem Ende des 15. Jahrhunderts auf die Zerstörung des Ortes durch Heinrich den Löwen am 28. Oktober 1189 hin.

Das Fürstentum Lüneburg als herzoglicher Herrschaftsbereich (13.–17. Jahrhundert)

13. bis 15. Jahrhundert: Vom Herzogtum Braunschweig zum Fürstentum Lüneburg

Die im Teilungsvertrag von 1202 zuerst genannte Burg Brome gehörte zum Anteil Wilhelms.

Die Teilung des welfischen Erbes unter den Söhnen Heinrichs des Löwen im Mai 1202.

Die Söhne Heinrichs des Löwen teilten 1202 das väterliche Erbe auf. Der Lüneburger Teil, **Kern des späteren Fürstentums**, fiel an den jüngsten Bruder Wilhelm (1184–1213). Dessen Sohn, *Otto das Kind* (1204–1252), erbte als einziger Enkel des Löwen den gesamten Welfenbesitz. 1235 erhob Kaiser Friedrich II. (*1194, 1212/1214–1250) das welfische Eigengut – die Burg Lüneburg und die Stadt Braunschweig – zum Herzogtum und Otto das Kind zum Herzog. Er starb 1252 in Lüneburg und wurde wohl im Michaeliskloster beigesetzt. Das **Herzogtum Braunschweig** teilten Ottos Söhne 1267/69 in die Fürstentümer Braunschweig und Lüneburg. Lüneburg kam an Johann (1242–1277), der wie sein Bruder den Titel **Herzog von Braunschweig** führte. Sein Sohn, Otto der Strenge (* um 1266, 1277–1330), fügte »**und Lüneburg**« hinzu. Der welfische Herrschaftsbereich war in den folgenden dreieinhalb Jahrhunderten fast ständig im Wandel. Die Fürstentümer wurden mehrfach aufgeteilt und neu zusammengefügt und weitere Gebiete hinzu erworben. Zum **Fürstentum Lüneburg** kamen Anfang des 14. Jahrhunderts zum Beispiel Bleckede und Hitzacker sowie die Grafschaften Dannenberg und Lüchow hinzu; bis 1409 gehörte auch der Raum um Hannover dazu.

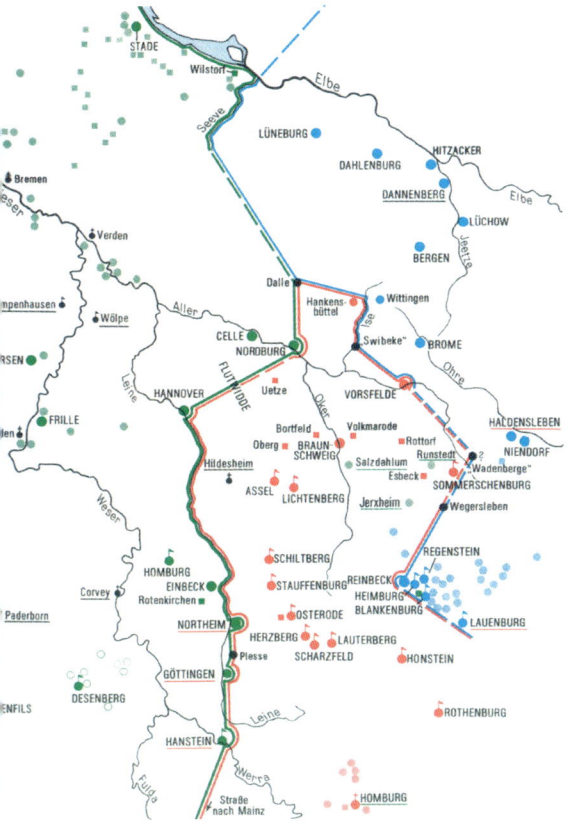

Die Urkunde Friedrichs II. mit der Erhebung Ottos des Kindes zum Herzog und des welfischen Besitzes zum Herzogtum vom 21. August 1235.

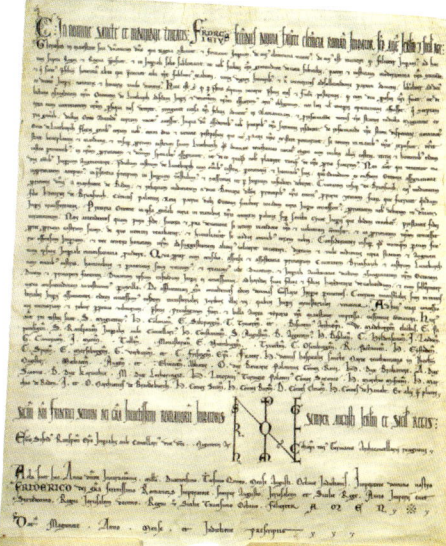

Im oberen Teil eines Altarbildes (Hans Bornemann um 1450) in der Lüneburger Nikolaikirche ist die Stadt Lüneburg mit der auf dem Kalkberg gelegenen Burg zu sehen.

Der Kalkberg: nach der Zerstörung von Burg und Kloster durch die Lüneburger 1371.

13. – 17. Jahrhundert

Wilhelm II. (*um 1300, 1330–1369), Herzog im Fürstentum Lüneburg, hatte keinen Sohn. Er setzte daher die Verwandten im Fürstentum Braunschweig als seine Nachfolger ein. Kaiser Karl IV. (*1316, 1346–1378) hingegen übergab das welfische Fürstentum den askanischen Herzögen von Sachsen-Wittenberg. Zwischen Welfen und Askaniern brach der **Lüneburger Erbfolgekrieg** (1371–1388) aus. In der **Schlacht bei Winsen** (Aller) siegten 1388 die Welfen. Danach regierten die Brüder Bernhard (*1358/1364–1434) und Heinrich (*nach 1358/64–1416) das Fürstentum gemeinsam. Aufgrund der hohen durch den Erbfolgekrieg verursachten Schulden beschlossen Herzöge und **Landstände** (Vertreter von Geistlichkeit, Adel, Städten) 1392 unter Führung der Stadt Lüneburg eine Art Grundgesetz für das Fürstentum Lüneburg, die **Sate**. Sie hatte keinen Bestand, weil die Stände sich nicht einig waren.

Siegel Herzog Friedrichs des Frommen.

Von 1400 bis 1409 besaßen Bernhard und Heinrich auch das Fürstentum Braunschweig. Dann übernahm zunächst Heinrich das Fürstentum Lüneburg. 1428 wurden die Fürstentümer getauscht: Nun übernahmen Heinrichs Söhne das Fürstentum Braunschweig, Bernhard wurde Herzog im Fürstentum Lüneburg. Celle wurde allmählich zu dessen ständiger Residenz. Bernhards Sohn Friedrich der Fromme († 1478) wirkte im 15. Jahrhundert für mehrere Jahrzehnte als stabiler Faktor im Lüneburger Fürstentum. Sein Enkel Heinrich der Mittlere (*1468, 1486–1532) verzichtete auf die seit 1442 bestehenden Anrechte der Lüneburger Herzöge am Fürstentum Göttingen.

Dafür gaben die Herzöge der braunschweigischen Linie ihre Rechte im Fürstentum Lüneburg auf. Das waren *Einkünfte aus Zöllen und Renten in der Stadt Lüneburg sowie aus den Elbzöllen Schnackenburg und Hitzacker*. Darüber hinaus erhielt Heinrich d.M. die 1388 abgetretenen *Schlösser und Amtsbezirke Meinersen und Campen* (bis 1706) zurück, dazu die *Freien vor dem Walde* im nunmehr südlichsten Teil des Fürstentums, dem späteren Großen Freien. Damit war die **Entwicklung zum Territorium** weitgehend abgeschlossen. In diesem Umfang blieb das Fürstentum Lüneburg, später der Regierungsbezirk Lüneburg, im Wesentlichen bis 1978 bestehen. Nur den Herzögen dieses größten der welfischen Fürstentümer huldigte von nun an die Stadt Lüneburg.

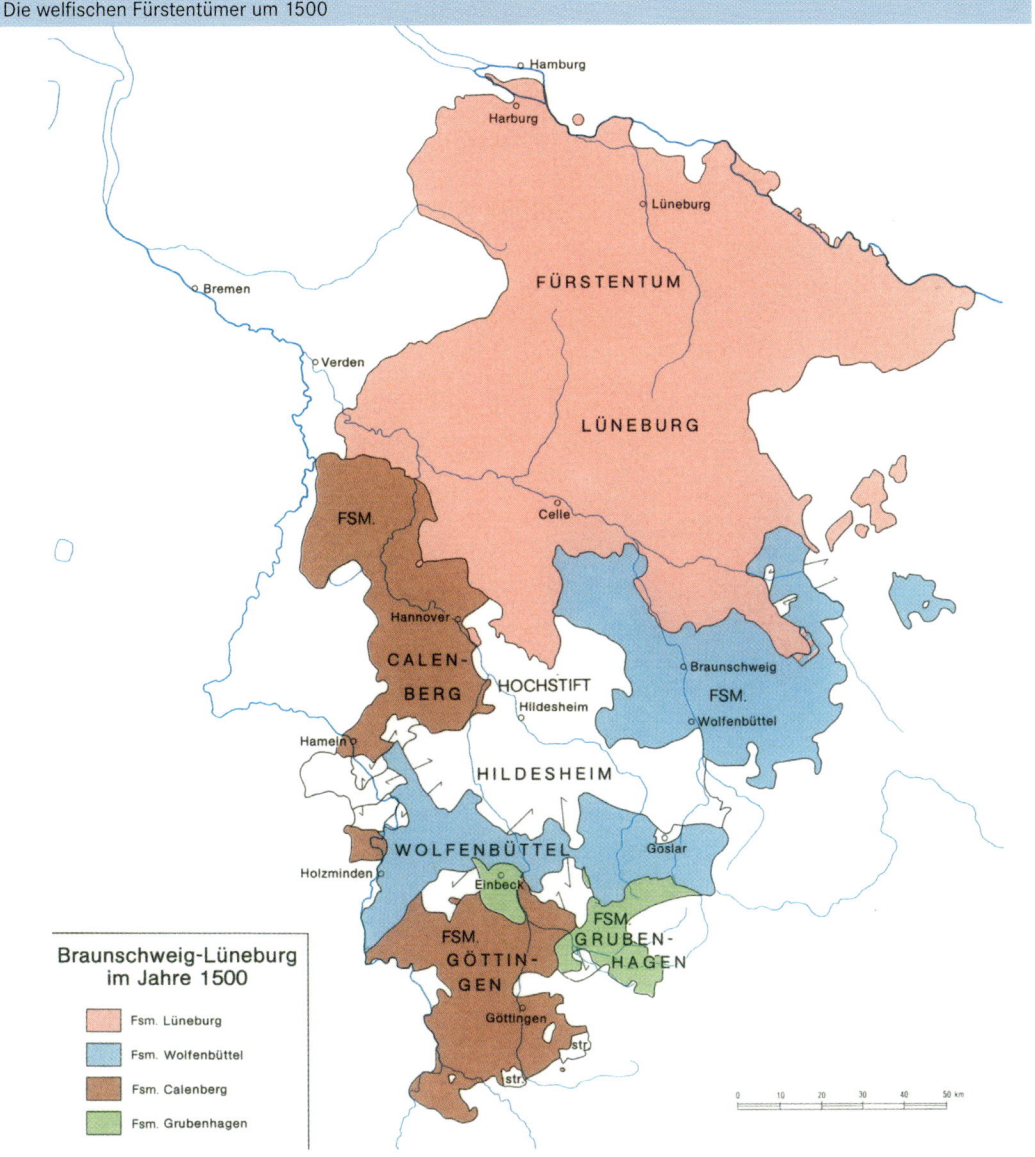

Die welfischen Fürstentümer um 1500

Braunschweig-Lüneburg im Jahre 1500

- Fsm. Lüneburg
- Fsm. Wolfenbüttel
- Fsm. Calenberg
- Fsm. Grubenhagen

16. Jahrhundert: Hildesheimer Stiftsfehde – Reformation – Herzogswechsel

Die Beteiligung an der **Hildesheimer Stiftsfehde** (1519–1523) beendete die Herrschaft *Heinrichs d.M.* Er unterstützte im Konflikt des Bischofs mit Adel und Landständen im Hochstift Hildesheim den Bischof. Seine Verwandten, Erich I. im Fürstentum Calenberg-Göttingen (*1470, 1495–1540) und Heinrich d.J. im Fürstentum Wolfenbüttel (*1489, 1514–1568), stellten sich auf die Seite des Adels. Heinrich d.M. erhielt französische Hilfe, Heinrich d.J. Habsburger Finanzmittel. Die Hildesheimer Partei zog verwüstend durch das Fürstentum Calenberg. Die Gegner verheerten das Fürstentum Lüneburg. Am 28. Juni 1519 stießen beide Heere bei *Soltau* aufeinander: 15.000 Mann, zum Teil noch Ritter, zum Teil bereits Landsknechte, sollen sich gegenüber gestanden haben. Die Calenberg-Wolfenbütteler Truppen wurden besiegt. Damit war der Krieg jedoch nicht beendet. Entscheidend für den Ausgang der Hildesheimer Stiftsfehde war die Wahl des *Habsburgers* Karl zum Kaiser (*1500, 1519–1558). Erich I. und Heinrich d.J. waren Parteigänger der Habsburger. Auf Betreiben von Heinrich d.J. verfügte Karl V. 1521, die Kriegsparteien hätten eroberte Gebiete und Gefangene herauszugeben. Der Bischof von Hildesheim weigerte sich. Er und Heinrich d.M. wurden geächtet.

Grabmal Herzog Heinrichs d.M. von 1532 in der Gemeindekirche Wienhausen.

Heinrich d.M. lebte bereits seit 1520 am französischen Königshof im Exil. Die Regentschaft führten seine Söhne. 1521 verständigten sich die welfischen Kriegsparteien. Heinrich d.M. dankte 1522 ab. Für die Lüneburger Welfen war die Stiftsfehde beendet.

Von den nach väterlicher Verfügung gemeinsam regierenden herzoglichen Brüdern setzte sich *Ernst* (*1495, 1521–1546) als allein herrschender Herzog durch. *Otto* (1497–1546) wurde 1527 nach Heirat mit Burg und Amt Harburg abgefunden; unter seinem Sohn Otto II. kam noch das Amt Moisburg hinzu. *Franz* (1508–1549) lag mit Ernst im Streit und erhielt 1539 die Ämter Gifhorn und Fallersleben und das Klosteramt Isenhagen. Damit bestanden im Fürstentum Lüneburg außer der **Hauptlinie** zwei **Nebenlinien**; die Gifhorner gab es bis 1549, die Harburger bis 1642.

Das Gifhorner Schloss, noch heute Zeugnis der Zeit der Gifhorner Nebenlinie (1539–1549).

13. – 17. Jahrhundert

Ernst war Anhänger Martin Luthers, führte ab 1525 die **Reformation** im Fürstentum ein und erhielt den Beinamen der Bekenner. Er gehörte 1531 zu den Initiatoren des **Schmalkaldischen Bundes** protestantischer Fürsten und Städte. Die Aufhebung der Klöster verbesserte die durch die Hildesheimer Stiftsfehde desolate herzogliche Finanzlage. Ernsts drei Söhne unterstanden bis 1555 einer vormundschaftlichen Regierung unter Beteiligung der Landstände. Nach kurzer Herrschaft des Ältesten führten Heinrich (1533–1598) und Wilhelm der Jüngere (1535–1592) das Fürstentum bis 1559 gemeinsam. Dann schied Heinrich aus. Wilhelm d.J. erkrankte und wurde regierungsunfähig. Die Landstände setzten Herzog Philipp aus dem Fürstentum Grubenhagen (*1533, 1595–1596) als Vormund durch. Das Regiment führten Statthalter und Räte. Vier der sieben Söhne Wilhelms d.J. regierten bis 1648 nacheinander. Auf Betreiben der Landstände begnügten sich die Brüder mit der gemeinsamen **Residenz Celle**. Sie ließen das Los entscheiden, dass nur Georg (1582–1641) in ebenbürtiger Ehe fürstliche Nachkommen haben durfte.

Heinrich heiratete entgegen der Vereinbarung der Brüder und wurde 1569 mit dem Amt Dannenberg abgefunden. Die Nebenlinie **Dannenberg** erhielt 1592 noch die Ämter Hitzacker, Lüchow und Warpke und bestand bis 1671.

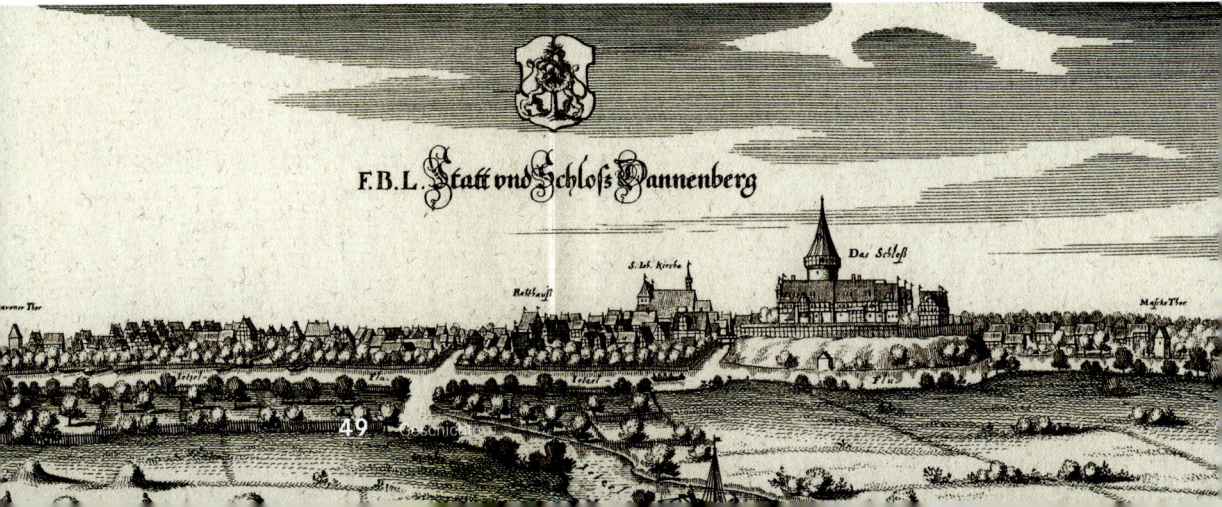

17. Jahrhundert: Dreißigjähriger Krieg – Umverteilung der welfischen Fürstentümer

Die Nationalflagge Schwedens von 1906 vereinigt die historischen Farben Gold (Krone) und Blau (Grund) mit dem Kreuz des großen Staatswappens. Bereits 1569 wünschte König Johann III., das Kreuz auf allen Bannern und Flaggen des Reiches zu sehen.

Im Reich standen sich seit 1608/09 katholische Reichsstände im Bündnis der **Liga** und protestantische in dem der **Union** gegenüber. Nicht alle Fürsten schlossen sich den Bündnissen an. Der Gegensatz zwischen evangelischem Adel und katholischem Landesherrn in Böhmen löste 1618 den **Dreißigjährigen Krieg** (1618–1648) aus. Der Krieg begann in *Böhmen*, verlagerte sich *in den Westen des Reiches* und von dort nach *Norddeutschland.* Heerführer der Liga war *Johann Graf von Tilly* (1559–1632); der böhmische Adelige *Albrecht von Wallenstein* (1583–1634) unterstützte auf eigene Kosten die kaiserlich-katholische Seite. Auf protestantischer Seite – die Union hatte sich 1621 aufgelöst – kämpften die Heere *verschiedener deutscher Fürsten* und nacheinander die Heere von *König Christian IV. von Dänemark* (*1577, 1588–1648, zugleich Herzog von Holstein) und von König *Gustav II. Adolf von Schweden* (*1594, 1611–1632).

Im Fürstentum Lüneburg blieb *Herzog Christian* (*1566, 1611–1633) unter kaiserlichem Schutz neutral. Sein zweitjüngster Bruder *Georg* (1582–1641) wurde Truppenführer in Wallensteins Armee. Tilly und Wallenstein eroberten bis 1629 für den Kaiser ganz Norddeutschland. Dabei zerstörten Tillys Truppen 1626 *Walsrode.* Im Wendland plünderten kaiserliche Truppen *Clenze* und die *Lüchower Gegend.* *Winsen/Luhe* wurde bis auf das Schloss niedergebrannt. Als letztes dänisches Bollwerk im Fürstentum fiel am 16. August 1627 die *Hoopter Schanze.* Als der Dänenkönig 1629 aus dem Kriegsgeschehen ausschied, trat an seine Stelle 1630 der schwedische König, in dessen Diensten Herzog Georg von 1630 bis 1635 stand. Das Kriegsgeschehen verlagerte sich in den Süden des Reiches: Tilly wurde im Frühjahr 1632 besiegt und tödlich verwundet; die Liga löste sich auf. Ende 1632 fiel der Schwedenkönig. Herzog Georg erhielt den Oberbefehl über das schwedisch-deutsche Heer in *Niedersachsen* und *Westfalen*, mit dem er zwischen 1633 und 1635 die kaiserlichen Truppen im Weserraum besiegte. Der in Ungnade gefallene Wallenstein wurde 1634 ermordet.

Herzog Georg, Truppenführer im Dreißigjährigen Krieg.

Über Rethem heißt es 1654 »Bey gewesenen letzten Kriegszeiten hat dieser Ort viel ausstehen müssen.«

Mitten im Dreißigjährigen Krieg starb 1634 die **Wolfenbütteler Linie** des *Welfenhauses* aus. Die Länder fielen an die Herzöge der **Lüneburger Linie**. Während der Erbauseinandersetzungen hatte der Kurfürst von Sachsen am 30. Mai 1635 mit dem Kaiser einen **Sonderfrieden** vereinbart. Diesem Prager Frieden schlossen sich die Stände des Niedersächsischen Reichskreises und auch Herzog Georg an. Er verließ Ende Juli 1635 schwedische Dienste auch, weil der Kaiser wegen der Uneinigkeit der welfischen Herzöge drohte, das **Wolfenbüttel-Calenberg-Göttinger Erbe** einzuziehen. Nach der **Neuverteilung ihrer Länder** blieben die Herzöge neutral. 1637 eroberten sie die seit einem Jahr schwedisch besetzte *Stadt Lüneburg* zurück. Im selben Jahr verließen die Schweden *Winsen/Luhe*. 1639 kam es seitens der welfischen Herzöge wieder zu einer Annäherung an Schweden. 1641 waren erneut Schweden in Winsen/Luhe einquartiert. Nach Georgs Tod 1641 schlossen die anderen welfischen Herzöge unter Führung des Wolfenbüttelers im Januar 1642 mit dem Kaiser den **Separatfrieden** von Goslar. Im **Westfälischen Frieden** (1648) wurde den Fürsten in ihren Ländern uneingeschränkte Hoheit zugestanden, die kaiserliche Gewalt eingeschränkt und das Reich zum losen Rechtsverband. Der konfessionelle Status quo wurde festgeschrieben: Das Fürstentum Lüneburg blieb protestantisch.

Neuverteilung der welfischen Fürstentümer
Nach dem Tod Herzog Friedrich Ulrichs besaßen die Lüneburger Welfen alle fünf Fürstentümer. Sieben Parteien aus der Hauptlinie und den Nebenlinien Harburg und Dannenberg stritten um die Neuverteilung. Diese erfolgte mit dem Hauptteilungsrezess vom 14. Dezember 1635 und dem Vertrag vom 27. Januar 1636. Herzog im Fürstentum Wolfenbüttel wurde August der Jüngere (*1579, 1635–1666) aus der Dannenberger Nebenlinie und im Fürstentum Calenberg (mit dem Fürstentum Göttingen) Georg aus der Hauptlinie. Im Fürstentum Lüneburg (bis 1665 mit dem Fürstentum Grubenhagen) blieb es bei der Abfolge der Söhne Wilhelms des Jüngeren.

In den Kriegsjahren hatte die Bevölkerung unter Einquartierungen, durchziehenden Truppen, Besatzungen und Plünderungen von beiden Seiten zu leiden. Beim Durchzug durch *Winsen/Luhe* 1627 brannten dänische Truppen in der Umgebung 28 Dörfer nieder. Die **Verluste an Menschenleben** beliefen sich im Wendland auf zehn bis 30 Prozent, im übrigen Fürstentum lagen sie bei einem bis zehn Prozent. 1690 gab es im Amt Hitzacker noch 61 wüste Höfe. Dem Fürstentum Lüneburg hatten drei Jahrzehnte Krieg einen Schuldenberg in Höhe von acht Millionen Reichstalern eingebracht.

Medaille mit den Brustbildern Georg Wilhelms, des letzten Herzogs im Fürstentum Lüneburg, auf der Vorderseite und Herzogin Eléonores auf der Rückseite, verm. aus der zweiten Hälft des 17. Jh.

Als der letzte der ohne Erben gebliebenen herzoglichen Brüder 1648 starb, übernahm Georgs ältester Sohn, Christian Ludwig (1622–1665), das Fürstentum. Nach dessen Tod wechselte sein Bruder *Georg Wilhelm* (1624–1705) aus dem Fürstentum Calenberg ins Fürstentum Lüneburg. Georg Wilhelm war mit Sophie von der Pfalz (1630–1714) verlobt. Sie heiratete 1658 jedoch seinen Bruder Ernst August (1629–1698). Georg Wilhelm durfte nicht mehr standesgemäß heiraten. Er verband sich mit *Eléonore d'Olbreuse* (1639–1722), einer Französin aus niederem Adel. Eléonore brachte französischen Glanz an den *Celler Hof* und setzte sich als Hugenottin für den Zuzug von Glaubensgenossen ein. 1666 wurde ihre Tochter *Sophie Dorothea* († 1726) geboren, 1676 heirateten Georg Wilhelm und Eléonore.

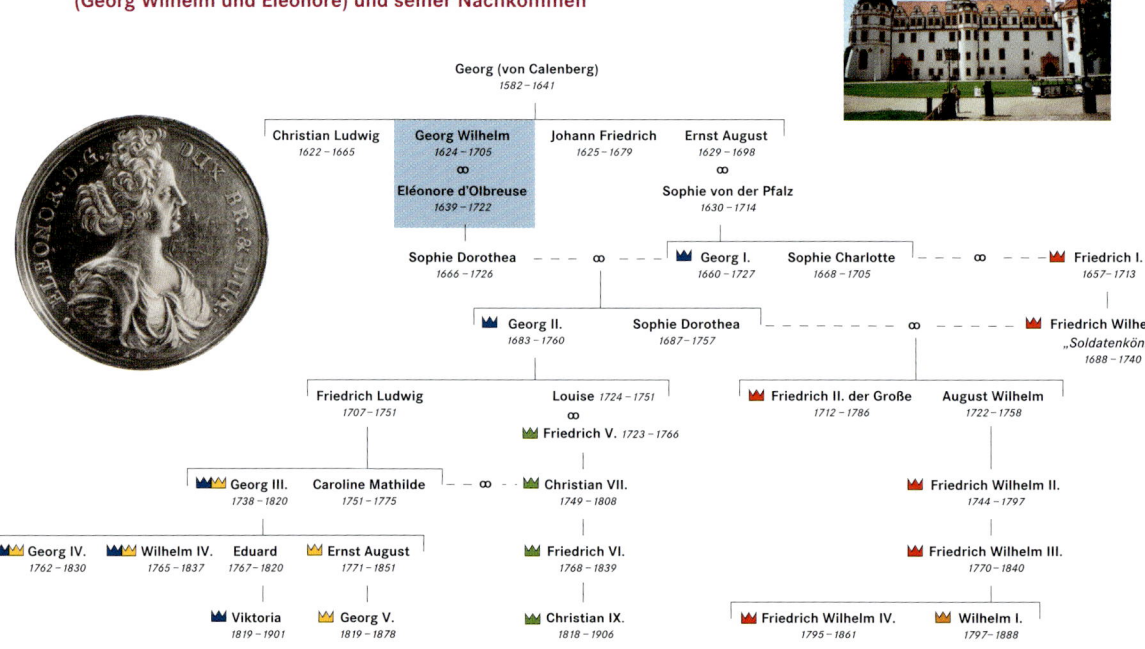

Auswahl aus dem Stammbaum des letzten Celler Herzogpaares (Georg Wilhelm und Eléonore) und seiner Nachkommen

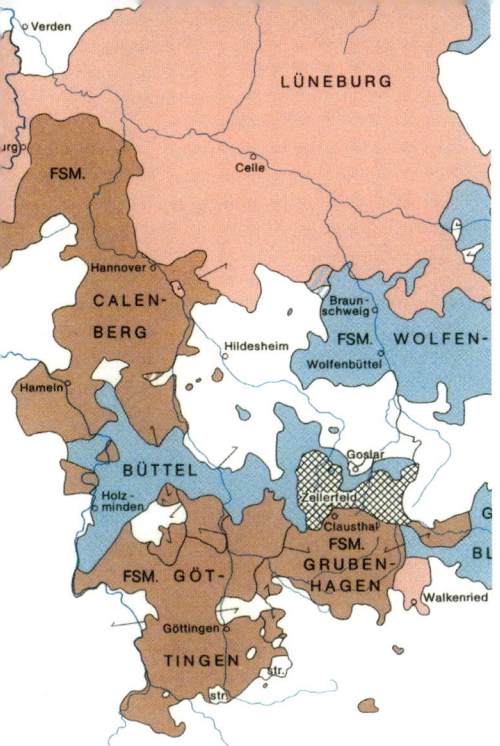

Die Fürstentümer des zum Kurfürsten erhobenen Herzog Ernst August von Brauschweig-Lüneburg, die 1692 das neue Kurfürstentum (braun) bildeten.

Eléonore wurde noch Herzogin von Celle, damit ihre Tochter einer ebenbürtigen Ehe entstammte und 1682 ihren Cousin Georg Ludwig (1660–1727) heiraten konnte. Die Ehe wurde 1694 geschieden. Die Heirat brachte die Fürstentümer Lüneburg und Calenberg nach dem Tod des Lüneburger Herzogs 1705 wieder unter eine Herrschaft. **Lüneburg hörte auf, eigenständiges Fürstentum zu sein**. Der Herzog im Fürstentum Calenberg war seit 1692 Kurfürst und das Fürstentum Calenberg – und die Fürstentümer Göttingen und Grubenhagen – **Kurfürstentum**. Es hieß eigentlich Kurfürstentum Braunschweig-Lüneburg, wird aber einfach Kurhannover genannt.

Seit 1705 gehörte das Fürstentum Lüneburg zum Kurfürstentum Hannover. Celle verlor den Status als Residenz und das Celler Schloss den Glanz, den es unter dem »letzten Heideherzog« ausgestrahlt hatte. Als Ausgleich erhielt Celle drei zentrale Einrichtungen des Kurfürstentums: Oberappellationsgericht (heute Oberlandesgericht), Zucht- und Tollhaus (heute Justizvollzugsanstalt) und Landgestüt.

Kurfürsten waren Reichsfürsten, die seit dem Ende des 13. Jahrhunderts den König wählten. Ihre Zahl stieg im Laufe der Zeit von sieben auf zehn. Der Begriff geht auf das alt-hochdeutsche Wort »kuri« zurück. Es bedeutet »Wahl«. Kurfürsten waren die (Königs-)Wahlfürsten.

Herzog Ernst August, 1692 erster Kurfürst von Braunschweig-Lüneburg.

Herzog Georg Ludwig wurde 1698 Kurfürst von Hannover und 1714 König von Großbritannien.

Herzogin Sophia Dorothea, später die »Prinzessin von Ahlden«, mit ihren Kindern.

Graf Philipp Christoph Königsmarck trat 1689 als Offizier in den Dienst des Herzogs im Fürstentum Calenberg.

Prinzessin von Ahlden

In Hannover hatte Sophie Dorothea eine Liaison mit dem schwedischen Grafen Philipp Christoph Königsmarck (*1665), der 1694 ermordet wurde. Nach Bekanntwerden der Affäre zog Georg Ludwig Sophie Dorotheas Vermögen ein, ließ sich scheiden und verbannte sie auf den Amtshof Ahlden im Fürstentum Lüneburg. Hier lebte sie – bescheiden, abgeschieden, streng bewacht – bis zu ihrem Tod mehr als 30 Jahre, ohne je ihre beiden Kinder wiederzusehen: Georg August (1683–1760) wurde 1727 König von England und Sophie Dorothea (1687–1757) heiratete 1706 den späteren preußischen König Friedrich Wilhelm (*1688, 1713–1740).

Schloß Ahlden

Das Fürstentum Lüneburg
als Verwaltungseinheit (1705–1866)

18. Jahrhundert: Im Kurfürstentum – Siebenjähriger Krieg – Aufklärung

Im Fürstentum wirkten die **Lüneburger Landstände** auf Ausschuss- und Landtagen in herrschaftlichen Angelegenheiten wie Steuerbewilligung oder Gerichtswesen weiter mit. 1714 wurde Kurfürst Georg Ludwig, ein Urenkel des englischen Königs Jakob I. (*1566, 1603–1625), als Georg I. (*1660, 1714–1727) *König von Großbritannien.* (Das englische Parlament hatte 1701 im »Act of Settlement« (»Grundordnung«) katholische Thronanwärter ausgeschlossen.) Es kam bis 1837 zur **Personalunion** von Königreich Großbritannien und Kurfürstentum, später Königreich Hannover. Die Könige der Personalunion hielten in *London* Hof. Das Kurfürstentum/Königreich Hannover mit dem Fürstentum Lüneburg wurde zum nur anfangs noch aufgesuchten **Nebenland**.

Die Personalunion brachte den **Siebenjährigen Krieg** (1756–1763) auch ins Fürstentum. *Preußen* und *Großbritannien/Kurhannover* standen gegen *Österreich, Frankreich und Russland.* Frankreich bedrohte den englischen König, indem es Kurhannover angriff. Die Bevölkerung im Fürstentum ertrug mit Truppendurchzügen, Proviantlieferungen und Einquartierungen große Belastungen, aber ohne Gewalttaten und Plünderungen. 1756 wurde die nach 1642 errichtete *Festung Harburg* erobert, in *Celle* waren französische Truppen stationiert, *Lüneburg* war von September bis Dezember 1757 besetzt. Die Truppen des preußischen Generalfeldmarschalls Herzog Ferdinand von Braunschweig(-Wolfenbüttel 1721–1792) trieben die Franzosen über *Bienenbüttel, Uelzen* und *Bodenteich* aus dem Land.

Nach dem Siebenjährigen Krieg wurden Truppen abgebaut und Festungen – deren militärischer Nutzen war nicht mehr gegeben – geschleift. Die Festung Harburg – hier war die Burg Mitte des 17. Jahrhunderts zur Festung erweitert worden – wurde ab 1784 teilweise abgebaut.

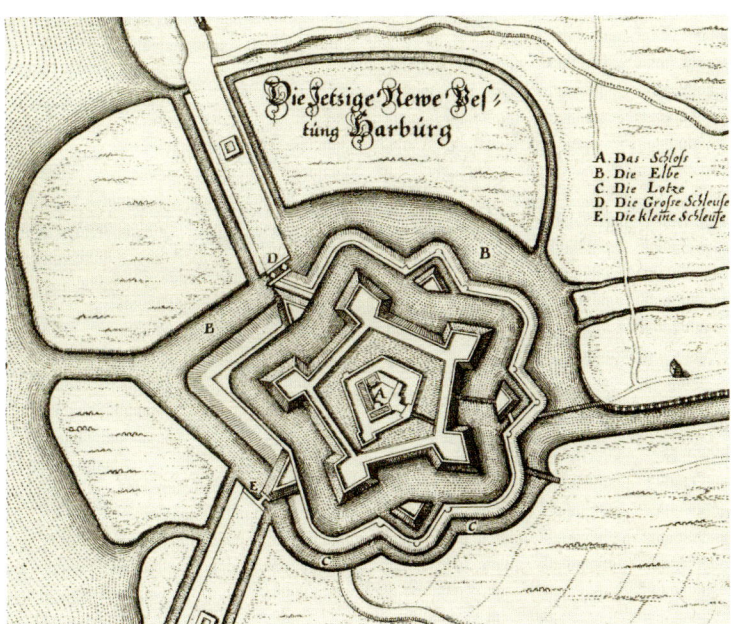

A. Das Schloß
B. Die Elbe
C. Die Lotze
D. Die Große Schleuse
E. Die kleine Schleuse

Aufklärung

Seit der zweiten Hälfte des 18. Jahrhunderts stellten in den Niederlanden, in England und Frankreich entwickelte Ideen der Aufklärung bisher Gültiges in Frage wie das Königtum »von Gottes Gnaden« oder den Anspruch der Kirchen, in Fragen der Moral und in Wissenschaft, Literatur, Kunst und Erziehungswesen höchste Entscheidungsinstanz zu sein. Grundlage des neuen Denkens war die Vernunft. Entworfen wurde die Gewaltenteilung (Legislative, Exekutive, Jurisdiktion), die entweder in Form einer konstitutionellen Monarchie oder der einer Republik verwirklicht werden sollte. Die Aufklärung wirkte auf die amerikanische Unabhängigkeitserklärung (1776) mit der Aufnahme der Menschenrechte (Recht auf Leben, Freiheit der Person, Freiheit der Religion, Streben nach Glück) und die Französische Revolution (1789) mit ihrer Forderung nach Freiheit, Gleichheit, Brüderlichkeit.

Das Ende des Heiligen Römischen Reiches Deutscher Nation

Als Folge der Revolutionskriege kam es im gesamten Reich zu tiefgreifenden Veränderungen. Ein preußisch-österreichischer Feldzug 1792 nach einer Kriegserklärung Frankreichs und der 1793 gegen Frankreich erklärte Reichskrieg endeten mit französischen Erfolgen. 1795 besetzte Frankreich die linksrheinischen Reichsgebiete, die 1801 abgetreten werden mussten. 1803 wurden unter französisch-russischer Aufsicht Kleinstaaten und geistliche Herrschaften im Reich aufgelöst und weltlichen Fürsten übertragen – vorrangig als Entschädigung für Verluste in den abgetretenen linksrheinischen Gebieten (Reichsdeputationshauptschluss). Dabei kam das Hochstift Osnabrück an Kurhannover. Mitte Juli 1806 sagten sich 16 süd- und westdeutsche Länder vom Reich los und gründeten unter Napoleons Schutz den Rheinbund. Nach einem Ultimatum Napoleons legte Franz II. (1768–1835, Kaiser ab 1792) am 6. August 1806 die römisch-deutsche Kaiserwürde nieder. Das Heilige Römische Reich Deutscher Nation, so die Bezeichnung seit dem 15. Jahrhundert, bestand nicht mehr.

Im Sinne der Reformen der **Aufklärung** wurde im Kurfürstentum Hannover 1763 und 1794 nur erreicht, dass Steuern nicht mehr nach Stand, sondern nach Einkommen erhoben wurden. Im Fürstentum Lüneburg kam es wegen alter Vorrechte 1788 im Amt Neuhaus oder 1794 in Dörfern der Herren von Knesebeck zu Unruhen. Gegen Bauern eingesetzte Soldaten weigerten sich, zu schießen. Zwei Gartower Pfarrer wurden als »Unruhestifter« entlassen. In Celle setzten sich 1792 die »Viermänner« für die Vertretung der Bürgerschaft in den Landständen ein. Wegen Zurückweisung dieser Forderung lobte die Regierung in Hannover die Landstände.

19. Jahrhundert / Vom Fürstentum zum Regierungsbezirk: »Franzosenzeit« – Königreich Hannover – Provinz Hannover

Als Folge der Französischen Revolution zog *Napoleon Bonaparte* (1769–1821, 1799 1. Konsul, 1804–1813 Kaiser) siegreich durch *Europa*. Kurhannover – und damit das Fürstentum Lüneburg – wurde zwischen 1801 und 1806 abwechselnd von Preußen und Frankreich besetzt, von 1807 bis 1813 stand es unter *französischer Herrschaft*. Ein Teil kam zum neu geschaffenen *französischen Königreich Westfalen*, ein Teil unter *französische Militärverwaltung*. 1810 gehörte ganz Kurhannover zum Königreich Westfalen. Dann wurde der nordwestliche Teil ins Königreich Frankreich eingegliedert. Nach französischem Vorbild wurden ohne Beachtung historischer Grenzen *Departements* (Bezirke) als neue, nach Flüssen benannte Verwaltungseinheiten gebildet. Von 1807 bis 1813 lag die Heideregion im Departement der Aller, das Wendland im Departement der Elbe und der südliche Teil des späteren Kreises Gifhorn im Departement der Oker, der nordwestliche Teil des Fürstentums mit der Stadt Lüneburg seit Ende 1810 im Departement der Elbmündungen. Die Departments waren eingeteilt in *Distrikte* (Westfalen) oder *Arrondissments* (Frankreich) und diese in *Kantone*.

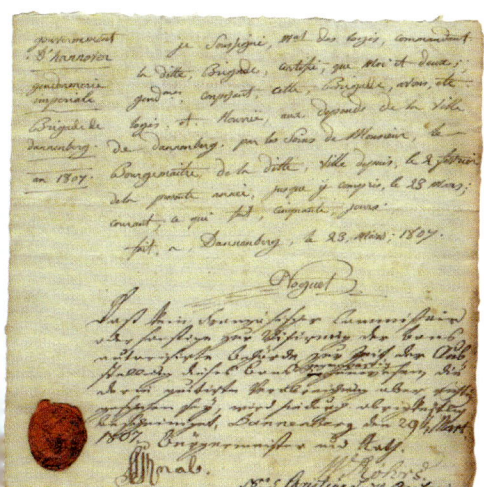

Bescheinigung des Kommandeurs der französischen Gendarmerie-Brigade in Dannenberg vom 23. März 1807.

Befreiungskriege

Im Jahr 1812 beherrschte Napoleon weite Teile Mitteleuropas. Auch mit Truppen aus den besetzten Gebieten zog er gegen Russland und besetzte am 14. September Moskau. Ohne Friedensschluss begann Napoleons »Große Armee« am 19. Oktober 1812 den verlustreichen Rückzug. Preußen und Russland verbündeten sich gegen Frankreich. König Friedrich Wilhelm III. von Preußen (*1770, 1797–1840) rief zum Aufstand gegen die französische Besatzungsmacht auf. Die Befreiungskriege begannen. In der Völkerschlacht bei Leipzig (16.–19. Oktober 1813) besiegten Preußen, Russen, Österreicher und Schweden Napoleon. Die französische Herrschaft in Deutschland war beendet. Napoleon zog sich nach Frankreich zurück. Preußische, russische und österreichische Truppen folgten und zogen am 31. März 1814 in Paris ein, englische Truppen marschierten von Spanien aus in Frankreich ein. Napoleon dankte am 6. April 1814 ab und wurde auf die Mittelmeerinsel Elba verbannt. Im März 1815 kehrte er zurück und wurde am 18. Juni 1815 bei Waterloo endgültig von preußischen und englischen Truppen geschlagen und auf die Atlantikinsel St. Helena verbannt.

Im Lützowschen Freikorps, einer preußische Freiwilligeneinheit, kämpfte als Mann verkleidet Eleonore Prochaska (1785–1813) aus Potsdam. Sie erlag ihren in der »Schlacht an der Göhrde« erlittenen Verwundungen in Dannenberg und wurde dort begraben.

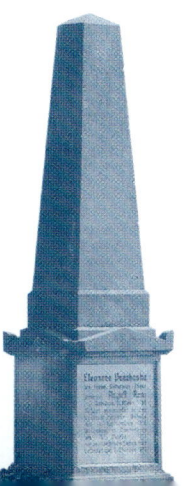

D ie »Franzosenzeit« endete mit den **Befreiungskriegen**, in denen seit März 1813 französische Truppen und die Deutsch-Russische Legion das Wendland durchzogen. Dabei kam es am 16. September 1813 während einiger Stunden *an der Göhrde* zu einem Gefecht, in dem die Franzosen geschlagen wurden. Die Befreiungskriege endeten 1815 mit der **Schlacht bei Waterloo** unter Beteiligung des Regiments Lüneburg der königlich-hannoverschen Truppen.

Bei der Neuordnung Europas auf dem **Wiener Kongress** wurde Kurhannover zum **Königreich**. Aus dem Fürstentum Lüneburg wurde die *Landdrostei* – eine Vorstufe des späteren *Regierungsbezirks* – Lüneburg, die wieder in Ämter eingeteilt war. Im Königreich Hannover wirkte der aus der Aufklärung hervorgegangene **Liberalismus**, der Grundlage der bürgerlichen Verfassungsbewegung wurde. Es kam dahin, dass König Wilhelm IV. (*1765, 1830–1837) eine **moderne Verfassung** unterzeichnete, die sein Nachfolger Ernst August (*1771, 1837–1851) wieder abschaffte. Bald wurden in den deutschen Ländern liberale Forderungen mit der Forderung nach einer deutschen Zentralgewalt verbunden. Die erste **frei gewählte Volksvertretung** trat 1848 in Frankfurt zusammen, um eine Verfassung zu erarbeiten.

Wiener Kongress, Königreich Hannover, Deutscher Bund und Deutscher Zollverein

Nach dem Zusammenbruch der napoleonischen Herrschaft ordneten Fürsten und Staatsmänner auf dem Wiener Kongress 1814/15 Europa neu. Daraus ging Kurhannover als größeres Königreich (12. Oktober 1814) hervor und die deutschen Einzelstaaten vereinigt im Deutschen Bund (8. Juni 1815). Im Westen umschloss das neue Königreich Hannover das Großherzogtum Oldenburg, im Süden wurden die hannoverschen Gebiete durch das Herzogtum Braunschweig voneinander getrennt. Etliche Länder des Deutschen Bundes schlossen sich 1834 im Deutschen Zollverein zusammen. Der Abbau von Zollschranken brachte großen Teilen Deutschlands die wirtschaftliche Einheit. Das Königreich Hannover trat dem Deutschen Zollverein erst 1854 bei, das Herzogtum Braunschweig bereits 1842. Zuvor hatten beide einen Steuerverein gebildet.

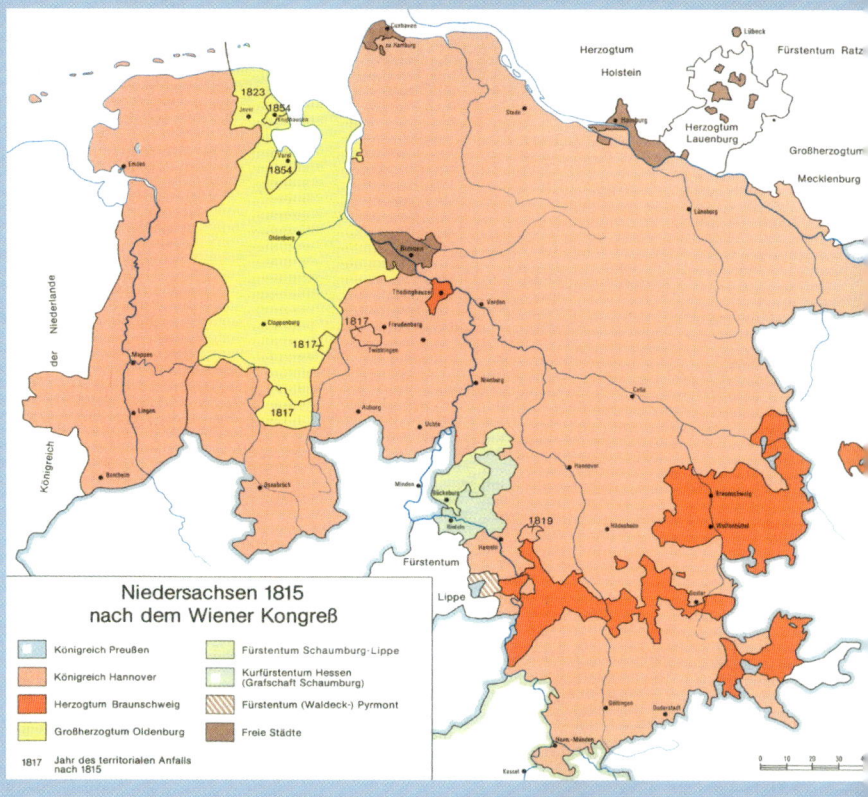

Niedersachsen 1815 nach dem Wiener Kongreß

- ☐ Königreich Preußen
- ☐ Königreich Hannover
- ☐ Herzogtum Braunschweig
- ☐ Großherzogtum Oldenburg
- ☐ Fürstentum Schaumburg-Lippe
- ☐ Kurfürstentum Hessen (Grafschaft Schaumburg)
- ☐ Fürstentum (Waldeck-) Pyrmont
- ☐ Freie Städte

1817 Jahr des territorialen Anfalls nach 1815

August Grumbecht, gewählter Abgesandter des Wahlkreises Lüchow in der Frankfurter Nationalversammlung.

Zu den **Abgesandten** aus den »Lüneburger Wahlkreisen« des *Königreichs Hannover* gehörten: aus dem Wahlkreis 11 (Harburg) zeitweilig Wilhelm Edmund Albrecht (1800 bis 1876) – er war einer der **Göttinger Sieben**, die 1837 gegen die Aufhebung der liberalen Verfassung protestiert hatten und ihrer Ämter enthoben wurden –; aus dem Wahlkreis 12 (Lüchow) während des gesamten Zeitraumes August Grumbrecht (1811–1883) – später Bürgermeister und Oberbürgermeister der Stadt Harburg und Reichstagsabgeordneter –; aus dem Wahlkreis 13 (Lüneburg) zuerst Georg Theodor Meyer (1798–1870), dann Carl Christoph Merkel (1799–1877) und schließlich Christian Lodemann (1805–1878); aus dem Wahlkreis 15 (Fallingbostel) zunächst Friedrich Schmidt (1804–1869), dann Heinrich Quintus-Ilicius (1798–1861) – er hatte in Fallingbostel 1838 eine der ersten Sparkassen im Königreich Hannover gegründet.

Frankfurter Nationalversammlung (18. Mai 1848 – 30. Mai 1849)
Angestoßen von der Februarrevolution im Jahr 1848 in Frankreich kam es im Deutschen Bund zu den Märzrevolutionen, einer bürgerlichen Revolution. Sie verband die liberalen Forderungen nach Verfassung, Pressefreiheit, Schwurgerichten und Volksbewaffnung des »Vormärz« mit der nach der nationalen Einheit. Anfang Mai 1848 wurden in 649 Wahlkreisen der Länder des Deutschen Bundes (und der nicht zum Bundesgebiet zählenden östlichen Provinzen Preußens und Schleswigs) in allgemeinen und – fast – gleichen Wahlen Abgesandte für die Nationalversammlung gewählt. Sie trat mit 585 Abgesandten in der Paulskirche in Frankfurt/ Main zusammen. Aus dem Deutschen Bund sollte ein gesamtdeutscher Bundesstaat werden. Dabei ging es um »großdeutsch« (mit Österreich und dessen nicht deutschen Ländern) oder »kleindeutsch« (ohne Österreich) und um Republik oder Erbkaisertum mit dem preußischen König als Kaiser. Es kam eine Mehrheit für »kleindeutsch« zustande. Zum Kaiser wählte diese am 28. März 1849 mit 290 Stimmen (bei 248 Enthaltungen) den preußischen König, der die Kaiserkrone jedoch ablehnte. Die Frankfurter Nationalversammlung war gescheitert!

D as Recht auf Bildung von Vereinen, eine Forderung der **Revolution von 1848**, wurde von der Paulskirchenversammlung in die »Grundrechte des Deutschen Volkes« aufgenommen. Es führte auch in der Landdrostei Lüneburg zur Gründung von unterschiedlichsten Vereinen. Etliche bestehen noch.

Der **Dualismus** Österreich – Preußen löste im Juni 1866 den **Deutschen Krieg** aus. Dabei wurde das Königreich Hannover *preußische Provinz*. Preußische Gesetze galten nun in der Landdrostei Lüneburg. Eine Katastrophe für viele Welfenanhänger! Sie fanden sich 1869 in der Deutsch-Hannoverschen Partei zusammen. Nach preußischem Vorbild wurden Verwaltung, Infrastruktur, Wohlfahrtswesen und vieles anderes geändert. Für Wirtschaft, Verkehr und Handel begann **die Moderne**.

Das Ende des Königreichs Hannover 1866
Als Georg V. das Ultimatum vom 15. Juni 1866, sich auf Preußens Seite gegen Österreich zu stellen, ablehnte, besetzten preußische Truppen das Königreich Hannover. Daraufhin machte sich Georg V. an der Spitze seiner nicht kriegsbereiten Armee auf den Weg nach Bayern. Bei Langensalza in Thüringen kam es am 27. Juni 1866 mit einem preußischen Korps zur Schlacht. Zwar siegten die Hannoveraner, aber sie wurden umstellt und mussten zwei Tage später wegen Munitionsmangel die Waffen strecken. König Georg V. ging nach Österreich ins Exil. Aus dem Königreich Hannover, auf das Georg V. niemals verzichtete, wurde mit dem preußischen Gesetz vom 20. September 1866 und mit dem Annexionspatent vom 3. Oktober 1866 die preußische Provinz Hannover.

Vom Deutschen Bund zum Deutschen Reich
Nach dem Sieg Preußens über Österreich in der Schlacht bei Königgrätz (3. Juli 1866) im Deutschen Krieg setzte Otto von Bismarck (1815-1898) als preußischer Ministerpräsident (seit 1862) die kleindeutsche Lösung durch. Der Deutsche Bund wurde aufgelöst, die Neugestaltung Deutschlands ohne Österreich geplant und dazu am 18. August 1866 der Norddeutsche Bund mit Bismarck als Bundeskanzler und Außenminister beschlossen (in Kraft am 1. Juli 1867). Diesem Bund traten mit Beginn des Deutsch-Französischen Krieges (19. Juli 1870) die süddeutschen Staaten bei. Am 10. Dezember 1870 wurde durch Reichstagsbeschluss aus dem Norddeutschen Bund das Deutsche Reich. Die Ausrufung König Wilhelms I. von Preußen (*1797, 1861-1888) zum Deutschen Kaiser am 18. Januar 1871 in Versailles durch Bismarck machte das Deutsche Reich zum Kaiserreich.

Verwaltungs-, sozial-, wirtschafts- und militärgeschichtliche Aspekte im Lüneburgischen in Mittelalter und früher Neuzeit

Amtshof Eicklingen
In vielen Orten gibt es heute noch alte Amtshöfe oder Amtshäuser. Der Amtmann nahm als Stellvertreter des Fürsten die Abgaben des Amtsbezirk ein und hielt Gericht. Ihm waren Schreiber und Steuereinnehmer unterstellt. Die Ämter führten Buch über Abgaben, Dienste und Steuereinnahmen der Orte. Aufgezeichnet wurden auch Viehbestand, Feldfrüchte und Handwerke sowie alle Ausgaben des Amtes. Die Amtleute kontrollierten die Einhaltung von Gesetzen und Verordnungen, die sonntags in der Kirche von der Kanzel verlesen oder durch Ausrufer öffentlich bekannt gemacht wurden.

Verwaltung und Kommunikation

Frühe Verwaltungseinheiten, anfangs oft mit einer Burg als Zentrum, wurden als *Vogtei, Gericht* oder *Amt* bezeichnet und unterstanden dem landesherrlichen Vogt (später Drost oder Amtmann). Um 1300 gehörten die Vogteien im Fürstentum Lüneburg zu den beiden *Großvogteien* Celle und Winsen/Luhe. In der Großvogtei Celle waren es zwölf, darunter *Fallingbostel, Lüneburg, Uelzen, Winsen (Aller), Lüchow* und *Bleckede*. Die meisten dieser Orte sind Städte mit Sitz der Landkreisverwaltung geworden. Ämter gab es in unterschiedlicher Zahl und Größe, bis sie 1885 in den Kreisen aufgingen.

Nicht nur, um ein großes Gebiet zu regieren und zu verwalten, mussten Informationen schnell und zuverlässig übermittelt werden, sondern auch, um Kontakte zu anderen Fürsten, Städten und zu Kaiser und Reich zu halten. Dafür überbrachten *Boten* Briefe und andere Schriftstücke, denn es gab noch keinen geregelten Postdienst. Fürsten, Städte und Klöster unterhielten eigene Botendienste. Seit dem 16. Jahrhundert waren im Reich die *von Thurn und Taxis* **kaiserliche Generalpostmeister**, **Länderpostdienste** folgten. 1678 wurde die Postbeförderung im gesamten Herzogtum Braunschweig-Lüneburg einheitlich geregelt. Erster Erbgeneralpostmeister war 1678 *Francesco Maria Capellini* (1640–1694) aus Rimini (Italien). In Celle wurde er wegen seiner dünnen Beine Stechinelli (»Zahnstocher«) genannt. 1682 übernahm Oberhofmarschall *Franz Ernst Freiherr von Platen* (1631–1709) die Aufgabe. Er machte die **welfische Landespost** zur bedeutendsten Verkehrsanstalt in Nordwestdeutschland. In der zweiten Hälfte des 19. Jahrhunderts wurde die Postbeförderung vereinheitlicht, zunächst im Süden mit dem Deutsch-Österreichischen Postverein (1850), dann im Norden mit der Post des Norddeutschen Bundes (1868) und seit 1871 mit der **Reichspost**.

Stechinelli als Betteljunge, bevor er nach Celle kam.

Landleben

Vom Mittelalter bis zu den **Agrarreformen** im 19. Jahrhundert änderte sich wenig in der Organisation der Landbewirtschaftung. Nur sehr wenige Bauern verfügten frei über das Land, das sie bewirtschafteten. Das Land gehörte meistens Klöstern, Kirchen oder Adeligen. Abhängige Bauern bestellten es für die Grundherren. Später wurde es zeitlich befristet gegen Natural- und Geldleistungen vergeben. Neu gerodetes Land wurde mit einer jährlichen Natural- oder Geldrente verpachtet (**Erbzinsrecht**). Eine Weiterentwicklung war die Landvergabe nach **Meierrecht**. Dieses gab den Bauern das lebenslange Nutzungsrecht, das ein Sohn erbte (**Anerbenrecht**). Der Grundherr erhielt eine feste jährliche **Abgabe**, der Landesherr Steuern (**Bedepflicht**) und bäuerliche Dienstleistungen (**Hand- und Spanndienste**).

Gemengelage der Felder, Abgaben und Dienste belasteten die Bauern und verhinderten Verbesserungen. Tiefgreifende Veränderungen brachten im 19. Jahrhundert staatliche **Agrarreformen**. Die dörfliche Flur wurde neu verteilt (**Verkoppelung oder Separation**), die Dorfgemarkung geschaffen, das Gemeindeland – die Gemeinheit – aufgeteilt (**General- und Spezialteilung der Gemeinheit**), aus abhängigen Bauern wurden nach dem Ankauf von Abgaben und Diensten (**Ablösung**) Eigentümer des bewirtschafteten Landes. Die Gemeinheitsteilungsordnung von 1802 im Fürstentum Lüneburg war die erste in Kurhannover.

Dorfbewohner

Unter den Dorfbewohnern gab es wirtschaftliche und soziale Unterschiede. Seit dem 15./16. Jahrhundert waren die Höfe eingeteilt in Höfe- und Bauernklassen. Danach wurden die Pflichten für den Landesherrn festgelegt. Auf der obersten Stufe standen die »Vollbauern« mit den großen Höfen. Es folgten mit nur halb so viel Land die Halbbauern. Sie waren meist aus der Teilung von Vollhöfen hervorgegangen. An dritter Stelle sind die mit weniger Land ausgestatteten Kötner (auch Köter oder Kötter; Kote = Hütte) zu finden. Vollbauern, Halbbauern und Kötner – im Wendland hießen sie Voll- und Halbhufner und Kossaten – waren an der Nutzung des Gemeindelands (Gemeinheit oder Allmende) beteiligt. Seit Ende des 15. Jahrhunderts kamen Brinksitzer (Brink = Dorfrand) hinzu, die ein Haus besaßen, aber nur noch über Gartenland verfügten. Seit Ende des 18. Jahrhunderts konnte es Abbauern und Anbauern geben. Abbauern erhielten von einem Hof abgeteiltes Land, Anbauern urbar zu machendes Gemeindeland. Dann gab es noch Häuslinge und Einlieger. Sie gehörten zur dörflichen Unterschicht und verdienten ihren Lebensunterhalt als Tagelöhner. Häuslinge bewohnten kleine Häuser. Einlieger wohnten zur Miete in Kammern der Bauernhäuser. Brinksitzer, Häuslinge und Einlieger, aber auch Bauern mit wenig Land waren auf zusätzliche Einnahmequellen angewiesen. Dafür arbeiteten sie im dörflichen Handwerk (Schmiede, Stell- oder Rademacher, Zimmerleute, Tischler, Flickschuster, Schneider), als Fuhrleute oder im Hausgewerbe (Spinnen, Stricken, Weben).

Städte

Bis ins 12. Jahrhundert gab es in Norddeutschland nur wenige Städte. Merkmale einer mittelalterlichen Stadt waren Befestigung, Stadtmauer und Stadtrecht. Seit dem 13. Jahrhundert nahm die Zahl der Städte zu, entweder durch fürstliche Stadtrechtsverleihungen an bestehende Orte oder durch von Anfang an mit **Stadtrechten** ausgestattete Neugründungen. Das **Lüneburger Stadtrecht** erhielten *Hitzacker, Lüchow* und *Dannenberg* wie auch *Dahlenburg, Harburg* und *Bleckede. Rethem, Walsrode* und *Soltau* hatten das **Recht der Stadt Braunschweig**.

Bereits zur Zeit der Billungerherzöge war *Lüneburg* ein bedeutender Handelsplatz. 1247 verlieh Otto das Kind Stadtrechte. Lüneburgs wichtigstes Wirtschaftsgut war das Salz. Das »weiße Gold des Mittelalters« wurde zur Konservierung von Nahrungsmitteln vorwiegend in den Ostseeraum exportiert. Lüneburg gehörte zur **Hanse** und war um 1500 mit über 10.500 Einwohnern eine große mittelalterliche Stadt. *Celle* ist 1292 neu gegründet worden. Die planvolle Anlage der Stadt ist noch heute im **regelmäßigen Straßennetz** sichtbar. Vorgängerin war Altencelle mit Burg, Zoll und Kirche St. Gertrudis. Die Verlegung von Stadt, Burg und Zoll an den verkehrsgünstigeren Platz veranlasste Otto der Strenge. Er verlieh der neuen Stadt zuerst das Lüneburger, dann das Braunschweiger Stadtrecht. Für die im Winkel von Aller und Fuhse gelegene Stadt waren Schifferei und Flößerei von wirtschaftlicher Bedeutung. Ursprung der Stadt *Uelzen* war ein Handelsplatz beim Kloster Oldenstadt mit dem Verdener Bischof als Stadtherr. Nach 1250 verließen die Bewohner diesen Ort und gründeten auf einer Ilmenau-Insel eine neue Stadt. Neuer Stadtherr war der Graf von Schwerin, der sie den welfischen Herzögen abtreten musste. 1270 erhielt Uelzen Lüneburger Stadtrecht.

Urkunde Wilhelms von Lüneburg über die Gründung der Löwenstadt 1209.

Stadtrecht
Das Stadtrecht verlieh der Stadtherr zur Förderung der Wirtschaft und Stärkung seiner Herrschaft. Der Rat lenkte unter Aufsicht des herzoglichen Vogtes die Geschicke der Stadt. Das Stadtrecht enthielt Bestimmungen zu Rat, Handel, Handwerk, Abgaben, Gericht, Erbfällen und oft den Satz »Stadtluft macht frei«. Er bedeutete, dass zugewanderte Unfreie frei waren, wenn ihr Herr sie nicht innerhalb von Jahr und Tag zurückforderte. Neugründungen erhielten als »Startkapital« Stadtrecht. Die Stadtgründungen Löwenstadt (bei Bleckede) Wilhelms von Lüneburg (1209) und Lewenwerder östlich von Harburg Ottos des Strengen (Ende 13. Jh.) gelangen nicht.

Legende von der Salzsau
Der Legende nach verdankt Lüneburg seinen Wohlstand einem Schwein. Das Borstenvieh hatte sich in einem Wasserloch gewälzt. Stunden später bemerkte ein Jäger, dass viele Salzkristalle an den Borsten hingen. Diese wiesen das Wasserloch als reichhaltige Solequelle aus. Sie wurde zur Saline und das Schwein als Lüneburger Salzsau berühmt.

Die Lüneburger Saline, Holzschnitt von 1544. Die aus der Solequelle geförderte Sole kam in Siedepfannen und wurde erhitzt. Während das Wasser verdampfte, blieb das Salz zurück. Der gesamte Betrieb war die Saline, die es bis 1980 gab. Eigentümer von Siedehütten und Siedepfannen waren die Sülzberechtigten, die Pächter der Siedepfannen waren die Siedeberechtigten, die seit 1374 Sülfmeister hießen. Jährlich am »Kopefest« prüften die Sülfmeister Salz und Saline. Daran wird mit den Sülfmeistertagen noch heute jedes Jahr erinnert.

Verwaltungs-, sozial-, wirtschafts- und militärgeschichtliche Aspekte

Zur Wende vom 18. zum 19. Jahrhundert gab es außer den bis zur Mitte des 14. Jahrhunderts entstandenen Städten noch die kleinen Städte *Burgdorf, Harburg, Rethem, Walsrode* und *Winsen/Luhe*. Etliche Orte erreichten nur einen **Rechtsstatus zwischen Stadt und Dorf**. Es waren sogenannte **Minderstädte** (oder **Flecken**). Einige wie *Bleckede, Schnackenburg, Wustrow, Wittingen, Vorsfelde, Fallersleben, Gifhorn* und *Soltau* wurden im 19. und 20. Jahrhundert Städte, andere, die keine Stadt wurden wie *Artlenburg, Dahlenburg, Gartow, Clenze, Bergen (Dumme), Bodenteich, Brome* oder *Ahlden*, führen heute noch die Bezeichnung »Flecken«. Im 20. Jahrhundert wurde mit *Bevensen* (1929), *Munster* (1937), *Fallingbostel* (1949), *Bergen* (1957) oder *Schneverdingen* (1958) manch weiterer Heideort zur Stadt erhoben.

Stadtbewohner

Nicht jeder Einwohner einer Stadt war zugleich Bürger der Stadt. Bürger konnte nur derjenige werden, der das Bürgergeld zahlte. In größeren Städten entwickelte sich mit der Zeit eine Oberschicht, die weitgehend aus Kaufleuten, aber auch aus Handwerksmeistern bestand: das Patriziat. Patrizier waren als Räte und Bürgermeister maßgeblich an der städtischen Selbstverwaltung beteiligt. Die Mehrzahl der Handwerker gehörte zur städtischen Mittelschicht, die sich zur Wahrung ihrer Interessen in Zünften oder Gilden vereinigte. Den größten Anteil an der Bevölkerung jedoch stellte die städtische Unterschicht. Das waren neben niederen, nicht in Zünften organisierten Handwerkern Tagelöhner und Arme, auch Heimarbeiter und Soldaten. Zeitweise gehörten Sänger, Schauspieler oder Tänzer dazu, die von Stadt zu Stadt zogen. Des weiteren lebten in mittelalterlichen Städten auch Juden. Sie betrieben Handel und Pfandleihgeschäfte. Um eine wirtschaftliche Konkurrenz loszuwerden und um an ihren Besitz zu kommen, wurden Juden unter falschen Anschuldigungen aus vielen Städten vertrieben. Auch der Ausbruch der Pest ist ihnen angelastet worden. Als diese 1350 in Lüneburg, Uelzen und Bergen ausbrach, wurden in Lüneburg alle Juden ermordet, ihr Besitz eingezogen und für lange Zeit keine Juden mehr als Bewohner zugelassen.

Pokal der jungen Kaufleute in Lüneburg, 1765.

Industrialisierung

Die Überreste der Dömitzer Eisenbahnbrücke von 1873 im Jahr 2010.

Ausgehend von *Großbritannien* bewirkten ab Ende des 18. Jahrhunderts technische Neuerungen den Übergang von der Agrar- zur **Industriegesellschaft** mit modernem Verkehrsnetz. Das überwiegend ländlich geprägte *Fürstentum Lüneburg* hatte an dieser Entwicklung nur bedingt Anteil. Bis ins 19. Jahrhundert waren die meisten Straßen unbefestigt. Mit Steinen gepflasterte **Chausseen** wurden seit 1789 gebaut: die erste von *Lüneburg* über *Uelzen* nach *Braunschweig*, die zweite von *Celle* nach *Hannover* und die dritte von *Celle* nach *Braunschweig*. Seit den 1840er Jahren kam die **Eisenbahn** hinzu. *Celle* erhielt 1845 Anschluss an das neue Verkehrsnetz. 1847 wurde die Strecke über *Lüneburg* nach *Harburg* fortgeführt. Seit 1872 verkehrte die Eisenbahn zwischen *Harburg* und *Hamburg* und seit 1873 zwischen *Uelzen* und *Soltau*. In *Dannenberg* entstand ein Eisenbahnkreuz: 1872 nach *Lüneburg*, 1873 über *Dömitz* nach *Ludwigslust*, 1911 über *Lüchow* nach *Salzwedel* und 1924 nach *Uelzen*.

Reifenherstellung bei der Phoenix in Harburg in den 1920er Jahren.

Die **Textilherstellung** hatte mit dem Leineweben als Heimgewerbe im Wendland Tradition. Zur Kontrolle der Leinenstücke und zur Förderung des Verkaufs gab es Ende des 18. Jahrhunderts in Lüchow, Wustrow, Bergen an der Dumme und Dannenberg staatliche Prüfanstalten, die Leggen. In Wustrow wurde 1873 mit der *Weberei Wentz* die erste und einzige mechanische Weberei im ehemaligen Fürstentum Lüneburg gegründet. Der Betrieb wurde 1964 aufgegeben. Am meisten hatte Harburg von der **Industrialisierung** profitiert. Es entwickelte sich von einer Burg im Moor zur **Wirtschafts- und Verkehrsdrehscheibe**. Entscheidend dafür waren der Binnenhafen und die Eisenbahnanbindung. 1856 wurde die *Gummifabrik Phoenix AG* gegründet, aus der die noch heute bestehende Phoenix AG hervorging.

Kalischacht »Rudolph«, Schreyahn.

In Bomlitz entstand aus einer Pulvermühle die *Firma Wolff & Co*, die seit 1879 »Schießbaumwolle« herstellte. In Unterlüß richtete die »*Rheinische Metallwaren- und Maschinenfabrik*« 1899 einen Erprobungsplatz für Waffen und Munition ein und nahm 1905 die Fertigung von Patronenhülsen und Geschossen auf. Des Weiteren brachten **Abbau und Förderung von Bodenschätzen** Industrie und Arbeitsplätze in die arme Region – allerdings nur in Maßen. In *Wietze*, wo Teergruben bereits 1652 in Nutzung waren, wurde von 1858 bis 1963 **Erdöl** gefördert. In der Südheide (1863 *Neuohe*, 1876 *Wiechel*, 1880 *Hösseringen*, 1907 *Breloh*) wurde für Sprengstoff und Filter von 1863 bis in die 1990er Jahre **Kieselgur** abgebaut und im Wendland von 1899 bis 1926 **Kali** als Düngemittel. Im Landkreis Celle hatte der Kaliabbau 1910 mit der Grube Niedersachsen begonnen. Noch heute weist der Kaliberg in *Wathlingen* auf das längst stillgelegte Bergwerke hin.

Militär

Celle war Garnisonsstadt. Erstes Militär war 1626 die herzogliche Torwache. 1705 wurden hannoversche Regimenter stationiert. Das berühmteste war das Regiment der Herzog-von-Cambridge-Dragoner, eine berittene Truppe. Die Cambridge-Dragoner-Kaserne (heute Jugend- und Kulturzentrum CD-Kaserne) und die erste Infanteriekaserne wurden gebaut. In die neue »Große Infanteriekaserne« – mit der damals längsten Backsteinfassade Norddeutschlands – zog 1871 das 2. Hannoversche Infanterie-Regiment Nr. 77 (»Heideregiment«). Die alte Kaserne ist heute das neue Celler Rathaus.

Die einstige »Große Infanteriekaserne«, heute Celler Rathaus.

Der 1815 gegründete **Deutsche Bund** hatte beschlossen, ein gemeinsames Bundesheer aufzustellen. Die sehr dünn besiedelte Heide schien ideal für dauerhafte militärische Übungsplätze. 1822 entstand bei *Fallingbostel* und *Bergen* je ein Übungsplatz, aus denen der heutige NATO-Truppenübungsplatz geworden ist. Ein dritter ging im Sommer 1893 bei *Munster* in Betrieb. Bei *Walsrode/Beetenbrück* und bei *Celle/Lachendorf* unterhielt die Kavallerie Reitplätze. Bei *Munster* wurde für Waffen mit großer Reichweite ein weiterer Übungsplatz eingerichtet. Der Raum Lüneburg-Soltau-Celle war zum **Manövergebiet** und das Militär zu einem bedeutenden Wirtschaftsfaktor in der Region geworden.

Postkarte zur Kaiserparade 1907 in der Lüneburger Heide.

Die Nach-Fürstentumszeit:
Das 20. Jahrhundert im Regierungsbezirk Lüneburg

Bis zum Ende des 1. Weltkriegs

Deutsche Soldaten im 1. Weltkrieg, darunter auch ein Soldat aus Wohlde bei Bergen.

An Wilhelmstraßen, Kaiserdenkmälern und Bismarcktürmen ist besonders in Städten die Begeisterung für das 1871 entstandene Deutsche Reich noch heute zu erkennen. Der nunmehrige **deutsche Nationalstaat** erlebte einen deutlichen wirtschaftlichen Aufschwung, nicht zuletzt deshalb, weil der **Deutsche Zollverein** die deutschen Länder 1834 und 1867 wirtschaftlich vereint hatte, auf die das neu gegründete **Deutsche Reich** aufbauen konnte. Ein Teil der Bevölkerung unterstützte noch immer das alte Herrscherhaus und wählte welfisch: die Deutschhannoversche Partei (DHP). Die meisten jedoch neigten zur Nationalliberalen Partei, die ihren Frieden mit Preußen gemacht hatte. Dazu hatte auch die Heirat der *Hohenzollern-Kaisertochter Viktoria Luise* mit dem *Welfenprinzen Ernst August* 1913 beigetragen. Internationale Spannungen ließen viele Länder aufrüsten und führten am 1. August 1914 in den **Ersten Weltkrieg**: *Deutschland* und *Österreich-Ungarn* (**Mittelmächte**) gegen *Russland, Frankreich, England* (**Entente**) und seit dem Frühjahr 1917 die *Vereinigten Staaten von Amerika*.

1. Weltkrieg

Zu Konflikten – außer auf dem Balkan und in den Kolonien – führte auch kaiserlich-deutsche Großmachtpolitik unter Wilhelm II. Ein Attentat löste 1914 den Ersten Weltkrieg aus. In Sarajewo, Hauptstadt des zur Donaumonarchie gehörenden Bosniens, wurde am 28. Juni 1914 das österreich-ungarische Thronfolgerpaar von einem serbischen Nationalisten getötet. Einen Monat später erklärte Österreich-Ungarn – unterstützt von Deutschland (»Blankoscheck«) – Serbien den Krieg. Daraufhin folgten Mobilmachungen, Kriegserklärungen und Kriegseintritte. Im Westen war es ein technisierter Krieg mit zermürbenden Stellungskämpfen, Einsatz von Massenvernichtungswaffen (wie Giftgas), Panzern und auch Flugzeugen. Im Seekrieg setzte das Deutsche Reich auf die Unterseebootwaffe und versenkte im Frühjahr 1915 im uneingeschränkten Unterseebootkrieg ein britisches Passagierschiffes; dabei kamen Amerikaner ums Leben (»Lusitania-Zwischenfall«). Die USA drohten daraufhin dem Deutschen Reich mit Krieg und erreichten, dass der uneingeschränkte Unterseebootkrieg aufgegeben wurde. Nach dessen Wiederaufnahme im Februar 1917 erklärten die Vereinigten Staaten von Amerika am 6. April 1917 dem Deutschen Reich den Krieg, am 7. Dezember 1917 auch der österreich-ungarischen Monarchie. US-Truppen griffen im Juni 1918 in die Kämpfe ein. In militärisch aussichtsloser Lage richtete Deutschland am 4. Oktober 1918 ein Waffenstillstandsgesuch an den amerikanischen Präsidenten Thomas Woodrow Wilson (1856–1924, Präsident 1913–1921). Er hatte Anfang des Jahres seine Vorstellungen von einem gerechten Frieden in 14 Punkten dargelegt. Mit Unterzeichnung des Waffenstillstandes am 11. November 1918 wurden die Kampfhandlungen eingestellt. Der Erste Weltkrieg war beendet. An die Gefallenen erinnert in fast jedem Ort ein Denkmal.

Im August 1914 waren – auch in den Städten und Dörfern des Regierungsbezirks Lüneburg – Kriegsbegeisterung und Hoffnung auf ein schnelles Kriegsende verbreitet. Heide und Wendland lagen weitab der Frontlinien. Doch brachten die deutlich ansteigende **Rüstungsproduktion** in Bomlitz und Unterlüß, die stets belegten Kasernen in Celle und die häufigen Gefallenenmeldungen das Kriegsgeschehen sehr nah. Nicht nur die Männer waren zum Kriegsdienst eingezogen, auf vielen Höfen fehlten auch die wichtigen Zugpferde, die vom Militär beschlagnahmt worden waren. Frauen bewirtschafteten nicht nur die Höfe, sondern arbeiteten auch in der Industrie. Die Bevölkerung litt unter **Lebensmittelknappheit**. Schulkinder sammelten Heilkräuter, Metall, Knochen und Lumpen. Bald nach Kriegsbeginn kamen die ersten Kriegsgefangenen. In Soltau bestand das größte deutsche **Kriegsgefangenenlager**. Über 60.000 Männer, die meisten aus *Frankreich* und *Belgien*, waren hier eingesperrt. Viele mussten in Fabriken und auf Höfen arbeiten.

Politische Umwälzungen auch in Stadt und Kreis: Bürger demonstrieren am 15. April 1919 vor dem Uelzener Rathaus.

Am Ende des Ersten Weltkrieges gab es kein deutsches Kaiserreich mehr. Deutschland war seit dem Herbst 1918 in Aufruhr. Auch in der weitgehend friedlichen Heide gab es ein wenig Revolte und Umschwung. So organisierten beispielsweise in *Lüneburg* und *Soltau* Kieler Matrosen am 8. November 1918 die Bildung von **Arbeiter- und Soldatenräten**. In *Munster* war ebenfalls ein Arbeiter- und Soldatenrat eingesetzt worden und in *Harburg* und *Winsen/ Luhe* bildeten sich auf Initiative von SPD und Gewerkschaften Bürgerräte. Über dem *Celler Schloss* wehten kurzzeitig rote Revolutionsfahnen. Auch im *Wendland* entstanden Arbeiter- und Soldatenräte, in Landgemeinden Bauernräte.

Vom Kaiserreich zur Demokratie

Mit der Meuterei der deutschen Hochseeflotte am 29. Oktober 1918 in Wilhelmshaven und dem Matrosenaufstand in Kiel am 3. und 4. November 1918 begann die Novemberrevolution. Sie griff Ideen des russischen Revolutionsjahres 1917 auf. Am 9. November 1918 gab Reichskanzler Prinz Max von Baden (1867–1929, Reichkanzler 30.10.–9.11.1918) den Thronverzicht Wilhelms II. bekannt, rief der Sozialdemokrat Philipp Scheidemann (1865–1939) die »deutsche Republik« aus, proklamierte Karl Liebknecht (1871–1919), 1918/1919 Mitbegründer der Kommunisitschen Partei Deutschlands (KPD), eine »freie sozialistische Republik«, wurde der Sozialdemokrat Friedrich Ebert (1871–1925) Reichskanzler. Kaiser und Fürsten dankten ab. Wilhelm II. ging nach Holland ins Exil. Die Regierung übernahm der in der Novemberrevolution gebildete Rat der Volksbeauftragten mit Ebert an der Spitze. In vielen Städten entstanden Arbeiter- und Soldatenräte. Der Reichskongress der Arbeiter- und Soldatenräte und der Rat der Volksbeauftragten legten fest, dass am 19. Januar 1919 das verfassunggebende Parlament gewählt werden sollte.

Von der Weimarer Republik zur NS-Zeit

Weimarer Republik
Die Nationalversammlung, bei deren Wahl erstmals deutsche Frauen stimmberechtigt waren, trat am 11. Februar 1919 in Weimar zusammen – daher »Weimarer Republik« – und wählte Ebert zum Reichspräsidenten. Die Nationalversammlung hatte eine Verfassung zu erarbeiten und mit den Kriegsgegnern Frieden zu schließen. Die am 31. Juli 1919 verabschiedete Reichsverfassung trat am 14. August 1919 in Kraft. Bereits am 28. Juni 1919 unterschrieb Deutschland den Versailler Vertrag mit den von den Siegern festgelegten Friedensbedingungen: Anerkennung der Alleinschuld am Kriegsausbruch, Verringerung der Streitkräfte, Gebietsabtretungen und Reparationen (Kriegsentschädigung als Ersatz für die Schäden der Zivilbevölkerung der Alliierten). Diese Forderungen, dazu erhebliche politische, wirtschaftliche und soziale Probleme belasteten die jungen Demokratie. Die Weimarer Koalition aus SPD, katholischem Zentrum und linksliberaler Deutscher Demokratischer Partei (DDP) zerbrach 1923. Regierungswechsel und Neuwahlen bestimmten das nächste Jahrzehnt.

Im Regierungsbezirk Lüneburg war noch die DHP vorherrschende politische Kraft, besonders in der ländlichen Umgebung von Lüneburg und Celle und in ihren Hochburgen *Dannenberg, Uelzen, Fallingbostel* und *Soltau*. Darüber hinaus spielten in den Städten SPD (Sozialdemokratische Partei Deutschlands) und KPD (Kommunistische Partei Deutschlands) eine gewisse Rolle. *Harburg* und *Wilhelmsburg* galten als SPD-Hochburgen; hier gab es wie auch in *Winsen/Luhe, Lüneburg, Neuhaus, Dannenberg, Lüchow, Wustrow, Uelzen* und *Soltau* 1932 noch Ortsgruppen der KPD. Die NSDAP (Nationalsozialistische Deutsche Arbeiterpartei) hingegen war Anfang der 1920er Jahre kaum verbreitet. Noch 1926 konnte die Partei in *Lüneburg* nicht aufgebaut werden.

Die Bevölkerung hatte mit Versorgungsproblemen zu kämpfen. Dagegen protestierten im März 1919 in Winsen/Luhe 5.000 Menschen. Im Kreis Gifhorn zwangen Mitte Oktober 1921 Hungernde aus Braunschweig Bauern, ihnen Kartoffeln zu verkaufen. Teuerung und Lebensmittelknappheit lösten im **Inflationsjahr** 1923 in *Celle* und *Harburg* Unruhen aus. Die Währungsreform beendete am 15. November 1923 die Inflation und leitete eine ruhige Phase (**»Goldene Zwanziger«**) ein. Seit dem Winter 1928/29 steuerte die Wirtschaft erneut auf eine Krise zu, die sich mit dem New Yorker Börsenkrach am 25. Oktober 1929 zur **Weltwirtschaftskrise** ausweitete. Die Landwirtschaft, für die meisten Menschen der Heide immer noch Lebensgrundlage, war durch Missernten in mehreren aufeinanderfolgenden Jahren und sinkende Preise für landwirtschaftliche Erzeugnisse in die Agrarkrise geraten. Viele Bauern verschuldeten sich. Wenn die Schulden nicht beglichen werden konnten, mussten Höfe aufgegeben oder zwangsversteigert werden.

1930er Jahre in Uelzen

Hitler auf dem MTV-
Sportplatz in Lüneburg
im Reichstagswahlkampf
am 20. Juli 1932.

Nationalsozialismus
1933 wurden Verbände,
Parteien, Organisationen
und Vereine verboten oder
umorganisiert und so auf
die nationalsozialistische
Politik ausgerichtet. Diese
»Gleichschaltung« sollte
jeden einzelnen Bürger
erfassen. Seit dem 14. Juli
1933 gab es mit der NSDAP
nur noch eine Partei und
ihre Organisationen. Jede
Opposition war damit
ausgeschaltet, politisch
Andersdenkende wurden
verfolgt, die Presse
kontrolliert und das Volk
durch Propaganda und
Einbindung in Parteiorgani-
sationen auf den »Führer«
eingeschworen. Jugendliche
sollten in Jungvolk und
Hitlerjugend (HJ) und im
Bund Deutscher Mädel
(BDM) zu »guten« Natio-
nalsozialisten erzogen
werden; weit über 90
Prozent wurden so erfasst.

Aus der Unzufriedenheit mit der wirtschaftlichen Lage, die dem politischen System angelastet wurde, entstand die republikfeindliche **Landvolkbewegung**. Sie hielt trotz Versammlungsverbot in *Heide* und *Wendland* gut besuchte Kundgebungen ab. Unmut und Widerstand richtete sich gegen Finanzämter und Verwaltungsbehörden. Im Sommer 1929 wurden zum Beispiel in *Winsen* auf das Finanzamt und in *Lüneburg* auf Landeskrankenkasse und Regierungsgebäude Sprengstoffanschläge verübt. Die Landvolkbewegung war keine eigentliche Partei. Ihre Führer waren Bauern, die sich in völkischen Parteien wie der NSDAP engagierten, in der die Landvolkbewegung schließlich aufging. In diesen Krisenzeiten gewann die NSDAP viele Anhänger. Im NSDAP-Gau Lüneburg-Stade (seit 1928 Osthannover) stieg von Ende 1925 bis Ende 1931 die Zahl der Parteimitglieder von 95 auf 9.689. Die 1929 in *Buchholz* eingerichtete Geschäftsstelle des Gauleiters Otto Telschow (1876–1945) wechselte 1932 nach *Harburg* und 1937 nach *Lüneburg*. Das Erstarken der NSDAP ging im Lüneburgischen zu Lasten der DHP. Bis 1928 war die NSDAP reichsweit unbedeutend, 1930 wurde sie nach SPD und vor katholischem Zentrum zweitstärkste Kraft. In Uelzen lieferten sich am 14. September, dem Tag der Reichstagswahl, Nationalsozialisten und Kommunisten eine Straßenschlacht. Bei den beiden **Reichstagswahlen** des Jahres 1932 erhielt die NSDAP mit 31,1 und 26,5 Prozent reichsweit die meisten Stimmen. Im Regierungsbezirk Lüneburg erreichte sie die absolute Mehrheit. Mit der Ernennung Hitlers zum Reichskanzler begann das »Dritte Reich«. Nach dem Tod Paul von Hindenburgs (*1847, Reichspräsident 1925–1934) am 2. August 1934 übernahm Hitler auch das Amt des Reichspräsidenten und war fortan »Führer und Reichskanzler« mit unumschränkter Machtfülle.

Abzeichen der
NS-Frauenschaft.

... und in Celle

NS-Zeit: Ausbau des Militärsektors und Umsiedlungen

Zwischen Bergen, Fallingbostel, Winsen und Dorfmark entstand von 1934 bis 1938 der damals größte **Truppenübungsplatz**. Bei Heidenau, Reinsehlen, Faßberg, Wesendorf, Wietzenbruch und Scheuen wurden **Flugplätze** angelegt und bei Ehra-Lessien ein Versuchsflug- und Übungsplatz der Luftwaffe. In stillgelegten Steinsalz- oder Kalibergschächten wie in Höfer (Maria Glück) und Hambühren (Prinz Adalbert) und in Bergwerken wie in Hänigsen (Schacht Riedel) wurden **Munitionsanstalten** (Muna) für Heer und Luftwaffe eingerichtet, weitere Munas bei Bodenteich, Scheuen, Walsrode oder Schneverdingen sowie im Wendland bei Dragahn, Karwitz und Tramm, dazu das **Sperrwaffenarsenal** Druhwald, das **Marinedepot** Tostedt und das **WiFo-Tanklager** (Wirtschaftliche Forschungsgesellschaft) der Wehrmacht bei Hitzacker.

Für den Truppenübungsplatz wurden elf Dörfer aufgegeben und *3.500 Bewohner umgesiedelt*. Für die Bauern, deren Familien seit Generationen auf den Höfen lebten, war das eigentlich unvorstellbar. Auch fühlten sie sich verraten. War ihnen doch wirtschaftlicher Aufschwung versprochen worden und sollte doch das **Reichserbhofgesetz** zur »Erhaltung des Bauerntums als Blutquell des deutschen Volkes« (Blut-und-Boden-Ideologie) dem »Bauernstand« zu größerem Ansehen verhelfen. Aus Protest wurden Dörfer schwarz beflaggt und auf »Hitler-Eichen« oder »Hitler-Steine« Anschläge verübt. Doch die Menschen fügten sich und zogen fort. Eine Zeitzeugin erinnert sich: *» (...) viele der betroffenen Höfe waren verschuldet. Die Entschädigungen waren gut und die meisten Bauern hatten hinterher bessere Höfe. Und dennoch, die Heimat zu verlieren war das Schlimmste, und dagegen haben wir gekämpft, jedoch vergebens.«* Der Bau des Truppenübungsplatzes brachte Arbeit und fast 6.000 Arbeiter in die Region. Ein Mann aus der Gegend von Bergen empfand es 1935 so: *»Unsere Dörfer sind überlaufen mit Fremdarbeitern aus ganz Deutschland, die am Aufbau des Übungsplatzes, Bahn- und Straßenbau mitarbeiten. Die stille Heimat ist unruhig geworden und kommt aus ihrer Einsamkeit heraus.«* Die Arbeiter wohnten in Barackenlagern, die später die Wehrmacht auch als Kriegsgefangenenlager nutzte.

Für den aufgegebenen Hof erhielt der umzusiedelnde Bauer ein »Erbhofbuch«.

Kreise und Städte

Reichs- und Gebietsreformen wurden seit 1918/19 diskutiert und in den 1930er Jahren zum Teil realisiert, dabei im Regierungsbezirk Lüneburg 1932 Kreise aufgehoben (Winsen/Luhe, Bleckede, Isenhagen) oder zusammengelegt (Lüchow-Dannenberg). Der Landkreis Gifhorn wurde 1932 um die Dörfer *Heßlingen* und *Hehlingen* sowie das *Schloss Wolfsburg* vergrößert. (Umgeben von welfischem Gebiet hatten sie zuerst zum Erzstift Magdeburg, dann zum Kurfürstentum Brandenburg bzw. zur preußischen Provinz Sachsen gehört.) Das **Groß-Hamburg-Gesetz** gliederte 1937 die seit 1927 vereinigte Stadt *Harburg-Wilhelmsburg* nach Hamburg ein.

Als *Gauhauptstadt* gehörte Lüneburg zu den »Neugestaltungsstädten« für ein nationalsozialistisches Aussehen. Eine breite Aufmarsch- und Paradestraße und ein riesiges »Volkshaus« und Partei- und Verwaltungsgebäude auf dem Kreideberg waren vorgesehen. Die Planungen kamen nicht zur Ausführung.

Die Handwerkskammer in Lüneburg wurde 1938 im Stil der NS-Architektur gebaut.

1938 entstanden *Volkswagenwerk* und Stadt *Wolfsburg*. Im Automobilwerk sollte als propagandawirksames »Geschenk des Führers an die arbeitende Bevölkerung« ein für jeden erschwingliches Volksauto gebaut werden: der »KdF-Wagen« (»Kraft durch Freude« = Freizeitorganisation der Deutschen Arbeitsfront/DAF), der spätere »Käfer«. Der Grundstein des Werkes wurde am 26. Mai gelegt, die Stadt am 1. Juli durch Verordnung als »Stadt des KdF-Wagens« gegründet. Den Namen Wolfsburg erhielt sie am 25. Mai 1945. Im Dritten Reich wurden im VW-Werk kaum Volkswagen gebaut, sondern Rüstungsgüter (u.a. Schwimm- und Kübelwagen, seit 1943 Flugbombe V1). Der Aufbau der *nationalsozialistischen Musterstadt* wurde Mitte März 1943 eingestellt.

Volkswagen-Prototypen bei der Grundsteinlegung des VW-Werkes am 26. Mai 1938.

Wolfsburg: Blick in die Schlieffenstraße (heute Goethestraße) 1939.

Nach der abwegigen »Rassenlehre« der Nationalsozialisten gab es hoch- und minderwertige Rassen. Hochwertige Rassen hatten angeblich als stärkere und bessere das Recht auf Herrschaft. Die Deutschen wurden überwiegend der hochwertigen arischen, hier speziell der nordischen Rasse zugeordnet. Als minderwertig stuften die Nationalsozialisten slawische Völker und Farbige ein, tiefer noch Juden und Zigeuner (Sinti, Roma). Bestreben der Nationalsozialisten war es, die Deutschen arisch, das war in ihrem Verständnis frei von »fremdem Rassenerbgut«, zu halten. Beamte, Angestellte und Arbeiter im öffentlichen Dienst mussten ihre arische Abstammung nachweisen, insbesondere, dass sie keinen jüdischen Eltern- oder Großelternteil hatten (»Ariernachweis«). Für die Aufnahme in die NSDAP wurde ein Ariernachweis über mehrere Generationen bis zum Jahr 1800 zurück verlangt. Beamte sollten keinen nicht-arischen Ehepartner haben. Schikane, Ausgrenzung und Verfolgung deutscher Bürger jüdischen Glaubens setzten mit Gewaltmaßnahmen und Gesetzgebung im April 1933 ein. Mit der Wannsee-Konferenz am 20. Januar 1942 wurde daraus die Vernichtung der europäischen Juden in deutschen Konzentrationslagern. Außer nach Rassen teilten die Nationalsozialisten menschliches Leben noch in wertvolles und wertloses Dasein ein. Wertlos waren Menschen mit körperlicher oder geistiger Behinderung, mit Erbkrankheiten, psychisch Kranke oder Alkoholkranke wie auch Nichtsesshafte und Prostituierte. Dieses »lebensunwerte Leben« war – wie es schon 1920 ein Rechtsgelehrter und ein Nervenarzt vorgeschlagen hatten und was öffentlich diskutiert wurde – zu vernichten. Der erste Schritt waren im Juli 1933 per Gesetz verordnete Zwangssterilisationen, der nächste im Herbst 1939 der Befehl zur Ermordung von Patienten in Heil- und Pflegeanstalten, die Anfang 1940 begann.

20. Jahrhundert

NS-Zeit: Ausgrenzung

Die seit 1927 immer wieder beschädigte Lüneburger Synagoge wurde nach dem letzten Gottesdienst am 23. Oktober 1938 verkauft, deswegen in der Pogromnacht 8./9. November nicht zerstört und danach auf Kosten der jüdischen Gemeinde abgerissen.

B eim reichsweiten **Boykott** am 1. April 1933 sperrten in Lüneburg etwa 100 SA-Männer jüdische Geschäfte ab. Hier lebten 1933 mehr als 20 jüdische Familien, 1938 nur noch fünf. Nach der **Pogromnacht** wurden jüdische Kaufleute verhaftet und in die Konzentrationslager (KZ) Sachsenhausen und Oranienburg gebracht.

Patienten der psychiatrischen Klinik Lüneburg wurden Opfer der als Euthanasie bezeichneten planmäßigen Tötung. 700 Männer wurden von 1941 bis 1944 in andere Anstalten verlegt. In Lüneburg wurden unter Beteiligung von Ärzten und Pflegepersonal 200 bis 300 Kinder – auch aus anderen Kliniken – getötet.

NS-Zeit: Der Krieg

A m 1. September 1939 begann mit dem deutschen Überfall auf Polen der **Zweite Weltkrieg**. In Heide und Wendland wie auch im Deutschen Reich war der Krieg zunächst nur mittelbar zu spüren. Lebensmittel wurden rationiert, Männer eingezogen, Frauen und **Zwangsarbeiter** (Kriegsgefangene oder Zivilarbeiter) übernahmen deren Aufgaben. Mit den alliierten **Luftangriffen** traf der Krieg die deutsche Zivilbevölkerung. Das Werksgelände von Rheinmetall in *Unterlüß* wurde getroffen. Die Gebäude des *Wolfsburger Volkswagenwerkes* wiesen bei Kriegsende etliche Schäden auf, die Maschinenausrüstung hingegen kaum. Im Februar und April 1945 waren Eisenbahnanlagen in *Uelzen* und *Dannenberg*, in *Celle* und *Lüneburg* Ziel von Bombenangriffen. In den letzten Kriegstagen gab es zum Beispiel in *Gartow* Zerstörungen durch Panzerbeschuss.

Französische Kriegs-
gefangene in Tangendorf,
Kr. Harburg, ca. 1940.

NS-Zeit: Kriegsgefangenenlager

Mit Beginn des Zweiten Weltkrieges kamen die Kriegsgefangenen. Bei den Truppenübungsplätzen Bergen und Munsterlager entstanden vier Mannschaftsstammlager (Stalags): 1939
XI B Fallingbostel und 1941 *XI C Bergen-Belsen, XI D Oerbke* und *X D
Wietzendorf*. Im Stalag Fallingbostel waren *polnische, holländische,
belgische, französische und serbische Kriegsgefangene*, in den drei
anderen Lagern *sowjetische* Kriegsgefangene interniert. Nach na-
tionalsozialistischer Propaganda waren sowjetische Soldaten »Unter-

Kriegsschäden in Uelzen
(dunkel: erhaltene
Gebäude).

menschen«. Sie wurden äußerst schlecht behandelt.
Die ersten kamen im Juli 1941 in unfertige Lager. Sie
vegetierten in Erdhöhlen und Laubhütten, wurden
unzureichend verpflegt, sanitäre Einrichtungen und
medizinische Versorgung fehlten. Bis zum Frühjahr
1942 starben über 40.000 sowjetische Kriegsgefangene,
die in Massengräbern verscharrt wurden. Kriegsgefangene blieben nicht im Stalag, sondern wurden in
Kriegsgefangenenarbeitskommandos an Firmen-
lager auch außerhalb des Regierungsbezirks Lüneburg
überstellt. In der Landwirtschaft eingesetzte kleine
Arbeitskommandos von Kriegsgefangenen waren auf
Bauernhöfen und in Gaststättensälen untergebracht.
Wie viele Kriegsgefangene die Heidestalags durchliefen,
ist unbekannt. In *Oerbke* sollen es 1944 im September
95.294 und im November 78.208 gewesen sein.

NS-Zeit: Rüstungsindustrie und Zwangsarbeit

Zwangsarbeiterabzeichen
»P« = Polen,
»OST« = »Ostarbeiter«
für Menschen aus
der Sowjetunion.

In der Heide gab es Rüstungsfabriken in *Bomlitz* (Wolff & Co.) und *Unterlüß* (Rheinmetall-Borsig). Hinzu kamen Munitionsanstalten, die Tochtergesellschaft Eibia der Firma Wolff & Co., in *Wenzendorf* das Flugzeugwerk, in *Gifhorn* die Fertigung von Panzerteilen und in *Uelzen* die von Flugzeug- und U-Bootteilen. Nach Walsrode wurde im Krieg ein Teil der für die Kriegsmarine wichtigen Bremer Atlaswerke ausgelagert und nach *Lüneburg* und *Soltau* Teilefertigung für den Kübelwagen des Volkswagenwerkes. In *Neu Tramm* bei Dannenberg wurde die Rakete V1 (»Wunderwaffe«) montiert. Nicht nur bei den Rüstungsbetrieben in Wolfsburg, Unterlüß und Bomlitz entstanden **Zwangsarbeiterlager**. Ende 1941 arbeiteten im Wolfsburger Werk überwiegend Deutsche und 1.833 ausländische Arbeiter, darunter 300 Polinnen (seit Juni 1940) sowie 100 französische (seit Ende 1940) und sowjetische (seit Oktober 1941) Kriegsgefangene. 1942 stieg die Zahl der Zwangsarbeiter im Volkswagenwerk; hinzu kamen »*Ostarbeiter*« (2.500), Polen (1.500) und französische Kriegsgefangene (1.000). 1944 waren zwei Drittel der Arbeitskräfte Ausländer. Bei Eibia und Wolff & Co. in Bomlitz waren 1943 6.700 Arbeitskräfte aus 14 Nationen, davon bei der Eibia 80 Prozent Zwangsarbeiter und bei Wolff & Co 50 Prozent. Zivilarbeiterlager gab es auch bei den Munitionsanstalten, in Buchholz, Winsen/Luhe, Lüneburg, Celle, Walsrode, Soltau und vielen anderen Orten.

Zwangsarbeit

Seit Kriegsbeginn waren sämtliche Wirtschaftsbereiche nur unter Einsatz von Zwangsarbeitern aufrechtzuerhalten. Außer in der Rüstungsindustrie wurden deshalb Zwangsarbeiter in den anderen Industrie- und Gewerbezweigen sowie in der Landwirtschaft eingesetzt. Ihre Zahl nahm im Laufe des Krieges zu. Zwangsarbeiter waren Menschen nichtdeutscher Herkunft, die gegen ihren Willen im Reich arbeiten mussten. Zunächst waren es Kriegsgefangene, hinzu kamen dann zivile Arbeitskräfte und seit 1942 KZ-Häftlinge, die aus allen von der Wehrmacht besetzten Ländern herangeschafft wurden. Wegen ihrer nichtdeutschen Herkunft hießen die ausländischen Zivilarbeiter im nationalsozialistischen Sprachgebrauch »Fremdarbeiter«, die aus der Sowjetunion herbeigeschleppten Menschen »Ostarbeiter«. Die Arbeits- und Lebensbedingungen der Zwangsarbeiter waren hart, auch unmenschlich.

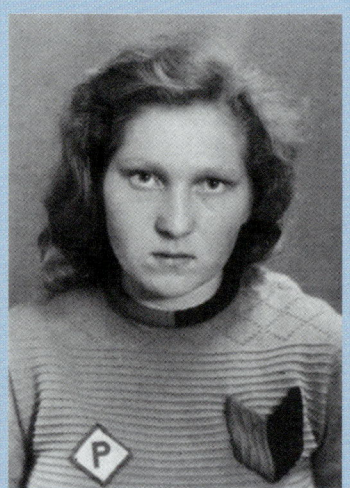

Zwangsarbeiterabzeichen
war Pflicht für Polen und
»Ostarbeiter«.

NS-Zeit: Konzentrationslager und KZ-Außenlager

KZ/Konzentrationslager
In Konzentrationslagern wurden Menschen ohne Rechtsgrundlage eingesperrt, gequält und misshandelt: politische Gegner und aus rassistischen, religiösen oder »sozialen Gründen zu »(Volks)Gemeinschaftsfremden« oder »Volksschädlingen« erklärte Personen wie Juden, Sinti und Roma, Geistliche, Bibelforscher, »Arbeitsscheue«, »Asoziale«, Gewohnheitsverbrecher und Homosexuelle. Konzentrationslager gab es in Dachau (1933), Moringen (1933), Oranienburg (1933–1934), Sachsenhausen (1936), Buchenwald (1937), Flossenbürg (1938), Mauthausen (1938), Neuengamme (1940), Ravensbrück (1939), Bergen-Belsen (1943) und Dora-Mittelbau (1943). Nach Kriegsbeginn wurden Konzentrationslager auch in den besetzten Ländern eingerichtet: Auschwitz (1940), Culm (1941), Natzweiler (1941), Theresienstadt (1941), Stutthoff (1942). Zur systematischen Ermordung der europäischen Juden wurden in Polen Auschwitz (1940) und Culm (1941) zu Vernichtungslagern, hinzu kamen Belcek (1942), Sobibor (1942), Treblinka (1942) und Majdanek (1943).

Von April bis Oktober 1942 bestand beim Wolfsburger Volkswagenwerk das **KZ Arbeitsdorf** mit 800 Häftlingen. Die aus verschiedenen KZs überstellten **KZ-Häftlinge** bauten die Leichtmetallgießerei weiter. Mindestens sechs kamen um. Nach Fastfertigstellung wurden alle Häftlinge ins KZ Sachsenhausen gebracht.

Zwischen 1943 und 1945 gab es im Regierungsbezirk Lüneburg **Außenlager des KZ Neuengamme**. 155 KZ-Häftlinge des Außenlagers in *Lüneburg-Kaland* hoben von Mitte August bis Mitte November 1943 für die Stadt in Lüneburg Splittergräben aus. Das Außenlager *Laagberg* des Volkswagenwerkes mit etwa 800 KZ-Häftlingen (*Franzosen, Niederländer, Russen, Polen, Spanier*) gab es vom 31. Mai 1944 bis Anfang April 1945; 144 kamen um. Im Außenlager *Alt Garge* bei Bleckede waren von Ende August 1944 bis Mitte Februar 1945 500 KZ-Häftlinge beim Kraftwerkbau eingesetzt, von denen mindestens 49 starben. 500 KZ-Häftlinge des Außenlagers *Uelzen* bauten von Ende 1944 bis Mitte April 1945 für die Reichsbahn Gleise.

Das **Konzentrationslager Bergen-Belsen** wurde im Frühjahr 1943 eingerichtet als »Aufenthaltslager« für jüdische Geiseln, die gegen Auslanddeutsche (im Ausland lebende deutsche Staatsbürger) ausgetauscht werden sollten. Im März 1944 kam ein Männerlager (auch Häftlingslager) hinzu und im August 1944 ein Frauenlager. Im »Aufenthaltslager« waren Geiseln aus *Polen*, den *Niederlanden, Frankreich, Griechenland Ungarn, Montenegro, Albanien, Nordafrika*: bis Dezember 1944 etwa 14.600. Nur ein sehr geringer Teil kam in Freiheit.

Ins Männerlager wurden kranke, nicht mehr arbeitsfähige KZ-Häftlinge aus anderen Konzentrationslagern abgeschoben und ihrem Schicksal überlassen. Ende März trafen 1.000 aus dem *KZ Dora-Mittelbau* ein. Kaum ernährt und medizinisch unversorgt starben sehr viele. Ins Frauenlager zur Zwangsarbeit kamen vor allem polnische und ungarische Jüdinnen aus dem *KZ Auschwitz-Birkenau*. Sie wurden entweder an Firmen oder in die drei 1944 errichteten **Außenlager des KZ Bergen-Belsen** überstellt. Das Außenlager *Benefeld* mit 600 Frauen der Eibia bestand im September und Oktober 1944. Seit August 1944 gab es die Außenlager *Hambühren* und Unterlüß. In Hambühren waren bis Anfang Februar 1945 400 jüdische Frauen beim Ausbau des Salzstocks unter Tage eingesetzt wie auch bei Gleisbauarbeiten und beim Barackenaufbau. In *Unterlüß* arbeiteten 900 Frauen in der Munitionsfabrik und beim Straßen- und Gleisbau.

Unter den KZ-Häftlingen, die in Bergen-Belsen blieben, befand sich auch **Anne Frank**, Tochter eines deutsch-jüdischen Bankiers, der 1933 mit seiner Familie in die Niederlande geflohen war. Im nach ihrem Tod veröffentlichten, weltberühmt gewordenen **Tagebuch** beschrieb Anne Frank ihre Erlebnisse während der deutschen Besetzung im *Amsterdamer Hinterhausversteck*. Anfang September 1944 wurde die Familie verraten und verhaftet. Anne und ihre Schwester kamen über Westerbork und Auschwitz nach *Bergen-Belsen*. Hier starben beide im März 1945 an Typhus und Entkräftung.

Die Transporte ins KZ Bergen-Belsen blieben nicht unbemerkt. Eine Zeitzeugin aus Bergen erinnert sich: »*Ab 1944 fuhren Viehwaggons teilweise mit Gittern an den Türen (...) durch. Die Menschen in den Waggons hatten weißgrau gestreifte Kleidung an und eine runde Kappe auf. Wenn ein Zug vor dem Signal anhalten musste und wir uns dem Zug näherten, streckten sich viele Hände durch die Gitter oder die Luftklappen, wir sahen Abzeichen, die auf die Ärmel genäht waren. Wir wussten erst nicht, was das für Menschen waren.*« **In den letzten Kriegsmonaten wurde Bergen-Belsen – am 1. Januar 1945 waren hier 18.456 KZ-Häftlinge – zum Auffanglager für Transporte aus anderen Konzentrationslagern, die bei Annäherung alliierter Truppen geräumt wurden.** Der Reichsführer-SS Heinrich Himmler (1900–1945) hatte verfügt, kein Häftling dürfe »lebend in die Hände des Feindes fallen«. Bergen-Belsen wurde um das Große Frauenlager, das Häftlingslager II und Anfang April um das »Kasernenlager« auf dem Truppenübungsplatz Bergen-Hohne erweitert. Im Februar oder März 1945, erinnert sich eine Frau aus Sülze bei Bergen, fuhren »*Tag und Nacht Züge durch Sülze zum KZ (...). Durch die Schlitze in den Viehwaggons guckten Menschen heraus.*« Seit Januar 1945 waren im KZ-Komplex Bergen-Belsen 85.000 KZ-Häftlinge hinzugekommen. Die Bevölkerung sah die **Todesmärsche** der ausgemergelten und zerlumpten KZ-Häftlinge, sah die Brutalität der Wachen. Doch kaum jemand griff ein und half, aus Angst, auch eingesperrt zu werden. Es gab noch viele Mitläufer und stramme Nationalsozialisten.

Menschenjagd in Celle

In Celle geschah im April 1945, wenige Tage vor Kriegsende, Grausiges. Alliierte Flugzeuge bombardierten am frühen Abend des 8. April den Güterbahnhof, auf dem auch ein Zug mit etwa 4.000 völlig erschöpften KZ-Häftlingen aus Salzgitter stand. Es war der Räumungstransport aus dem KZ-Außenlager Drütte ins KZ Bergen-Belsen. Bei dem Luftangriff kam etwa die Hälfte der KZ-Häftlinge um, auch einige Hundert Celler Bürger, Ostflüchtlinge und Soldaten starben. Überlebende KZ-Häftlinge, die noch Kraft dazu hatten, flohen, um sich zu retten. Die Fliehenden wurden gejagt und 200 bis 300 umgebracht: von den SS-Wachen, SA-Männern, Parteifunktionären, Polizisten, Feuerwehrleuten, Soldaten, Volkssturmmännern und Zivilisten. Die weit in die Nacht dauernde Hetzjagd ist unter der zynischen Bezeichnung »Hasenjagd« bekannt geworden. Von rund 1.100 eingefangenen KZ-Häftlingen mussten um die 500 nach Bergen-Belsen marschieren, wo nicht alle am Morgen des 10. April ankamen. Die anderen, nicht Marschfähigen wurden in Baracken der Heidekaserne gebracht, sich selbst überlassen und am 12. April von britischen Truppen entdeckt. Unversorgt waren viele in den Baracken gestorben, viele starben nach der Befreiung an der Folgen der KZ-Haft. Den Akten der Barbarei hatten in Celle wenige Gesten der Menschlichkeit gegenübergestanden. Im Dezember 1947 wurden im »Celle Massacre Trial« (Gerichtsverfahren über das Celler Massaker) 14 Hauptbelastete wegen Verbrechen gegen die Menschlichkeit angeklagt; einige Monate später sieben verurteilt und sieben aus Mangel an Beweisen freigesprochen. Nach Jahrzehnten begann die Aufarbeitung dieses Kapitels der Celler Stadtgeschichte. Seit 1992 erinnert in der Nähe des Bahnhofs ein Mahnmal an die Opfer der Verfolgungsjagd.

Menschenjagd in Lüneburg

Am 7. April 1945 frühmorgens erreichte ein Wehrmachttransport Lüneburg. Daran angekoppelt waren fünf Waggons mit knapp 400 kranken und verletzten KZ-Häftlingen aus dem Außenlager Wilhelmshaven. Sie wurden von einem SS-Scharführer und Marinesoldaten bewacht. Seit vier Tagen war der Transport ohne Nahrung auf dem Weg ins KZ Neuengamme. Am Nachmittag des 7. April wurde der Lüneburger Güterbahnhof bombardiert und auch die Waggons mit den KZ-Häftlingen getroffen. Viele kamen dabei um. Diejenigen, die dazu noch in der Lage waren, versuchten dem Inferno zu entrinnen und auch zu fliehen. Zwei gelungene Fluchten sind bekannt. Die anderen wurden wieder eingefangen. Dies hatte die Lüneburger Gestapo in die Hand genommen und auch die Bevölkerung zum Mitmachen aufgefordert. Am 8. April waren etwa 140 KZ-Häftlinge auf zwei LKWs nach Bergen-Belsen transportiert worden. Nur drei Überlebende sind bekannt. Nach dem Luftangriff war kein Weitertransport mit dem Zug möglich.

Die KZ-Häftlinge mussten die nächsten Tage auf einem Feld im Freien verbringen. Kaum versorgt, starben viele, viele wurden erschossen. Auf Anordnung der Gestapo begrub die Polizei am 10. April die Leichen. Am 11. April ließ der SS-Scharführer die noch lebenden 60 bis 80 KZ-Häftlinge ermorden. Die Leichen wurden am nächsten Tag verscharrt. Im August 1945 entdeckten die britische Besatzungsmacht das Massengrab und zog zur Umbettung der Leichname Lüneburger NSDAP-Mitglieder heran. Der SS-Scharführer wurde 1946 wegen der in Lüneburg Ermordeten angeklagt und zu lebenslanger Haft verurteilt, in einem zweiten Prozess wegen seiner Verbrechen im KZ-Außenlager Wilhelmshaven 1947 zum Tode verurteilt und hingerichtet.

Ein Überlebender und sein Befreier im KZ Bergen-Belsen, 17. April 1945.

Im KZ Bergen-Belsen brach als Folge von unvorstellbarer Überbelegung, chronischer Unterversorgung, katastrophalen sanitären Bedingungen eine Flecktyphus-Epidemie aus. Bergen-Belsen wurde im Frühjahr 1945 zum **Todeslager**. Von etwa 120.000 KZ-Häftlingen starben über 50.000. Die Toten wurden kaum noch bestattet. Am 15. April 1945 befreiten britische Truppen das KZ Bergen-Belsen. Den britischen Soldaten bot sich ein grauenvoller Anblick: auf engstem Raum 55.000 überlebende Häftlinge, viele todkrank, sterbend, halb verhungert oder verdurstet, und sich auftürmende Leichenberge mit etwa 10.000 Toten. 13.000 der ehemaligen Häftlinge starben noch in den ersten Wochen nach der Befreiung an den Folgen der KZ-Haft. Unter den Überlebenden war das Roma-Mädchen *Cejla Stojka* aus *Österreich*, das als Elfjährige Anfang 1945 nach Bergen-Belsen verschleppt worden war. Sie hat über ihre Zeit im KZ ein Buch geschrieben. Es beginnt mit den Worten: *»Bergen-Belsen, mein Gott! Dort herauszukommen war wirklich ein Glück! Man kann es sich nicht vorstellen, man kann es nicht erzählen.«* Und sie erzählt doch: von den Leichenbergen, hinter denen sie Schutz vor dem Wind gesucht hat. Oder davon, dass sie Erde gegessen hat und alte Decken. Und sie erzählt in ihrem Buch »Träume ich, dass ich lebe?« noch Schlimmeres aus dem KZ Bergen-Belsen.

Kriegsende und Neubeginn

Anfang April 1945 erreichten bei wenig deutscher Gegenwehr amerikanische Truppen von Süden und britische von Westen den Regierungsbezirk. Im Feldlager des britischen Feldmarschalls *Bernhard L. Montgomery* (1887–1976) bei *Deutsch-Evern* unterzeichnete Generaladmiral Hans Georg von Friedeburg (1895–1945) am 4. Mai die **Kapitulation** der deutschen Streitkräfte in *Nordwestdeutschland, den Niederlanden und Dänemark*. Mit der **bedingungslosen deutschen Kapitulation** am 8. Mai 1945 war der Zweite Weltkrieg in Europa zu Ende, in Deutschland auch die nationalsozialistische Herrschaft. Das Land war besetzt und wurde in **vier Besatzungszonen** geteilt. Heide und Wendland lagen in der *britischen Besatzungszone*, die im Osten an die *sowjetische Besatzungszone* grenzte. Zwischen beiden war die Elbe streckenweise Grenze. Damit lag das rechtselbische, lüneburgische *Amt Neuhaus* in der sowjetischen Besatzungszone, später *DDR*, und deren grenznahe Orte wie *Neu-Bleckede* später im Sperrgebiet. Seit dem Vormarsch inhaftierten die **Alliierten** führende Angehörige der NSDAP. Sie sollten sich vor Gericht für ihr Handeln im Dritten Reich verantworten. Bei *Fallingbostel* gab es ein *Internierungslager*. Nicht wenige entzogen sich der Anklage durch Selbstmord wie in Lüneburg Gauleiter Telschow. Der **Kriegsverbrecherprozess** gegen den Kommandanten und 43 SS-Männer und SS-Frauen des KZ Bergen-Belsen fand im Herbst 1945 in *Lüneburg* statt. Elf Angeklagte wurden zum Tode verurteilt, die anderen mit Gefängnis bestraft oder freigesprochen.

Britische Soldaten im Straßenkampf in Uelzen, Mitte April 1945.

Amerikanische Fahrzeugkolonne vor dem Volkswagenwerk, 1945.

In den Besatzungszonen übten alliierte **Militärregierungen** die Kontrolle aus. Ziel war, Deutschland zu entmilitarisieren, zu entnazifizieren, zu dezentralisieren und zu demokratisieren. Mit der **Demontage** (Abbau zum Wiederaufbau in anderen Ländern) wurde die Rüstungsindustrie abgebaut. In Heide und Wendland waren es Anlagen zur Produktion von Munition, Waffen, Flugzeugen, U-Booten oder Teilen davon. Die **Entnazifizierung** sollte den Nationalsozialismus im öffentlichen Leben, in der Wirtschaft und im Erziehungswesen beseitigen wie auch aktive Nationalsozialisten bestrafen. Schulbücher wurden auf nationalsozialistische Inhalte überprüft. Politische Parteien wurden wieder zugelassen. In Verwaltung und Politik sollten nationalsozialistisch belastete Personen identifiziert und ersetzt werden. Außerdem wurde die **Selbstverwaltung** eingeführt.

Vorbeimarsch der Uelzener Polizei an britischen Offizieren, Sommer 1945.

Die britische Militärregierung setzte in *Ländern* und *Provinzen*, *Regierungsbezirken* sowie *Kreisen* und *Städten* **Militärkommandanten** ein, führte auf der kommunalen Ebene mit hauptamtlichem Verwaltungchef (Stadtdirektor, Kreisdirektor) und ehrenamtlichem Repräsentanten (Bürgermeister, Landrat) nach englischem Vorbild die **Zweigleisigkeit** ein und veranlasste die **Gründung des Landes Niedersachsen** aus den Ländern Hannover – mit dem Regierungsbezirk Lüneburg –, Braunschweig, Oldenburg und Schaumburg-Lippe.

Von Ende Juni 1948 bis Mitte Mai 1949 versorgten die Westalliierten die Teilstadt Westberlin über die Luftbrücke mit Lebensmitteln und Heizmaterial. Vom Flugplatz Faßberg aus starteten legendäre »Rosinenbomber« hauptsächlich mit Kohlen.

Uneinigkeit von Westalliierten und Sowjetunion führte in den **Kalten Krieg** und 1949 zur Gründung zweier deutscher Staaten. Erster Schritt war am 21. Juni 1948 die **Währungsreform** in den drei *Westzonen*, der die **Blockade Westberlins** durch die *Sowjetunion* folgte. Die *Bundesrepublik Deutschland* entstand am 23. Mai 1949 mit Verkündung des **Grundgesetzes** und die *Deutsche Demokratische Republik* (DDR) am 7. Oktober 1949 mit Verkündung der Verfassung. Der *Regierungsbezirk Lüneburg* grenzte im Osten an die DDR. Sie baute ihre Grenzseite mit Stacheldraht und Befestigungen, die über die Elbe hinweg zu sehen waren, zu einem nicht zu überwindenden »Schutzwall« aus. Die Grenze zwischen den beiden deutschen Staaten trennte, zerriss, zerstörte verwandtschaftliche, wirtschaftliche und kulturelle Verbindungen. Teile der Lüneburger Heide und das Wendland waren **Zonenrandgebiet**. Die Nachteile der immer undurchdringlicheren Grenze als Teil des »**Eisernen Vorhangs**« versuchte seit 1953 die **Zonenrandförderung** zu mindern.

Ansprache Hinrich Wilhelm Kopfs anlässlich der Wiederherstellung des Landes Hannover am 23. August 1946.

Gründung des Landes Niedersachsen
Die späteren Bundesländer entstanden in der Besatzungszeit. In der amerikanischen Besatzungszone sind Länder bereits im September 1945 gebildet worden, in der französischen und britischen im Jahr 1946. Mit der Verordnung Nr. 55 der britischen Militärregierung ist mit Wirkung zum 1. November 1946 das Land Niedersachsen gegründet worden. Im August 1946 war die preußische Provinz Hannover staatsrechtlich zum Land Hannover geworden.
Die kulturellen und historischen Belange der ehemaligen Länder sollten durch Gesetzgebung und Verwaltung gewahrt und gefördert werden. So ist es 1951 in die vorläufige Niedersächsische Verfassung aufgenommen worden. Seit 1910 gab es bereits ein wissenschaftliches Gremium der vier alten Länder – und der Hansestadt Bremen: die Historische Kommission zur landesgeschichtlichen Forschung. An den Verhandlungen zur Landesgründung war der Sozialdemokrat Hinrich Wilhelm Kopf (1893–1963) beteiligt. Kopf war am 17. September 1945 von der Militärregierung zum Oberpräsidenten der Provinz Hannover ernannt worden, wurde dann Ministerpräsident des neuen Landes Hannover und schließlich Ministerpräsident des neuen Landes Niedersachsen. Schon vor der Landesgründung hatte er seinen ersten Aufruf an die Bevölkerung mit »Gott schütze Niedersachsen« unterzeichnet.

20. Jahrhundert

Flüchtlinge und Vertriebene

In den Kriegsjahren waren in fast jedem Dorf in Heide und Wendland **Ausgebombte** aus *Hamburg, Hannover, Berlin* oder dem *Ruhrgebiet* untergebracht – viele jahrelang. Nach dem Krieg kamen einstige Wehrmachtssoldaten, ehemalige Zwangsarbeiter (Kriegsgefangene, Zivilarbeiter, KZ-Häftlinge), nunmehr DPs (**Displaced Persons**) genannt, sowie **Flüchtlinge** und **Vertriebene** hinzu. Nach der Kapitulation entließen die Alliierten über das *zentrale Entlassungslager in Munsterlager*, das bis 1949 bestand, Wehrmachtssoldaten aus der Kriegsgefangenschaft.

Ehemalige westeuropäische und sowjetische Zwangsarbeiter hatten die Alliierten zwischen März und Juni 1945 repatriiert, d.h. in ihre Heimatländer zurückgebracht. Dabei waren 70.000 sowjetische DPs aus der britischen in die sowjetische Besatzungszone und aus dieser 80.000 meist ostmitteleuropäische DPs in die britische Besatzungszone gebracht worden. Daher gab es Ende Oktober 1945 im Regierungsbezirk 61.000 polnische DPs. Im 1950 aufgelösten *DP-Camp Bergen-Hohne* lebten 9.000 jüdische DPs, meistens ehemalige KZ-Häftlinge. Ende 1945 betrug der Ausländeranteil im Landkreis Celle 48 und im Landkreis Fallingbostel 59 Prozent. Die DPs wurden bis zum Spätherbst 1946 repatriiert oder wanderten bis Januar 1952 in die *USA*, nach *Großbritannien, Kanada und Australien* aus. Nur einige blieben in *Deutschland*.

An die Zwangsarbeiter, die im Zweiten Weltkrieg in Wolfsburg arbeiten mussten, erinnert seit 2010 ein Denkmal. Unter Ihnen war die polnische Jüdin Sara Frenkel. Nach ihr ist der Platz mit dem Zwangsarbeiterdenkmal benannt worden.

Im Landkreis Uelzen waren 1945/46 etwa 50.000 Flüchtlinge und Vertriebene. Sehr viele kamen aus *Ostpreußen*: um 1950 hieß es »Klein-Ostpreußen in der Lüneburger Heide«. In den meisten Kreisen lag 1953 der Anteil der Flüchtlinge bei mindestens 40 Prozent – in etlichen Gemeinden sogar weit darüber. Weniger (zwischen 30 bis 40 Prozent) waren es in den Kreisen Harburg und Lüneburg sowie der Stadt Lüneburg.

Flüchtlinge und Vertriebene

Im Winter 1944/45 waren vor allem Frauen, Kinder und alte Menschen aus den östlichen Teilen des Deutschen Reiches geflohen. Die Flüchtlinge kamen in Trecks mit Pferd und Wagen. Viele hatten nur retten können, was sie auf dem Leibe trugen. Gleich nach Kriegsende begann in den unter sowjetische und polnische Verwaltung gestellten deutschen Gebieten und in der Tschechoslowakei die Vertreibung der deutschen Bevölkerung. Durch Flucht, Vertreibung, Zwangsausweisung mussten Millionen von Menschen ihre Heimat verlassen. Es betraf Deutsche aus den Ostgebieten (Ost- und Westpreußen, Schlesien, Brandenburg und Pommern) wie auch Volksdeutsche (Baltendeutsche, Sudetendeutsche, Siebenbürger Sachsen, Banater Schwaben, Donauschwaben) aus der Sowjetunion, aus Polen, aus der Tschechoslowakei, aus Ungarn, Rumänien und Jugoslawien, aber auch Polen aus nunmehr sowjetischen Gebieten. Die Zwangsausweisungen dauerten bis 1949/50. Im Oktober 1946 wurden in Niedersachsen 1.475.500 Flüchtlinge und Vertriebene gezählt, fast 23 Prozent der Bevölkerung. 1950 waren es mit über 1,8 Millionen über 26 Prozent.

Flüchtlingskinder
im Durchgangslager
am Bohldamm,
Ende 1940er Jahre.

Im Herbst 1945 entstand in *Uelzen am Bohldamm* das zentrale **Flüchtlingsdurchgangslager**, in dem von Mai 1946 bis September 1947 800.000 Menschen registriert wurden: 6.000 am Tag! Seit 1947 kamen auch Flüchtlinge aus der Sowjetischen Besatzungszone (SBZ). 1950 wurde es Notaufnahmelager für DDR-Flüchtlinge. Bis zu 1.000 Personen konnten untergebracht werden. Fast vier Millionen Flüchtlinge und Vertriebene, darunter 765.000 aus der DDR, durchliefen das Bohldammlager bis zu dessen Schließung im März 1963.

In *Reinsehlen* bei Schneverdingen (Landkreis Soltau-Fallingbostel) wurden auf dem Gelände des Fliegerhorstes die Baracken zur bis 1950 bestehenden Flüchtlingssiedlung, dem »Dorf der tausend Sorgen«. Das Lagerkrankenhaus blieb bis 1968 als Hilfskrankenhaus des Landkreises Soltau in Betrieb. 1954 gab es im Regierungsbezirk Lüneburg 196 Lager mit etwa 23.000 Flüchtlingen und Vertriebenen.

Neben Straßennamen, die auf einstige deutsche Städte und Landschaften verweisen, gibt es im Regierungsbezirk Lüneburg ostdeutsche Heimatstuben oder Brauchtumszimmer wie in *Bad Bevensen* (Wollsteiner Heimatstube), *Celle* (Marienwerder-Zimmer), *Bergen* (Traditionszimmer/Kreis Schubin) oder *Bad Fallingbostel* (Rummelsberger Heimatstube). Diese kleinen Museen pflegen einerseits Geschichte, Tradition und Brauchtum der einst Entwurzelten und neu Verwurzelten und machen sie andererseits so den Alteingessenen zugänglich wie seit 1987 auch das Ostpreußische Landesmuseum in Lüneburg, das auf das Ostpreußische Jagdmuseum vom Ende der 1950er Jahre zurückgeht.

Der Regierungsbezirk Lüneburg zwischen Kriegsende und Wiedervereinigung

Politische und gesellschaftliche **Neuorganisation**, **Wiedergründung** von Vereinen, **Wiederaufbau** zerstörter Häuser, wirtschaftlicher **Aufschwung**, **Integration** der Flüchtlinge und Vertriebenen bestimmten in den Nachkriegsjahrzehnten das Leben in den Orten. Der Bevölkerungszuwachs ließ Städte und Dörfer durch neue Mehr- und Einfamilienhaussiedlungen größer werden. Die 1938 gegründete Stadt *Wolfsburg* wurde jetzt überhaupt erst aufgebaut. Wichtige Impulse für den Stadtaufbau gab in den 1950er und 1960er Jahren die Expansion des Volkswagenwerkes. Die Einwohnerzahl stieg in den 1960er Jahren von 63.000 auf 92.000. Wolfsburg ist eine der bedeutendsten Stadtgründungen des 20. Jahrhunderts in Mitteleuropa.

Der Regierungsbezirk hat seine landwirtschaftliche Prägung beibehalten. Das Arbeitskräfteverhältnis allerdings hat sich seit dem Ende des 19. Jahrhunderts von der Landwirtschaft (1895: 55,9 % – 1950: 36,4 % – 1970: 11,9 %) zu Handwerk und Industrie (1895: 23,6 % – 1950: 31,4 % – 1970: 45,8 %) verschoben. Der größte Arbeitgeber im Regierungsbezirk, das VW-Werk, stand bis 1949 unter britischer Kontrolle. Noch 1945 wurde die zivile Fertigung aufgenommen. 1946 hatte es über 8.000 Beschäftige, 1970 waren es 60.000, darunter waren acht Prozent *Ausländer*, seit den 1960er Jahren kamen besonders *Italiener* in großer Zahl. In der Heideregion sind die 1945 von den Alliierten besetzten **Truppenübungsplätze** ausgebaut worden und werden von **Bundeswehr** und **Nato** genutzt.

Im Westen des Regierungsbezirks wurde 1962 die Teilstrecke Hannover-Hamburg der *Nord-Süd-Autobahn* (A 7) gebaut und 1964 bei Walsrode der Abzweig nach Bremen (A 27). Im östlichen Regierungsbezirk wurde 1976 nach achtjähriger Bauzeit der 115 Kilometer lange *Elbe-Seitenkanal* von der Elbe bei Artlenburg zum Mitteland-kanal westlich Wolfsburg mit neuen Häfen in Lüneburg, Uelzen und Wittingen eröffnet. Noch 1976 brach bei Lüneburg der Kanaldamm und setzte das Land unter Wasser. Im Norden entstand in Maschen in siebenjähriger Bauzeit 1977 der **größte Rangierbahnhof Europas**, der die Seehäfen *Bremerhaven* und *Hamburg* ans Hinterland anbindet und als Drehscheibe für den Eisenbahnverkehr nach *Skandinavien* dient.

Arbeitskräfteverhältnis
von Landwirtschaft zu
Handwerk und Industrie

55,9 % · 23,6 % · 36,4 % · 31,4 % · 11,9 % · 45,8 %

1895 · 1950 · 1970

Landwirtschaft   Handwerk und Industrie

Rauchwolken über Eschede, 1975.

Feuerwehrleute bei Löscharbeiten in der Südheide, 1975.

Achterbahn im Heidepark Soltau, 2008.

Eine Katastrophe erlebte die südliche Heide 1975 durch **verheerende Waldbrände**. Sie wüteten vom 8. bis 17. August und vernichteten fast 7.500 Hektar Wald. Die Standortentscheidung für *Gorleben* im Wendland als nuklearem Entsorgungszentrum fiel 1977. Gegner mehren sich seit 1981 und begleiten seit 1984 die Erkundungsbohrungen und die Zwischenlagerung mit Demonstrationen. Besuchermagneten sind im westlichen Regierungsbezirk seit 1962 der inzwischen weltgrößte *Vogelpark Walsrode*, seit 1974 der *Serengetipark Hodenhagen* und der im August 1978 mit sechs Fahrgeschäften eröffnete *Heidepark Soltau*, jetzt einer der größten **Freizeitparks** Deutschland. In Lüneburg gibt es seit 1989 eine **Universität**, die auf die Pädagogische Hochschule (PH) von 1946 zurückgeht (jetzt Leuphana Universität Lüneburg).

Fürstentum Lüneburg ≠ Regierungsbezirk Lüneburg

Die **Verwaltungs- und Gebietsreform der 1970er Jahre** veränderte die innere und äußere Struktur des Regierungsbezirks Lüneburg. Im alten Regierungsbezirk sind bis 1977 die Grenzen der Kreise Celle, Uelzen, Lüchow-Dannenberg, Lüneburg und Harburg leicht verändert und der Großkreis Soltau-Fallingbostel neu gebildet worden. Teile des einstigen Fürstentums und *alten Regierungsbezirks Lüneburg* wurden umgegliedert: der *Kreis Burgdorf* in den Kreis Hannover im Regierungsbezirk Hannover und der *Kreis Gifhorn* und die *kreisfreie Stadt Wolfsburg* in den Regierungsbezirk Braunschweig. 1978 ist der bisherige Regierungsbezirk Stade mit dem Regierungsbezirk Lüneburg zusammengelegt worden. Der *neue Regierungsbezirk Lüneburg* wurde wie die drei anderen – von einst acht – in *Niedersachsen* Ende 2004 aufgelöst. Er erstreckte sich zwischen Weser, Elbe und Aller von Nordwesten nach Südosten und grenzte an den nach Norden verschobenen Regierungsbezirk Braunschweig. Im Elbe-Weser-Raum liegen die Landkreise Stade, Cuxhaven, Osterholz, Rotenburg und Verden, die keine gemeinsame Geschichte mit dem Fürstentum Lüneburg haben. Seit 1990 ist das Wendland nicht mehr in drei Himmelsrichtungen von gesperrtem Staatsgebiet umgeben, sondern hat die neu gegründeten Bundesländer *Mecklenburg-Vorpommern*, *Brandenburg* und *Sachsen-Anhalt* als Nachbarn.

Grenzerfahrungen zwischen Zonenrand und Wiedervereinigung

Die einstige Randlage von Wendland und weiten Teilen der Lüneburger Heide zeigt sich noch in der **Infrastruktur**. Außer durch die A 7 und die A 27 in Randlage ist das große Gebiet nicht durch Autobahnen erschlossen. Es gibt nur wenige Elbbrücken, einige Fähren verbinden beide Flussufer.

Die **Grenze** war anfangs durchlässig. Viele DDR-Bürger flohen. Grenznahe Orte wie *Wittingen* oder *Bodenteich, Lüchow, Hitzacker* oder *Bleckede* waren Anlaufstelle auf bundesdeutschem Gebiet. Manche Flucht war abenteuerlich wie in den 1950er Jahren die einer Familie aus dem *Amt Neuhaus* über die Elbe: auf einem selbstgebauten Floß aus Reifenschläuchen. Nach dem Ausbau der DDR-Grenzanlagen (»**Todesstreifen**«) wagten nur noch vereinzelt Menschen zu fliehen. Mancher starb am Grenzzaun oder in der Elbe. Nach den **Ostverträgen** erlaubte der »**kleine Grenzverkehr**« seit 1973 Besuche von Grenzanwohnern der Bundesrepublik in grenznahen DDR-Nachbarorten. Dies galt nicht für Orte in DDR-Sperrgebieten wie Neu-Bleckede. Den westlichen Bleckedern blieben Kontakte zu östlichen Neu-Bleckedern verboten.

Die Öffnung der DDR-Grenze 1989, der **Einigungsvertrag**, der **Zwei-plus-Vier-Vertrag** und die **Charta von Paris** beendeten 1990 die Teilung Deutschlands und den Kalten Krieg. Von beiden Seiten der innerdeutschen Grenze kamen die Menschen und erlebten das Einreißen der Grenzanlagen. In den ersten Wochen und Monaten nach **Grenzöffnung** besuchten viele das bis dahin unbekannte Land. Der »Trabi« eroberte bundesdeutsche Straßen. In dieser Zeit wurden alte, unterbrochene Verbindungen neu geknüpft wie zwischen *Bleckede* und den früheren Ortsteilen im *Amt Neuhaus*. Noch im November 1989 nahmen die Bleckeder den Fährverkehr mit der gegenüberliegenden Elbseite auf. Für ein paar Wochen konnten Noch-DDR-Bürger Bleckede besuchen. Die Grenzsoldaten verhinderten bis zur Genehmigung des Fährbetriebes im April 1990, dass BRD-Bürger Neu-Bleckede und umliegende Orte aufsuchten. Auch zwischen dem niedersächsischen *Neu Darchau* und dem gegenüberliegenden *Darchau* wurde eine Fährverbindung eingerichtet. Durch **Staatsvertrag** zwischen den Bundesländern Niedersachsen und Mecklenburg-Vorpommern kam 1993 das *Amt Neuhaus* zu Niedersachsen und wieder – wie seit 1932 – zum Landkreis Lüneburg. Es ist nur über eine Fähre mit dem linkselbischen Landkreisteil verbunden. Die einst unüberwindliche deutsch-deutsche Grenze – jetzt Grenze zwischen Bundesländern – ist kaum mehr zu erkennen.

Glaube Religion Kirche

Christine Kohnke

Menschen und
Glaubenswelten in
unserer Region

Christine Kohnke

Glaube, Religion, Kirche

Menschen und Glaubenswelten in unserer Region

Credo in unum Deum, patrem omnipotentem, factorem coeli et terrae, visibilium omnium et invisibilium. Wir glauben an den einen Gott, den Vater, den Allmächtigen, der alles geschaffen hat, Himmel und Erde, die sichtbare und die unsichtbare Welt.

Credo – Ich glaube. Das Glaubensbekenntnis ist ein fester Bestandteil der christlichen Religion; wenn es im Gottesdienst gemeinsam gesprochen wird, ist es ebenso Ausdruck des Glaubens wie auch der christlichen Gemeinschaft und ihrer Tradition. Hier sind die ersten Worte auf Latein aufgeschrieben, so wie sie im Jahre 325 festgelegt wurden. Damals trafen sich mehr als 300 Bischöfe in Nicäa, nicht weit vom heutigen Istanbul, um über Glaubensfragen zu beraten. Es gibt noch andere Formen des Glaubensbekenntnisses.

Der Auferstehende.
Plastik im Kloster Wienhausen, entstanden um 1290.

Die Bedeutung des Labyrinths als Symbol unterlag im Laufe der Zeit immer wieder Wandlungen. Das uralte Zeichen steht für den Lebensweg des Menschen, in der christlichen Umdeutung auch für Tod und Auferstehung. Für Christen galt früher der Gang durch ein Labyrinth auch als stellvertretend für eine Pilgerreise – ein Weg der Buße und des Neubeginns.

Warum glauben Menschen?

Vielleicht, um das Mysterium des Todes begreifen und annehmen zu können. Sicher auch, um Trost und Halt in einem entbehrungsreichen Leben zu finden und um Verantwortung abgeben zu können. Und weil Spiritualität und Kreativität, Intuition und Vision, Erkenntnisprozesse und Gefühle ebenso zur menschlichen Existenz gehören wie Essen und Trinken.

Das Wort Glaube wird aus dem indogermanischen »leubh« hergeleitet – das bedeutet »lieb haben«. Liebe deinen Nächsten wie dich selbst – das ist die Botschaft von Jesus Christus. Um diese Botschaft haben die Menschen gerungen, sie haben aus ihr Kraft geschöpft und gelernt, ihr eigenes Leben in einen größeren Zusammenhang zu stellen. Manchmal haben sie sich von ihr entfernt, um sich ihr dann wieder bewusst zuzuwenden – all die Jahrhunderte hindurch. Sie tun es bis heute.

Symbole der unterschiedlichen Religionen

Warum glauben
Menschen?

S eit der Mensch denken kann, hat er sich mit seinem Dasein auseinandergesetzt, hat versucht, den Sinn des Lebens zu ergründen und Erklärungen für die Entstehung der Welt zu finden – er hat versucht, hinter der »sichtbaren« die »unsichtbare« Welt aufzuspüren.

Heilige Engel schwebten vom Himmel hernieder / Und bargen seine Seele: / Ein lauteres Leben lebt sie ewig / Bei Gott dem Allgütigen.

So heißt es in der **Edda**, einer Sammlung germanischer Götter- und Heldenlieder, in der auch die Entstehung der Welt beschrieben wird. Aufgeschrieben wurde sie im 13. Jahrhundert in Island, die Erzählungen, die ihr zugrunde liegen, sind aber viel älter.

Wenn wir heute wissen möchten, in welchen Gedankenwelten frühere Generationen lebten und wie sie Naturphänomene wie etwa den Wechsel von Tag und Nacht, die Jahreszeiten oder das Wetter erklärten, dann haben wir oft keine schriftlichen Quellen zur Verfügung. Stattdessen liegt es an uns, Funde aus früherer Zeit – Grabfunde, bildliche Darstellungen oder Kunstgegenstände – zu interpretieren. Insbesondere die Art, wie die Menschen ihre Toten bestatteten, zeigt uns, dass sie sich Gedanken um das Diesseits und Jenseits gemacht haben. In der Jungsteinzeit gab es zum Beispiel die Sitte, Tote mit angezogenen Beinen, in sogenannter Hocklage, zu beerdigen. Skelette mit stark angezogenen Beinen deutet man heute als Ausdruck der Furcht vor der Wiederkehr der Toten: Man vermutet, dass der Leichnam gefesselt worden ist.

Oftmals sind den Toten Gefäße mit Wegzehrung, Schmuck oder Waffen mitgegeben worden – für ihr **Leben nach dem Tod.**

Von der Burg zur Kirche

St. Remigius in Suderburg ist geprägt durch seinen wuchtigen Rundturm aus Feldsteinen. Nach den Überlieferungen ist dieser Turm der Rest des Bergfriedes einer Billungerburg und etwa 1.000 Jahre alt. Nach der Aufgabe der Burg erfolgte die Umnutzung des Turmes zum Kirchturm. Um 1370 wurde ein hölzerner Glockenturm frei hineingestellt – einer der ältesten erhaltenen Glockentürme der Lüneburger Heide.

Rekonstruktion eines bronzezeitlichen Grabhügels in der Addenstorfer Heide. Die Grabhügel waren mit Steinkreisen, Gräben und Pfostensetzungen umgeben. Sie bergen meist mehrere Gräber.

Modell eines Totenhauses aus der Bronzezeit in der Addenstorfer Heide. Es visualisiert, maßstäblich um die Hälfte verkleinert, einen Befund aus Eitzen im Landkreis Uelzen.

In unserer Region sind Tausende von Grabhügeln erhalten, Grabstellen vergangener Generationen. Dazu gehört auch das Hügelgräberfeld in der Addenstorfer Heide bei Bad Bevensen, Landkreis Uelzen. 45 Hügel sind hier und im angrenzenden Wald noch zu finden. Sie werden der älteren Bronzezeit (um 1500 v. Chr.) zugeordnet. Mehrere Hügelgräber sind wissenschaftlich untersucht worden. Hier findet der Besucher zur Veranschaulichung der damaligen Bestattungssitten eine Grabrekonstruktion und das Modell eines Totenhauses aus der Bronzezeit.

Auf dem Kronsberg bei Rullstorf, Landkreis Lüneburg, wurden Gräber der Sachsen aus dem 7. bis 9. Jahrhundert gefunden, die das Fortleben heidnischer Sitten in frühchristlicher Zeit belegen: Neben vielen Scheiterhaufengräbern gibt es Körperbestattungen, unter anderem in Baumsärgen. Einige Gräber sind nordsüdlich ausgerichtet. In anderen wurden die Toten nach christlicher Sitte mit Blick in den Osten bestattet. Von besonderer Bedeutung sind mehr als 40 Pferdebestattungen, darunter ein Pferd mit Zaumzeug und Sattel. Auch Hunde und ein Hirsch sind hier begraben worden.

Rekonstruktion des Sattels aus den Gräbern von Rullstorf.

Sachsen, Wenden und erste Christen

» *Tho umbi thana neriendon Krist nahor gengun / sulike gesidos, so he im selbo gecos, / uualdand undar them uuerode. Stodun uuisa man, ...*

Kaum vorstellbar, aber das ist Deutsch – nun ja, Altniederdeutsch. So wurde in Niedersachsen vor etwa 1.200 Jahren gesprochen – und die wohlklingenden Verse, unseren Ohren so fremd, sind nichts anderes als die ersten Zeilen aus der Bergpredigt: *Da traten um Christ den Erlöser die Gefährten enger zusammen, die der Herrscher sich selbst aus der Menge erwählt hatte. Die Weisen umstanden (ihn), ...*

Aufgeschrieben sind diese Verse im »Heliand«, einer altsächsischen Nachdichtung der Evangelien aus der Zeit um 830 – der Zeit, als das Christentum bei den Sachsen Einzug hielt.

Seit dem ersten Jahrhundert nach Christi Geburt lebten verschiedene germanische Stämme auch in der Region zwischen Aller und Elbe. Aus ihnen gingen später die Sachsen, ein loser Stammesverbund, hervor. Sie kannten viele Götter: Wotan, ihren Hauptgott, Freya, die Göttin der Liebe, oder Thor, den Donnergott – und so göttlich diese auch daherkamen, so viele menschliche Züge trugen sie. Das meiste aus der Vorstellungswelt der Germanen ist längst aus dem Gedächtnis der Menschen verschwunden, denn ihre Heiligtümer wurden zerstört oder sind in christlicher Zeit in Vergessenheit geraten. Einige ihrer Mythen sind aber erhalten geblieben, zum Beispiel in der **Edda**.

Geheimnisvolles Heiligtum der Sachsen – die Irminsul

»Ja einen Holzklotz von nicht geringer Größe hatten sie aufgerichtet und verehrten ihn unter freiem Himmel; sie nannten ihn in ihrer Muttersprache Irminsul, die All-Säule, die gleichsam das All trägt«, schreibt der Mönch Rudolf von Fulda (gest. 865) über das Heiligtum der Sachsen. Wie die Irminsul aussah und wo genau ihr Standort war, ist nicht bekannt. Man nimmt an, dass es ein mächtiger Baum gewesen ist.

Grabrelief Widukinds in der Kirche in Enger aus der ersten Hälfte des 11. Jahrhunderts. Es gilt als die älteste figürliche Darstellung des sächsischen Adligen und zeigt ein jugendliches Idealbildnis, ausgestattet mit herrschaftlichen Insignien und Attributen: Königsornat, Spangenkrone und Lilienzepter – das Symbol der Königswürde, obwohl der Sachsenführer in Wirklichkeit nie ein König gewesen ist. Auch von seiner heidnischen Vergangenheit wird er entbunden. Die rechte Hand wie zum Segen emporgehoben, entspricht seine Haltung der eines Priesters.

Das Christentum war mit den Römern über die Alpen gekommen und hatte allmählich in Nordeuropa Fuß gefasst. Karl der Große, König der Franken und im Jahr 800 vom Papst zum Kaiser gekrönt, brachte den Glauben an den einen Gott auch zu den Menschen im Sachsenland – gegen deren Willen allerdings. Denn mit der Verbreitung des neuen Glaubens ging es Karl gleichermaßen um die Erweiterung seines Herrschaftsgebietes und um die Unterwerfung der kriegerischen Sachsen. Im Jahre 772 zerstörte Karl das sächsische Heiligtum »Irminsul« und es begann ein Krieg, der dreißig Jahre währen sollte. Die Sachsen wehrten sich erbittert, stand doch ihre Freiheit auf dem Spiel. Ihr Heerführer **Widukind** ist bis heute nicht vergessen.

Im Jahr 785 ließ sich Widukind taufen, er hatte erkannt, dass die fränkische Übermacht nicht zu bezwingen war. Doch erst um 804 war der sächsische Widerstand – auch durch das äußerst grausame Vorgehen Karls des Großen – gänzlich gebrochen. Dieser Krieg hat Karl den Namen »Sachsenschlächter« eingebracht.

Bis zur Elbe reichte nun Karls Reich. Hier, am großen Fluss, der so lange ein Grenzfluss gewesen ist, hatten sich seit dem 6. Jahrhundert Menschen slawischer Herkunft niedergelassen – die **Wenden**. Auf sie geht die seit dem 18. Jahrhundert aufkommende Bezeichnung Wendland zurück. Auch die Wenden verehrten verschiedene Gottheiten. Sie wurden erst viele Jahre nach den Sachsen christianisiert, so dass in unserer Region über einen langen Zeitraum verschiedene Religionen nebeneinander existierten.

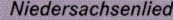

Niedersachsenlied

Auf blühend roter Heide
Starben einst vieltausend Mann.
Für Niedersachsens Treue
Traf sie des Franken Bann.
Viel tausend Brüder fielen
Von des Henkers Hand.
Viele tausend Brüder
Für ihr Niedersachsenland.
So war'n die Niedersachsen,
Sturmfest und erdverwachsen,
Heil Herzog Widukinds Stamm!

3. Strophe des Niedersachsenliedes, verfasst vor 1934, vermutlich um 1926, von Hermann Grote. Das Niedersachsenlied wird heute oft und gerne gesungen. Aber es steht auch in der Kritik und wird als rückständig oder nationalistisch aufgefasst. Mittlerweile gibt es sogar eine Pop- und eine Punk-Version davon.

Als die Sachsen Christen wurden

» *[...] end ec forsacho [...] »Thunaer« ende »Uuoden« ende »Saxnote« ende allum them unholdum*
[...] und ich entsage [...] [dem] »Donar« und »Wotan« und »Saxnot« und allen Unholden

Aus dem altsächsischen Taufgelöbnis, welches wohl auch Widukind 785 sprechen musste.

Schon bevor Karl der Große, dessen Vorfahren schon seit etwa 300 Jahren Christen waren, seinem Reich die sächsischen Lande angliederte, gab es viele Beziehungen zwischen Sachsen und Franken – und manche waren für die Franken recht unerfreulich: Die Sachsen hatten regelmäßige Raubzüge in fränkisches Gebiet unternommen. Vermutlich wollte Karl mit seinen Sachsenkriegen auch dem ein Ende setzen. Aber er hatte auf sächsischer Seite auch Verbündete: **Adlige**, denen er *Vorteile und Privilegien* versprach und die dann in fränkischer Zeit zur gehobenen Gesellschaft gehörten.

Karl schuf ein *europäisches Großreich* mit vereinheitlichter Verwaltung, Kultur und Religion. Deshalb wird er mitunter »Vater Europas« genannt. Für die Verwaltung des neuen Landes nutzte Karl auch die Strukturen der christlichen Kirche, insbesondere die Klöster mit ihren Möglichkeiten, Steuern einzutreiben, Urkunden zu verfassen und aufzubewahren und Grundbesitz zu bewirtschaften. Da die Klöster außerdem Kontakte zu ihren Mutterklöstern hielten und Tochtergründungen vorantrieben, entstand ein *Netzwerk*, welches auch der Verwaltung und Herrschaft dienen konnte.

Im Angedenken an die Christianisierung wurde im Jahre 1930 das Heliandskreuz bei Bad Bevensen, Landkreis Uelzen, aufgestellt.

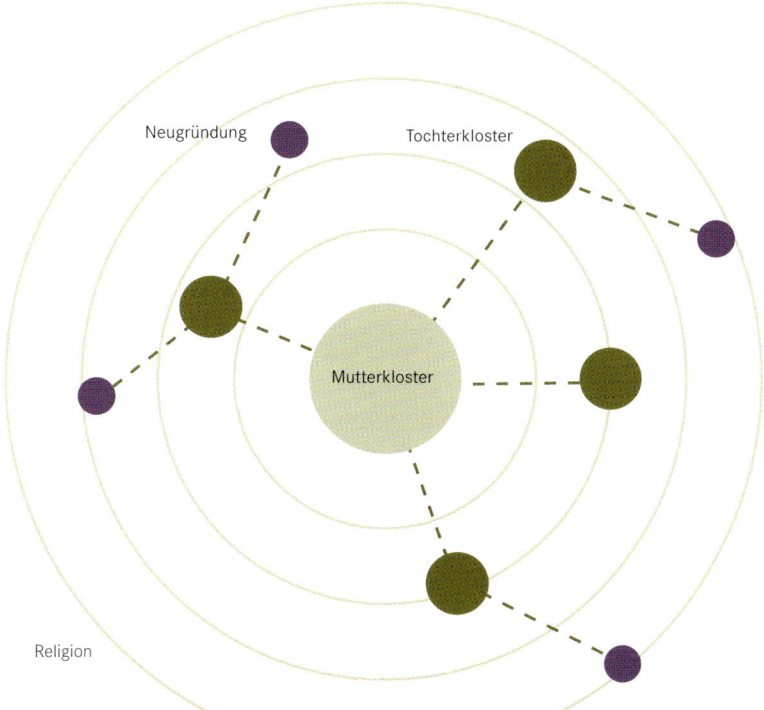

Neugründung

Tochterkloster

Mutterkloster

Der allumfassende Christus: Kopf, Füße und Hände von Jesus Christus umschließen die gesamte bekannte Welt des Mittelalters. Auf der Ebstorfer Weltkarte, die vermutlich im 13. Jahrhundert entstand, liegt der Osten oben. Hier ist auch das Paradies eingezeichnet. Im Zentrum befindet sich Jerusalem. Europa liegt im unteren Teil links. Hier finden sich die deutschen Städte Lüneburg, Braunschweig, Aachen, Köln und andere. Und Ebstorf nebst drei »Märtyrergräbern«. Dann kommt noch Bremen, direkt am Ufer des weltumspannenden Ozeans gelegen, darunter, im Meer, ist die Insel Island eingezeichnet – und dann ist die Welt zuende.

Missionare zogen spätestens seit dem 7. Jahrhundert durch die Lande und predigten die neue Lehre – von der einheimischen Bevölkerung nicht immer wohlgelitten: Der Missionar Marianus etwa, ein Schüler des ersten Bremer Bischofs Willehad, soll im Jahre 782 von aufgebrachten Einheimischen auf der Ilmenaubrücke bei Bardowick erschlagen worden sein.

Acht **Bistümer**, also kirchliche Verwaltungsbereiche, entstanden unter Karl dem Großen und seinem Sohn und Nachfolger Ludwig dem Frommen (778–840, Kaiser 813): Münster, Paderborn, Minden, Osnabrück, Bremen, Hildesheim, Halberstadt und Verden. Statt Verden war zunächst offenbar Bardowick, ein wichtiger Handelsplatz an der Ilmenau, der geplante Bischofssitz für den Bardengau, also das Gebiet der Lüneburger Heide. Doch dieser Plan wurde sehr bald zugunsten des weiter im Lande gelegenen Verden aufgegeben, wahrscheinlich aus Sicherheitsgründen. Für den größten Teil der Lüneburger Heide war nun der Verdener Bischof zuständig.

Bischofsitze zu Zeiten Karl des Großen (Karte: heutiges Niedersachsen)

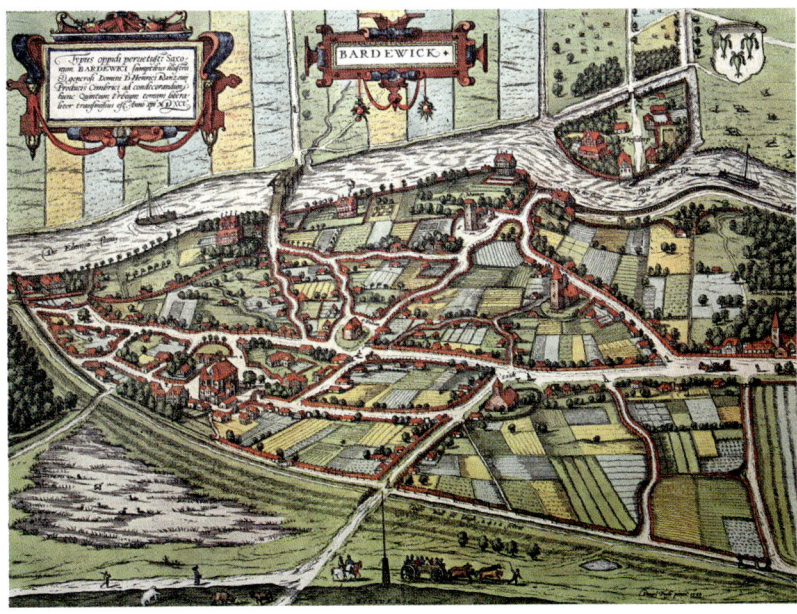

Bardowick an der Ilmenau. Stich von Daniel Freese, 1588. Der mächtige Dom ist mit seinen beiden Türmen unten links leicht zu finden.

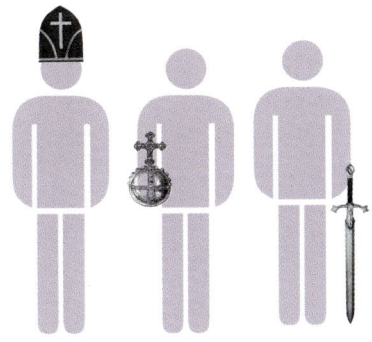

Aufgaben der Bischöfe

Bischof mit Bischofsstab, aus dessen Krümme sich eine männliche Gestalt entwickelt. Relief am Chorgestühl des Bardowicker Domes (Landkreis Lüneburg), 1486.

Die Bischöfe wurden vom König ernannt. Sie waren nicht nur *geistliche Hirten*, die predigten und ihre Kirchengemeinden betreuten, sondern auch Herrscher über ihr Gebiet – *Fürsten* und *Kriegsmänner*. So fielen in einer Schlacht gegen die heidnischen Normannen im Jahre 880 Theoderich, der dritte Bischof von Minden, und Markward, Bischof von Hildesheim, an der Seite vieler sächsischer Adliger.

Religion und Glaube prägen immer auch die **Werte und Normen**, denen der Mensch sein Denken, Fühlen und Handeln unterordnet. Man darf sich aber nicht vorstellen, dass mit der Übernahme des »neuen« Glaubens durch die Taufe auch ein grundsätzlich neues Menschenbild entstanden wäre. Teile der alten Sitten, Gebräuche und Vorstellungswelt verschmolzen mit der christlichen Lehre zunächst zu einem *Volksglauben*, der nach und nach seine heidnischen Wurzeln vergaß. Das Christentum hat in seiner mehr als tausendjährigen Geschichte die menschliche Gemeinschaft in unserer Region tiefgreifend geprägt.

In den Klöstern lebten Menschen in verschiedenen Ordensgemeinschaften wie etwa Benediktiner-, Zisterzienser- oder Franziskanerorden zusammen. Im Laufe der Zeit bildeten die Ordensgemeinschaften zum Teil unterschiedliche Tätigkeitsschwerpunkte aus. Der Benediktinerorden gilt als ältester Orden der westlichen Welt, die erste Welle der Klostergründungen in unserer Region erfolgte durch Benediktiner. Ihre Grundsätze sind »Bete und arbeite und lies«. In Rückbesinnung auf die Wurzeln des Benediktinerordens entstand im 11. Jahrhundert in Frankreich der Zisterzienserorden, dessen Ideale Abgeschiedenheit und eine einfache Lebensweise sind. Deshalb siedelten sich die Zisterzienser meist in unwegsamen Gegenden an. Um 1120 entstand der Prämonstratenserorden, für den ebenfalls Enthaltsamkeit und Verzicht auf persönliches Eigentum zu den Regeln gehören. Er erzielte in seinen Anfangsjahren Erfolge in der landwirtschaftlichen Entwicklung in der Umgebung seiner Klöster.

Zuhause im Kloster

Mädchen kamen im Alter zwischen vier und sechs Jahren ins Kloster. Hier wurden sie erzogen und erhielten Bildung. Auf dem Bild (die sogenannte »Guidonische Notenhand« aus dem späten 15. Jh. in einem Buch des Klosters Ebstorf) ist ein kleines Mädchen zu sehen, eine Klosterschülerin, die von einer Nonne Musikunterricht erhält. Links sehen wir eine Nonne mit Handorgel.

Nur im Kloster hatten die Frauen die Möglichkeit, Bildung zu erhalten.
Kunst
Liederbücher
Wandteppiche
Kultur
Gartenbau
Heilpflanzen
Arzneimittel
Bildung
lesen und
schreiben

Verbreitung des Christentums und Klostergründungen

Eine Vorstellung von der Verbreitung und Bedeutung des Christentums in unserer Region kann man sich anhand von Kirchen- und Klostergründungen machen. Bis zum 16. Jahrhundert gab es im Gebiet des heutigen Landes Niedersachsen rund zweihundert Klöster. Einige davon bestehen noch heute, wenn auch in veränderter Form.

Jahrhundertelang waren die Klöster die geistigen und kulturellen Zentren Europas. Hier lebten die wenigen Schreib- und Lesekundigen, hier wurden vor der Erfindung des Buchdrucks die kostbaren Bücher abgeschrieben. Hier wurden Pflanzen angebaut und *Arzneien* hergestellt. Hier wurde *Wissen* gesammelt, und neue Techniken wurden ersonnen. Und hier wurden *Kunstwerke* geschaffen. Textilien wie bestickte Altardecken und Teppiche, aufwendig verzierte und illustrierte Handschriften und reich illustrierte Bücher. Einen Einblick in die musikalische Welt der norddeutschen Heideklöster geben uns die Medinger Gebetbücher, die Wienhäuser Liederhandschrift oder das Ebstorfer Liederbuch. Sie sind seit vielen Jahren Gegenstand der Forschung und wurden kürzlich sogar vertont. Für Frauen waren die Klöster noch mehr: Nur im Kloster erhielten sie Zugang zu Bildung, Kunst und Kultur. Insofern waren Frauenklöster auch Orte der weiblichen Selbstverwirklichung.

Im Laufe der Zeit ist es allerdings immer wieder vorgekommen, dass die christlichen Ideale von Nächstenliebe, Bescheidenheit und Friedfertigkeit hinter weltlichen Zielen wie Macht und Luxus zurückstanden. Deshalb hat es mehrfach Klosterreformen gegeben – von außen oder auch aus dem Kreise der Mönche und Nonnen selbst heraus.

Die lüneburgischen Klöster

Im Jahre 986 wird in einer Schenkungsurkunde aus der Zeit des Königs und späteren Kaisers Otto III. (980–1002) die legendäre Stiftung des Grafen Wale und seiner Frau Odelint erwähnt, aus der das *Kloster St. Johannes in Walsrode* hervorging. Walsrode ist die älteste Gründung unter den Lüneburger Frauenklöstern, im 13. Jahrhundert wird es als den Benediktinern zugehörig bezeichnet. Heute beherbergt es ein evangelisches Damenstift.

1000 Jahre Klostergeschichte – welch eine Anziehungskraft muss das Kloster in all den verschiedenen Zeitepochen ausgeübt haben!

Noch früher, in der 1. Hälfte des 10. Jahrhunderts, spätestens aber 956, wurde von Benediktinern auf dem Lüneburger Kalkberg das Michaeliskloster gegründet. 1376 errichteten sie es dann innerhalb der Stadtmauern neu. Nach der Reformation wurde das Kloster evangelisch, im 17. Jahrhundert wurde es aufgelöst. 1170 wurde das Kloster Lüne als Benediktinerinnenkloster gegründet. Das 1711 in ein evangelisches Damenstift umgewandelte Kloster besticht noch heute durch seinen in großem Umfang erhaltenen gotischen Baubestand.

Schönheit in gotischer Tracht: Agnes von Landsberg, Stifterin des Klosters Wienhausen. Sie wurde 1192 oder 1193 geboren und starb 1266, beinahe achtzigjährig, im Nachbarkloster Isenhagen. Bestattet wurde sie in Wienhausen. Im Arm hält Agnes ein Modell der Marienkirche Wienhausen – hier noch mit Turm. Die Kirche stand bereits an Ort und Stelle, als das Kloster gegründet wurde. Als sie zur Klosterkirche wurde, ließen die Zisterzienserinnen den Kirchturm abreißen. Denn ihr Grundsatz, der sich auch in der Architektur ausdrücken soll, ist Bescheidenheit. Deshalb gibt es auf zisterziensischen Kirchen lediglich kleine Dachreiter für die Glocke, aber nie mächtige Türme.

986 Schenkung für	Kloster Walsrode
um 1160 Gründung	Kloster Ebstorf (1197 Ersterwähnung)
um 1170 Gründung	Kloster Lüne (1172 bestätigt)
um 1225 Gründung	Kloster Wienhausen (1233 bestätigt)
1228	vier Ordensschwestern und ein Laienbruder aus dem Zisterzienserkloster Wolmirstedt gründen einen Konvent, nach einigen Zwischenstationen wird im Jahre 1336 das Kloster Medingen (damals Zellensen) gegründet
1243 Stiftung	Kloster Isenhagen

Kloster Wienhausen, nach Merian, 1654.

Perlstickerei, Isenhagen

Die großen lüneburgischen Klöster

Die »Goldene Kirche« in der Lüneburger St. Johanniskirche, ein Reliquienbehälter, wurde von Pilgern als Heiligtum verehrt. Die Sage erzählt, dass sie nach einem Traum von einem Geistlichen in einem Pfeiler der St. Johanniskirche gefunden wurde.

Im Verlaufe des 9. bis 11. Jahrhunderts hatte das Christentum im westlichen Europa fest Fuß gefasst. Doch noch immer reichte sein Einflussgebiet nicht über die Elbe hinaus, die dort lebenden Slawen (Wenden) hingen weiterhin ihrem heidnischen Glauben an. Nun kamen die Prämonstratenser ins Spiel: Ihr Orden widmete sich besonders der Kolonisierung und Christianisierung der östlichen Grenzregionen.

In diesen Zusammenhang ist vielleicht auch die Gründung des Klosters Ebstorf als Prämonstratenserkloster zu stellen. Volrad von Bodwede, Graf von Dannenberg, schenkte um 1160 dem Bischof von Verden die Ebstorfer Mühle, um ein Kloster zu finanzieren, 1197 tauchte das Kloster erstmals in einer Urkunde auf. In der Nähe der wendischen Siedlungsgebiete gelegen, ist es sicher auch ein Missionskloster gewesen. Nach einem Brand im 12. Jahrhundert kamen Benediktinerinnen aus Walsrode nach Ebstorf.

Zum wohl einflussreichsten Orden des Mittelalters stiegen seit dem 12. Jahrhundert die Zisterzienser auf. Sie siedelten auch in vielen Gegenden Norddeutschlands. 1228 entstand mit Medingen das erste Zisterzienserkloster in der Region des späteren Fürstentums Lüneburg. Heute ist es wie das Ebstorfer Kloster ein evangelisches Damenstift.

Reliquie

Eine Reliquie (lateinisch »Überbleibsel«) ist ein Gegenstand religiöser Verehrung, besonders gern ein Körperteil oder Teil des persönlichen Besitzes eines Heiligen.

Zwei weitere Klostergründungen durch Zisterzienser folgten: *obgleich sie annoch im blühenden Alter, so ... gedachte [sie] ... ein geistliches Jungfrauen Kloster zu Gottes Ehren aufzubauen,* heißt es in der Wienhäuser Chronik über Agnes von Landsberg. Die Schwiegertochter Heinrichs des Löwen war 1227 Witwe geworden, sie war damals gerade 32 oder 33 Jahre alt. Sie stiftete das 1225 gegründete Kloster Wienhausen, welches der Familie der Welfen eng verbunden bleiben sollte, und 1243 das Kloster Isenhagen.

Tristan-Teppich im Kloster Wienhausen, 14. Jahrhundert. Er erzählt einen Teil der Liebesgeschichte von Tristan und Isolde. Auf diesem Ausschnitt ist zu sehen, wie Tristan im Reiterkampf auf Morold trifft. Schriftbänder in niederdeutscher Sprache begleiten die bildlichen Szenen.

Brunnenhalle mit dem Jahrhunderte alten gotischen Handsteinbrunnen im Kloster Lüne.

Kreuzgang, Isenhagen

Die sechs noch heute bestehenden evangelischen Damenstifte in der Lüneburger Heide sind im 16. Jahrhundert aus Klöstern verschiedener Ordenszugehörigkeit entstanden. *Martin Luther* hatte mit seinem Thesenanschlag 1517 eine Lawine ausgelöst, die die christliche Kirche zutiefst erschütterte: Die **Reformation**. Für die Nonnen war die Annahme des lutherischen Glaubens ein schwieriger Schritt, und einige von ihnen konnten ihn nicht gehen. Wer sich vor Augen hält, dass die meisten von ihnen schon als kleine Mädchen im Alter von etwa fünf Jahren ins Kloster gekommen waren, dass sie dort lebten und erzogen wurden, lernten und heranwuchsen, kann das verstehen. Für sie ging es nicht um ihre Religion allein. Das Kloster war ihr Zuhause, es war ihr ganzes Leben.

Es gab Klöster, die leisteten den Reformationsbestrebungen der Herzöge lange Widerstand. Das Kloster Medingen unter der Leitung von Äbtissin Margareta von Stöterogge im sogenannten »Nonnenkrieg« sogar fast 30 Jahre. Die widerspenstigen Nonnen versteckten jahrelang ihren Beichtvater auf dem Dachboden und verbrannten die vom Landesherrn gesandte Lutherbibel. Herzog Ernst war darüber so erzürnt, dass er Teile der Klostergebäude abreißen ließ.

Heute leben in den Damenstiften Frauen in einer christlich geprägten Gemeinschaft zusammen, die aber ihre klösterliche Strenge verloren hat. Viele von ihnen waren verheiratet und standen lange aktiv im Berufsleben. Sie haben sich freiwillig entschieden, in einer evangelischen Glaubensgemeinschaft zu leben.

Neben ihrer religiösen Bedeutung sind die Klöster, ihre Gebäude und Ausstattung, inzwischen selbst zu bedeutenden Zeugnissen von Kunst und Kultur geworden. Und sie vermitteln uns ein Bild vom Reichtum, der Macht und Ausstrahlung der Klöster in früheren Zeiten: Gloria in excelsis Deo – Stein gewordenes Lob Gottes.

Kirche und Volk

»*Die Kirche im Dorf lassen*« ist ein Spruch, der heutzutage gern und meist ohne viel Nachdenken verwendet wird. Aber es ist ja so: Im Herzen eines größeren niedersächsischen Dorfes steht eine Kirche. Sie steht im Mittelpunkt des Ortes, so wie der Glaube ein zentrales Element im Leben der Menschen ist. Die Kirchen waren aber nicht nur Gotteshäuser, sondern sie boten als massive Steinbauten den Gläubigen auch Schutz bei kriegerischen Auseinandersetzungen. Ihre Glocken riefen die Menschen zum Gebet, warnten bei Gefahr und riefen bei Feuer zur Hilfe. Vor allem im einfachen Volk, das keinen Zugang zu höherer Bildung hatte, und das von der auf Latein gehaltenen Messe wenig verstand, bildete sich mit der Christianisierung auch eine Volksfrömmigkeit heraus, die sich zum Beispiel in der Heiligen- und Marienverehrung äußerte. Hierbei konnte es durchaus zu Übertreibungen und Aberglauben kommen, was dann wiederum von der Kirche selbst oder vom Landesherrn verfolgt und bestraft wurde – bis hin zu den Hexenprozessen der Neuzeit. Im Laufe der Zeit etablierte sich für fast jedes Anliegen ein besonders zuständiger Heiliger.

Der Heilige Nikolaus wird als Schutzherr der Handelsreisenden und Seefahrer verehrt. Nicht ohne Grund trägt die Lüneburger Nikolaikirche seinen Namen: Sie steht in der Neustadt, wo viele Flussschiffer lebten.

Stadtplan von Lüneburg, um 1598, Ausschnitt: Nicolaikirche

Der Heilige Nikolaus an der Lüneburger St. Nicolaikirche.

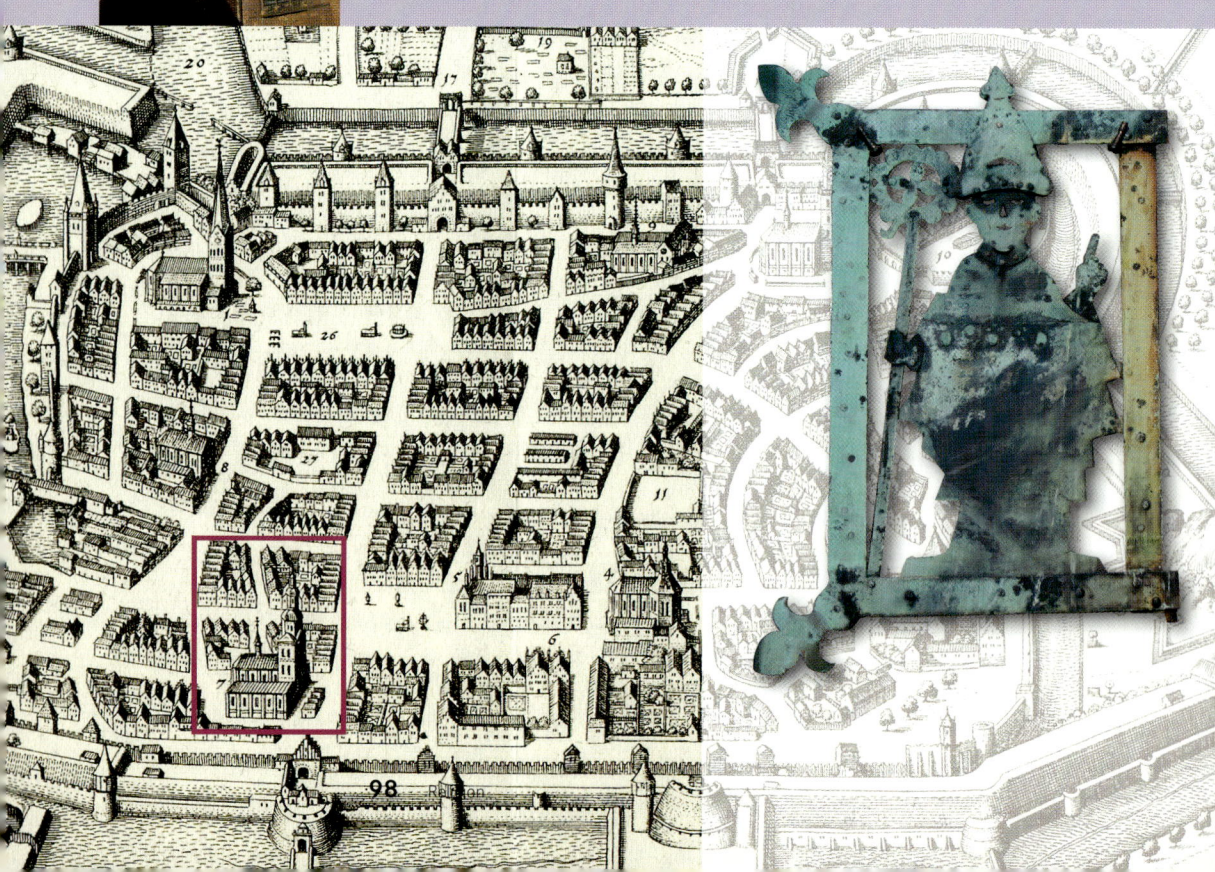

Kloster Ebstorf, 1654
(Ausschnitt)

Die aktuelle Klosterfahne der Ebstorfer Schützengilde.
Das Motiv wird traditionell von der Äbtissin entworfen.

Kirche und Volk

Rent-a-Pilgrim

Pilgern ist »in«. Und wenn man selbst keine Zeit hat und etwas Gutes tun möchte? Im Internet kann man einen Pilger engagieren.

Wer seinen Bitten besonderen Nachdruck verleihen wollte oder eine Buße auferlegt bekommen hatte, konnte sich auch in unserer Gegend auf den oft beschwerlichen Pilgerweg zu einem besonderen Gnadenort machen: Das konnte eine wundertätige Statue oder auch das Grab eines Heiligen sein. Es gab sogar **»professionelle« Pilger**, die sich stellvertretend für einen verhinderten Büßer auf den Weg machten. Da die *Wallfahrtsorte* von den Reisenden gut lebten, war man gerne einmal erfinderisch mit seinen »Wundern«. Das Kloster Ebstorf war im 13. Jahrhundert beispielsweise ein Marienwallfahrtsort, und auch der heute als Volksfest gefeierte »Wohlder Markt« bei Bergen im Landkreis Celle geht auf eine mittelalterliche Wallfahrt zu einem – längst nicht mehr erhaltenen – Marien-Kirchlein zurück.

Bis zur Reformation Martin Luthers war in unserer Region die katholische Kirche die allein bestimmende geistliche Autorität. Das Oberhaupt der Katholiken ist der Papst. In der Geschichte Europas haben weltliche und kirchliche Würdenträger, letztlich König und Papst, immer wieder um Macht und Einfluss miteinander gerungen. Denn die christliche Kirche war auch eine Quelle der **Rechtssprechung** und hatte Einfluss auf die *Gesetzgebung* – Staat und Kirche waren eng miteinander verflochten. Im Zuge der Christianisierung unserer Region verschmolzen diese Einflüsse mit überlieferten Rechtsvorstellungen der Sachsen, auch in der im Jahre 802 von Karl dem Großen erlassenen Lex Saxonum, dem Gesetz der Sachsen.

Die Reformation –
Das Fürstentum wird evangelisch

>> Gottes Wort überall in des Fürstentums Stiften, Klöstern und Pfarren rein, klar und ohne menschlichen Zusatz predigen lassen.«

Mit diesen Worten hat Herzog Ernst von Braunschweig-Lüneburg im August 1527 auf dem Landtag in Scharnebeck klar Stellung bezogen: Ja zu Luthers Reformation. Der Augustinermönch Martin Luther hatte 1517 einen umfassenden religiösen Wandlungsprozess in Gang gebracht, den man heute Reformation nennt. Mit seinen 95 Thesen, die er der Überlieferung nach an der Tür der Wittenberger Schlosskirche anschlug, löste er eine tief greifende theologische Diskussion aus, die schließlich in die Abspaltung der Protestanten von der katholischen Kirche mündete. Es entstanden die evangelischen Kirchen.

Herzog Ernst lebte ganz nach seinem Wahlspruch:

»Anderen diene ich, mich selber verzehre ich«.

»Sobald das Geld im Kasten klingt, die Seele (aus dem Fegefeuer) in den Himmel springt.« Mit diesem Spruch soll der Dominikanermönch Johann Tetzel auf den Märkten den Verkauf seiner Ablassbriefe angepriesen haben. Gegen Geld konnten die Gläubigen sich oder andere, sogar bereits verstorbene Vorfahren, von ihren Sünden freikaufen. Mit ehrlicher Buße hatte das nichts zu tun – eine für Luther nicht hinnehmbare Verhöhnung christlichen Selbstverständnisses.

Schon in den frühen 1520er Jahren waren evangelische Prediger auch in der Region des Fürstentums Lüneburg unterwegs und verbreiteten das neue Gedankengut. Sie hatten einen Unterstützer auf höchster Ebene: **Herzog Ernst** (1497–1546). Ernst hatte als Student in Wittenberg auch Vorlesungen Luthers gehört. Mit nur 23 Jahren waren ihm von seinem Vater die Regierungsgeschäfte im hoch verschuldeten Fürstentum übertragen worden.

Die Domäne Scharnebeck beherbergt das einzige erhaltene Gebäude des ehemaligen Klosters Scharnebeck (heute Kreisvolkshochschule). Hier fand im April 1527 der Landtag zu Scharnebeck statt, auf dem Herzog Heinrich der Mittlere zugunsten seines zweiten Sohnes Ernst abdankte. Ernst gelang es, die Ständeversammlung für die Einführung der Reformation im Herzogtum Braunschweig-Lüneburg zu gewinnen. Die evangelische Kirche St. Marien war einst Klosterkirche. Erhalten haben sich Reste des Chorgestühls, um 1376. Hier: David und Goliath

Herzog Ernst von Braunschweig-Lüneburg, genannt der »Bekenner«. Detail auf der Gedenktafel von 1897 in der Marienkirche Uelzen.

Apollonia ist Herzog Ernsts jüngere Schwester. Sie wird im Alter von fünf Jahren ins Kloster Wienhausen gebracht, wo sie fortan lebt. Mit 13 Jahren wird Apollonia eingesegnet, und als 22-Jährige legt sie ihr Ordensgelübde ab. Mit dem Einzug der lutherischen Glaubenslehre, zu der sich auch Bruder Ernst bekennt, soll sich ihr Leben grundsätzlich ändern: Eine Nonne katholischen Glaubens als Schwester kann Ernst nicht gebrauchen. 1527 ruft er Apollonia unter einem Vorwand nach Celle und lässt sie nicht wieder zurück ins Kloster Wienhausen. Apollonia, die dem katholischen Glauben immer treu geblieben ist, wird schließlich nach Uelzen geschickt, wo sie recht einfach und wohl auch einsam lebt. Sie stirbt im Jahr 1571 und ist in der Uelzer Marienkirche begraben.

Porträt Apollonias auf ihrem Denkmal in der Marienkirche Uelzen.

Die Reformation

Das Herzogtum Braunschweig-Lüneburg gehörte zu den ersten deutschen Ländern, die die Reformation einführten. In den Klöstern, insbesondere den Nonnenklöstern und bei den Franziskanern, regte sich allerdings beharrlicher Widerstand gegen die evangelische Konfession. Auch in der alten Handelsstadt Lüneburg wehrten sich führende Kräfte bis 1530 gegen die Reformation. Die Stadt Winsen/Luhe dagegen war schon 1528 lutherisch geworden – Herzog Ernst hatte kurzerhand die widerspenstigen Franziskanermönche vertrieben, ebenso wie in Celle.

Auf dem Reichstag 1530 unterzeichnete Herzog Ernst das »Augsburger Bekenntnis«, eine verbindliche Bejahung und Annahme der lutherischen Lehre. Seither wird er »Ernst der Bekenner« genannt. An der Gründung des Schmalkaldischen Bundes, eines Zusammenschlusses evangelischer Fürsten 1531, war Herzog Ernst ebenfalls beteiligt.

Mit dem 1555 geschlossenen »Augsburger Religionsfrieden« wurden reichsweit die Streitigkeiten zwischen dem katholischen Kaiser des Heiligen Römischen Reiches deutscher Nation und seinen katholischen und lutherischen Landesherren zunächst beigelegt – man hatte ein einfaches Prinzip gefunden: »cuius regio, eius religio«, das heißt »wessen Herrschaft, dessen Religion«. Mit anderen Worten: Der Landesherr bestimmte, was seine Untertanen zu glauben hatten. Im Fürstentum Lüneburg bedeutete dies die Festigung der lutherischen Lehre.

Die Lutherrose ist ein Symbol für die evangelisch-lutherischen Kirchen. Martin Luther verwendete die Rose als Siegel für seinen Briefverkehr, sie ist gestaltet nach dem Vorbild eines Fensters der Augustinerkirche in Erfurt, wo Luther als Mönch gelebt hatte.

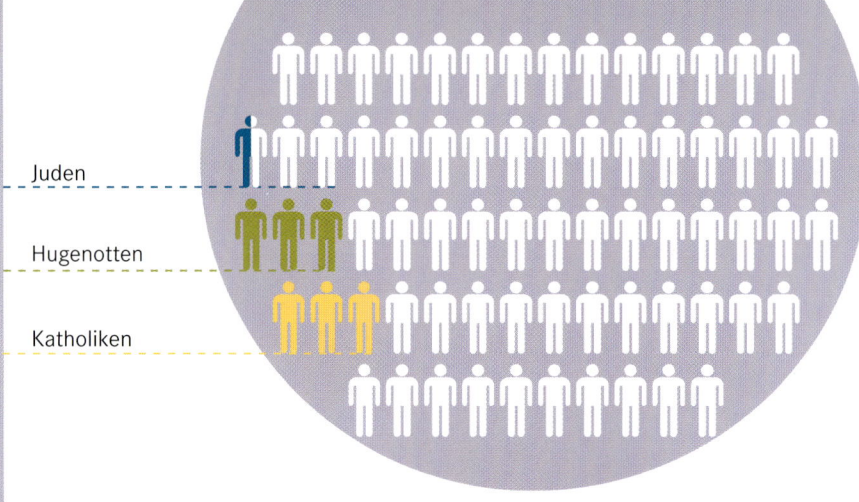

Juden

Hugenotten

Katholiken

Evangelische Christen

Die Reformation

Im nun evangelischen Fürstentum Lüneburg lebte auch eine Minderheit von Andersgläubigen. In den Städten gab es einige jüdische Familien, nach dem Dreißigjährigen Krieg siedelten sich als protestantische Minderheit **Hugenotten** in Lüneburg und Celle an. Und einige wenige Katholiken lebten in den Städten. In der damaligen Residenzstadt Celle entstand eine kleine katholische Gemeinde, die seit 1678 einen eigenen Seelsorger hatte, aber noch keine Kirche. Die religiöse Toleranz hatte durchaus wirtschaftliche Gründe, da die katholischen Gemeindeglieder fast alle auf die eine oder andere Art bei Hofe zu tun hatten.

Seit 1824 war die katholische Gemeinde Celle eine eigene Pfarrei, zu der auch das gesamte Heidegebiet bis nach Hamburg und die weite Region zwischen Weser und Elbe gehörten. Die 1838 erbaute *St. Ludwig-Kirche* in Celle ist die Muttergemeinde für sehr viele später gegründete neue Gemeinden. Im Landkreis Gifhorn entstand die erste katholische Kirche erst 1915. Die Katholiken unserer Region gehörten stets zum Bistum Hildesheim.

Hugenotten

... ist die etwa seit 1560 gebräuchliche Bezeichnung für die französischen Protestanten im vor-revolutionären Frankreich. Ihr Glaube war stark von der Lehre Johannes Calvins beeinflusst (Calvinismus).

St. Ludwig-Kirche, Celle

Nach dem Zweiten Weltkrieg

Seit dem Ende des Zweiten Weltkrieges ist die religiöse und konfessionelle Landschaft bunter und vielfältiger geworden. Viele katholische Flüchtlinge und Vertriebene aus den ehemals deutschen Ostgebieten fanden hier eine neue Heimat. Durch den Zuzug von Katholiken kam es zu neuen Gemeindegründungen. Die *katholische Bevölkerung* des **Bistums Hildesheim** (das seit 1946 zum größten Teil im neu gegründeten Bundesland Niedersachsen liegt) war um über 13 Prozent gewachsen. Auch Gastarbeiter aus Südeuropa und Aussiedler aus Osteuropa bereicherten und vergrößerten die katholischen Kirchengemeinden im evangelischen Gebiet. Darüber hinaus haben sich viele evangelische und katholische Glaubensgemeinschaften, von den Adventisten über die Baptisten bis zu den Methodisten, hier angesiedelt, ebenso wie freikirchliche Gemeinschaften (z. B. die Zeugen Jehovas). Nur wenige Juden haben sich wieder in der Region niedergelassen. Überlebende der Verfolgung durch die Nationalsozialisten und aus der Emigration Zurückgekehrte gehören ebenso dazu wie später Zugezogene, viele davon aus der ehemaligen Sowjetunion. In Celle besteht mit knapp 90 Mitgliedern die einzige jüdische Gemeinde zwischen Hannover und Hamburg.

Die Nonnen des Tibetischen Zentrums in Lünzen.

Auch internationale Zuwanderer haben ihre Religion mitgebracht. Den Muslimen stehen in Celle und Wathlingen (Landkreis Celle), Lüneburg und Winsen/Luhe Moscheen als Gebetshäuser zur Verfügung. In und um Celle leben außerdem viele kurdische Eziden, eine religiöse Minderheit unter den mehrheitlich muslimischen Kurden. In Lünzen bei Schneverdingen stehen seit 1996 ein buddhistischer Tempel und das tibetische Meditationshaus »Semkye Ling«, welches unter der Schirmherrschaft des Dalai Lama steht. 1998 hat er das Meditationshaus besucht und ihm den Namen gegeben. Übersetzt heißt es »Der Ort, an dem das Mitgefühl entfaltet wird«.

Im Jahr 1972 wurde die Selbständige Evangelisch-Lutherische Kirche (SELK) gegründet. Sie ging aus einem Zusammenschluss von drei lutherischen Minderheitskirchen – kleinen evangelischen Kirchen, die sich bewusst als frei und unabhängig von der Landeskirche und staatlicher Einflussnahme definierten – hervor. Ihre geistlichen Wurzeln haben sie zumeist in der Erweckungsbewegung des 19. Jahrhunderts.
In unserer Region war es vor allem Theodor Harms, Bruder des Gründers der Hermannsburger Mission, Ludwig Harms, der die Abspaltung vorantrieb. Er fand im Raum Uelzen viele Anhänger – insbesondere nach der Einführung der Zivilehe im Jahre 1876, die von strengen Lutheranern abgelehnt wurde. Es war eine bewegte Zeit: Im Jahr 1878 wurde der Nettelkamper Pastor Heicke seines Amtes enthoben, und der Suhlendorfer Pastor Stromburg wurde nach Scharnebeck strafversetzt. Auch die Pastoren Drewes in Wriedel und Wolters in Eimke mussten ihr Amt niederlegen, weil sie sich der freikirchlichen Bewegung angeschlossen hatten. Und mit ihnen viele Menschen aus der Region. Es entstanden zunächst kleine Gemeinden, die sich außerhalb der alten Kirchen zusammenfanden – das Stichwort von »Scheunengottesdiensten« machte die Runde. Aus den Gemeinden erwuchsen verschiedene Minderheitskirchen. Sie alle eint jedoch das Grundbekenntnis zu Luthers Reformation und die Bejahung von Eigenverantwortung mündiger Christen für ihren Glauben und ihre Kirche. Nicht zuletzt deshalb wurde der Zusammenschluss zur SELK im Jahre 1972 möglich.
Im Raum Uelzen gibt es in Nettelkamp, Klein Süstedt, Molzen, Wriedel, Nateln, Nestau und Uelzen freikirchliche Gotteshäuser oder Betsäle.

»Ich bin dann mal weg«
Pilgerwege / Wallfahrtsorte in der Region

>> Ich bin dann mal weg«, meinte Hape Kerkeling vor einigen Jahren und machte sich auf Pilgerschaft nach Santiago de Compostela in Spanien. Seine Erlebnisse auf dem Jakobsweg fasste er in einem Buch zusammen, dessen anhaltender Erfolg wohl selbst den Autor überrascht hat.

Zu sich selbst finden, Abstand vom Alltag gewinnen, Religiosität leben – die Gründe, aus denen Menschen sich heute auf Pilgerreisen machen, sind vielfältig.

St. Michaelis Lüneburg (Blick in den Chor) barg früher die berühmte »Goldene Tafel«, einen wertvollen gotischen Altar. Darin verborgen waren Reliquien, von denen einige bereits Herzog Heinrich der Löwe von seiner Pilgerreise ins Heilige Land mitgebracht haben soll. Diese wiederum zogen viele Pilger nach Lüneburg. Angeblich bekam Heinrich während dieser Pilgerreise vom König von Byzanz einen Löwen geschenkt, den er mit nach Braunschweig brachte und der dort eine Sensation war.

In früheren Jahrhunderten war der Glaube die treibende Kraft. Noch vor etwa 150 Jahren gab es keine Versicherungen oder geregelte medizinische Versorgung. Damals suchten die Menschen viel stärker Halt und Sicherheit, Schutz und Geborgenheit in der Religion. In Maria und den Heiligen sahen sie wichtige Vermittler und Fürsprecher, denen sie ihre Sorgen und Nöte vortragen konnten – Bindeglieder zu Gott sozusagen. Außerdem waren die Heiligen Vorbilder für einen wahrhaft christlichen Lebensweg. Viele Gläubige machten sich deshalb einmal im Leben auf Wallfahrt zu einem besonderen Gnadenort – um für Sünden zu büßen, um Gott zu danken oder um ihren Bitten besonderen Nachdruck zu verleihen. Bis nach Jerusalem mussten sie dazu nicht wandern, denn auch hier in unserer Region gab es Wallfahrtsziele. Als solche galten Orte, an denen sich ein Wunder ereignet hatte oder wo besonders wertvolle Gegenstände, wie etwa Knochen oder Kleidungsstücke von Heiligen, aufbewahrt wurden. Diese Gegenstände nennt man **Reliquien**, und sie waren in den Kirchen und Klöstern sehr begehrt. Denn die Pilger brachten auch wirtschaftlichen Aufschwung in die Region.

Im Kloster Ebstorf gibt es sieben solcher Reliquien, unter anderem ein Glasfläschchen mit »dem Öl der heiligen Märtyrer«, welches um 1240 in einer Holzskulptur von Maria mit dem Christuskind verborgen wurde.

Die Madonna im Ebstorfer Kloster entstand um 1230 und war farbig bemalt. In der Figur wurden in Beutelchen und Ampullen zahlreiche Reliquien geborgen. Im 13. Jahrhundert war Ebstorf ein bedeutender Wallfahrtsort.

ORACIÓN DEL PEREGRINO:
Apóstol Santiago,
elegido entre los primeros,
tú fuiste el primero en beber
el cáliz del Señor,
y eres el gran protector
de los peregrinos;
haznos fuertes en la fe
y alegres en la esperanza,
en nuestro caminar
de peregrinos
siguiendo el camino
de la vida cristiana
y aliéntanos para que,
finalmente,
alcancemos la gloria
de Dios Padre.
Amén

Caminos de Europa

Hier auf der Karte sind die europäischen Pilgerwege nach Santiago de Compostela eingezeichnet.

Die drei Märtyrergräber sind auf der Ebstorfer Weltkarte eingezeichnet.

Mantel, Tasche, Hut und Stock: Jakobus der Ältere trägt die typischen Utensilien eines Pilgers mit sich (Relief am Chorgestühl des Bardowicker Domes von 1486/87). Am Pilgerhut sind mehrere Pilgerzeichen angebracht, darunter die Jakobsmuschel.

Nicht lange zuvor hatte man bei Ebstorf drei alte Gräber entdeckt. Man hielt sie für Grabstätten heiliger Männer, welche im Kampf gegen die Heiden ums Leben gekommen waren, und verehrte die Toten deshalb als **Märtyrer**. Ihre Knochen wurden im Kloster aufbewahrt. Die Sage berichtet, dass ihre Entdeckung von mehreren Wundern begleitet wurde: Das erste Grab wurde von Frauen gefunden, die auf einer Wagenfahrt aufgehalten wurden, weil plötzlich Blut aus der Erde sprang. Auf das zweite Grab wurde ein Mann durch geheimnisvolles Leuchten in der Kirche hingewiesen, und auch das dritte Grab wurde durch ein »himmlisches Licht« angezeigt. Es ereigneten sich noch mehr Wunder in dieser Zeit, und von einem ist sogar das genaue Datum bekannt: Am 1. August 1243 soll aus den Knochen der Märtyrer Öl geflossen sein. Davon fing man ein paar Tropfen in einem Fläschchen auf. Das Fläschchen wird noch heute im Kloster Ebstorf aufbewahrt.

Inzwischen wissen wir, dass die Gräber nicht von Märtyrern stammen. Was es mit dem Öl und den Wundern auf sich hat, wissen wir nicht so genau – eines aber schon: Irgendein ganz besonderes Ereignis muss sich damals in Ebstorf zugetragen haben. Die Menschen konnten es sich nicht erklären und machten deshalb die Wunder daraus. Vielleicht können spätere Generationen das Rätsel ergründen. In den Altären der Stiftskirche des Klosters Walsrode befanden sich ebenfalls Reliquien verschiedener Heiliger sowie der Jungfrau Maria. Hier wurden unter anderem die Heilige Agatha, Schutzpatronin gegen Feuergefahr, Maria Magdalena, die Märtyrerinnen Christina und Ursula sowie der Apostel Jakobus verehrt. Die Legende berichtet, dass ein »edler Graf, ein guter und gottesfürchtiger Mann,« einige der Reliquien aus Jerusalem mitgebracht habe.

Märtyrer

Als Märtyrer werden Menschen bezeichnet, die Leib und Leben für einen guten Zweck eingesetzt haben und dabei zu Tode gekommen sind. Manche von ihnen wurden für ihren Glauben gefoltert. So wie die Heilige Apollonia, die mit der Zange dargestellt wird, weil ihr bei ihrem Martyrium die Zähne ausgebrochen wurden. Auch der Heilige Wenzeslaus wird als Märtyrer verehrt. Er wurde von seinem eigenen Bruder ermordet, weil er sich um die Ausbreitung des Christentums in Böhmen bemühte. Hier trägt er eine Rüstung, darüber einen Mantel, in der rechten Hand eine Weintraube und in der linken ein Waffeleisen. Was dieses bedeutet, wissen wir nicht genau.
Reliefs am Chorgestühl des Domes zu Bardowick von 1486/87.

Pilgerwege / Wallfahrtsorte in der Region

Auf dem Wienhausener Nonnenchor wurde eine Reliquie des Heiligen Blutes verehrt, die schon die Stifterin Agnes von Landsberg aus Rom beschafft haben soll. Vielleicht war diese Reliquie der Anlass für die Aufstellung einer Figur Christi, die ihn als den himmlischen Bräutigam zeigt. In jugendlicher Schönheit lächelt er den Nonnen zu, Überbringer der Botschaft der Auferstehung.

Wer konnte, pilgerte zu den weit entfernten, bedeutenden Wallfahrtsorten wie Jerusalem oder Santiago de Compostela mit dem Grab des Heiligen Jakob. Menschen aus ganz Europa begaben sich auf den nach ihm benannten – Jakobsweg – oder besser gesagt auf viele Jakobswege. Denn jeder Weg begann an einem anderen Ort, dort, wo der Wanderer losging. Irgendwo vereinigten sich diese Wege zu festen Routen. Auch durch unsere Region wanderten die Pilger. Sie waren schon von weitem zu erkennen: an ihrem **Pilgerstab** und der **Jakobsmuschel**, am **Umhang** und der **Kalebasse** als Wasserflasche. Der Stab diente vermutlich nicht nur als Stütze, sondern war mitunter auch zur Verteidigung nötig. Denn Wandern war gefährlich und mühsam. Feste Straßen gab es nicht, Hotels schon gar nicht. Aber entlang der wichtigen Routen gab es Herbergen und Gasthäuser, und auch manche Kirchen und Klöster gewährten Unterkunft.

In jugendlicher Schönheit: Jesus Christus, der Auferstehende. Diese Skulptur im Kloster Wienhausen ist vermutlich um 1290 entstanden und barg früher Reliquien. Auch auf der Ebstorfer Weltkarte wird im zentral gelegenen Jerusalem Christus als Auferstehender dargestellt.

Hut
Jakobsmuschel
Pilgerstab
Umhang
Kalebasse

Jakobspilger, Darstellung von 1568

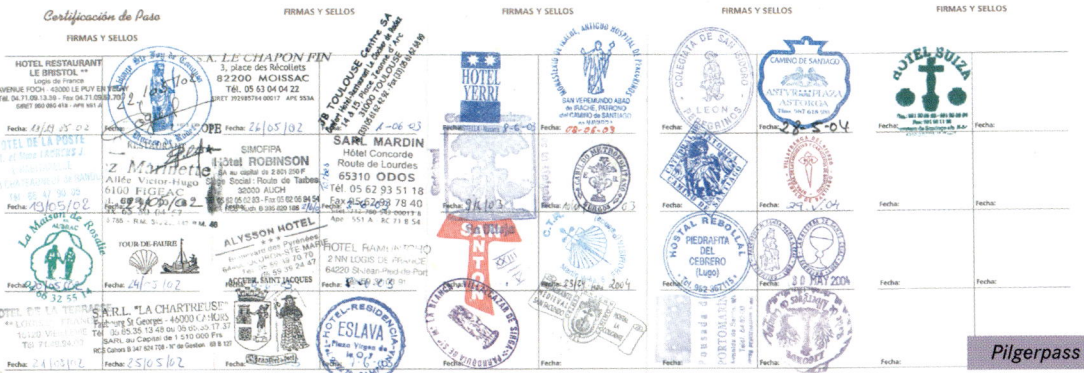

Wie populär der **Heilige Jakob** früher war, kann man noch heute an der Vielzahl der *Jakobikirchen* ablesen. In unserer Gegend gibt es eine ganze Reihe: Bleckede, Wietzendorf, Wieren, Hanstedt und Winsen/Luhe.

Heute ist das Pilgern wieder zeitgemäß. Moderne »Jakobswege« findet man seit einiger Zeit auch in Norddeutschland, in erster Linie sind dies touristische Routen.

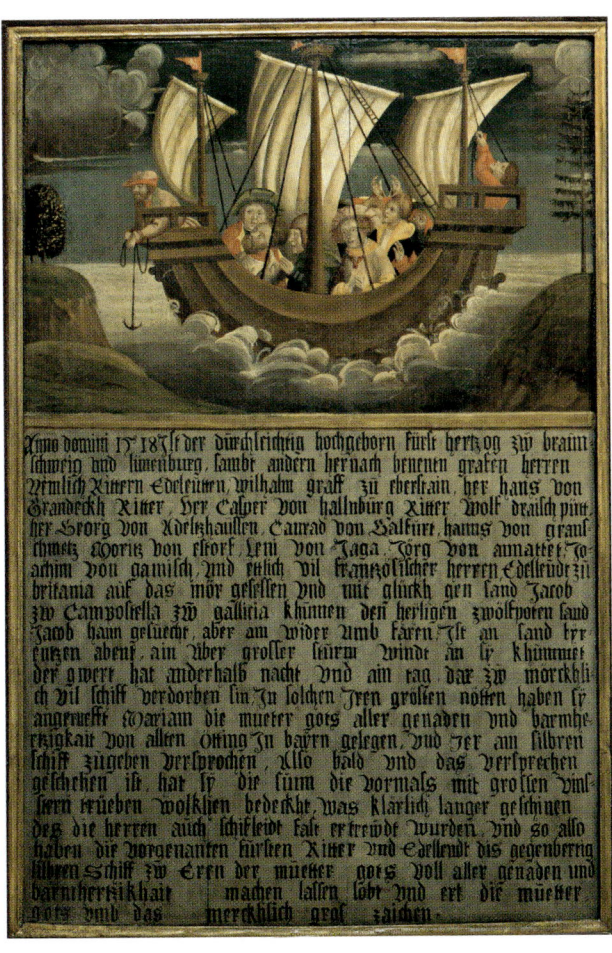

Votivtafel in der Wallfahrtskapelle von Altötting / Bayern: Herzog Heinrich der Mittlere von Braunschweig und Lüneburg pilgerte mit Adeligen aus seinem Umkreis 1518 oder 1519 zum Wallfahrtsort Santiago de Compostela. Auf der Rückreise gerieten sie in Seenot und versprachen, der Mutter Gottes in ihrer Kapelle in Altötting ein silbernes Schiff zu stiften – wenn sie errettet würden. Angeblich beruhigte sich die See sogleich. Gerettet wurden sie jedenfalls, denn Herzog Heinrich und seine Mitreisenden stifteten zum Dank das Modell eines Schiffes aus Silber für die Kapelle. Es ist nicht erhalten geblieben. Die abgebildete Tafel stammt aus dem Jahr der Seereise und sie weist noch heute in Altötting auf dieses Ereignis hin.

»auf der Wallfahrt nach Santiago de Compostela«. ... In höchster Not hatte der Herzog gelobt, der Heiligen Muttergottes in Altötting zu danken, wenn sie ihn erretten würde.

107 Religion

»Ohne Buchdruck keine Reformation«
Eine Medienrevolution
hilft der Reformation: Buchdruck
und Papierherstellung

Die alte Papiermühle in Uelzen um 1900, wegen ihrer Lage außerhalb des Ortes auch Außenmühle genannt. Im Jahre 1609 erteilte Herzog Ernst II. nach langen Verhandlungen die Erlaubnis zum Bau der Mühle, die 1610 neben der alten Galgenmühle errichtet wurde. Dazu musste ein neuer Ilmenauarm mit Stau angelegt werden. Das heutige Gebäude, ein beeindruckender Fachwerkbau, stammt aus dem Jahre 1809.

» Ohne Buchdruck keine Reformation.« Das hat der Theologe und Historiker Bernd Moeller 1979 gesagt. Und in der Tat: Rund 450 Jahre zuvor, in der Zeit der Reformation, bewies der gerade erst von Johannes Gutenberg erfundene Buchdruck, dass Worte die Welt verändern können. Wurden Bücher zuvor mühsam mit der Hand abgeschrieben, konnten nun schnell hohe Stückzahlen produziert und verteilt werden.

Der Buchdruck hat Europa »kleiner« gemacht, so wie heute das Internet die Welt vom Wohnzimmer aus zugänglich werden lässt. Auch Herzog Ernst der Bekenner nutzte und förderte den Buchdruck, um Luthers Lehren bekannt zu machen. Denn ohne Bücher, Kirchenordnungen und schnell zu vervielfältigende Flugblätter hätte die lutherische Lehre längst nicht so umfassend und rasant Verbreitung finden können – eine geistiger Wirbelsturm auf Papier.

Ach ja, Papier – das wurde zum Drucken natürlich auch gebraucht, und es war knapp. Papiermühlen mussten her. Kurzerhand veranlasste Herzog Ernst 1538 die Gründung einer *Papiermühle in Lachendorf* im Landkreis Celle. Sie war lange die bedeutendste Papiermühle in unserer Gegend und ist heute das älteste noch bestehende Unternehmen in der Region des ehemaligen Fürstentums. Papiermühlen mussten an Gewässern mit einiger Fließgeschwindigkeit liegen und am besten außerhalb von Ortschaften.

Denn Papier wurde aus Lumpen hergestellt, bei deren Verarbeitung das Wasser stark verunreinigt wurde und deshalb schnell abfließen musste. Es stank trotzdem, Krankheitserreger vermehrten sich. Die begehrten Stoffreste – in der Regel völlig verschmutzte Kleidungsstücke, die nicht mehr zu gebrauchen waren – wurden von Lumpensammlern zusammengetragen. Durch den stark anwachsenden Papierbedarf wurden Lumpen zu einem wertvollen Rohstoff.

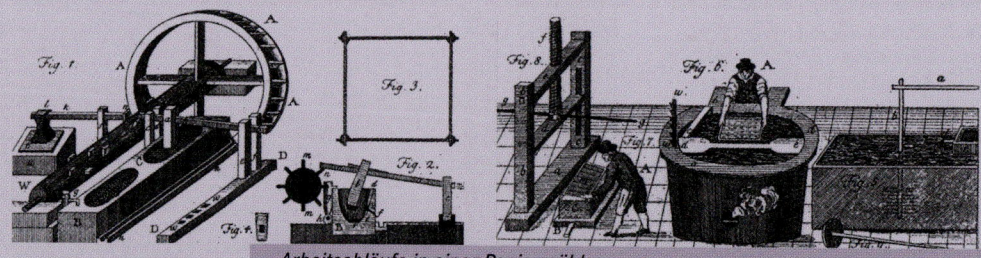

Arbeitsabläufe in einer Papiermühle

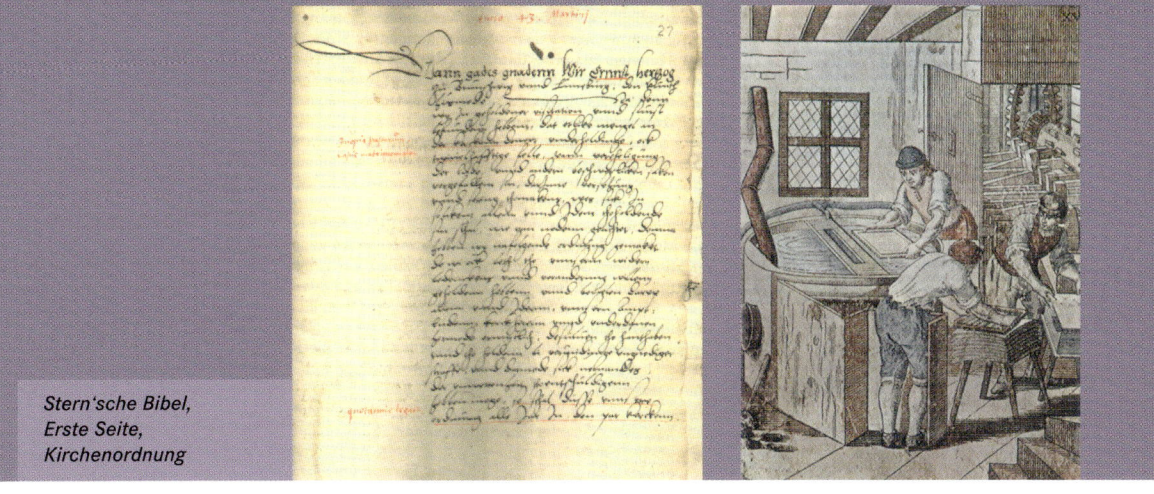

Stern'sche Bibel,
Erste Seite,
Kirchenordnung

Buchdruck

Herzog Wilhelm der Jüngere liest seinen Kindern aus der Bibel vor. Durch die Einführung von Bekenntnisbüchern (Corpora doctrinae) versuchte man in der Reformationszeit, einheitliche geistliche Lehrbücher zu schaffen. Große Bedeutung gewann das Corpus doctrinae Wilhelminum, mit welchem Herzog Wilhelm der Jüngere, ein Sohn Ernst des Bekenners, die Reformation unterstützte. Wilhelm verfasste auch das Vorwort für die Kirchenordnung vom 5. Mai 1576, in der detailliert festgelegt ist, wie ein Gottesdienst abzuhalten war.

Nach und nach wurden in den Städten Druckereien gegründet. Zu den berühmtesten und ältesten gehört die Druckerei der Familie von Stern in Lüneburg. Sie erhielt 1625 ein herzogliches und später sogar ein kaiserliches Privileg (Vorrecht) zum Bibeldruck. Wenn man sich vor Augen hält, dass die Bibel bis heute eines der meistgelesenen Bücher der Welt ist, kann man sich vorstellen, was ein solches Privileg wert war. Durch die besonderen Handelsbeziehungen der Hansestadt Lüneburg verbreiteten sich die Stern'schen Bibeln im gesamten Ostseeraum.

Herzog Wilhelm der Jüngere ließ nach der Reformation die Celler Schlosskapelle umgestalten. Es handelt sich um eine der wenigen noch original erhaltenen frühprotestantischen Hofkapellen in Deutschland.

»Der unermessliche Schatz christlicher Freiheit« Portrait Urbanus Rhegius – der »Luther der Heide«

»Ob sich aber die zarte Keuschheit der Papisten darüber ergern würde / das ein Ehemann mit seiner lieben Hausfrawen [Ehefrau] daheim von Göttlichen sachen redte / So will ich inen hiemit also geantwortet haben / Wenn ich mich / mit meiner lieben ehelichen Hausfrawen / heimlich oder offentlich vom Evangelio unser seligkeit zu reden schemen wolt / so were Chrysam [Salböl] und Tauffe / und der unermesliche schatz Christlicher Freiheit / an mir gantz und gar verloren ...«
Urbanus Rhegius

Mit seiner Ehefrau über Glaube und Religion reden – was für uns heute ganz selbstverständlich ist, sorgte vor 500 Jahren offenbar für Aufregung in der katholischen Kirche. Für noch größeren Wirbel sorgte damals allerdings, dass Urbanus Rhegius überhaupt eine Ehefrau hatte – schließlich war er 1519 in Konstanz zum katholischen Priester geweiht worden.

Urbanus Rhegius, der »Luther der Heide«, wurde 1489 in Langenargen am Bodensee geboren, als Urban Rieger allerdings, denn damals war es üblich, dass Gelehrte im späteren Leben ihrem Namen eine lateinische Form gaben. Urban muss ein sehr begabtes Kind gewesen sein – und er war ein uneheliches. Über seine Eltern ist wenig bekannt, vermutlich, weil sein Vater ein katholischer Priester gewesen ist, der nie öffentlich für seine Vaterschaft einstand.

Trotzdem ist es anscheinend sein Vater gewesen, der dem mittellosen Jungen Zugang zu höherer Bildung verschaffte. Jedenfalls besuchte Urban die Lateinschule in Lindau. Im Jahre 1510 begann er sein Studium der Jura und Theologie. Schon damals war er alles andere als angepasst, stellte Vorschriften in Frage, beschäftigte sich mit antiken Autoren, lernte Griechisch und Hebräisch, nahm am Zeitgeschehen Anteil, schrieb und dichtete.

Nach seiner Priesterweihe wurde Urbanus Rhegius Domprediger in Augsburg – einer Stadt, in der die Auseinandersetzung zwischen getreuen Katholiken und Reformwilligen heftig geführt wurde. Der aufgeschlossene, sensible junge Mann beschäftigte sich auch mit den Schriften Martin Luthers. Er bezog Stellung gegen den Ablasshandel und wurde schließlich Anhänger der reformatorischen Bewegung. Dadurch verlor er seine Priesterstelle in Augsburg.

»Christus will nicht Blindenführer in der Kirche haben, sondern gelehrte Leute.«
(Urbanus Rhegius)

b.Urbanum Rheginn
A.C. MDXXIV

»Mit Grobheit und Zorn verleidet man den Kindern die Schule, so dass sie lieber Kühe hüten, als in die Schule gehen möchten.«

(Urbanus Rhegius)

Im Juni 1525 heiratete Urbanus Rhegius die Augsburgerin Anna Weisbrucker – dies bedeutete den endgültigen Bruch mit der katholischen Kirche. Die Eheleute verband eine tiefe Liebe. In ihrem Haushalt lebte auch Urbanus' Mutter.

Kirchenordnung

In den Orten, die sich zur Reformation bekannt hatten, musste das kirchliche Leben neu geordnet werden. Diesem Anliegen dienten Kirchenordnungen, in denen Zuständigkeiten, Vollmachten und Ämter sowie Rechte und Pflichten geregelt wurden. Und auch der Ablauf der Gottesdienste. Mit seinen Schriften hat Urbanus Rhegius die evangelische Kirche in hohem Umfang geprägt.

Am Rande des Reichstages 1530 in Augsburg hatten sich Herzog Ernst von Braunschweig-Lüneburg und Urbanus Rhegius kennen und offenbar auch schätzen gelernt, denn der Herzog lud den Süddeutschen kurze Zeit später nach Niedersachsen ein. 1531 wurde Rhegius Superintendent (leitender Geistlicher) in Celle, noch im gleichen Jahr verfasste er die *Lüneburger Kirchenordnung*. Sie ist im damals hier üblichen Niederdeutsch geschrieben, Rhegius, der Schwabe, bediente sich offenbar eines hiesigen Schreibers.

Es gelang ihm, auch die Stadt Lüneburg, die sich der Reformation bis dahin verschlossen hatte, für die Erneuerungsbewegung zu öffnen. Urbanus Rhegius erlangte eine hohe Bedeutung für den norddeutschen Raum. 1536 schrieb er die Kirchenordnung für Hannover, andere Städte unterstützte er mit Gutachen.
Zehn Jahre wirkte der hoch gebildete Rhegius in unserer Gegend. So wie von Herzog Ernst wurde er von vielen Menschen nicht nur als Geistlicher, sondern auch als Ratgeber, kluger Gesprächspartner und Freund geachtet. Martin Luther nannte ihn »Bischof der sächsischen Kirche und der benachbarten Gebiete«.
Urbanus Rhegius starb im Jahre 1541.

»Der Celler Hof ist ganz verfranzt«

Hugenotten – reformierte Glaubensflüchtlinge aus Frankreich in Niedersachsen

D er Jäger hieß Jean, der Küchenmeister Jacques, der Lakai Pierre und der Kammerdiener Estienne ... Jede Menge Franzosen gab es am Hof von Heideherzog Georg Wilhelm (1624–1705). Kein Wunder, seine Frau Eléonore d'Olbreuse war ja selbst Französin und hatte sich auf diese Weise ein Stück Heimat nach Celle geholt.

Eléonore Desmier d'Olbreuse, eine Hugenottin, war eine bezaubernd schöne Frau. Sie und ihren Ehemann Herzog Georg Wilhelm verband eine tiefe Liebe.

In Sachen Religionszugehörigkeit war Georg Wilhelm ein toleranter Landesherr – ganz im Gegensatz zu den französischen Königen, die streng am katholischen Gauben festhielten und Reformbestrebungen brutal unterdrückten. Denn auch in unserem Nachbarland hatten die Gedanken der Reformation Befürworter gefunden – allerdings blieb die Bewegung dort sehr viel kleiner als in Deutschland. Ihre Anhänger wurden als Ketzer und Gotteslästerer verfolgt, sie durften keine Ämter bei Hofe ausüben. Ab der Mitte des 16. Jahrhunderts bürgerte sich die Bezeichnung »Hugenotten« (zunächst als Schimpfwort gebraucht) für die Reformierten ein. Am 24. August 1572 fand die Verfolgung der Hugenotten in der sogenannten »Bartholomäusnacht« einen blutigen Höhepunkt: 2.000 Menschen wurden in einer einzigen Nacht in Paris ermordet. In den folgenden Wochen fielen weitere 10.000 Hugenotten den Verfolgungen zum Opfer. Viele ihrer Anhänger verließen daraufhin Frankreich.
Auch die schöne Eléonore war Hugenottin.

Um 1680 fanden in den Hansestädten und auf dem Gebiet des späteren Landes Niedersachsen etwa 1.500 Hugenotten ein neues Zuhause. Herzog Georg Wilhelm von Braunschweig und Lüneburg (1624–1705) war einer der ersten deutschen Landesherren, der ihnen eine Zuflucht bot. Etwa 360 Personen umfasste sein Hofstaat, neben den Hugenotten arbeiteten hier allerdings auch französische Katholiken – man hatte gelernt, einander zu akzeptieren. Herzogin Eléonore hatte französische Schauspieler, Tanzmeister, Köche, Lakaien und sogar Gärtner unter ihre Fittiche genommen. »Der Celler Hof ist ganz verfranzt« meinte dazu – ein wenig bissig – die Hannoversche Kurfürstin Sophie.

In Celle erhielten die Hugenotten 1699 die Erlaubnis zum Bau eines eigenen Gotteshauses. Der Herzog machte ihnen aber die Auflage, dass das Gebäude von außen nicht wie eine Kirche aussehen dürfe, und dass der Gottesdienst in aller Stille stattfinden müsse. Zuvor hatten die Gottesdienste in einem Zimmer im Schloss stattgefunden. Nachdem 1705 die Residenz Celle als Hauptwohnsitz des Herzogs aufgegeben worden war und man die Hofhaltung nach Hannover verlegt hatte, kam der Niedergang der Französisch-reformierten Gemeinde. 1805 schlossen sich die Französisch-reformierte und die Deutsch-reformierte Gemeinde in Celle zur evangelisch-reformierten Gemeinde zusammen. Die heutige reformierte Kirche ist der älteste erhaltene Hugenottentempel in Norddeutschland. Noch heute finden hier jeden Sonntag Gottesdienste statt.

Das Haus Trift 19 in Celle wurde wahrscheinlich von Hofmusikant Charles Gaudon 1688 erbaut.

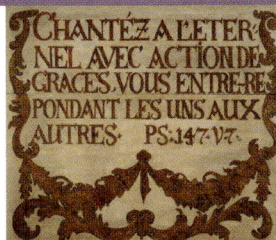

Holztafel mit dem Text von Psalm 147,7.

Der Hugenottentempel Celle. Zu Weihnachten 1700 fand hier der erste Gottesdienst statt.

Die Westceller Vorstadt, einst als »Franzosen-siedlung« bezeichnet, wurde unter Herzog Georg Wilhelm angelegt. Der Herzog hatte vor, seine Residenzstadt durch einen neuen barocken Stadtteil zu erweitern. Hier kann man noch heute viele barocke Gebäude sehen.

D ie französischen Flüchtlinge erhielten das Recht, ihre Religion frei auszuüben, Handel zu treiben und zu arbeiten. Außerdem durften sie jederzeit von ihrem Wohnsitz wegziehen. Über eine derartige Freizügigkeit verfügte nur ein kleiner Teil der Bevölkerung des Fürstentums.

Nach 1685 ließen sich auch etliche protestantische Handwerker und Handelsleute aus Frankreich in Celle nieder. Sie brachten Berufe wie *Tapezierer* und *Perückenmacher*, *Strumpfwirker* und *Handschuhmacher*, *Uhrmacher* und *Schuster* in die Stadt – und damit auch eine gewisse Konkurrenz für die eingesessenen Betriebe. Deshalb stand die deutsche Bevölkerung den französischen Glaubensbrüdern zunächst sehr kritisch gegenüber. In Celle bezeichnete man die **Französisch-Reformierten** (wie sich die Hugenotten selbst nannten) zum Beispiel als »Nahrungsstörer«, ein Schimpfwort für alle Handwerker, die nicht zunftmäßig organisiert waren. Einerseits waren sie wirklich eine wirtschaftliche Konkurrenz, andererseits brachten sie auch neue Ideen, Techniken und Moden mit und beeinflussten das örtliche Gewerbe.

Zunft

In den Quellen des Mittelalters und der frühen Neuzeit wird der Zusammenschluss von Handwerkern neben dem heute gängigen Begriff Zunft auch als Gilde, Gaffel, Amt, Einung, Innung oder Zeche bezeichnet.

Wappen der Handschuhmacher

»Denn wisset ihr nicht, dass ihr Gottes Tempel seid, und dass der Geist Gottes in euch wohnet?«
Ludwig Harms – Der »Erwecker der Heide«

Wie aus einem norddeutschen Bilderbuch: Die Kirche in Hermannsburg in der Region KwaZulu-Natal/Südafrika.

Logo und Wappen der deutschen Schule in Hermannsburg/Südafrika.

Eines der ersten Schulgebäude.

Wie ein Heidedorf vor 100 Jahren« wirbt ein Reiseanbieter im Internet für den kleinen Ort Hermannsburg. Ein Foto ist auch dabei: In der Ortsmitte steht die *lutherische Kirche* samt Friedhof. Nahebei spenden deutsche Eichen den Schülern der deutschen Schule Schatten. »Treu und Fest« ist ihr Slogan und im Wappen haben sie ebenfalls das Eichenlaub.
Nicht weit entfernt ändert sich allerdings das Bild: Zerklüftete Canyons wechseln sich mit weitläufigen Savannen ab, hin und wieder trifft man noch auf die Rundhütten der Zulus. Wir befinden uns in Südafrika.

Im Jahre 1854 kam nach einer langen Seereise eine Schar Missionare aus Hermannsburg am südlichen Zipfel Afrikas an. Hier, im Land der Zulus, gründeten sie die Missionsstation Neu Hermannsburg – im Gepäck den christlich-lutherischen Glauben, für den sie die einheimische Bevölkerung gewinnen wollten.
Ihnen folgten Einwanderer aus der Lüneburger Heide, die weitere Siedlungen gründeten. So kommt es, dass wir in KwaZulu-Natal – so der heutige Name der südafrikanischen Provinz – Orte wie Harburg, Neu Hannover, Uelzen, Bergen oder Lüneburg vorfinden. Übrigens sorgten die Siedler auch dafür, dass das Niederdeutsche in KwaZulu-Natal Verbreitung fand. Plattschnacker gibt's halt überall auf der Welt!

Begründer der **Hermannsburger Missionsbewegung** war Pfarrer Ludwig Harms (1808–1865). 1808 als Sohn eines evangelischen Pfarrers in Walsrode geboren, kam er 1817 mit seiner Familie nach Hermannsburg. Nach dem Abitur in Celle studierte Ludwig Harms Theologie in Göttingen. Anschließend arbeitete er als Hauslehrer in Lauenburg und Lüneburg, bis er 1843 nach Hermannsburg zurückkehrte, wo er 1849 die Pfarrstelle seines Vaters übernahm.
Die besondere Stärke des beeindruckenden Mannes lag im Reden, in der Predigt. Jeden Sonntag hielt er drei Gottesdienste, die jeweils mehrere Stunden dauerten! Er hatte sehr strenge Ansichten von Anstand und Betragen. Doch gerade diese Strenge gepaart mit glühender Begeisterung berührte die Menschen. Dass er Platt sprach, machte ihn besonders beliebt. Menschen kamen von weit angereist, um seine Predigten zu hören.

31 Missionare

24 Missionsstationen

Die Kandaze, Harms Schiff

Hermannsburg

Ludwig Harms, der Zeit seines Lebens Louis genannt wurde, machte Hermannsburg zum bedeutendsten Zentrum der Erweckungsbewegung in Niedersachsen. Im Zentrum dieser Lehre stand die Bekehrung des Einzelnen und ein Leben nach den Grundsätzen der Bibel. Um anderen Völkern die Lehre von Jesus Christus zu vermitteln, sandte er Missionare in die Welt aus.

D em »Erweckungsprediger« war die Missionsarbeit besonders wichtig. Er gründete 1849 in Hermannsburg ein Missionshaus, in dem junge Männer zu christlichen Missionaren ausgebildet wurden – sie sollten die evangelische Religion verkündigen. Im Jahr 1853 zogen die ersten acht Missionare hinaus in die Welt, Äthiopien war das Ziel. Man hatte sogar ein *eigenes Schiff* bauen lassen – die Kandaze, benannt nach einer äthiopischen Königin, die auch in der Bibel eine Rolle spielt. Das hatte seinen Grund: Bekehrt werden sollte das Volk der Oromo in Äthiopien. Die Mission scheiterte allerdings am Widerstand des dortigen Sultans, der keine christlichen Missionare duldete. So segelte man weiter – und landete in Südafrika.

Ein weiteres Hermannsburg gibt es übrigens auf der gegenüberliegenden Seite der Erdkugel: Hermannsburger Missionare gründeten es bei den Aborigines in **Australien**.

Als Ludwig Harms 1865 starb, gab es in Afrika 24 Missionsstationen mit 31 Missionaren. Die Kandaze hatte zu Harms Lebzeiten neun Fahrten unternommen. Nach seinem Tod brachte sie noch sechsmal Missionare in die weite Welt. Das Schiff wurde 1875 »wegen Altersschwäche« verkauft, ein Modell kann man heute noch über der Kanzel in der Peter-Pauls-Kirche in Hermannsburg anschauen.

Das Evangelisch-lutherische Missionswerk in Niedersachsen lebt weiter. Es engagiert sich personell im Austausch von Theologen und Entwicklungsfachkräften zwischen evangelischen Kirchen in Europa, Afrika, Asien und Lateinamerika und unterstützt Projekte seiner Partner finanziell. Getragen wird es von den Ev.-luth. Landeskirchen Hannover, Braunschweig und Schaumburg-Lippe.

»Gedemütigt, vertrieben, ermordet«
Jüdisches Leben in der Region des ehemaligen Fürstentums

Christus vor Herodes. Auf der linken Seite sehen wir Juden mit der typischen spitzen Kopfbedeckung, dem gelben Judenhut. Dieser wurde als Bestandteil der jüdischen Tracht ursprünglich freiwillig getragen. Etwa seit dem 13. Jahrhundert aber wurden die Juden per Gesetz gezwungen, ihre Religionszugehörigkeit durch diese Kopfbedeckung kenntlich zu machen. Seither verschwand der Hut mehr und mehr aus dem Gebrauch. Malerei im Nonnenchor des Klosters Wienhausen, um 1306.

Menschen jüdischen Glaubens leben in vielen Regionen der Erde. Sie sind in verschiedenen Gegenden und Ländern zuhause, so wie Christen, Muslime oder Angehörige anderer Religionen. Und doch ist die jüdische Geschichte in besonderer Weise von Worten wie Exil und Fremde, Flucht und Vertreibung geprägt – schon seit vielen Jahrhunderten. Dass Menschen jüdischen Glaubens ihre Heimat verlassen mussten, geschah in großem Umfang erstmals wohl um das Jahr 590 v. Chr. Der babylonische Herrscher Nebukadnezar eroberte damals Jerusalem, zerstörte den Tempel und verschleppte viele Angehörige des jüdischen Volkes, insbesondere der Oberschicht, nach Babylon. Eine zweite große Auswanderungswelle ereignete sich nach der Zerstörung des zweiten Tempels in Jerusalem durch die Römer im Jahr 70 n. Chr. Jüdische Siedlungen entstanden seither in vielen Orten des Orients und im Mittelmeerraum. Im Gebiet des heutigen Deutschland sind jüdische Siedlungen etwa seit dem 4. Jahrhundert bekannt.

Zeiten des Friedens und der Sicherheit wechselten für Angehörige des jüdischen Volkes immer wieder mit Verfolgung und Bedrängnis – wo auch immer sie lebten. Ihnen als Minderheit wurde oftmals die Schuld an Krisen wie Krankheiten, Krieg oder Hungersnöten gegeben. Die wahren Ursachen dafür kannten die Menschen nicht, und in ihrer Not verschafften sie sich Erleichterung, indem sie ihre Wut und Verbitterung an Unschuldigen ausließen. Häufig an den Juden, denn diese wurden als Fremde wahrgenommen, selbst wenn sie schon seit Jahren im gleichen Ort lebten: Sie gingen nicht in die Kirche, sondern in die Synagoge oder in einen Betraum. Sie arbeiteten am Sonntag und hatten ihren wichtigsten religiösen Tag der Woche, den Schabbat, am Sonnabend. Sie feierten nicht die Feste der christlichen Kirche, und in ihren Gottesdiensten hörte man eine fremde Sprache: Hebräisch. Auch die Abgeschlossenheit der jüdischen Gemeinden, die oft in besonderen Stadtvierteln leben mussten und in der Regel nur untereinander heirateten, machte sie zu einer als anders und fremd angesehenen Bevölkerungsgruppe.

Menora, siebenarmiger Leuchter

In Mitteleuropa waren die Juden erstmals während des Ersten Kreuzzuges (1096–1099) besonderen Verfolgungen ausgesetzt. In Süddeutschland und am Rhein wurden mehrere jüdische Gemeinden von den Christen vernichtet. Die Juden wurden beschuldigt, Jesus Christus ermordet zu haben und Feinde des wahren christlichen Glaubens zu sein. Als im 14. Jahrhundert in Europa die Pest wütete, behauptete man, die Juden hätten die Brunnen vergiftet und wären schuld an der tödlichen Krankheit. Während dieser Zeit wurden in vielen Städten Juden verfolgt, vertrieben und ermordet.

Schutzjuden

Gegen Zahlung eines »Schutzzinses« konnten Juden unter besonderen Schutz vor Übergriffen gestellt werden. Eingeführt wurde dies nach den Kreuzzügen, die mit massiven Angriffen auf die Juden verbunden waren. Schutzherr war zunächst der König, später auch die Landesherren oder die Städte, für die die Schutzgelder eine zusätzliche Einnahmequelle waren.

Weil Juden weder Grund und Boden erwerben konnten, um Landwirtschaft zu treiben, noch ein Handwerk oder einen kaufmännischen Beruf ausüben durften, lebten viele von ihnen vom Geldverleih. Dies führte zu weiteren Vorbehalten, da das Erheben von Zinsen – das Verleihen von Geld gegen Bezahlung – in der christlichen Religion über einen langen Zeitraum nicht nur als unmoralisch galt, sondern sogar verboten war. Juden, die durch den Zinshandel zu Geld kamen, wurden beneidet und angefeindet, man nannte sie »Wucherjuden«. Dass es auch viele verarmte jüdische Menschen gab, die als Pfandleiher oder Hausierer ihr Leben fristeten, wurde nicht bedacht.

Im Fürstentum Lüneburg ließen sich Juden erst sehr spät nieder, denn in vielen Städten waren sie nicht erwünscht. Eine Ausnahme bildeten die Hansestadt Lüneburg, wo Juden seit etwa 1250 wohnen durften, und Lüchow, wo für das Jahr 1349 Juden bezeugt sind, die im Schlossbezirk lebten. Ihnen gewährten die Herzöge Otto III. und Wilhelm II. gegen Geldzahlungen Schutz. Während der großen Pestepidemie im 14. Jahrhundert wurden fast alle Juden aus unserer Gegend vertrieben. Die jüdischen Einwohner der Stadt Lüneburg wurden 1350 ermordet. Ihre Grundstücke gingen in städtischen Besitz über, und die Stadt nahm seitdem keine Juden mehr als Bewohner auf.

Erst im 17. Jahrhundert durften sich Juden mit Erlaubnis des Landesherren wieder in den Städten des Fürstentums Lüneburg niederlassen. Im Jahre 1673 veranlasste Herzog Georg Wilhelm die Ansiedelung von Juden in seiner Residenz Celle. Vermutlich wollte er damit neue wirtschaftliche Impulse setzen. In Harburg durften schon seit 1610 sogenannte »Schutzjuden« leben. Nach Lüneburg zogen ab 1680 jüdische Familien und wenig später, 1685, kamen auch die ersten Juden nach Dannenberg. In Gifhorn lässt sich der erste Schutzjude seit 1717 nachweisen, und in Uelzen war es Juden erst seit 1813 erlaubt, sich anzusiedeln.

Blick in die Lange Straße Walsrode mit der Synagoge am rechten Bildrand. Zu dieser Zeit, 1933, lebten bereits nichtjüdische Familien in dem Gebäude zur Miete.

Sogenannte »Stolpersteine«, die in Form von kleinen Messingblöcken vor einigen Hauseingängen im Bürgersteig eingelassen sind, erinnern heute in einigen Städten an die ehemaligen jüdischen Hausbewohner.

HIER WOHNTE
PAULA EMS
GEB.ROSENTHAL
JG.1867
DEPORTIERT 1942
THERESIENSTADT
ERMORDET
15.2.1943

HIER WOHNTE
LEONIE
HIRSCHFELD
GEB.EMS
JG.1896
DEPORTIERT
AUSCHWITZ
???

Viele jüdische Friedhöfe der Region bestehen nicht mehr, sie werden heute als Weide (z.B: Bevensen) oder Ackerland (z.B. Ebstorf) benutzt. Früher gab es auch einen jüdischen Friedhofteil auf dem christlichen Friedhof des Amt Neuhaus (Landkreis Lüneburg). In den 1950er Jahren zu DDR-Zeiten wurde auf dem jüdischen Friedhofteil ein Feuerwehrgerätehaus erbaut.

D Die über lange Zeiträume tief verwurzelte Ablehnung machte es den Juden schwer, ihren Glauben ungehindert auszuüben. Nur in Celle und Lüneburg gab es Synagogen. Die Celler Synagoge ist um 1740 gebaut worden. Sie ist heute das älteste erhaltene jüdische Gotteshaus in Norddeutschland. Die 200 Mitglieder zählende jüdische Gemeinde in Lüneburg baute 1894 eine Synagoge, die 1938, als die Gemeinde nur noch wenige Mitglieder hatte, abgerissen werden musste. In anderen Städten wie Uelzen und Dannenberg kamen die jüdischen Gemeinden zum Gottesdienst in in Privathäusern eingerichteten Beträumen zusammen. Verstorbene Juden wurden auf eigenen Friedhöfen bestattet. Der Celler jüdische Friedhof lag weit außerhalb der Stadt. Er hat die Zeiten überdauert. Das älteste Grab stammt aus dem Jahr 1692. In Lüneburg durfte die jüdische Gemeinde erst im Jahr 1823 einen Friedhof einrichten. Bis dahin musste sie ihre Toten auf den jüdischen Friedhöfen in Winsen/ Luhe, Harburg oder Bleckede bestatten. Die letzte Bestattung auf dem jüdischen Friedhof in Lüneburg erfolgte 1939. Der Friedhof wurde von den Nationalsozialisten verwüstet.

SPURENSUCHE

In der Region des ehemaligen Fürstentums sind einige jüdische Friedhöfe erhalten in: Ahlden (Landkreis Soltau-Fallingbostel) aus den 1830er Jahren, Bad Bodenteich (Landkreis Uelzen), Bleckede (Landkreis Lüchow-Dannenberg), Celle, Dannenberg Gemarkung Prisser (Landkreis Lüchow-Dannenberg), Gifhorn (Landkreis Gifhorn), Hitzacker (Landkreis Lüchow-Dannenberg), Lüneburg, Rethem (Gemarkung Wohlendorf, Landkreis Soltau-Fallingbostel), Schnackenburg (Landkreis Lüchow-Dannenberg) am protestantischen Friedhof, Soltau (Landkreis Soltau-Fallingbostel), Walsrode (Landkreis Soltau-Fallingbostel), Winsen (Landkreis Harburg) und in Wittingen (Landkreis Gifhorn) auf dem protestantischen Friedhof.

Hinweis: Männer sollten beim Besuch eines jüdischen Friedhofs eine Kopfbedeckung tragen.

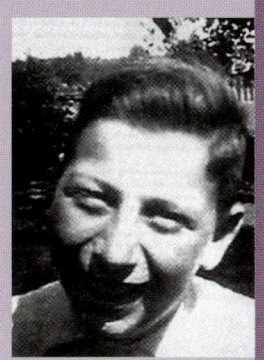

Gerd Jordan, geboren 1923 in Einbeck, gestorben vermutlich 1944 im Konzentrationslager Buchenwald.

Zusammen mit seiner Mutter und seinen Geschwistern zog Gerd Jordan 1934 nach Uelzen. Hier besuchte er die Mittelschule, wo er von Beginn an keinen leichten Stand hatte. Denn jüdische Kinder wurden während des nationalsozialistischen Regimes systematisch ausgegrenzt, sie mussten im Klassenraum beispielsweise getrennt von ihren Mitschülern auf der letzten Bank, der »Judenbank«, sitzen oder wurden aus Sportvereinen ausgeschlossen. Auch Gerd Jordan war von der Gemeinschaft isoliert. Möglicherweise schon vor dem Abschluss der 10. Klasse wechselte er in die Gartenbauschule Hannover-Ahlen, wo sich junge Menschen auf ein Leben in Palästina vorbereiten konnten. Am 16. August 1939 schrieb er an seine Schwester, die kurz zuvor nach England hatte ausreisen können: »Hoffentlich erreichst du etwas für mich, es wäre doch sehr schön, wenn ich eventuell nach dort [England] kommen könnte, ...«. Gerd Jordan schaffte die Flucht aus Deutschland nicht mehr. Er wurde 1941 zusammen mit seiner Mutter nach Riga transportiert, später kam er ins Konzentrationslager Stutthof bei Danzig und von dort aus 1944 ins Konzentrationslager Buchenwald. Bis heute ist es ungeklärt, wo, wann und unter welchen Umständen Gerd Jordan gestorben ist.

Judenboykott: Uniformierte haben sich am 1. April 1933 vor dem Textilhaus Leo Deutsch in Uelzen aufgebaut und hindern die Bürger am Betreten des Geschäftes.

Einschränkungen für Juden, die nicht als gleichwertige Bürger galten, blieben über einen langen Zeitraum erhalten. Erst mit dem Zeitalter der Aufklärung begann um die Wende vom 18. zum 19. Jahrhundert ein Umdenken: Juden sollten den anderen Bürgern gleich gestellt werden und mehr Rechte als bisher erhalten. Auch von jüdischer Seite aus gab es Bestrebungen einer Neubestimmung des Judentums zum »bloßen religiösen Bekenntnis« und zur Annäherung an die deutsche Kultur. Tatsächlich wurden Juden mancherorts besser in die Gesellschaft integriert – Christen und Juden arbeiteten zusammen in Vereinen und machten gemeinsam Politik. In Gifhorn gibt es noch heute einen Silberpokal, den der jüdische Bürger Jonas Menke dem Schützenverein gestiftet hat. Menke war auch der erste Abgeordnete des Bezirks Gifhorn, der 1866 in die neu gebildete Handelskammer Celle einzog. Im ausgehenden 19. Jahrhundert war der jüdische Lüneburger Bankier Markus Heinemann stellvertretender Vorsitzender der Industrie- und Handelskammer. Von einer Anerkennung der Juden insgesamt als vollwertige »deutsche Staatsbürger jüdischen Glaubens« kann aber nicht die Rede sein. Denn die alte Judenfeindlichkeit war nie aus den Köpfen der Menschen verschwunden und sollte schon bald zu einem Ausbruch von Gewalt unfassbarer Größenordnung führen.

Gedenkstätte Bergen-Belsen: Gedenksteine zur Erinnerung an Opfer der NS-Gewaltherrschaft, die im Lager Bergen-Belsen ermordet worden sind.

Pogrom

Pogrom aus dem Russischen für Verwüstung, Zerstörung; bezeichnet den gewalttätigen und oft mörderischen Aufstand und Krawall gegen einzelne Minderheiten aus religiösen, nationalistischen oder rassistischen Gründen.

SPURENSUCHE

Synagoge Celle, die nicht zerstört wurde, weil sie unmittelbar an ihre beiden Nachbarhäuser angrenzt.

KZ-Gedenkstätte Bergen-Belsen

Tessenow-Haus / Jüdische Landwirtschaftsschule Steinhorst

Während der Weimarer Republik (1918–1933) waren es wiederum schwierige wirtschaftliche Situationen, insbesondere die Inflation der Jahre 1922–1923 und die 1929 beginnende Weltwirtschaftskrise, welche den Hass auf die Juden zum Aufleben brachten. Nachdem die Nationalsozialisten 1933 die Macht übernommen hatten, wurden Juden systematisch aus dem öffentlichen Leben ausgegrenzt. Ihre Geschäfte wurden boykottiert, das heißt, man sollte nicht mehr bei ihnen einkaufen. Sie durften ihre Berufe nicht mehr ausüben und nicht mehr dieselben Schulen besuchen wie ihre nichtjüdischen Nachbarn. Sie mussten zur Kennzeichnung zwangsweise die Namen Sarah und Israel annehmen und ab 1941 einen gelben Stern sichtbar an ihrer Kleidung tragen. Im November 1938 wurden im ganzen Land Synagogen zerstört, Juden wurden verhaftet und in Lager deportiert und Läden jüdischer Inhaber geplündert. Heute wird dieses Ereignis »Reichspogromnacht« genannt, in Wahrheit dauerten die brutalen Angriffe und Zerstörungen, in deren Verlauf etwa 400 Menschen zu Tode kamen, mehrere Tage. Sie waren der Auftakt für einen Völkermord unvorstellbaren Ausmaßes, dem während des Zweiten Weltkrieges (1939–1945) mehr als sechs Millionen europäische Juden zum Opfer fielen. Nur wenige niedersächsische Juden überlebten den planmäßig organisierten und in Todeslagern, den Konzentrations- und Vernichtungslagern, systematisch ausgeführten Massenmord, der heute als »Holocaust« (griechisch »Brandopfer«) oder »Shoah« (hebräisch »die große Katastrophe«) bezeichnet wird.

Überlebende, die im Konzentrationslager Bergen-Belsen im Landkreis Celle von britischen Truppen befreit worden waren, bildeten die erste jüdische Gemeinde nach dem Zweiten Weltkrieg in Celle. Sie wuchs schnell, und bald gehörten ihr über 1.100 Menschen aus vielen Ländern an, so viele wie nie zuvor. Die meisten von ihnen warteten auf die Auswanderung nach Israel oder in die USA. Nur wenige Angehörige des jüdischen Glaubens ließen sich nach 1945 dauerhaft in der Region des ehemaligen Fürstentums nieder. Heute ist die liberale jüdische Gemeinde Celle e.V., die knapp 90 Mitglieder hat, die einzige jüdische Gemeinde zwischen Hamburg und Hannover.

Wirtschaft

Hansjörg Küster

Die Lebensgrundlage
der Menschen

Hansjörg Küster

Wirtschaft

Die Lebensgrundlage der Menschen

Arbeiten und Wirtschaften mit der Landschaft

Lebensmittel z. B. Mehl, Salz oder Zucker

Waren werden für den Transport gut verpackt.

Was ist Wirtschaft? In der Wirtschaft geht es um Planung, Herstellung und Verbrauch von Gütern für den menschlichen Bedarf. Das heißt: Die einen Menschen produzieren etwas. Zu ihnen gehören die **Landwirte**, die auf ihren Feldern Kulturpflanzen anbauen, und **Handwerker** oder **Fabrikarbeiter**, die in ihrem Betrieb ein *Gerät* oder eine *Maschine* produzieren. Oder sie stellen aus landwirtschaftlichen Produkten *Lebensmittel* her: Zucker aus Rüben, Stärke aus Kartoffeln. Weitere Menschen befassen sich mit dem *Transport der Güter* von einem Ort zum anderen, zum Beispiel Spediteure, Lastwagenfahrer und Eisenbahner. Wieder andere Menschen verkaufen die Güter, und alle Menschen kaufen etwas ein, um es zu verbrauchen. Alle gehören zu dem komplizierten **Netz der Wirtschaft**.

Wirtschaftskette

Produkte

Transport

Getreideernte um 1930

Getreideernte heute

Aus einem Korn wächst eine Getreidepflanze.
Ist das Getreide reif, bilden sich 25 bis 40 Körner pro Ähre.

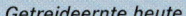

Landwirtschaft

D ie älteste Form von Wirtschaft ist Landwirtschaft: Dazu gehört eine Menge Planung. Denn man muss zunächst einmal einen Acker anlegen, dann das Saatbett vorbereiten, Saatgut ausbringen, düngen, auf die wachsenden Pflanzen aufpassen. Nach vielen Monaten kann schließlich geerntet werden. Beim Anbau von Kulturpflanzen werden aus wenigen Körnern, die man bei der Aussaat hatte, viele Körner. Dies ist der Erfolg der landwirtschaftlichen Planung. Man könnte auch anders handeln und die wenigen Körner gleich essen. Dann aber bringt man sich um den wirtschaftlichen Erfolg, die **Mehrung der Körner.**

Verkauf

Verbraucher /
Konsumenten

Jahrtausendelang, von etwa 4.000 vor Chr. bis zum Mittelalter, lebten Gruppen von Bauern wirtschaftlich fast völlig isoliert voneinander in den Wäldern Norddeutschlands. Sie planten die Bewirtschaftung ihrer Felder und halfen sich gegenseitig bei der Feldarbeit. Die Menschen hatten alles, was sie brauchten: Grundnahrungsmittel, Holz zum Bauen und Heizen. Werkzeug stellten sie ebenfalls aus Holz, außerdem aus Stein und Knochen her.

Korn und andere Kulturpflanzen wuchsen auf den Feldern heran, die die Bauern nach der Rodung von Wäldern in der Nähe ihrer Siedlungen angelegt hatten. Man brauchte einen großen Vorrat an Korn, um im Winter keinen Hunger zu leiden. **Rinder, Schafe, Ziegen und Schweine** wurden in die Wälder getrieben. Dort fanden sie im Sommer genug zum Fressen. Im Winter, wenn Schnee lag und kein frisches Grün in der Umgebung der Siedlung zu finden war, musste man die Tiere mit Futter versorgen. Die Gewinnung von Viehfutter war rechtzeitig zu planen: Im Frühsommer schnitt man belaubte Äste von den Bäumen ab. Das Laub wurde den Sommer über getrocknet. Im Winter fraßen die Tiere das Laubheu gerne.

Wenn es in der Nähe der Siedlung nicht mehr genug Holz gab oder die Erträge der Felder nachließen, verlagerte man die Siedlung und ihre Wirtschaftsflächen. Alle Siedlungen gründete man dort, wo man Böden bearbeiten konnte, die nur wenige Steine enthielten. Pflüge und Hacken waren aus Stein, Knochen und Holz hergestellt. Andere Materialien konnten die Menschen damals noch nicht bearbeiten. Daher nennen die *Archäologen* die Epoche, in der diese Menschen lebten, **Steinzeit**. In der nachfolgenden **Bronzezeit**, vor allem aber in der **Eisenzeit** begannen die Bauern, auch steinigere Böden zu bewirtschaften: mit Gerät aus Metall. In der Eisenzeit besaßen die Bauern stabile eiserne Pflüge.

Axt aus der jüngeren Steinzeit

Stein, Bronze, Eisen

Die Steinzeit begann vor 2 Millionen Jahren und endete um 2.000 v. Chr. mit dem Beginn der Bronzezeit. Eisen ist seit etwa 700 v. Chr. bekannt.

»Laubheu«
Winterfutter
für das Vieh

Früher musste ich nur meine Familie versorgen. Jetzt muss ich auch für Stadtbewohner Getreide anbauen.

Karl der Große (*747 – † 814)

Landwirtschaft

Entstehung von Handelsnetzen

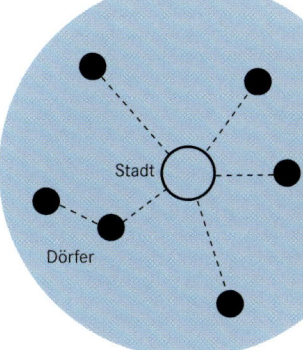

Stadt

Dörfer

K aiser **Karl der Große** eroberte um das Jahr 800 große Teile Norddeutschlands. Unter seiner Herrschaft wurde die gesamte Wirtschaft des Landes umgestellt. Siedlungen durften nicht mehr verlagert werden. Nur so war es möglich, feste Transport- und Handelsnetze aufzubauen. Die Siedlungen wurden miteinander durch Wege verbunden. Einige kleinere Weiler wurden aufgegeben und in größere Dörfer eingegliedert. Die Bauern waren gezwungen, mehr Korn anzubauen, weil sie nicht mehr nur sich selbst, sondern auch Menschen in der Stadt zu versorgen hatten. Außerdem mussten sie Abgaben in Form von Naturalien an Grund- und Landesherren leisten.

In den fruchtbaren Gegenden führte man die **Dreifelderwirtschaft** ein. Das ganze Ackerland wurde in drei Teile geteilt, die Gewanne oder Felder genannt wurden. Jeder Bauer im Dorf bekam Land in jedem Feld. Man legte fest, dass auf dem einen Feld Wintergetreide angebaut wurde, das man bereits im Herbst aussäte, um es im nächsten Sommer abernten zu können. Im nächsten Feld wurde erst im Frühjahr Sommersaat ausgebracht, die man etwas später als das Winterkorn erntete. Das dritte Feld blieb brach liegen, das heißt, es wurde nicht bebaut. Man ließ das Vieh dort weiden, das Land wurde vom Kot der Tiere gedüngt. Im folgenden Jahr gab es einen *Fruchtwechsel*: Auf der Brache des ersten Jahres wuchs nun die Winterfrucht, an Stelle des Winterkorns wurde Sommerkorn angebaut, und das Sommerfruchtfeld aus dem ersten Jahr blieb brach liegen. Der Boden konnte sich also immer wieder erholen.

Dreifelderwirtschaft

Wintergetreide	Sommersaat	Viehweide	Sommersaat	Viehweide	Wintergetreide	Viehweide	Wintergetreide	Sommersaat	*jährlicher Fruchtwechsel*

Lange schmale Felder lassen sich gut pflügen, weil die Pfluggespanne seltener wenden müssen.

Landwirtschaft

Getreidegarbe

Bevor das Getreide auf den Erntewagen geladen wird, wird es in Garben gebündelt und zum Trocknen aufgestellt.

Die Streifen in den Feldern, die den einzelnen Bauern gehörten, waren lang und schmal. Das war praktisch: So musste man die Pfluggespanne nicht so häufig wenden. Zwischen den Feldstreifen der Bauern gab es keine Wege. Daher war es so wichtig, dass alle Bauern die gleiche Pflanzenart anbauten. Denn dann konnte man das Getreide von jedem **Feldstreifen** nacheinander ernten. Dabei stellte man den Erntewagen auf dem Feld des Nachbarn ab, das man einige Tage zuvor abgeerntet hatte. Innerhalb der Gewanne wurde jeder Flecken Land bebaut. Nur so gelang es, die Abgaben für die Städte zu erwirtschaften und gleichzeitig genügend Korn zu behalten, um im Winter nicht zu hungern.

Als man das Land für die Dreifelderwirtschaft einteilte und vorbereitete, holte man eine Menge **Feldsteine** aus den Böden heraus. Diese Steine brauchte man zum Bau der Kirchen. Oft reichten die Feldsteine nicht aus, um deren Mauerwerk aufzuführen. Dann legte man ein Fundament aus Feldstein und mauerte mit Backstein weiter.

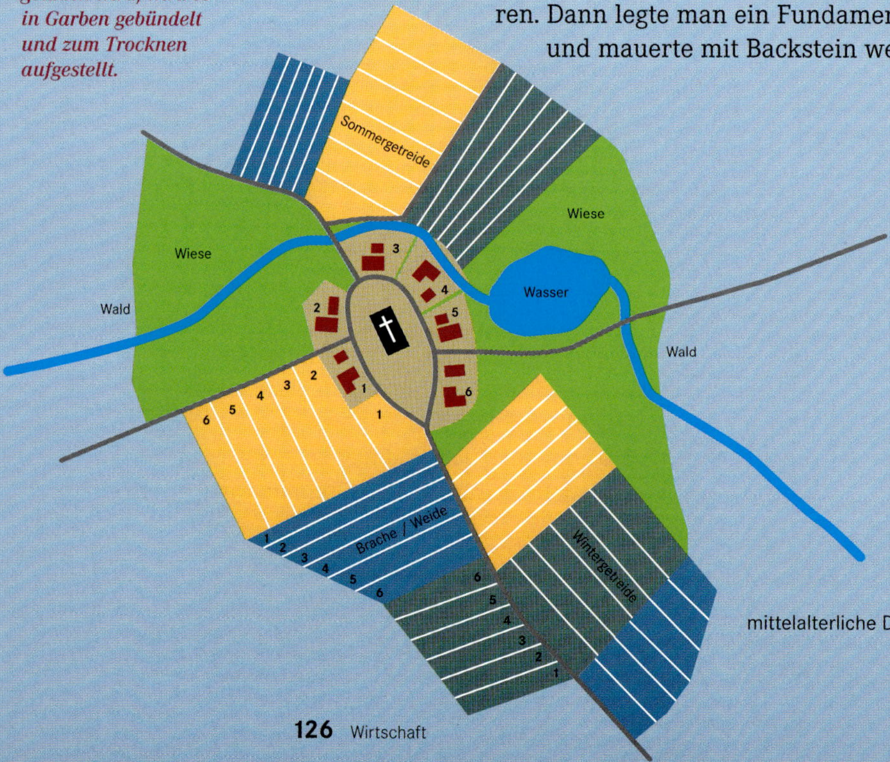

Sommergetreide

Wiese

Wasser

Wiese

Wald

Wald

Brache / Weide

Wintergetreide

mittelalterliche Dorfstruktur

Brunnenkresse,
ein beliebtes
Gartenkraut zum
Würzen und Heilen

Obstgarten im 14. Jahrhundert

Neben ihren Häusern pflanzten die Bauern Obstbäume und Büsche, und sie legten Gärten an, um eine große Vielfalt an Pflanzen anzubauen: Gemüse, Kräuter für die Suppe, auch Zierpflanzen.

In den weniger fruchtbaren Heidegegenden war die Landwirtschaft anders organisiert. Wo der Boden verhältnismäßig gut war, baute man Getreide an, vor allem Roggen. Der Boden musste gedüngt werden. Die Heidebauern fanden einen Weg, den Boden zu verbessern. Sie konnten dann sogar jedes Jahr erneut Roggen anbauen. Man spricht vom »Ewigen Roggenbau« in der Heide.

Erntewagen,
wie dieser
bei Hösseringen,
wurden noch bis
ins 20. Jahrhundert
eingesetzt.

Die **Düngergewinnung** funktionierte so: Auf den weiten Heideflächen, die die kleine Feldmark mit den Getreideäckern umgaben, hieben die Bauern Plaggen. Sie hoben die von Heidekraut bewachsenen obersten Bodenschichten ab. Darin waren wenigstens ein paar *Mineralstoffe* enthalten, die zwischen Wurzeln und *Humus* festgehalten wurden. Die Plaggen legten die Bauern den Winter über als Einstreu in die Ställe. Der Stallboden war daher einigermaßen weich und wurde warm gehalten. Die Heideplaggen mischten sich mit dem Kot der Tiere. Man mistete bis zum Frühjahr nicht aus. Schließlich war, so erzählt man sich, derart viel Mist in den Ställen, dass die Kühe mit den Köpfen an die Stalldecke stießen. Wenn dann die Tiere im Frühjahr auf die Weide getrieben wurden, hatten die Bauern ein kleines Vermögen im Stall angesammelt: Der Mist war ein kostbarer Dünger, der auf die Felder aufgebracht wurde. Wer Dünger hatte, konnte höhere Erträge erzielen.

Roggen

Buchweizen

Roggenbrot

Die Felder wurden also jedes Jahr ein Stück weit aufgehöht. Es entstand ein sogenannter *Esch*. Aber das Land, auf dem man die Plaggen stach, wurde immer unfruchtbarer. Nur der reine Heidesand blieb dort zurück, der vom Wind verweht werden konnte. Oder es breitete sich erneut das Heidekraut aus und sammelte Mineralstoffe an, so dass man am gleichen Ort nach einiger Zeit erneut Plaggen hauen konnte. Außer Roggen baute man den genügsamen Buchweizen an, den man auch Heidekorn nennt. *Buchweizen* ist aber kein Getreide, sondern mit dem Sauerampfer verwandt. Er bringt zuerst weiße oder zartrosa gefärbte Blüten hervor, dann dreikantige Früchte mit einem hohen Mehlgehalt.

Landwirtschaft

Kunst für Bienen

Die Herzogin Eléonore d'Olbreuse steht als Holzskulptur (sogenannte Figurenbeute) im Garten des Bieneninstituts in Celle. Innen ist die Skulptur hohl, damit darin ein Bienenvolk leben kann. Das Einflugloch ist als Brosche am Kleid der Herzogin gearbeitet.

D as wichtigste Haustier der Heidebauern war die **Heidschnucke**. Schnuckenherden wurden auf die Heideflächen und in den Wald getrieben. Ein Hirte musste auf die Tiere aufpassen, damit sie sich nicht verliefen. Oft hüteten Kinder die Tiere. Das zweite wichtige Haustier der Heidebauern war die **Biene**. In den Heidegegenden konnten diese kleinen Tiere viele Monate lang Blüten besuchen und Honig und Nektar sammeln. Im Frühjahr flogen die Bienen zu Obstbäumen und Wiesenblumen, im Hochsommer zu den Linden. Sie holten dann auch Honig vom Buchweizen, und selbst im Spätsommer und Herbst fanden sie noch viele Blüten, die sie besuchen konnten: von Heidekraut und Glockenheide. Nicht nur der *Heidehonig* war ein wichtiges Produkt, das von den Heidebauern genutzt und verkauft wurde, sondern auch das Wachs. In einer Zeit, in der es noch kein elektrisches Licht gab, brauchte man vor allem an langen Winterabenden *Kerzen*, die das einzige Licht in Bauern- und Bürgerhäuser brachten. Aus Wachs stellte man auch Formen für den Guss von Metallen her.

Heidehonig, beliebt und lecker.

Dom

Gemüseanbau

Bardowick 1654

Landwirtschaft

Spargel

Heute werden hauptsächlich Spargel und Möhren angebaut. Alljährlich küren die Bardowicker eine der jungen Bürgerinnen zur Wurzelkönigin.

Die fruchtbaren Böden in den Marschen an Elbe, Jeetzel und Luhe nutzte man für den Anbau von Obst und Gemüse. Für seinen **Gemüsebau** wurde vor allem Bardowick berühmt. Wie es dazu kam, ist eine besondere Geschichte. In der Zeit, in der der große Dom gebaut wurde, war Bardowick eine ansehnliche Stadt. Sie wurde im Mittelalter von Heinrich dem Löwen zerstört und danach nur zum Teil wieder aufgebaut. Wo zuvor Häuser gestanden waren, hatten sich zahlreiche Abfälle angesammelt. In den Abfällen waren so viele Mineralstoffe enthalten, dass die Böden davon ganz besonders fruchtbar wurden. Seit Jahrhunderten wird daher in **Bardowick** Gemüse auf den Böden angebaut, die im frühen Mittelalter von den alten Bardowickern intensiv gedüngt worden waren. Kohl- und Salatbeete reichen dort heute bis fast an den Dom heran!

Möhrensalat

500 g Möhren
2 Äpfel
Zitronensaft
Zucker
1 EL Öl

Möhren putzen, raspeln. Mit Zitronensaft, Zucker und geriebenen Äpfeln abschmecken. Zum Schluss Öl darüber träufeln.

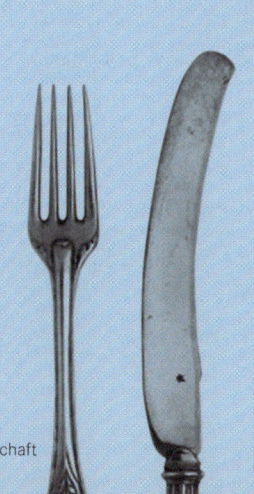

Städtische Zentren

SPURENSUCHE

Im Mühlenmuseum Gifhorn können Wind- und Wassermühlen besichtigt werden.

Im Mittelalter wurden Städte gegründet. Einige von ihnen gingen aus Dörfern hervor, die man eventuell verlagerte. Denn Städte konnte man nur an speziellen Orten erbauen: dicht am Wasser. Das Wasser wurde gestaut und auf die städtischen Wassermühlen geleitet. Dort wurde nicht nur Korn gemahlen. Mühlräder trieben auch z.B. Sägewerke an. Auf dem Wasser konnte man Güter herbeitransportieren, vor allem Holz. Man triftete einzelne Stämme, oder man band etliche von ihnen zu Flößen zusammen. Sie waren auf der Oker, der Aller und der Elbe unterwegs. Auf dem Wasserweg konnten auch Waren transportiert werden. Wichtig war der **Schiffsverkehr** auf der Ilmenau für den Transport von Lüneburger Salz. Schließlich ließ sich das Wasser beim Bau von Befestigungsanlagen nutzen. Viele Städte waren von Gräben umzogen, beispielsweise Celle und Lüchow. Oft gab es dort, wo man Städte gründete, schon Inseln in den Flüssen. Dann legte man die *Mühle* an den einen Flussarm und hielt den anderen für den Transport von Holz frei. Auf jeden Fall war es einfach, an solchen Stellen eine Furt anzulegen oder eine Brücke zu bauen. Es war leichter, mehrere kleine Brücken über einzelne Flussarme zu errichten als eine große Brücke, die den gesamten Fluss querte. Das kann man beispielsweise in Lüneburg und Gifhorn gut sehen.

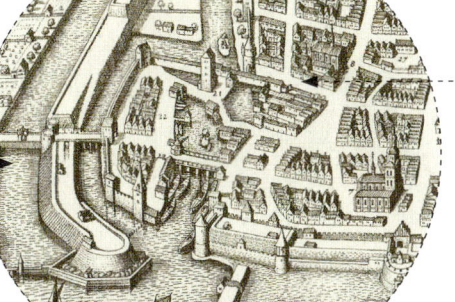

Lüneburg
historischer
Stadtkern

Fluss Ilmenau

Manche Städte wurden im Mittelalter verlagert, vielleicht auch deswegen, weil man im Lauf der Zeit erkannte, dass es einen noch besseren Platz für eine Stadt gab. Bardowick wurde nicht wieder aufgebaut, das nahe Lüneburg wuchs heran. Im Lauf des Mittelalters verließen viele Menschen Oldenstadt und zogen nach Uelzen, viele Verwaltungen blieben aber noch in der »alten Stadt«. Auch Celle wurde verlagert. Der Ort, wo die Stadt zunächst bestand, heißt heute Altencelle. Westlich davon kommt man nach Westercelle. Im Mittelalter lag dieser Ort tatsächlich westlich von Celle, aber heute findet man ihn südlich der Stadt. Den alten Namen behielt der Ort bei.

Mühlrad

Mühlrad der Habig-horster Mühle, Land-kreis Celle: Durch den Flusslauf wurden die Mühlräder angetrieben, und das Korn konnte gemahlen werden.

Die Menschen in den Dörfern hätten auch ohne die Menschen in den Städten leben können. In den Städten konnte man aber nicht ohne die Dörfer existieren. Denn von dort kam alles, was die Stadt-bewohner zum täglichen Leben brauchten. Nur wenige wichtige Siedlungen hatten **Marktrecht**. Dies bedeutete: Nur an diesen Orten durften Wirtschaftsgüter in großen Mengen verkauft werden. In den Städten siedelten sich Dienstleistungsbetriebe an. Die wichtigsten davon waren in der Frühzeit der Stadt die Mühlen, in denen auch die Landbevölkerung ihr Korn mahlen ließ. Städte wurden zu Zentren, und daher entstand bald der Eindruck, als seien sie die wichtigsten Orte weit und breit. Aber vergessen darf man nie, dass sie ohne die Dörfer in ihrer Um-gebung nicht existieren konnten – und das ist bis heute so geblieben.

Korn, Vieh, Holz, Lein, Honig, Wachs, Wolle

Warentransport zum Markt in der Stadt, Uelzen 1903

Hansekogge

Hansestädte im Mittelalter und der Seeweg zwischen ihnen

Städtische Zentren

SPURENSUCHE

Die Sammlung der in Wollstickerei auf Leinen hergestellten gotischen *Bildteppiche*, die zwischen 1300 und 1480 entstanden sind, bildet heute den kostbarsten und zugleich berühmtesten Schatz des Klosters Wienhausen.

In jeder Stadt wurden auch spezielle Waren auf den Märkten angeboten. Darunter waren Bodenschätze, die es nur an einigen Orten gab. Das wichtigste Beispiel dafür ist das Salz, das vor allem in Lüneburg gewonnen (gesiedet) und verkauft wurde und von den Kaufleuten der **Hanse** in viele *Häfen Nordeuropas* transportiert wurde. Dort bestand der Verbund aus »Mons, pons und fons«, worauf die Lüneburger stolz waren. Die drei Worte sind lateinische Begriffe. Mons steht für den (Kalk-)Berg, Pons für die Brücke über die Ilmenau und Fons für die (Salz-)Quelle.

Andere Güter kamen aus dem ländlichen Umfeld von Städten: *Korn, Vieh, Holz, Lein* oder daraus gewebtes Leinen, in der Heide auch *Honig, Wachs, Wolle*, dazu Teppiche, die man aus der groben Wolle der Heidschnucken herstellte. Man webte und bestickte sie auch in den **Klöstern**. Die Mönche und Nonnen mussten sich am Wirtschaftsleben beteiligen und Überschüsse erwirtschaften, damit sie andere Güter auf den Märkten einkaufen konnten.

Früher wurden Waren getauscht. Das Bezahlen mit Münzen setzte sich in Mitteleuropa erst im Mittelalter durch.

Heller, Pfennig, Kreuzer, Groschen, Pfund oder Taler waren Münzen von unterschiedlichem Wert.

Die Hanse – ein besonderer Handelsbund

Die Hanse war kein politisch-institutionelles Gebilde, das heißt, sie wurde nicht vom König, von Bischöfen oder Fürsten befohlen oder gegründet, um politische Interessen zu vertreten. Sondern sie war ein Personenverband von Fernkaufleuten mit gleichen oder ähnlichen Interessen. Ab Mitte des 12. Jahrhunderts schlossen sich Groß- und Fernhandelskaufleute zu Gemeinschaften oder Fahrtgenossenschaften, den Hansen, zusammen. Daraus entwickelte sich seit dem Ende des 13. Jahrhunderts die Hanse der Städte. Die Hansestädte würden heute in sieben verschiedenen Staaten liegen, von Holland bis nach Estland, von Schweden über die südliche Linie von Köln und Erfurt in Deutschland, bis Breslau und Krakau in Polen. Sie war also sehr international. In Norddeutschland war Lübeck die bedeutendste Hansestadt.

Der wirtschaftliche Einflussbereich der hansischen Fernkaufleute reichte im 16. Jahrhundert von Portugal bis Russland, von Skandinavien bis Italien. Sie versorgten die Menschen mit Luxuswaren, Nahrungsmitteln und Rohstoffen. Pelze, Wachs, Flachs, Hanf oder Holz und Holzbauprodukte wie Teer, Pech und Pottasche gehörten ebenso dazu wie Getreide, Fisch, feine Stoffe, Metallwaren, Waffen und Gewürze. Es wurde mit allem gehandelt, was man in großen Mengen kaufen, transportieren und gewinnbringend weiterverkaufen konnte.

In ihrer Blütezeit war die Hanse sehr mächtig. Sie konnte sogar gegen Fürstentümer und Königreiche Wirtschaftsblockaden verhängen! Auch die Hansestädte versuchten, sich enger miteinander zu verbünden, um sich gegen die Ansprüche des Adels besser wehren zu können. Denn so mancher Fürst hätte sich gerne eine Scheibe vom Reichtum der Handelsleute abgeschnitten,

Carta marina, eine Landkarte von Skandinavien, von Olaus Magnus, 1539

ohne das unternehmerische Risiko des Handels zu tragen. Natürlich gab es auch Konkurrenz von anderen Kaufleuten, etwa aus Italien, Süddeutschland oder den Niederlanden. Und die sich entwickelnden engeren staatlichen Beschränkungen von kleineren und größeren Staaten und Territorialherrschaften, die jeweils für sich wirtschaften wollten, machten letztlich das Überleben einer überregionalen Handelsgemeinschaft wie der Hanse unmöglich. 1669 fand in Lübeck dann der letzte Hansetag statt.

Insgesamt gehörten 70 größere und zwischen 100 bis 130 kleinere Städte zur Hanse, darunter auch Uelzen und Lüneburg. Noch heute kann man in der Salzstadt Lüneburg an den alten Häusern, den großen und reich ausgestatteten Kirchen und den weiten Plätzen sehen, wie wohlhabend, mächtig und stolz diese Hansestadt war. Ein historischer **Tafelaufsatz in Form einer Hansekogge** kündet in Uelzen von der reichen Handelstradition und Wirtschaftskraft der Hanse. Das »Goldene Schiff« ist in der Uelzener Marienkirche zu besichtigen.

Die Fasern der Lein-
oder Flachspflanze
*(altgr. linon und lat. linum
= ‚Lein')* wurden in der
Weberei und Seilerei
verwendet. Ab dem
späten 19. Jahrhundert
wurde Leinen durch
Baumwolle verdrängt.
Heute gewinnt es als
ökologische Naturfaser
wieder an Bedeutung.

Lein / Flachs

einfache Webstruktur

Städtische Zentren

Die immer größer werdende Stadt Hamburg wurde in früheren Jahrhunderten völlig auf dem Wasserweg mit allem
Lebensnotwendigen versorgt. Einige dieser Güter kamen
aus der Heide: Holz, Wachs und Honig, Salz vor allem aus Lüneburg,
Gemüse aus Bardowick und anderen Orten der Elbmarschen, **Leinen**
aus dem Wendland. Jede Region hatte »ihr« Produkt, das von dort
aus ins Umland verkauft wurde. Die örtliche Bevölkerung brauchte
den Gelderlös aus dem Handel, um selbst Produkte einkaufen zu
können, die es im jeweiligen Heimatort nicht gab. Abgelegene Orte
waren benachteiligt, z.B. Wittingen. Aber auch Wittinger Bürger
fanden eine »Marktlücke«. Von dort aus wurde das gesamte Umland
mit Schuhen beliefert. Wittingen war daher als **»Schusterrepublik«**
bekannt.

Sprichwort

*»Schuster, bleib bei
deinen Leisten!«
(= Tue das, was du
gelernt hast!)*

Der **Leisten** *ist eine
Fußnachbildung
aus Holz. Bei der
Schuhherstellung
wird das Oberleder
über den Leisten
gezogen und durch
klopfen und strecken
in die gewünschte
Form gebracht.*

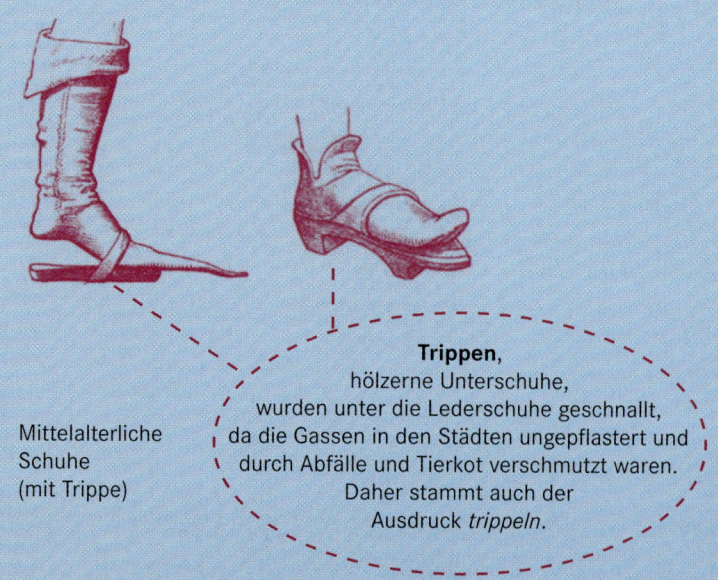

Mittelalterliche
Schuhe
(mit Trippe)

Trippen,
hölzerne Unterschuhe,
wurden unter die Lederschuhe geschnallt,
da die Gassen in den Städten ungepflastert und
durch Abfälle und Tierkot verschmutzt waren.
Daher stammt auch der
Ausdruck *trippeln*.

Städtische Zentren

D Handel und Verkehr gingen oft Hand in Hand. Die schiffbaren Flüsse Elbe und Aller, Jeetzel, Ilmenau und Luhe waren wichtige Handelswege. Auf den größeren Flüssen verkehrten Schiffe, die mehr laden konnten als diejenigen, die auf den kleineren Nebenflüssen unterwegs waren. An den Flussmündungen wurden Güter umgeladen, z.B. in Hitzacker von Jeetzelbooten auf Elbkähne. Möglichst transportierte man Güter auf *Wasserwegen*, die viel leichter zu nutzen waren als *Landwege*. Bis Lüneburg brachte man Güter auf der Ilmenau, dann ging der Transport über Land weiter nach Süden. Der Handelsweg folgte ungefähr der heutigen Bundesstraße 4. Ein weiterer früher wichtiger Handelsweg ging durch das Wendland und verband die Hansestädte Lüneburg und Magdeburg. Die Elbe spielte hier eine wichtige Rolle. Er brachte der Landstadt Dannenberg einige Bedeutung. Allerdings waren die Landstädte wirtschaftlich in erster Linie auf die Landwirtschaft angewiesen. Gerber, Schuster, Metzger oder Wachszieher waren häufige Berufe. **Brauereien**, **Mühlen** oder **Molkereien**, später dann **Stärkefabriken** oder **Spinnereien** prägten die Wirtschaft.

Gütertransport auf dem Wasserweg (heute)

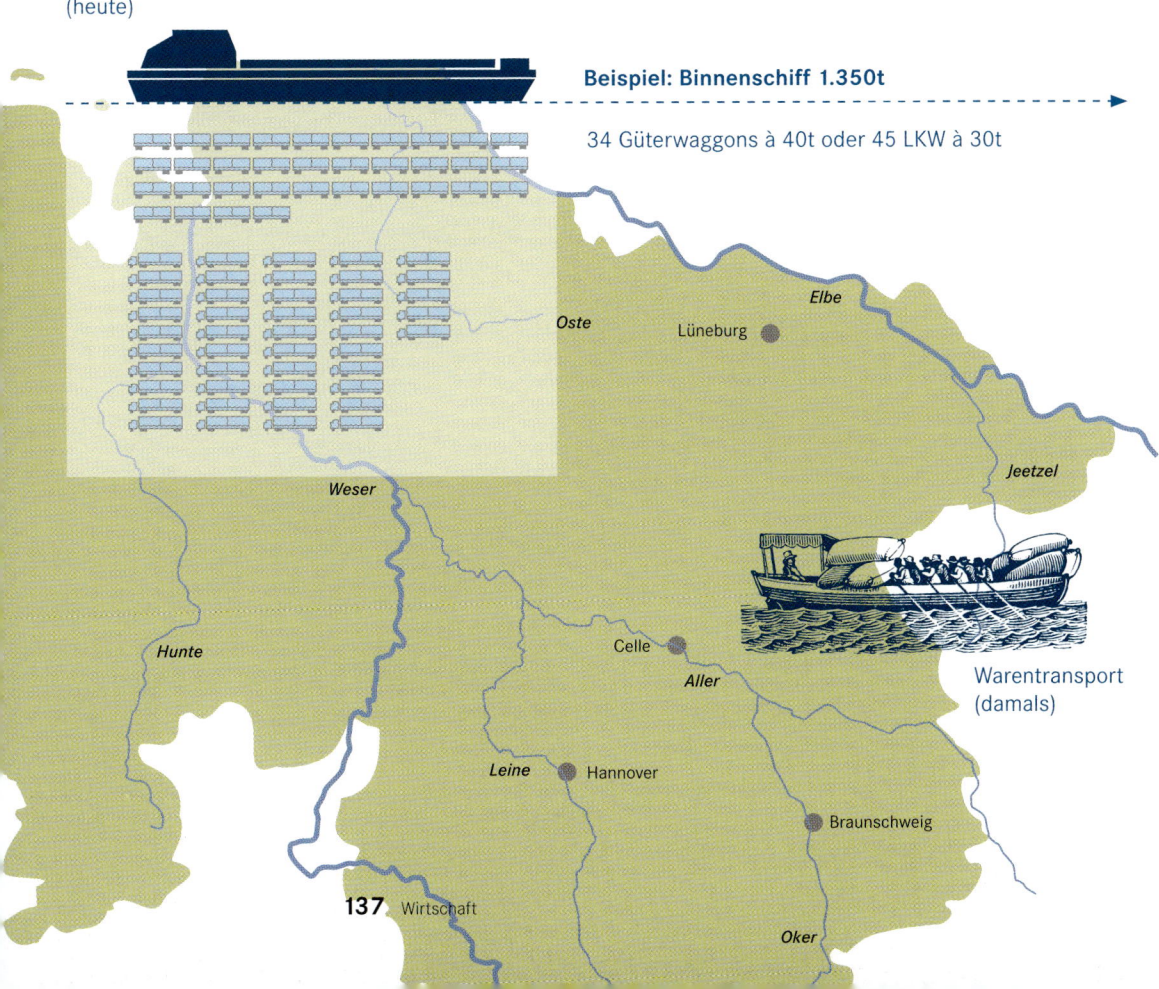

Beispiel: Binnenschiff 1.350t

34 Güterwaggons à 40t oder 45 LKW à 30t

Oste

Elbe

Lüneburg

Jeetzel

Weser

Hunte

Celle

Aller

Warentransport (damals)

Leine   Hannover

Braunschweig

Oker

Torftransport mit Schubkarre

Torf für den Gartenbedarf

»Küchenhexe«

Frühe Wirtschaftsförderung

Das Land wurde immer stärker genutzt, an einigen Stellen sogar zu stark: Dort ließen allmählich die Erträge nach. Immer mehr Menschen litten Hunger, weil es nicht mehr genug Korn und Brot gab. Die Getreideerträge waren noch längst nicht so hoch wie heute, man hatte zu wenig Dünger. Und der Anbau von Kartoffeln war damals noch unbekannt. In den Wäldern gab es immer weniger Holz. Man brauchte zusätzliche Quellen für Brennstoff, den man im Winter in den Ofen schieben konnte. Einer dieser Brennstoffe war der **Torf**, den man in den Mooren abbaute. Man stach den Torf im Frühjahr, trocknete ihn im Sommer und verwendete ihn im Winter.

Besonders katastrophal war die Versorgungslage an vielen Orten im **Dreißigjährigen Krieg**, der von 1618 bis 1648 dauerte. Die Soldaten plünderten Bauernhöfe, wenn sie Mehl oder Brot brauchten, und sie brannten viele Gehöfte oder sogar ganze Dörfer nieder. Hamburg und die Küstenregionen konnten sich allerdings aus den Kriegshandlungen weitgehend heraushalten; **Hamburg** entwickelte sich im 17. Jahrhundert sogar besonders gut. Es wurde gerade in dieser Zeit zu einer sehr mächtigen Handelsstadt. Wer in Hamburg etwas verkaufen konnte, der profitierte von diesem **Aufschwung**: Lüneburger Salzhändler genauso wie die Gemüsebauern aus den Elbmarschen bei Winsen/Luhe und Bardowick.

Eine **Geldkatze** ist ein am Gürtel befestigter Beutel mit einer Verschlusslasche zur Aufbewahrung von Münzgeld, aber auch kleinen wertvollen Gegenständen wie Ringe, Steine oder Stückchen von Edelmetallen.

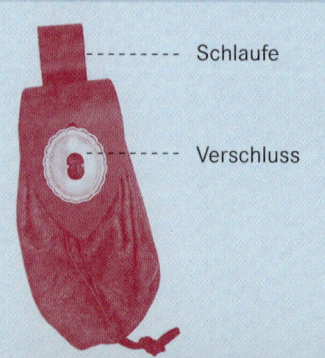

Schlaufe

Verschluss

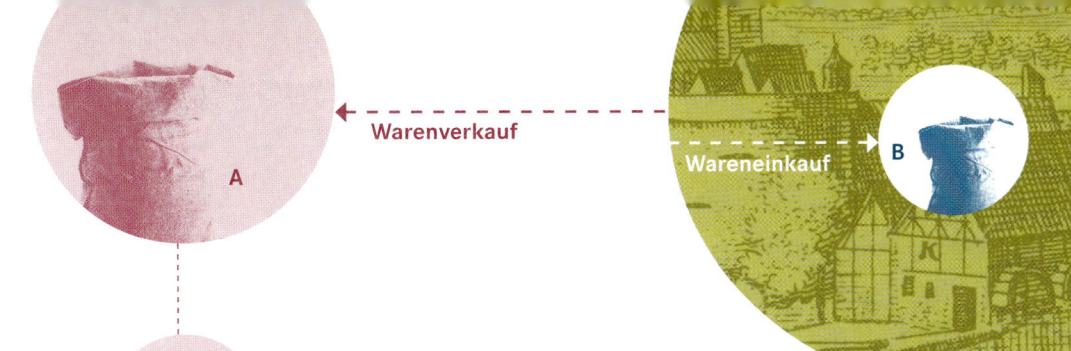

Warenverkauf

Wareneinkauf B

A

A

B

A – B =
Gewinn

Frühe Wirtschaftsförderung

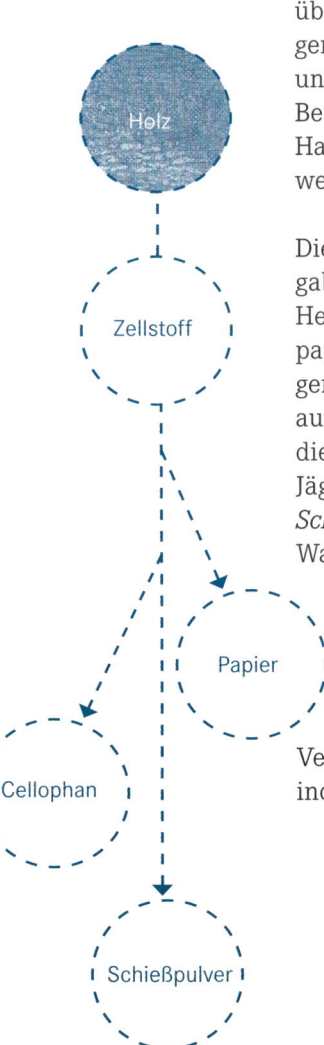

Holz

Zellstoff

Papier

Cellophan

Schießpulver

N ach dem Dreißigjährigen Krieg kümmerten sich die Herrscher stärker um die Wirtschaft. In Frankreich wurde das Prinzip „**Merkantilismus**" erfunden. Das bedeutete: Man bemühte sich darum, mehr Güter aus- als einzuführen. Dann blieb Geld in der Kasse. In den Städten wurden Manufakturen gegründet. Wörtlich übersetzt bedeutet **Manufaktur**, dass dort etwas mit den Händen gemacht wird. Eine Manufaktur ist größer als ein Handwerksbetrieb und kleiner als eine Fabrik. In jeder Stadt sollte es mindestens einen Betrieb geben, in dem nach Art einer Manufaktur Waren für den Handel hergestellt wurden. Am besten war es dabei, wenn Rohwaren weiter verarbeitet wurden, die es in der Umgebung der Stadt gab.

Diese Betriebe entstanden im Lauf der Jahrhunderte. Einige davon gab es schon früh; seit 1538 wird in Lachendorf *Papier* hergestellt. Heute ist aus der früheren Papiermühle die Firma Drewsen Spezialpapiere GmbH & Co.KG geworden. Dafür sind dort die Voraussetzungen ideal: Es gibt viel Holz und klares Wasser. Aus Holz kann man auch **Zellstoff** herstellen. In Walsrode verwendete man Zellstoff für die Produktion von Schießpulver. Im 19. Jahrhundert schätzten die Jäger die „Walsroder" besonders. So nannten sie die Patronen mit *Schießpulver*, die aus der Heidestadt kamen. Die ehemalige Wolff Walsrode AG, die das Schießpulver herstellte, wurde im Laufe der Zeit mehrfach umstrukturiert. Heute verarbeitet man den Zellstoff zum Beispiel zu *Cellophan*: Die verschiedenen heute am Standort Bomlitz tätigen Unternehmen stellen auf der Grundlage der Cellulosechemie vor allem Chemikalien für die Bauindustrie und Verpackungsfolien für die Nahrungsmittelindustrie her.

Manufaktur

*lat. manus – Hand,
lat. facere – erbauen,
tun, machen, herstellen*

Schwärmende
Bienen und Imker
bei der Kontrolle
der Waben.

I
n den Heiden rings um Celle, aber auch in der Nähe von anderen Heidestädten gab es besonders viele Bienenstöcke, und in deren Nähe bot es sich an, Wachs zu Kerzen zu verarbeiten. 1696 gründete ein Italiener, der von Herzog Georg Wilhelm in die Stadt geholt worden war, in Celle die älteste Wachsbleiche Norddeutschlands, die Wachsbleiche Guizetti. Celle ist bis heute gewissermaßen eine »Bienenstadt«, denn dort ist das »Institut für Bienenkunde« (früher »Niedersächsisches Landesinstitut für Bienenkunde«), das heute zum Niedersächsischen Landesamt für Verbraucherschutz und Lebensmittelsicherheit gehört. Hier werden unter anderem **Imker** ausgebildet.

Wachsmodell   mit Ton ummantelt   ausgeschmolzen   Negativ-Form mit flüssigem Metall gefüllt

Negativ-Form zerschlagen

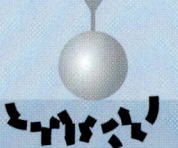 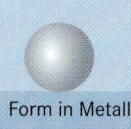

Der verlorene Guss: Wachsmodelle werden mit Ton ummantelt und ausgeschmolzen. In den so entstandenen Hohlraum wird flüssiges Metall gegossen. Jedes Wachsmodell kann nur einmal gegossen werden, weil die Negativ-Form zerstört wird.

Form in Metall

Zinnfiguren

Heute Sammlerstücke, früher Spielzeug ... Zinnsoldaten finden sich auch im Bomann-Museum in der militärgeschichtlichen Abteilung.

Aus Wachs stellte man auch Formen her, die man mit erhitztem und verflüssigtem Metall ausfüllte. So konnte man Metallgegenstände produzieren, aber die Form wurde zerstört. Das Verfahren nennt man daher einen **»verlorenen Guss«**. In Soltau wurde im 18. Jahrhundert eine *Zinngießerei* gegründet, die heute noch von Unternehmen der Röders-Gruppe in gewissem Umfang fortgeführt wird. Allerdings wird heute in diesem Betrieb etwas ganz anderes produziert: Hochleistungsfräsmaschinen.

Cholera

*(gr.: Gallenbrech-
durchfall) ist eine
schwere Infektions-
krankheit, ausgelöst
durch ein Bakterium
(Vibrio cholerae).
Die Übertragung er-
folgt vor allem durch
Aufnahme der Erreger
über verunreinigtes
Trinkwasser oder
infizierte Nahrung.*

SPURENSUCHE

Erdölmuseum Wietze:
1970 auf einem
Teilstück des ehe-
maligen Ölfeldes
eingerichtet, ist es
das älteste Erdöl-
museum der Welt.

An verschiedenen Orten verarbeitete man Kieselgur, die aus den mikroskopisch kleinen Panzern von Kieselalgen besteht. In Celle stellte das Unternehmen **Berkefeld** daraus Filter her. Bei der großen Cholera-Epidemie 1892 in Hamburg rettete Wasser aus Berkefeld-Filtern vielen Menschen das Leben. Auch heute ist das Unternehmen, die ELGA Berkefeld GmbH, noch im Bereich der Filtriertechnik und Wasseraufbereitung tätig. Andernorts wurde Kieselgur zur Produktion von Dynamit gebraucht; Alfred Nobel, der Erfinder dieses Sprengstoffs, verwendete Kieselgur aus der Heide.

In Lüneburg intensivierte man den Abbau von **Kochsalz**. **Kalisalz** wurde seit dem späten 19. Jahrhundert abgebaut, unter anderem in Wathlingen bei Celle, Höfer (zwischen Celle und Uelzen) und in Schreyahn im Wendland. Besonders bedeutsam war die Gewinnung von Erdöl. In Wietze bei Celle wurde 1858 eine der ersten erfolgreichen Erdölbohrungen der Welt durchgeführt. **Erdöl** wird in unserer Region unter anderem bei Hohne (Kreis Celle), Wittingen und Hankensbüttel (Kreis Gifhorn) gefördert. Größere **Erdgasfelder** gibt es bei Walsrode, Soltau und Munster.

Celle liegt im ältesten Erdölrevier Deutschlands und konnte daher zu einem bedeutenden Standort der Erdölindustrie und einem der wenigen Zentren für **Tiefbohrtechnologie** in Europa werden. Unterstrichen wird diese Ausnahmestellung durch den Bau eines Technologiezentrums der Firma Baker Hughes. Aber auch Firmen wie Cameron, Halliburton, ITAG, Celler Brunnenbau und etwa weitere 40 Unternehmen tragen zum Ruf Celles als »Stadt mit Energie« bei. Fachleute sprechen auch vom Energie-Cluster »Erdöl, Erdgas, Erdwärme«; gemeint ist das Zusammenspiel vieler Unternehmen bei der Lösung von Aufgaben. Hierbei hilft auch die Deutsche Bohrmeisterschule.

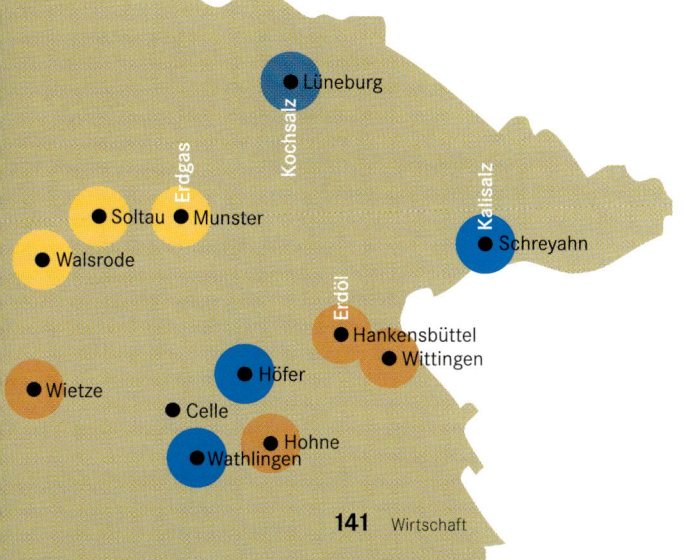

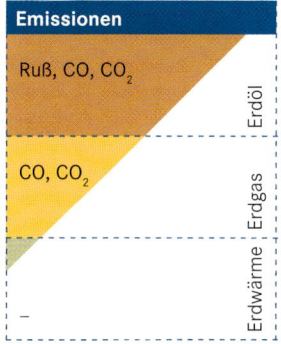

Energie aus der Erde:
Erdöl, Erdgas, Erdwärme

Emissions table:
Emissionen	
Ruß, CO, CO$_2$	Erdöl
CO, CO$_2$	Erdgas
–	Erdwärme

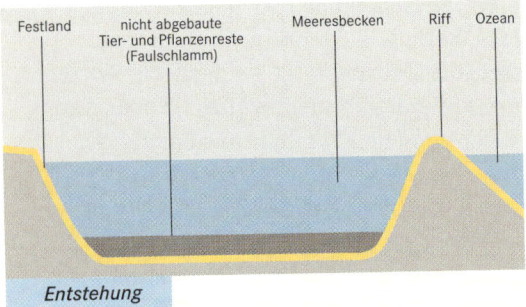

Festland   nicht abgebaute   Meeresbecken   Riff   Ozean
Tier- und Pflanzenreste
(Faulschlamm)

Entstehung

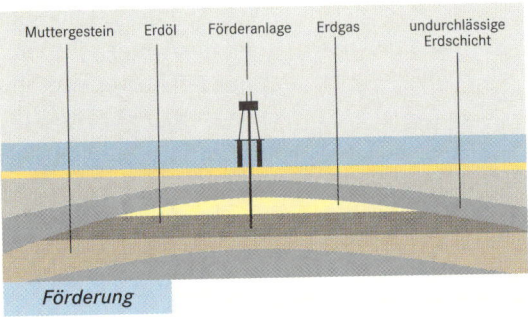

Muttergestein   Erdöl   Förderanlage   Erdgas   undurchlässige
Erdschicht

Förderung

Erdöl und Erdgas

*Alter Förderturm
in Wietze*

Erdöl und Erdgas sind im Zeitraum von Jahrmillionen aus den Resten organischer Substanzen (Pflanzenreste, Tiere, Mikroorganismen) entstanden. Der weitaus größte Teil dieser Substanzen wurde durch Verwesungsvorgänge abgebaut. Gelegentlich führten Umweltbedingungen wie etwa Erdbewegungen oder große Unwetter jedoch dazu, dass organische Reste weitgehend vom Luftzutritt abgesperrt waren und nicht verwesen konnten. Sie blieben in der sauerstoffarmen Umgebung erhalten und wurden zusammen mit Gesteinsmaterial abgelagert. Dies ist das sogenannte Muttergestein. An der Entstehung von Erdgas waren zumeist höhere Landpflanzen (wie Gräser oder Büsche) beteiligt, Erdöl besteht dagegen vor allem aus Kleinstlebewesen, beispielsweise Algen.

Die Bildung von Erdgas und Erdöl aus den abgelagerten organischen Substanzen vollzieht sich langsam im Laufe von Jahrmillionen. Voraussetzung sind stets starker Druck und höhere Temperaturen, die sich durch die Überlagerung des Muttergesteins mit anderem Gesteinsmaterial ergeben. Das Muttergestein gelangt durch die Überlagerung in größere Tiefen und wird dort durch die natürliche Wärme aus dem Erdinneren langsam aufgeheizt. Erdgas bildet sich bei Temperaturen zwischen 120° und 180° C, die in einer Tiefe von 4.000 bis 6.000 m unter der Erdoberfläche herrschen. Für die Bildung von Erdöl liegt die optimale Temperatur zwischen 65° und 120° C, in einer Tiefe von 2.000 bis 4.000 m. Infolge der vielfältigen chemischen Vorgänge mit unterschiedlichen Ausgangsmaterialien und unterschiedlichen äußeren Umständen sind Erdgas und Erdöl keine chemisch reinen Stoffe, sondern Gemische. Die verwertbaren Bestandteile sind stets Verbindungen, die ganz oder überwiegend aus Kohlenstoff und Wasserstoff in unterschiedlichen Zusammensetzungen bestehen.

Älteste Handpumpe in Wietze

Alter Pumpenbock in Wietze

Die gasförmigen und flüssigen Kohlenwasserstoffe können zum großen Teil nicht im Muttergestein verbleiben, da dieses durch die Last der darüber liegenden Erdschichten zusammengepresst wurde. Deshalb steigen sie durch den Porenraum der darüber liegenden Gesteinsschichten oder entlang von Klüften nach oben. An manchen Stellen erreichten die aufsteigenden Kohlenwasserstoffe die Erdoberfläche.

Eine wichtige Rolle für die Lage der Erdölvorkommen spielte in unserer Region das Salz. Im gesamten norddeutschen Raum (und darüber hinaus) wurden vor über 250 Millionen Jahren (während des Erdzeitalters des Perm) die Salze des verdunstenden Zechsteinmeeres abgelagert. Salz ist spezifisch leichter als das sich später darauf ablagernde Gestein und reagiert unter Druck plastisch, das heißt, es beginnt zu fließen und versucht dem Druck auszuweichen. Während des Aufstiegs des Salzes bildeten sich sogenannte Salzstöcke oder Diapire. Bei ihrem Aufstieg drückten sie die aufliegenden Sedimente (abgelagerten Gesteinsschichten) hoch und zur Seite. Während des Salzaufstiegs wurden auch Schichten durchbrochen, die Erdöl enthielten. Sie wurden beim weiteren Aufstieg an den Flanken des Salzstockes mitgeschleppt. Das in den steil gestellten Schichten enthaltene leichte Erdöl drang dem Tiefendruck entweichend ebenfalls nach oben und konnte gebietsweise bis an die Erdoberfläche vordringen. Im tiefen Untergrund der Aller-Leine-Niederung befindet sich eine alte tektonische Bruchlinie, die in südöstlich-nordwestlicher Richtung verläuft. Hier konnten an verschiedenen Stellen das Salz und das Erdöl bis an die Erdoberfläche gelangen. Als schwarze, klebrige Masse lagerte sich Erdöl vermischt mit Bodenbestandteilen in Mulden ab. Bereits im 17. Jahrhundert förderten die Bauern in Hänigsen, Eddesse und Wietze nachweislich Erdöl aus diesen Teerkuhlen.

Martin Salesch

Frühe Wirtschaftsförderung

Im Lauf der Zeit entstanden in vielen Orten Arbeitsplätze, und zwar jeweils in anderen Branchen. Wer in Celle einen Arbeitsplatz suchte, stellte Filter oder Kerzen her. In Lüneburg verdiente man in der Saline sein Geld. In Uelzen arbeitete man in der Zuckerfabrik, die auch heute noch als Teil der Nordzucker AG besteht. Es war nicht nur wichtig, dass in jeder Stadt andere Waren hergestellt wurden, um ihr Wohlstand zu verschaffen. Mindestens ebenso wichtig war es, dass es **Arbeitsplätze** gab. Denn zur gleichen Zeit, als die Manufakturen und später die Fabriken entstanden, verschwanden viele Arbeitsplätze auf dem Land, auf den Bauernhöfen.

Lüneburg **Salz**

Uelzen **Zucker**

Celle **Filter, Kerzen**

Das Anerbenrecht, bei dem nur ein Sohn den Hof erben konnte, die kargen Böden und häufige Missernten machten den Menschen schwer zu schaffen. Die wirtschaftliche Not wurde auch durch das Bevölkerungswachstum und den Mangel an Arbeitsplätzen verstärkt. Viele Menschen aus unserer Region hofften daher in der Ferne auf ein besseres Leben und wanderten vor allem nach *Nordamerika* aus.

Landflucht
Die Menschen zogen von den Dörfern in die Städte, um ihren Lebensunterhalt in Fabriken zu verdienen.

Auswanderer
Zwischen 1850 und 1920 wanderten viele Menschen nach Nordamerika aus, in der Hoffnung, dort ein wirtschaftliches Auskommen zu finden.

Boston
New York
Philadelphia
Baltimore
Norfolk

Hamburg
Bremerhaven

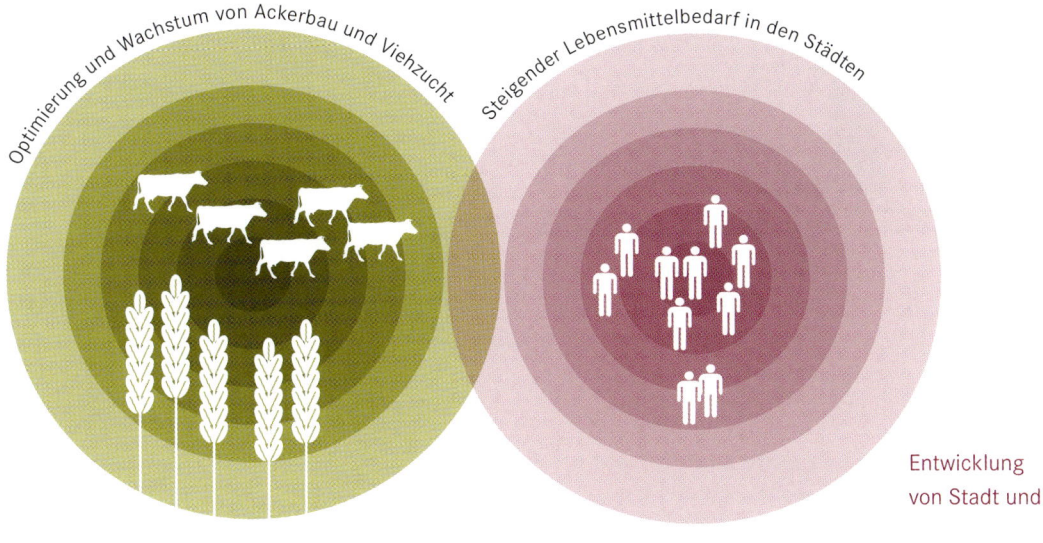

Optimierung und Wachstum von Ackerbau und Viehzucht

Steigender Lebensmittelbedarf in den Städten

Entwicklung
von Stadt und Land

Fortschrittliche Landwirtschaft

Auch die Landwirtschaft sollte effizienter werden. Mit dem Anbau von Kulturpflanzen und der Viehzucht sollte mehr Geld verdient werden können. Und außerdem wollte man die Wälder besser pflegen. Daher sollten keine Tiere mehr in die Wälder getrieben werden dürfen. Es gab also ein ganzes Bündel von Reformen. Sie sind immer in Verbindung mit den Entwicklungen in den Städten zu sehen, wo neue Arbeitsplätze entstanden. Die Menschen, die dort Bodenschätze abbauten oder in Manufakturen arbeiteten, mussten mit Nahrungsmitteln versorgt werden.

Die Landwirte gründeten landwirtschaftliche Vereine und suchten gemeinsam nach neuen Methoden für eine bessere Landnutzung. Einer der führenden Köpfe der Landwirtschaft stammte aus Celle. *Albrecht Thaer* gehört zu den großen Landwirtschaftsreformern der Zeit um 1800. Er gilt als der Begründer der Agrarwissenschaft, denn er setzte sich dafür ein, dass die Erkenntnisse der Naturwissenschaften in der Landwirtschaft genutzt wurden. Kulturpflanzen müssen, wenn sie gut wachsen sollen, mit verschiedenen Mineralstoffen gedüngt werden: Stickstoff-, Phosphor- und Kalidünger. Sandige, kalkarme Böden, die in der Heide weit verbreitet sind, muss man außerdem mergeln. Mergel enthält Kalk. Nur wenn es Kalk im Boden gibt, können Stickstoff-, Phosphor- und Kalidünger von den Pflanzen aufgenommen werden.

Albrecht Daniel Thaer (1752–1828)

2002 Sondermarke

225 · Albrecht Daniel Thaer · 1752-1828 · AGRONOM · Deutschland · 2002

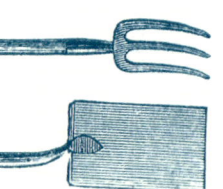

»Die Landwirtschaft ist ein Gewerbe«
Albrecht Daniel Thaer,
ein Begründer der Landwirtschaftswissenschaft

Albrecht Daniel Thaer gilt als Begründer der modernen Landwirtschaft. Er kam 1752 in Celle zur Welt. Wie sein Vater studierte auch er Medizin und ließ sich als Arzt in der ehemaligen Residenzstadt Celle nieder. Als Doktor war er so erfolgreich, dass ihn König Georg III. von Großbritannien, der gleichzeitig auch Kurfürst von Hannover war, 1796 zu seinem Leibarzt machte.

Seine Hobbys waren Blumenzucht und landwirtschaftliche Versuche. Diese Liebhaberei betrieb er so ernsthaft, dass er schon 1784 in die wichtigste landwirtschaftliche Forschungsgruppe als Mitglied aufgenommen wurde: in die 1754 gegründete »Königlich Großbritannisch und Churfürstlich Braunschweig-Lüneburgische Landwirthschaftsgesellschaft«. Sie hatte ihren Sitz in Celle.

1802 errichtete Thaer in den Celler Dammaschwiesen die erste landwirtschaftliche Lehranstalt und Versuchsstätte. Er machte nun sein Hobby zum Beruf. Als er 1804 Professor an der Berliner Universität wurde, richtete er im selben Jahr in staatlichem Auftrag auf Gut Möglin in Brandenburg die erste deutsche landwirtschaftliche Akademie ein. Dieser Gutshof wurde nun zu seinem Lebensmittelpunkt. Albrecht Daniel Thaer starb dort im Oktober 1828.

Er sah als einer der Ersten die Landwirtschaft als Wissenschaft und als bedeutenden Faktor der Wirtschaft und nicht nur als handwerkliches Bauerntum, das Lebensmittel herstellen sollte. Er sah, dass man den Boden nicht ausbeuten und zu möglichst großen Gewinnen bringen sollte, sondern dass man vorausschauend und langfristig planen musste. »Der Zweck der Landwirtschaft ist also nicht die möglichst höchste Produktion aus dem Boden zu erzielen, sondern den möglichst höchsten, nachhaltigen Gewinn daraus zu erhalten«, formulierte er sein wirtschaftliches Glaubensbekenntnis. Mit seinen Forschungen machte er die Landwirtschaft rationeller und revolutionierte die Nahrungsmittelproduktion. Er verknüpfte in Forschung und Lehre betriebswissenschaftliches Wissen mit modernen Anbaumethoden und bezog stets die neuesten wissenschaftlichen Erkenntnisse auf dem agrarischen Sektor mit ein.

Pflanzenzucht und Forschung bei der KWS LOCHOW GMBH, Bergen (früher Lochow-Petkus)

Fortschrittliche Landwirtschaft

Bodenverbesserung

Klee gehört zu den Leguminosen (Luzerne, Serradella, Erbsen, Bohnen ...), deren Anbau die Fruchtbarkeit des Bodens erhöht.

Neue Formen der Fruchtfolge wurden ersonnen. Man baute Klee an. An den Wurzeln von **Klee** sitzen Bakterien, die kleine Knöllchen bilden. Die Bakterien gewinnen Stickstoff aus der Luft und können ihn so umformen, dass Pflanzen damit versorgt werden. Der Boden wurde fruchtbarer. Man konnte die Kleepflanzen auch als Viehfutter verwenden. **Landwirtschaftliche Forschung** und **Pflanzenzucht** hat sich als wichtiger und international bedeutender Wirtschaftszweig in der Region des ehemaligen Fürstentums entwickelt. In Wohlde, einem kleinen Dorf bei Bergen (Kreis Celle), hat die KWS LOCHOW GMBH ihren Stammsitz. Sie gehört zur Spitzengruppe der Getreidezüchter in Europa. Ihre schachbrettartigen Forschungs- und Zuchtfelder prägen hier das Landschaftsbild.

Kartoffelpflanze

Kartoffeln

Kartoffelchips ...

... aus Hankensbüttel

Auf den Feldern wurden noch zahlreiche weitere neue Kulturpflanzen angebaut, vor allem die Kartoffel. In der Heide wurde der Anbau von Kartoffeln sogar ganz besonders wichtig. Die Knollen dieser Pflanze aus Amerika wachsen im Sandboden ganz hervorragend, und **Heidekartoffeln** sind heutzutage weithin berühmt. Man gründete auch Fabriken, in denen Kartoffelstärke hergestellt wurde, beispielsweise in Lüchow. Auch Lebensmittelindustrie, die Kartoffeln zu anderen Produkten weiter verarbeitet, hat sich in der Nähe der Kartoffeläcker angesiedelt. So kommen beliebte **Kartoffelchips** seit 1972 aus Hankensbüttel (Kreis Gifhorn). Andere Unternehmen widmeten sich der Zucht neuer Kartoffelsorten, wie die in Lüneburg ansässige EUROPLANT Pflanzenzucht GmbH.

Rübensorten:

| Futterrübe | Zuckerrübe | Steckrübe |

Ein Stall des weltberühmten Celler Landgestüts. Seit über 100 Jahren sind die Hengstparaden im Herbst wichtiges Ereignis für Züchter und Pferdeliebhaber.

Eine andere neue Kulturpflanze war die Zuckerrübe. Im 18. Jahrhundert wies man den hohen Zuckergehalt der Rüben nach. Als die Engländer in der Zeit der Kriege mit Napoleon die Handelswege nach Europa absperrten, wurde auch die Einfuhr von Zuckerrohr unterbunden. Man brauchte aber **Zucker**: Also züchtete man Rüben mit einem besonders hohen Zuckergehalt – und hatte auf diese Weise wieder eine Quelle, aus der sich Zucker gewinnen ließ. Zuckerrüben wurden und werden in vielen Gegenden Mitteleuropas angebaut. Ein wichtiges Anbaugebiet für diese Pflanzen ist die Umgebung von Uelzen. Außerdem hatte man Futterrüben als Viehfutter auf den Feldern. Zeitweise waren Steckrüben auch für die menschliche Ernährung besonders wichtig, beispielsweise im Ersten Weltkrieg.

Die alte Flureinteilung aus dem Mittelalter hatte ausgedient. Man brauchte größere Felder und größere Weideflächen. Daher legte man kleine Streifen Landes zusammen, koppelte sie also aneinander. Daher spricht man von **Verkoppelung**. Die großen Felder umgab man mit Zäunen oder Hecken. Dann konnte man dort das Vieh weiden lassen. Es wurde auf diese Weise erheblich schneller fett als in der Heide. Man konnte auf der Koppel auch edle Tiere halten, bei Celle die berühmten *Hannoveraner*. Viele Koppeln nutzte man aber auch als Äcker. Wenn man die Gründüngung und den Kartoffelanbau in die Fruchtfolge einbezog und die Felder düngte, brauchte man keine Brachephase mehr. Wenn die Bauern kein Feld mehr brach liegen ließen, bauten sie nicht mehr nur auf zwei Dritteln ihrer Fläche Kulturpflanzen an, sondern überall. Sie hatten die Hälfte ihres ursprünglichen Landes dazu gewonnen!

Fortschrittliche Landwirtschaft

Die Nutzung der Heiden, der **Allmenden**, die allen Dorfbewohnern zugleich gehörten, kam zu einem Ende. Die Tiere weideten nun auf der Koppel, nicht mehr in der Heide. Das Heideland konnte unter den Bauern aufgeteilt werden. Im Verlauf dieser sogenannten Markenteilung legte man weitere Landstücke an, die ähnlich wie Koppeln aussahen. Dort konnte dann auch Vieh gehalten werden, oder man baute – nach einer Düngung – Korn und andere Kulturpflanzen an.

Wenn man die Tiere nicht mehr zum Weiden in die Heide schickte, brauchte man keine Hirten mehr. Auf die Tiere hatten zuvor oft ältere Schulkinder aufgepasst. Sie konnten nun das ganze Jahr über die Schule besuchen, und es ließ sich die **allgemeine Schulpflicht** durchsetzen.

Bei der Neugestaltung der Felder holte man wieder eine große Menge Steine aus dem Boden. Aus ihnen entstanden aber nun nicht wie im Mittelalter Kirchen, sondern **Kopfsteinpflaster** der neuen Chausseen, die man seit dem 19. Jahrhundert in der Heide und in ihrer Umgebung anlegte. Das war dringend notwendig, wenn die wirtschaftlichen Bedingungen des Landes verbessert werden sollten. Im 18. Jahrhundert gab es kaum feste Straßen im Land. Mit großer Mühe zogen Pferde und Ochsen schwere Lastwagen durch den Sand. Immer wieder brachen Räder, oder die Gespanne blieben im Sand und im Morast stecken. Wenn man die Straße pflasterte, konnten viel mehr Güter transportiert werden, und sie gelangten viel schneller von Ort zu Ort.

»Also lautet ein Beschluss, dass der Mensch was lernen muss. Lernen kann man, Gott sei Dank, aber auch sein Leben lang.«
Zitat: Wilhelm Busch

Schulpflicht
Im Laufe des 17. Jahrhunderts wurde die ganzjährige Schulpflicht auf dem Gebiet des Fürstentums eingeführt.

Sandweg in der Heide

gepflasterte Straße

Die landwirtschaftlichen Vereine setzten sich für die Anlage von Wiesen ein. Wiesen und Weiden darf man nicht miteinander verwechseln. Auf der Weide grast das Vieh, auf der Wiese aber wächst das Gras heran, das man zur Gewinnung von Heu als Winterfutter schneidet. Das Gras der Wiesen wächst nur dann gut, wenn es gedüngt wird. Zur Düngung der Wiesen erfanden die Heidebauern eine besondere Form der **Wiesenbewässerung**, den Rückenbau. Sie legten flache Hügelrücken an, auf die von den Talseiten her Wasser geleitet wurde. Das Wasser lief in kleinen Gräben auf den Hügelrücken entlang und rieselte dann über die Seiten der Rücken. Unterhalb der Rücken wurde es erneut gesammelt und abgeleitet. Während das Wasser über die Hügelrücken lief, lagerte es mitgeführte Mineralstoffe ab, die die Gräser zum Wachstum brauchten. Besonders begehrt zur Wiesenbewässerung war das Wasser von Flüssen, die viele Mineralstoffe herantrugen. Dafür war die Oker berühmt, deren Wasser entlang der Aller verteilt wurde. Die Bauern der Gegend verglichen damals das Wasser der Aller mit Kaffee, das der Oker mit Kaffeesahne.

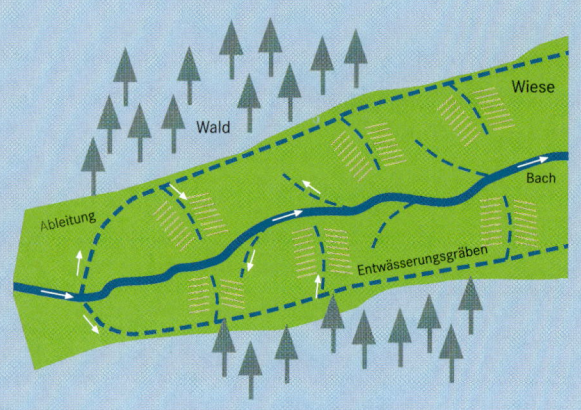

**Das Prinzip
der Bewässerung**

Die besten Methoden der Wiesenbewässerung wurden in Suderburg gelehrt. Bauern aus der Gegend gründeten dort im Jahr 1853 eine Wiesenbauschule, aus der sich später der heutige Teil der Ostfalia Hochschule für angewandte Wissenschaften entwickelte. Heute werden die Wiesen nicht mehr bewässert. Man bringt dort nun Mineraldünger aus. Damit man die Wiesen gut mit Traktoren befahren kann, beseitigte man die meisten Hügelrücken. Wie die Wiesenbewässerung funktionierte, lässt sich aber noch erkunden: In der Nähe des Freilichtmuseums **Museumsdorf Hösseringen** wurde ein Demonstrationsgelände eingerichtet, wo nach wie vor das Wasser über Kanäle auf Hügelrücken geleitet wird.

SPURENSUCHE

Im Museumsdorf Hösseringen kann man viel und Spannendes über das Leben und Arbeiten auf dem Lande erfahren.

Anlegen von »Rieselwiesen« bei Suderburg

... heute noch sichtbar

Kiefern wachsen auf nährstoffarmen Böden

Nachhaltigkeit

Der Begriff Nachhaltigkeit fand seine erste Erwähnung in der Forstwirtschaft. In einer Publikation von Hans Carl von Carlowitz aus dem Jahr 1713 wurde von einer nachhaltigen Nutzung der Wälder geschrieben.

Wenn es Koppeln für das Vieh gab und auch genug Winterfutter gewonnen wurde, musste das Vieh nicht mehr in die Wälder getrieben werden. Dort konnte man aufforsten. Die Förster handelten seit dem 18. Jahrhundert nach dem wirtschaftlichen **Prinzip der Nachhaltigkeit**: Keinem Wald durfte mehr Holz entnommen werden als zur gleichen Zeit nachwuchs. Das Aufforsten war vielerorts nicht leicht. Denn die lange während Nutzung, vor allem die Gewinnung von Heideplaggen, hatte viele Flächen sehr unfruchtbar gemacht. Vielerorts konnte man nur die anspruchslose *Kiefer* anpflanzen. Heute versuchen die Förster, möglichst viele Laubbäume in die Höhe zu bringen. Aber das ist schwierig, weil viele Böden zu sandig, zu unfruchtbar sind und weil es in den Wäldern sehr viel Wild gibt. Rehe fressen die zarten Triebe der Laubbäume ab. Die Nutzung und Aufforstung der Heide werden im **Walderlebniszentrum** der Niedersächsischen Landesforsten in Ehrhorn umfassend dargestellt.

Kiefern

Das Walderlebniszentrum (WEZ) Ehrhorn befindet sich in einem restaurierten Heidebauernhof aus dem Jahr 1650.
Hier werden die Einflüsse des Menschen auf die Entwicklung der Heidelandschaft anschaulich dokumentiert.

Das Moor war nicht nur Lieferant für Brennstoff, sondern auch Gegenstand lyrischer Texte. »Der Knabe im Moor« gehört wohl zu den bekanntesten »Moor«-Gedichten.

Fortschrittliche Landwirtschaft

Weiterhin baute man in den Mooren Torf ab, und zwar als Brennstoff. Im größten Moor der Gegend, im Großen Moor bei Gifhorn, wurde 1796 eine bedeutende Moorkolonie gegründet: Neudorf-Platendorf. Die Kolonisten errichteten beidseits eines Kanals ihre Häuser, von denen aus sie das Moor abbauten und später für die Landwirtschaft kultivierten. Auf der einen Seite des Kanals liegt Neudorf, auf der anderen Platendorf; beide bilden schon lange einen Doppelort.

Insgesamt wurde das Gebiet zwischen Hannover und Hamburg im 19. Jahrhundert innerhalb von wenigen Jahrzehnten zu einer Region mit ganz besonders *erfolgreicher Landwirtschaft*. Man interessierte sich in vielen Orten der Welt dafür, wie es gelang, in so kurzer Zeit aus unfruchtbaren Böden fruchtbare zu machen: mit neuen Fruchtfolgen, Dünger, neuen Kulturpflanzen.

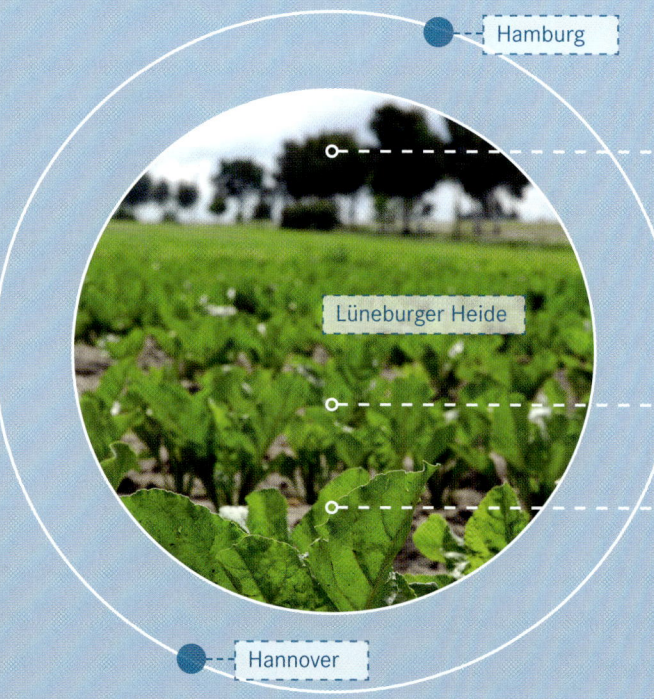

Hamburg

Lüneburger Heide

Hannover

Die **Fruchtfolge** hat für die Erhaltung und Mehrung der Bodenfruchtbarkeit große Bedeutung. Bei Anwendung einer zweckmäßigen Fruchtfolge wird die Entwicklung des Bodens und damit die Ertragssteigerung, die wiederum eng mit der Verbesserung der Bodenfruchtbarkeit verbunden ist, beeinflusst.

Dünger
Mineraldünger,
natürlicher Dünger (Klee)

Aufnahme neuer Kulturpflanzen in die Fruchtfolge:
Kartoffel
Zuckerrübe
Luzerne
Mais

Truppenübungsplatz

Truppenübungsplätze, Tourismus, Verkehr und Energie

Freizeittourismus in der Heide

Fast alles Land der Heide ließ sich im 19. und frühen 20. Jahrhundert neu in Nutzung nehmen. Wenn man das Land düngte und pflegte, konnte man fast ebenso gute Erträge erzielen wie auf natürlicherweise fruchtbarem Boden. In einigen Gegenden nahm man das Land aber nicht erneut in Kultur. Dort legte man im 20. Jahrhundert *Truppenübungsplätze* an: in Bergen und in Munster, in der Südheide. Damit dort Gefechte mit Panzern geübt werden konnten, mussten sogar Dörfer aufgegeben und von den Bewohnern verlassen werden. Für die wirtschaftliche Entwicklung des Landes hatten und haben die Truppenübungsplätze aber eine besondere Bedeutung. Es gab viele **Arbeitsplätze**, auch für zivile Mitarbeiter. Firmen, die Panzer und anderes militärische Gerät reparieren, siedelten sich an den Rändern der Truppenübungsplätze an. Auch Munition wurde produziert und getestet. Dabei griff man zum Teil auf die vorhandenen Rohstoffe zurück, auf Zellstoff, den man aus Holz herstellte, und auf Kieselgur. Auch heute wird im Erprobungszentrum Unterlüß (Landkreis Celle) der Rheinmetall AG Munition getestet.

Ein anderer Wirtschaftszweig, der sich im 20. Jahrhundert entwickelte, war der **Tourismus**. Natur und Landschaft zogen Menschen für kürzere und längere Aufenthalte an. Schon 1909 wurde der private Verein Naturschutzpark e.V. als einer der ältesten Naturschutzvereine Deutschlands gegründet. Er setzte sich für den Erhalt der Heide als Kulturlandschaft ein und erreichte es, dass 1922 ein gut 210 km² großes Gebiet um den Wilseder Berg herum unter Naturschutz gestellt wurde. Ausflügler und Touristen wanderten durch die Lüneburger Heide oder ließen sich mit dem Kutschwagen nach Wilsede fahren. Für die Wanderer brauchte man Gasthöfe, in denen sie essen und übernachten konnten.

Eisenbahn, damals und heute

Die Wanderer kamen aber nur ins Land, wenn es auch Verkehrsmittel gab. Die Entwicklung des *Heidetourismus* hing zunächst mit dem **Bau der Eisenbahnen** zusammen. Die ersten Linien, die schon Mitte des 19. Jahrhunderts gebaute Strecke von Harburg über Lüneburg und Uelzen nach Celle und Lehrte, und die sogenannte Amerikalinie von Berlin nach Bremen, die so hieß, weil sie von vielen Auswanderern genutzt wurde, erschlossen das Land noch nicht intensiv. Die Wanderer kamen vor allem mit den Neben- und Kleinbahnen in die Heide. Sie fuhren auf der Linie von Buchholz nach Soltau, von Winsen/Luhe oder Lüneburg in die Orte rings um den Wilseder Berg. Diese Eisenbahnen hatten auch in anderer Hinsicht große Bedeutung: Mit Güterzügen transportierte man Kohle und Dünger in die Dörfer. Rüben, Kartoffeln und Korn brachte man in großen Mengen von den Dörfern in die Städte.

Später kamen die Heidewanderer mit Bussen und Autos, und der Personenverkehr auf den Nebenbahnen wurde eingestellt. Viele Strecken gibt es aber noch heute. Sie werden von einer der größten *Privatbahnen* in Deutschland betrieben, den Osthannoverschen Eisenbahnen (OHE). Auf diesen Strecken werden aber nicht mehr wie noch vor Jahrzehnten vor allem Kartoffeln, Zuckerrüben und Düngemittel transportiert, sondern Militärzüge und Erdöl in Tankwagen.

Wichtige Verkehrswege, die durch das nordöstliche Niedersachsen führen, verbinden vor allem die Großstädte Hamburg, Bremen, Hannover und Berlin. Die Autobahn *von Hamburg nach Hannover* ist eine der am meisten befahrenen **Fernstraßen** in Deutschland. Sie ist zum großen Teil bereits sechsspurig ausgebaut. Von ihr zweigt eine Strecke nach Bremen ab. Durch diese Straße wird das Land nicht gut erschlossen, denn zwischen Walsrode und Verden gibt es keine Autobahnabfahrt. An kaum einer anderen Autobahnstrecke ist der Abstand zwischen zwei Abfahrten so groß wie hier.

Verkehrswege, rot = Autobahnen und Fernstraßen

Das an der Aller gelegene Wasserkraftwerk Oldau war von 1911 bis 1972 in Betrieb. Es ist das einzige Wasserkraftwerk in der Bundesrepublik, das in seinem ursprünglichen Zustand erhalten ist.

Truppenübungsplätze, Tourismus, Verkehr und Energie

Die Eisenbahnlinie von Hamburg nach Hannover wird von sehr vielen Zügen befahren. Darunter ist der schnelle ICE, der mit einer Geschwindigkeit von 200 Stundenkilometern unterwegs ist, aber es fahren auch viele langsamere Güterzüge auf der Strecke. Sie müssen immer wieder angehalten werden, damit die schnelleren Züge vorbeifahren können. Aber so dauert der Gütertransport auf der Schiene sehr lang. Man bräuchte mehr Schienen, damit die schnellen und die langsamen Züge getrennt voneinander fahren könnten. Der Rangierbahnhof von Maschen ist der größte in Europa; er gehört eigentlich zur Anlage des Hamburger Hafens, konnte aber nicht in Hamburg, sondern nur in Niedersachsen angelegt werden. Doch was nützt der beste Rangierbahnhof, wenn die Strecken, die zu ihm führen, ständig überlastet sind?

Auch Kanäle durchziehen das Land. Zu Beginn des 20. Jahrhunderts wurde der *Mittellandkanal* gebaut, um die Industriezentren des Ruhrgebietes, Hannover und Berlin miteinander zu verbinden. In

VW-Werk in Wolfsburg, direkt am Kanal

den 1970er Jahren entstand der *Elbe-Seitenkanal* zwischen dem Mittellandkanal bei Wolfsburg und der Elbe. Damals bildete die Elbe die Grenze zwischen der Bundesrepublik und der DDR. Man stritt sich darüber, ob die Grenze in der Flussmitte oder am östlichen Ufer verlief. Man baute den Kanal, um nicht auf die Elbe als Schifffahrtsweg angewiesen zu sein. Heute hat der Kanal andere Vorteile. Zum einen erschließt er das Land um Uelzen, zum anderen ist das Wasser tiefer als in der Elbe zwischen Magdeburg und Lauenburg. Auf dem Kanal kann man mit größeren Schiffen fahren als auf der Elbe. An den Kanälen entstanden neue **Industriezentren**, darunter vor allem das Volkswagenwerk, die größte Autofabrik Europas. Die Stadt Wolfsburg wurde als »Stadt des KdF-Wagens« (Kraft durch Freude) für die Industriearbeiter und alle im Werk Beschäftigten entworfen und neu gebaut. Stadt und Fabrik liegen sehr verkehrsgünstig am Kanal, an der Eisenbahn und an der Autobahn A2.

Gorleben

In Gorleben, im Landkreis Lüchow-Dannenberg (Wendland), entstanden im 20. Jahrhundert Industrieanlagen besonderer Art: Nach der ersten großen Ölkrise Anfang der 1970er Jahre entwickelte die Bundesregierung ein Konzept für die intensive Nutzung der Kernenergie. In die Planungen war auch die betroffene Industrie eingebunden. Die in Kernkraftwerken abgebrannten Brennstäbe sollten wieder aufgearbeitet werden, um aus den noch verwertbaren radioaktiven Stoffen neue Brennelemente herstellen zu können. Die radioaktiven Abfälle sollten abgeschlossen von der Biosphäre (also außerhalb des Lebensraumes von Menschen, Tieren, Pflanzen) in tiefen Steinsalzvorkommen endgelagert werden. Das damals geplante »Nukleare Entsorgungszentrum« (NEZ) sollte daher in unmittelbarer Nähe eines geeigneten Salzstockes entstehen. Die vorläufige Standortwahl fiel nach Prüfung zahlreicher Salzstöcke in der norddeutschen Tiefebene auf den Salzstock bei Gorleben.

Nach aufwendigen Vorplanungen der Industrie, behördlichen Voruntersuchungen und einer Anhörung von etwa 50 internationalen Wissenschaftlern diskutierte man die Planungen offen und kontrovers im März 1979 in Hannover in »Rede und Gegenrede«. Den Vorsitz der einwöchigen Diskussion führte der deutsche Philosoph und Naturwissenschaftler Karl-Friedrich v. Weizsäcker.

Der Niedersächsische Ministerpräsident Dr. Ernst Albrecht empfahl am 16.05.1979 in einer Regierungserklärung, das Projekt Wiederaufarbeitung nicht weiter zu verfolgen, obwohl ein NEZ grundsätzlich sicherheitstechnisch realisierbar sei. Aufgrund einer Forderung der damaligen Bundesregierung sollte der Salzstock jedoch weiter auf seine Eignung als Endlager untersucht werden. Für die oberirdische Zwischenlagerung der in Stahl- und Betonfässern verpackten schwachradioaktiven Abfälle aus Forschung, Industrie und Medizin sowie von abgebrannten Brennelementen in sogenannten Castorbehältern errichtete man spezielle Lagerhallen. Eine Pilotfabrik zur Konditionierung abgebrannter Brennstäbe (ohne Wiederaufarbeitung) ergänzte die übertägigen (Fachbegriff für oberirdisch) Lagerhallen. Die Brennstäbe könnten in der Pilotfabrik zerlegt und für die direkte Endlagerung vorbereitet werden. Die Anlage ist bisher nicht in Betrieb genommen worden.

In unmittelbarer Nähe zu dem Zwischenlager wurden zwei Schächte durch das Deckgebirge in den Salzstock abgeteuft (Bergmannsprache für die Herstellung von senkrechten Schächten oder Bohrlöchern). Dieses war erforderlich, um den Salzstock auf seine Eignung für die Endlagerung, insbesondere hochradioaktiver Abfälle, untersuchen zu können. Diese Untersuchungen sind im Jahr 2000 aufgrund einer Vereinbarung der Bundesregierung mit den Energieversorgungsunternehmen gestoppt worden. Das Moratorium hat zehn Jahre Bestand.

Gorleben ist durch diese bundesweit bedeutsamen Vorhaben und den vielfältigen Widerstand dagegen in der ganzen Welt bekannt geworden. Der Name gilt für die Gegner der Kernenergie als Symbol des Widerstandes gegen diese Energienutzung. Aus der »Atomkraft-Diskussion« haben sich zahlreiche kulturelle und naturbezogene Projekte und Veranstaltungen in der Region entwickelt, die jedes Jahr viele Menschen anziehen.

Radioaktive Stoffe haben die Eigenschaft, ohne äußere Beeinflussung Energie in Form von Strahlung auszusenden. Diese radioaktive Strahlung ist geeignet, auf Zellen von Lebewesen zerstörend zu wirken. Der Mensch besitzt kein Sinnesorgan, um diese Strahlung zu erkennen. Er bemerkt sie nicht und kann ihr auch nicht ausweichen. Deshalb ist es notwendig, Radioaktivität gegenüber Lebewesen so abzuschirmen, dass eine Gefährdung ausgeschlossen werden kann. Dies geschieht zum Beispiel durch Ummantelung mit Stahl, Blei oder Beton. Gezielt eingesetzte Strahlung findet in der Industrie (z.B. zu Messzwecken) oder in der Forschung und der Medizin (z.B. in der Krebstherapie) Einsatz.

Otto Stumpf

![Windkraftanlagen im Feld]

Windkraft- und Biogasanlagen schaffen »saubere« Energie

Trinkwasser – lebenswichtige Ressource

Truppenübungsplätze, Tourismus, Verkehr und Energie

In früheren Jahrhunderten wurde Energie vor allem mit Wind- und Wassermühlen gewonnen. Im 20. Jahrhundert wurden große Kraftwerke gebaut, zum Beispiel am VW-Werk in Wolfsburg. In den letzten Jahren wurden kleinere Anlagen zur Gewinnung von Energie errichtet: **Windkraft- und Biogasanlagen**. Letztere werden vor allem mit Mais betrieben, der im Umland angebaut wird. Man könnte auch andere organische Stoffe zur Biogasherstellung nutzen, z.B. Heckenschnitt oder organischen Abfall, aber mit diesen Rohstoffen arbeiten die Anlagen noch nicht derart verlässlich wie mit Mais.

In den letzten Jahrzehnten bekam noch ein weiterer Rohstoff der Heide große Bedeutung: **Trinkwasser**. Wasser wird aus der Lüneburger Heide nach Hamburg gepumpt. Hannover erhält einen Teil seines Wassers aus dem Gebiet um Fuhrberg. Das hat seinen Grund: Im Sand der Heideböden lässt sich besonders sauberes Wasser finden. Immer muss aber genau darauf geachtet werden, dass der Grundwasserspiegel in den Wasserentnahmegebieten nicht zu stark absinkt.

Und heute?

Das nordöstliche Niedersachsen hat heute wirtschaftliche Probleme. Die Europäische Union fördert das Gebiet aus diesem Grund inzwischen besonders stark. Es gibt nicht überall viel Industrie, viele Menschen wünschen sich bessere Straßen und andere neue Verkehrswege, zum Beispiel die sogenannte **Y-Trasse** der Eisenbahn. Wenn zusätzliche Bahnstrecken von Hamburg und Bremen nach Hannover gebaut werden würden, könnten sie von den schnellen Zügen genutzt werden. Dann könnten mehr Güterzüge auf den alten Strecken fahren.

Jahrzehntelang lebten viele Soldaten in der Heide, aber in den letzten Jahrzehnten wurden viele Truppenübungsplätze und Kasernen geschlossen. So sehr das zu begrüßen ist: Arbeitsplätze gingen verloren. Auf einem ehemaligen Militärgelände bei Ehra im Kreis Gifhorn richtete der Volkswagen-Konzern ein Versuchsgelände ein. Bremsen von Lastwagen werden bei Jeversen (Kreis Celle) auf dem Contidrom der Continental AG getestet. Hier entstanden neue Arbeitsplätze.

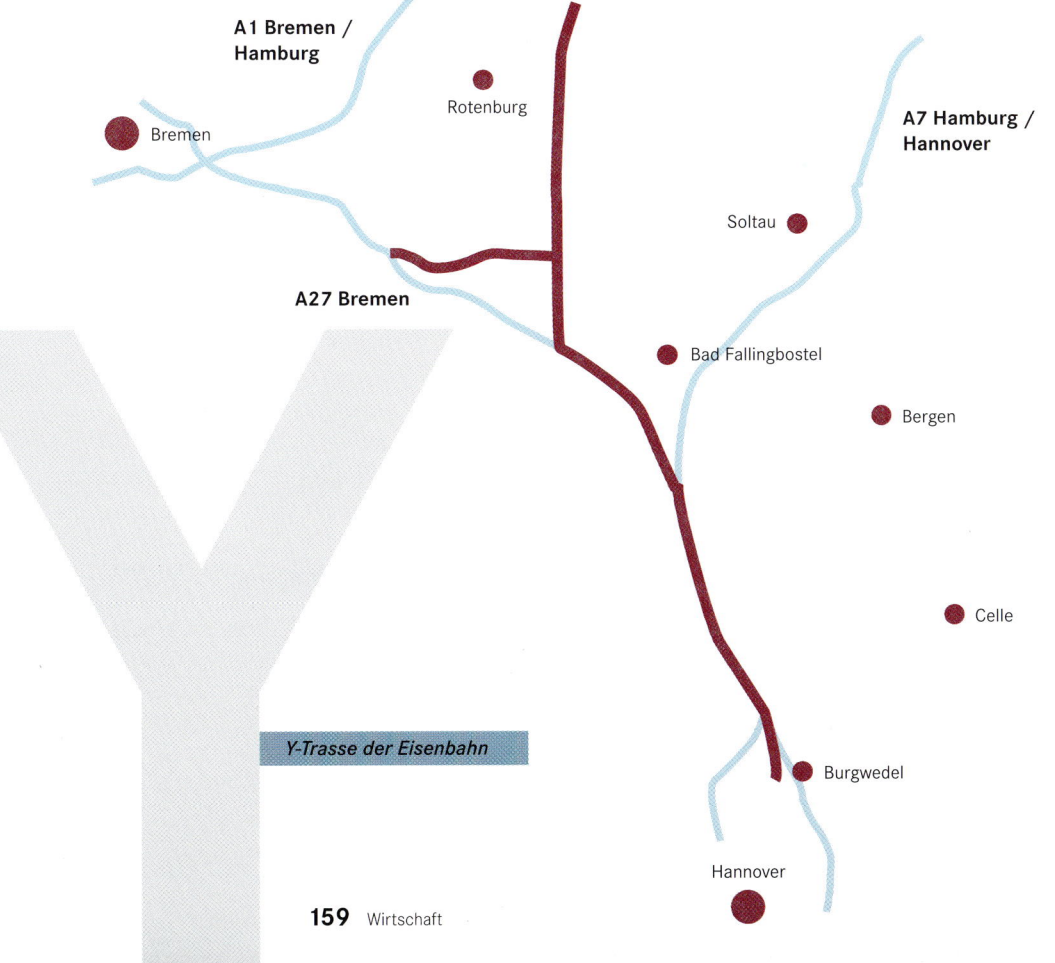

A1 Bremen / Hamburg

Rotenburg

Bremen

A7 Hamburg / Hannover

Soltau

A27 Bremen

Bad Fallingbostel

Bergen

Celle

Y-Trasse der Eisenbahn

Burgwedel

Hannover

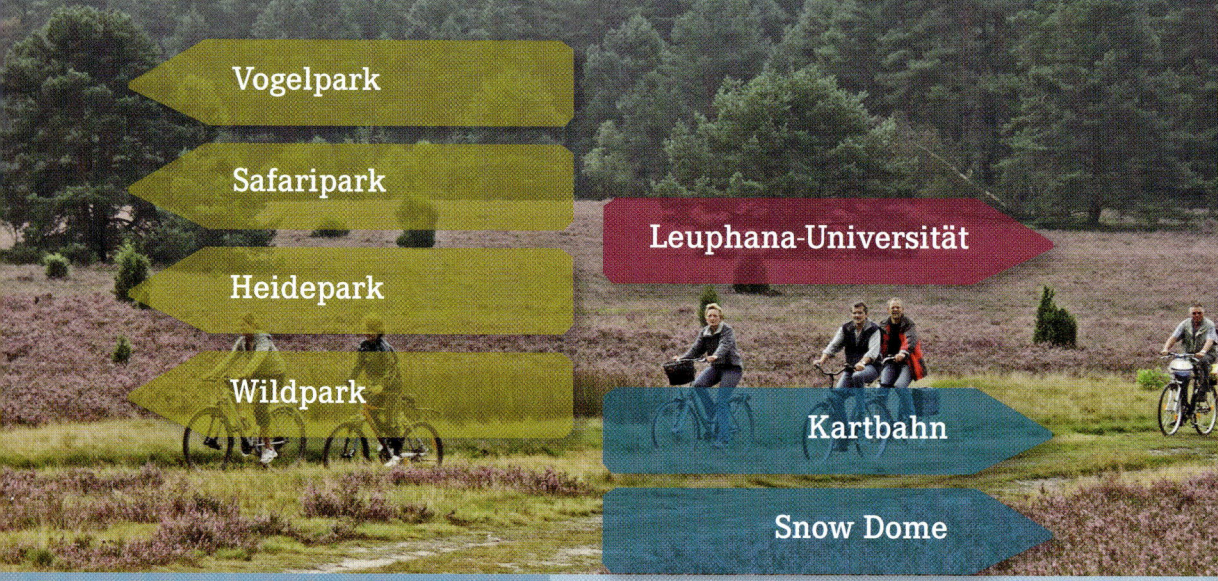

Vogelpark

Safaripark

Leuphana-Universität

Heidepark

Wildpark

Kartbahn

Snow Dome

Angebote in Natur, Freizeit, Sport und Bildung

Und heute?

Viele Menschen fahren aber nun täglich weite Strecken, sie arbeiten in Hamburg, Hannover oder sogar Berlin. Andere fanden in Tourismuseinrichtungen Arbeit, im **Vogelpark** von Walsrode, im **Safaripark** in Hodenhagen, im **Heidepark** Soltau oder in Bispingen: im **Centerpark**, bei der **Kartbahn**, im **Snow Dome** oder in den **Wildparks** Lüneburger Heide und Schwarze Berge. Die Wanderherbergen und Gasthöfe, die im frühen 20. Jahrhundert so beliebt gewesen waren, sind heute vielen Menschen nicht mehr gut genug. Man bräuchte neue Hotels.

Die neue Leuphana-Universität von Lüneburg zog in eine ehemalige Kaserne ein. Auch eine *Universität* bringt **Arbeitsplätze:** nicht nur für die Mitarbeiter der Universität, sondern auch für Wohnungsvermieter und für die Besitzer der Läden, in denen Studenten und Universitätsmitarbeiter einkaufen. Auch in Suderburg (Kreis Uelzen) kann man studieren. Dieser Campus war bis August 2009 eine Außenstelle der Leuphana-Universität und gehört seither als Fakultät Bau-Wasser-Boden zur Ostfalia Hochschule für angewandte Wissenschaften, die an ihren Standorten Suderburg und Wolfsburg sowie in Salzgitter, Braunschweig und Wolfenbüttel Studienplätze und Arbeitsplätze bereit stellt. Weitere Studiengänge werden eingerichtet.

Es verändert sich viel in der Heide. Aber wie soll die Zukunft aussehen? Darüber sollten nicht nur Politiker, Industrie- und Handelskammern oder Touristikmanager nachdenken, sondern wir alle.

Kultur und Kunst

Christine Kohnke

Das von Menschen
Gemachte

Christine Kohnke

Kultur und Kunst

Das von Menschen Gemachte

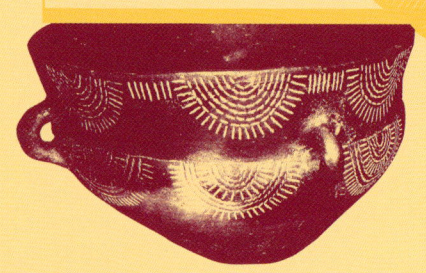

Menschen hinterlassen Spuren

»Ich wünsche ein Buch, in das ihr alle vorn hineingehen und hinten herauskommen könnt.« Das schrieb der Dichter und Schriftsteller Nicolas Born (1937–1979) Anfang der 70er Jahre in einem Gedicht. Nicolas Born hat viele Jahre im Wendland und an der Elbe gewohnt und das, was er erlebt und gesehen hat, in Büchern und Gedichten verarbeitet. Er hat sich mit seiner Zeit auseinandergesetzt und die Landschaft beschrieben, in der er lebte. So hat er sich zum Beispiel gegen ein atomares Endlager und eine Wiederaufbereitungsanlage für Atommüll engagiert. Es entstanden aber auch eindringliche Naturschilderungen wie das Gedicht »Ein paar Notizen aus dem Elbholz«.

»Oton und Iton bogen ahnungslos um die Ecke in der vierten Dimension, als sie das Glück sahen. Es war ein bisschen magerer, als man es sich vorstellt, und trug einen Regenmantel, um nicht nass zu werden, und es regnete nicht. An dem Regenmantel fehlte ein Ärmel. Oton und Iton überlegten, ob das ein Symbol war oder wirklich vom vielen Festhalten kam.«

Nicolas Born,
Oton und Iton, 1973

So wie **Nicolas Born** haben sich Menschen schon immer mit den Dingen auseinandergesetzt, die um sie herum geschahen und die sie in ihrer Welt vorfanden. Sie haben diese Dinge abgebildet und beschrieben und auf verschiedene Weise gedeutet, haben Liebe oder auch Schmerz zum **Ausdruck** gebracht. Papier und Bleistift brauchten sie dazu nicht unbedingt. Denn viele menschliche Hinterlassenschaften stammen aus Zeiten, in denen in unserer Gegend die Schrift noch gar nicht bekannt war. Dennoch sind diese Spuren heute oftmals große Kulturschätze für uns. Öffnen sie doch Fenster in Gedankenwelten, die ganz anderen Lebensverhältnissen entstammen als den unsrigen. Ausgegrabene Siedlungsreste und Alltagsgegenstände gehören ebenso dazu wie Kunstwerke, mittelalterliche Klosteranlagen und Kirchen, Schlösser und Gärten, aber auch einfache Wohnhäuser, Bibliotheken und Museen, Bücher und Musik.

Jede Region dieser Erde hat ihre eigene »Spurensammlung« – und man kann darin lesen, wie in einem Buch. Es gibt aber auch Spuren, die wir nicht mehr entschlüsseln können – wir haben vergessen, was sie bedeuten.

Nicolas Born

Seit 1973 war Born Mitherausgeber des Rowohlt Literaturmagazins. Mit dem Roman »Die erdabgewandte Seite der Geschichte« wurde er bekannt. Im Wendland entstand seine landschaftsbezogene Lyrik. Seinen 1979 erschienenen Roman »Die Fälschung«, in dem er auch die Elbtalaue schilderte, verfilmte Volker Schlöndorff 1981. Nicolas Born ist auf dem Friedhof in Damnatz begraben. Nach ihm ist der niedersächsische Literaturpreis benannt. In Lüchow hat die Nicolas-Born-Stiftung ihren Sitz.

Entsorgt Nicolas Born

*So wird der Schrecken ohne Ende langsam
normales Leben
Zuschauer blinzeln in den Hof
im' Mittagslicht
Kleinstadt, harte Narbe ziegelrot
Gasthaus, wehende Gardinen
und am Schreibtisch ist jetzt gering
der persönliche Tod
Ich kann nicht sagen, wie die Panik der Materie
wirkt, wie ich in meiner Panik
die nicht persönlich ist, nur an die
falschen Wörter komme.
Das sorgende Schöne fehlt mir an Krypton und
Jod 129. Mir fehlt die Zukunft der Zukunft
mir fehlt sie.
Mir fehlen schon meine Kindeskinder
Erinnerung an die Welten
mir fehlen Folgen, lange Sommer am Wasser
harte Winter, Wolle und Arbeit*

*Hier entstehen Folgen starker Wörter
die leblos sind, das versuchte Gesindel
spürt nichts, sie schließen die Kartelle
keine Ahnung was sie in die Erde setzen
Ahnung nicht, nur Wissen
was sie in die Erde setzen in Luft und Wasser
für immer
kein Gefühl für «immer». Den Tod
sonderbehandeln sie wie einen Schädling
der gute Tod vergiftet wie die liebe Not.*

Johann Peter Eckermann

Heinrich Heine

Heinrich Hoffmann
von Fallersleben

Arno Schmidt

Johann Sebastian Bach

Die **Spuren** sind so unterschiedlich wie ihre **Schöpfer**: Sie stammen von längst vergessenen Baumeistern, die »Hünengräber« und mittelalterliche Kapellen bauten, bis hin zu modernen *Architekten* wie Alvar Aalto und Zaha Hadid. Oder von berühmten Menschen, die einige Zeit hier lebten, wie der *Komponist* Johann Sebastian Bach und der *Schriftsteller* Heinrich Heine in Lüneburg.

Johann Peter Eckermann, ein Freund Goethes und sein *Biograf*, stammt aus Winsen an der Luhe und Heinrich Hoffmann von Fallersleben, der das »Lied der Deutschen« schrieb, wurde in Fallersleben (heute ein Stadtteil von Wolfsburg) geboren.

Frühe Zentren von **Wissen und Kunst** waren Klöster, später auch die Städte. Im 20. Jahrhundert wurde in unserer Region auch der ländliche Raum zum Schauplatz künstlerischen Schaffens. Der Springhornhof in Neuenkirchen (Landkreis Soltau-Fallingbostel) mit seiner zeitgenössischen Bildhauerei und Malerei oder die Arno Schmidt Stiftung am letzten Wohnort des Schriftstellers in Bargfeld (Landkreis Celle) sind ebenso Beispiele hierfür wie die Kulturelle Landpartie im Wendland. Doch es gibt auch weit ältere Kulturzeugnisse und solche, bei denen man sehr genau hinschauen muss. Neugierig sein lohnt sich!

Annäherungen: Kunst und Kultur der frühesten Zeit

SPURENSUCHE

Viele vor- und frühgeschichtliche Funde und Überreste aus der Steinzeit sowie der Bronze- und Eisenzeit, unterschiedliche Werkzeuge, Jagdwaffen, Schmuckstücke, Gefäße und Alltagsgegenstände sind in den Museen der Region ausgestellt. Eine der bedeutendsten Sammlungen birgt das »Helms-Museum« in Hamburg. Das heutige Archäologische Landesmuseum Hamburg ist aus dem Stadtmuseum Harburg hervorgegangen. Weitere Anlaufpunkte sind das »Museum für das Fürstentum Lüneburg« in Lüneburg, das »Bomann-Museum Celle«, das »Archäologische Zentrum Hitzacker«, das Landesmuseum Hannover, das Heimatmuseum Römstedthaus in Bergen und das Historische Museum im Schloss Gifhorn.

W enn wir wissen möchten, wie die Menschen in früheren Zeiten gelebt haben, dann müssen wir nach Dingen suchen, die über sie Auskunft geben können. Ältere Menschen können aus ihrer Erinnerung berichten. Ihre oft spannenden Geschichten und Erzählungen liefern uns Informationen aus erster Hand. Haben sie noch **Erinnerungsstücke** an früher, etwa alte Fotos, Dokumente, Werkzeuge oder Ausrüstungsgegenstände, dann wird das Bild, das wir uns vom Leben früherer Generationen machen können, noch lebendiger.

Je weiter wir in die Vergangenheit zurück schauen, desto spärlicher werden natürlich die Spuren, die wir finden können. Wer in der Lage ist, sie zu deuten, kann sich trotzdem ein recht gutes Bild von den Lebensverhältnissen machen. Da ist zum Beispiel der kleine **Elch** aus *Bernstein*. Er wurde bei Ausgrabungen in der Talaue der Jeetzel bei Weitsche (Landkreis Lüchow-Dannenberg) gefunden und ist **das älteste bekannte Kunstwerk Niedersachsens**.

Ein Elch in Niedersachsen? Nun ja, dieser Elch ist schließlich rund 14.000 Jahre alt, und damals herrschte noch die Eiszeit in unserer Gegend. Deshalb konnte der Elch als kälteliebendes Tier hier leben und wurde von den Menschen gejagt. Dort, wo der kleine Elch gefunden wurde, haben steinzeitliche Jäger und Sammler ihre Lager über Jahrhunderte hinweg immer wieder aufgeschlagen: Archäologen haben hier weit über 100 Fundstellen ausgegraben.

Als Bernstein bezeichnet man fossiles Harz. Aus Baumharz wurde im Laufe der Zeit eine feste, amorphe (nicht kristalline) Substanz. Bernstein ist bis zu 260 Millionen Jahre alt.

2 cm

Mit Geduld und Forschergeist: Im Jahre 1994 wurden bei Ausgrabungen nahe Weitsche im Landkreis Lüchow-Dannenberg Teile eines kleinen Bernsteintieres gefunden, welches man zunächst für ein Wildpferd hielt. Ein Jahr später fand man die Beine. Erst neun Jahre danach gelang das fast nicht mehr Erhoffte: Durch den Einsatz von Siebmaschinen und Hochdruckreinigern, mit denen selbst 4 mm kleine Teile schonend aus dem Boden gewaschen werden, konnte im Jahr 2004 der Kopf geborgen werden! Und es stellte sich heraus: Das Pferd ist ein Elch.

Gustav Schwantes

Gustav Schwantes hat die Erforschung der Ur- und Frühgeschichte in unserer Region und in ganz Norddeutschland stark geprägt. Er wurde am 18. September 1881 in Bleckede geboren und hat sich schon früh für archäologische Funde seiner Heimatregion interessiert. Bereits mit 16 Jahren grub er Urnengräber in der Uelzener Gegend aus.

Gutav Schwantes arbeitete zunächst als Lehrer, konnte dann aber durch eine weitere wissenschaftliche Ausbildung sein Hobby zum Beruf machen. Nachdem er 1923 den Doktortitel erworben hatte, fand er eine Anstellung am Museum für Völkerkunde und Vorgeschichte in Hamburg. Ab 1929 war er Museumsdirektor in Kiel und später Professor an der dortigen Universität. Durch seine umfangreichen archäologischen Grabungen in Norddeutschland erweiterte er das Wissen um die frühe Besiedlungsgeschichte der Region in hohem Maße. Er gab nicht nur der eisenzeitlichen Jastorfkultur ihren Namen, sondern prägte auch die Begriffe Hamburger Kultur (eine spät-steinzeitliche Entwicklungsstufe des Menschen) oder Ahrensburger Kultur (spezialisierte Rentierjäger der ausgehenden Altsteinzeit). Gustav Schwantes starb 1960 in Hamburg.

Ur- und frühgeschichtliche Kulturstufen und ihre Namen aus der Region

Für Archäologen liegt Jastorf nicht bei Uelzen, sondern Uelzen liegt bei Jastorf, Ripdorf und Seedorf. Die drei kleinen Orte im Landkreis Uelzen gaben wichtigen Zeitepochen der Urgeschichte ihren Namen. Wir wissen ja heute nicht mehr, wie sich beispielsweise die Menschen der Stein- oder der Bronzezeit selbst nannten und wie ihre Ortsnamen lauteten. Deshalb bekamen sie einen von uns erdachten Namen. Archäologen zum Beispiel haben eine Kulturstufe häufig nach dem Ort benannt, an dem sie erstmals Funde machten, die sie einem bestimmten typischen Erscheinungsbild zuordnen konnten – anhand von Keramikscherben mit besonderen Verzierungen und Formen, Metallschmuck oder auch der Art der Gräber. Diese Zeitepoche behielt dann den Namen des jeweiligen Ortes, auch wenn später ganz woanders weitere Funde mit gleichen Merkmalen zutage traten. Die Jastorf-Kultur, die von etwa 600 bis 350 vor Christus dauerte und aus der Bronzezeit hervorging, wurde beispielsweise nach einem Urnenfriedhof benannt, der bei Jastorf ausgegraben worden ist. Funde dieser Kultur sind inzwischen aber auch aus dem heutigen Sachsen-Anhalt, Mecklenburg-Vorpommern, Dänemark und anderswo bekannt.

Noch drei weitere Urnenfriedhöfe der der Region um Uelzen dienten Gustav Schwantes 1911 zur Benennung von Kulturphasen der Zeit von 600 vor Christus bis Christi Geburt (Vorrömische Eisenzeit): Wessenstedt (800 bis 600 v. Chr.), Ripdorf (350–120 v. Chr.) und Seedorf (120 v. Chr. bis Christi Geburt). »Vier kleine Dörfer des Landkreises Uelzen erwarben damit wenigstens in der wissenschaftlichen Welt kontinentalen Ruhm« schrieb der Geschichtswissenschaftler und Schriftsteller Rudolf Pörtner. Die Jastorfkultur ist allerdings die bekannteste.

Nach Funden in einem Grabhügelfeld bei Bergen-Wohlde (Kreis Celle) ist der »Sörgel-Wohlde-Kreis« der frühen Bronzezeit benannt (um 1750 bis 1500 v. Chr.). Ihm folgt die »Lüneburger Kultur« der Mittleren Bronzezeit (1500 v. Chr. bis etwa 1200 v. Chr.).

Urne der Jastorf-Kultur aus Rehlingen
im Museum Oldendorf.

INFO

Ur- und frühgeschichtliche Zeitstufen in der Region

Quelle: Hans-Jürgen Häßler, Ur- und Frühgeschichte in Niedersachsen, Hamburg 2002

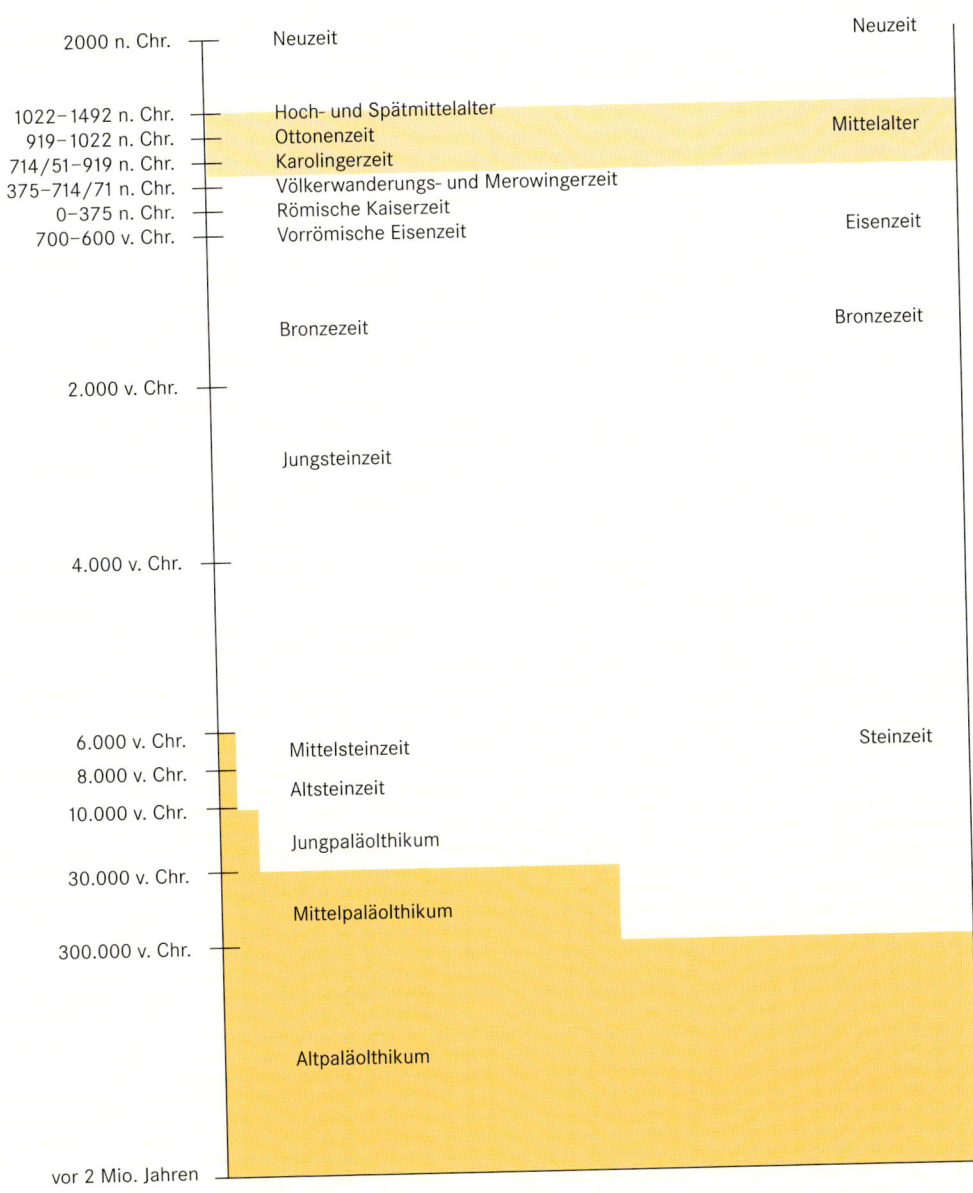

2000 n. Chr.	Neuzeit	Neuzeit
1022–1492 n. Chr.	Hoch- und Spätmittelalter	Mittelalter
919–1022 n. Chr.	Ottonenzeit	
714/51–919 n. Chr.	Karolingerzeit	
375–714/71 n. Chr.	Völkerwanderungs- und Merowingerzeit	
0–375 n. Chr.	Römische Kaiserzeit	Eisenzeit
700–600 v. Chr.	Vorrömische Eisenzeit	
	Bronzezeit	Bronzezeit
2.000 v. Chr.		
	Jungsteinzeit	
4.000 v. Chr.		
6.000 v. Chr.	Mittelsteinzeit	Steinzeit
8.000 v. Chr.	Altsteinzeit	
10.000 v. Chr.	Jungpaläolthikum	
30.000 v. Chr.	Mittelpaläolthikum	
300.000 v. Chr.		
	Altpaläolthikum	
vor 2 Mio. Jahren		

Aber nicht immer sind die Forschungsobjekte der Archäologen – der »Spatenforscher« – unter der Erde verborgen. Von den mächtigen Großsteingräbern beispielsweise ist heute oftmals die ursprüngliche Erdabdeckung verschwunden und die früher verborgenen Steinsetzungen stehen frei. Sie sind so groß, dass man noch vor wenigen Jahrhunderten glaubte, sie seien von Riesen gemacht.

Warum die Menschen vor etwa 5.000 Jahren begannen, derart große Grabstätten zu bauen, wissen wir nicht. Aber wir wissen, dass sie über Jahrhunderte immer wieder für Bestattungen genutzt worden sind. Die frühen Baumeister bewegten die schweren Steine mit Rollen, Schlitten und über Rampen. Voraussetzung hierfür war allerdings die Mithilfe vieler Menschen – für uns ist dies ein Hinweis auf ein gut organisiertes gesellschaftliches Miteinander.

Eine Grabplatte der »Sieben Steinhäuser« auf dem Truppenübungsplatz Bergen im Landkreis Soltau-Fallingbostel hat die Maße 4 Meter mal 2,95 Meter und ist 0,70 Meter dick. Sie wiegt 14.800 Kilogramm. In der »Oldendorfer Totenstatt« bei Amelinghausen findet man Großsteingräber mit steinernen Einfassungen von bis zu 80 Metern Länge. Es gibt aber auch kleinere Anlagen, wie in Rethen im Landkreis Gifhorn oder bei Bergen-Dohnsen, Landkreis Celle.

In der Ausstellung »Steinreiche Heide« im Museumsdorf Hösseringen wird die Verwendung und Bearbeitung von Findlingen vorgestellt. Hierher versetzt wurde das Großsteingrab aus Lehmke, Landkreis Uelzen.

Im Heimatmuseum Römstedthaus in Bergen, einem der ältesten Museen der Region, wird ein umfassender Einblick in das ländliche Leben und Wirtschaften vermittelt. Das Museum besitzt eine umfangreiche archäologische Sammlung, die in der Zehntscheune ausgestellt ist. Hier werden auch die Großsteingräber von Bergen-Dohnsen erklärt.

Modell zum Bau eines Großsteingrabes im Museum Oldendorf.

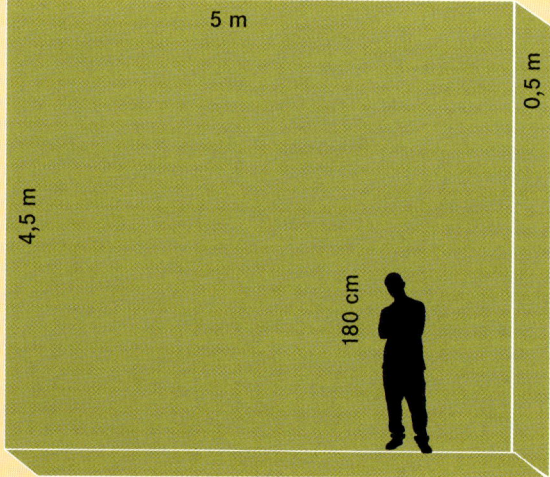

Beispiel der Größen- und Volumenverhältnisse einer Steingrabplatte

SPURENSUCHE

An vielen Orten in unserer Region kann man Großsteingräber der jüngeren Steinzeit und Hügelgräber der älteren Bronzezeit besichtigen.

Wo heute das Archäologische Zentrum Hitzacker über den Alltag der Menschen in der Bronzezeit berichtet, lebten einstmals wirklich bronzezeitliche Siedler. Mehr als 3.000 Jahre alt sind die Siedlungsreste, die hier seit 1969 ausgegraben worden sind – und sie erzählen uns, wie die damaligen Dorfbewohner lebten, was sie aßen oder welche Kleidung sie trugen. Sie lassen uns auch erahnen, wie hart diese Menschen arbeiten mussten, um ihren Lebensunterhalt zu bestreiten. Trotzdem fanden sie auch immer Zeit für schöne Dinge – *Keramikgefäße* wurden mit **kunstvollen Mustern** versehen und wertvoller Schmuck aus Bronze oder Gold gefertigt.

Etwas ganz Besonderes sind die zwei kleinen bronzenen **Armringe aus einem Kindergrab** bei Meinersen im Landkreis Gifhorn. Das sieben- bis achtjährige Kind, welches hier gemeinsam mit anderen Personen in einem Hügelgrab bestattet worden ist, starb vor etwa 2.500 Jahren. Es bekam unter anderem ein kleines Keramikgefäß mit ins Grab und einen **Gegenstand aus Elfenbein**, dessen einstige Gestalt nicht mehr zu erkennen ist – ein in ganz Norddeutschland einmaliger Fund. Warum dieses Grab so besonders ausgestattet worden ist, können wir heute nur vermuten.

Grabreste der »Sieben Steinhäuser«, einer Anlage von Großsteingräbern im Truppenübungsplatz Bergen-Hohne, Landkreise Soltau-Fallingbostel und Celle.

Kleines Tongefäß, Bronzeschmuck und Anhänger aus Elfenbein (vermutlich vom Walross). Die Armreifen wurden speziell für ein sieben- bis achtjähriges Kind hergestellt, welches ungefähr 500 Jahre vor Christi Geburt bei Meinersen begraben worden ist. Die Funde gehören in die Jastorf-Kultur.

Baukunst im Wandel der Zeiten
Steingewordenes Lob Gottes

Mitunter kam es vor, dass Tiere über die trocknenden Lehmziegel liefen. Ihre Abdrücke – hier wohl Hundepfoten – haben im Backstein die Jahrhunderte überdauert.

Spätromanisches Stufenportal des Domes zu Bardowick, 13. Jahrhundert. Es hat sich in bestem Zustand erhalten, denn die ehemalige Außenfassade war durch die später davor gebaute Stephanskapelle vor Verwitterung geschützt.

Bildende Kunst und ihr Teilbereich **Architektur** sind in der Regel nicht nur schön oder nützlich – sie sind auch Ausdruck von Vorstellungswelten, von *Mythologie* oder *Religion*. In der mittelalterlichen Kunst ist die christliche Religion ein zentrales Thema, schon weil die Klöster wichtige Keimzellen und Träger der bildenden Kunst sind. Kirchen- und Klosterbauten sind Zeugnisse von der Kraft des christlichen Glaubens, gleichzeitig aber auch ein Ausdruck von der Autorität der Institution Kirche.

In der Norddeutschen Tiefebene kommen Steine nur in Form von »Findlingen« vor, dies sind zumeist Granit- und Gneisbrocken, die in den Eiszeiten von Gletschern aus Skandinavien hierher gebracht worden und durch den Transport stark abgeschliffen sind. In der jüngeren Steinzeit dienten sie als Baumaterial für »Hünengräber«, im Mittelalter zum Bau von Kirchen und Burgen.

Besser geeignet zum Bau hoher Mauern waren allerdings Backsteine. Sie wurden aus dem fast überall vorkommenden Lehm hergestellt. Aber: Dieses Material musste zunächst im Ziegerofen gebrannt werden, bevor es zu hartem Stein wurde. Das war teuer, denn man benötigte als Brennmaterial reichlich Holz.

Nachdem die ersten kleinen hölzernen Kirchen verfallen waren, wurden sie in der Romanik aus Feldsteinen größer und dauerhafter errichtet. Das beste und größte noch erhaltene Beispiel dafür ist die ehemalige Klosterkirche in Oldenstadt bei Uelzen. In Wichmannsdorf, Stederdorf, Hanstedt (alle Landkreis Uelzen) und Undeloh (Landkreis Harburg) stehen noch steinerne Kirchen mit Teilen aus dieser Zeit, und der Dom zu Bardowick hat ein romanisches Portal. Der aus Feldsteinen errichtete Turm der Suderburger Kirche (Landkreis Uelzen) ist vermutlich der alte Burgturm der Suderburg und rund 1.000 Jahre alt.

Romanik ... *ist die erste bedeutende Kunstepoche nach der Antike in unserem Raum. Sie dauerte von etwa 1000 u.Z. bis ins 13. Jahrhundert. Typisch sind dicke Mauern und Rundbögen. Deshalb haben die romanischen Kirchen nur kleine Fenster und wirken meist ein wenig düster. Die ersten, zunächst hölzernen, Kirchen entstanden zu einer Zeit, als das Christentum in unserer Region Fuß fasste – geschaffen wurden Räume, die die christliche Gemeinde aufnehmen und ihr Schutz gewähren sollten. Deshalb haben sie oft einen wehrhaften Charakter. Dämonische und fratzenhafte Figuren, die uns heute fremd und unheimlich erscheinen, sollten bösen Kräften den Zugang verwehren. Auch dies ist ein Spiegel der Glaubenswelt der Menschen, die damals viel mehr als heute dem Paradies zugewandt war – das bessere Leben kam erst nach dem Tod. Malerei oder Bildhauerei dienten nicht in erster Linie der Dekoration, sondern vielmehr der Glaubenslehre. Denn die meisten Menschen konnten nicht lesen und schreiben – sie »lasen« stattdessen die Bilder und Darstellungen in der Kirche – das war ihre Bibel.*

SPURENSUCHE

Gutskapelle in Wense, Landkreis Soltau-Fallingbostel (Rarität in der Heideregion, 1672 erbaut. Die Innenausstattung der Erbauungszeit zeigt sehr schön den Übergang von Renaissance zu Barock). Vom Gutsbetrieb der Familie von der Wense ist heute nur noch die Kapelle übrig, das Land und Baulichkeiten fielen dem Truppenübungsplatz Bergen-Hohne zum Opfer.

Seit dem 13. Jahrhundert begannen die Menschen, den hier anstehenden Ton zu Backsteinen zu brennen – die ersten Ziegelbauten entstanden. Noch heute erinnert der Begriff »Klosterformat« für die großen alten Backsteine daran, dass diese in erster Linie für Kirchen und Klöster verwendet wurden. Aber auch in den Burganlagen wurden sie verbaut, z.B. in der Burg Bodenteich, Landkreis Uelzen, und den Schlössern Winsen und Celle. Später auch in Bürgerhäusern, vor allem in Lüneburg. Der Bauherr musste es sich allerdings auch leisten können, denn die Herstellung von Backsteinen war aufwendig und wegen des benötigten Brennmaterials teuer. Ortsnamen wie »Ziegelei« erinnern an ehemalige Ziegelbrennereien.

In den Städten sind die großen Kirchen bis heute ortsbildprägend. St. Johannis in Lüneburg fällt zudem durch eine erhebliche **Schieflage** auf. An der Spitze, in 108 Meter Höhe, beträgt die Abweichung von der Senkrechten immerhin drei Meter.

Auffällig und ungewöhnlich ist die Kirchenanlage in Bardowick. Eigentlich erscheint »St. Peter und Paul« für ein heutiges Dorf erheblich zu groß geraten. Seine frühe Bedeutung als Fernhandelsplatz hatte Bardowick bereits im 13./14. Jahrhundert an Lüneburg abgetreten, als man einen Neubau am Standort der romanischen Kirche begann. Die Bauherren hatten sich vielleicht Hoffnung auf einen neuen wirtschaftlichen Aufstieg gemacht – vergebens. Der »Dom im Dorf« wurde als gotische Hallenkirche vollendet und überragt noch heute den Ortskern.

Die mächtige Doppelturmanlage des Bardowicker Domes.

Blick vom Kalkberg auf die Stadtsilhouette von Lüneburg. Links die Nicolaikirche, mittig die Michaeliskirche und rechts der schiefe Turm der Johanniskirche.

Das Schiff der Kirche in Hanstedt gehört zu den wenigen erhaltenen Feldstein-kirchenbauten in der Lüneburger Heide. Ihr ältester Teil stammt aus der Zeit der **Romanik**, ein Vorgängerbau ist vermutlich um 980 entstanden. Diese Jahreszahl findet man an der Decke im Inneren der Kirche. Der Backsteinturm ist viel jünger: Er wurde 1887 anstelle eines alten Wehrturmes erbaut.

Der Romanik folgte in einem fließenden Übergang die **Gotik**, die bis um 1500 andauerte. Man baute nun mit Backsteinen. Die Gotik mit ihrer Verherrlichung des christlichen Glaubens war eine Blütezeit der Künste. Typisch für den Kirchenbau sind Spitzbögen, lichtdurchflutete Räume und himmelsstürmende Formen – man strebte zu Gott und diente ihm mit guten Werken. Das allgegenwärtige Licht ist auch ein Symbol der göttlichen Allmacht: Es durchdringt die Fensterscheiben, ohne sie zu zerstören. Kloster Wienhausen ist ein herausragendes Beispiel der norddeutschen Backsteingotik.

Baustile in der Region

Die **Renaissance**, die als Baustil der Gotik folgte, stellte den Menschen in den Mittelpunkt. Man legte wieder großen Wert auf naturgetreue Darstellungen – so wie in der griechischen Antike. Bildhauerei und Malerei waren nicht mehr der Architektur untergeordnet, sondern entwickelten sich eigenständig weiter. Einzelne Künstler brachten es zu großer Berühmtheit. In der Welt von Glaube und Religion gab es nun, auch weil die Bibelübersetzung Martin Luthers das Wort Gottes vielen Menschen zugänglich gemacht hatte, mehr Raum für die persönliche Ausdeutung. Die Ausstattung der evangelischen Kirchen wurde nüchterner, so dass sich der Einzelne ohne Ablenkung auf seine Andacht konzentrieren konnte.

Foto: Die Kirche in Stellichte (ehemalige von Behrsche Gutskapelle) wurde zwischen 1608 und 1614 erbaut und ist eine der wenigen erhaltenen Renaissancekirchen Norddeutschlands. Eindrucksvoll ist der Kontrast zwischen der schlichten Außenerscheinung und der reichen Renaissance-Ausstattung im Inneren.

Burgen und Schlösser

》 Da ging der Mann hin und dachte, er wollte nach Haus gehen; als er aber dahin kam, da stand dort ein großer, steinerner Palast, und seine Frau stand oben auf der Treppe und wollte hineingehen; da nahm sie ihn bei der Hand und sagte: »Komm mal herein!« Damit ging er mit ihr hinein, und in dem Schloss war eine große Diele mit einem Estrich aus Marmelstein, und da waren so viele Bediente, die rissen die großen Türen auf; und die Wände waren alle blank und mit schönen Tapeten, und in den Zimmern lauter goldene Stühle und Tische, und kristallene Kronenleuchter hingen von der Decke, und alle Stuben und Kammern waren mit Fußdecken belegt; und das Essen und der allerbeste Wein stand auf den Tischen, als ob sie brechen wollten. Und hinter dem Hause war auch ein großer Hof mit einem Pferde- und Kuhstall und Kutschwagen – alles vom Besten; auch war da ein großer herrlicher Garten mit den schönsten Blumen und seinen Obstbäumen und ein herrlicher Park, wohl eine halbe Meile lang; da waren Hirsche und Rehe und Hasen drin und alles, was man sich nur immer wünschen mochte.«

Aus: Gebrüder Grimm, Der Fischer und seine Frau

Celler Schloss

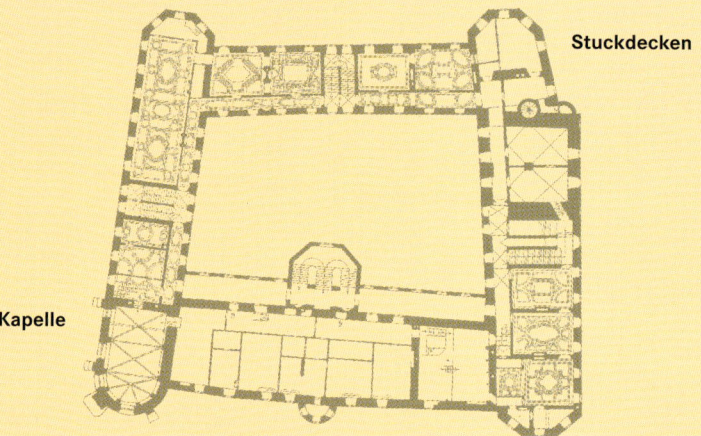

Stuckdecken

Kapelle

Barock

... ist eine Strömung der europäischen Architektur und Kunst, die von etwa 1575 bis 1770 währte. Der Begriff »Barock« entstammt dem Portugiesischen, in dem unregelmäßig geformte Perlen als »barocco«, d.h. »schiefrund« bezeichnet wurden, und war zunächst abwertend gemeint. Seit 1855 wurde er von Jacob Burckhardt im Cicerone mit positiver Bedeutung benutzt und Ende der 1880er Jahre als wissenschaftliche Zeitbestimmung in den Sprachgebrauch eingeführt.

Wie geheimnisvoll müssen die Schlösser und Herrenhäuser für die einfachen Menschen gewesen sein? Es ist noch gar nicht so lange her, da durften Schlösser nur von Angehörigen des Adels betreten werden (mit Ausnahme der Dienerschaft). Das Volk konnte sie höchstens von außen und aus der Ferne betrachten. Kein Wunder, wenn die Vorstellungen von der prunkvollen Hofhaltung märchenhafte Züge annahmen.
Heute sind viele Schlösser für Jedermann zugänglich und erzählen Geschichten von ihren einstigen Bewohnern.

Neben den großen Anlagen wie in *Celle*, *Gifhorn* oder *Winsen*, die stets neben den repräsentativen Aufgaben auch eine Schutzfunktion hatten, gibt es viele kleine Adelssitze in unserer Region, die den Schlössern nacheiferten. Natürlich hatte jeder Schlossherr (oder die Schlossdame) seine eigenen Vorstellungen davon, wie sein Domizil aussehen sollte. Deshalb wurde im Laufe der Zeit an Burgen und Schlössern immer wieder gebaut. Mancherorts kann man anhand der verschiedenen Baustile eine Reise durch die Zeiten unternehmen. So wie im Celler Schloss, einem Bau, geprägt von der **Renaissance** und dem **Barock** – mit mittelalterlichem Kern.

Celler Silber, Schenkung Lieselotte und Ernest Tansey

Stuckdecke mit Putto

Das Schloss Celle war von 1433 bis 1705 Residenz der Herzöge von Braunschweig-Lüneburg. Entsprechend groß und prächtig ist die Anlage. Der letzte Celler Herzog, **Georg Wilhelm**, ließ das Schloss zu einem stilvollen barocken Ensemble ausbauen und die Staatsgemächer reich ausstatten. Die Baumeister kamen auch aus Italien. Die den fürstlichen Repräsentationsbedürfnissen angemessenen Festräume und das prächtige Schlosstheater zeigen den Kunstsinn und den Reichtum des Erbauers. Er hatte eine italienische Theatergruppe gleich für zehn Jahre engagiert. Sein französischer Hofmusiker brachte die damals angesagte Musik aus dem Umfeld des französischen Königshofes mit in die Heide. Kunstgeschichtlich besonders bedeutsam ist die *Schlosskapelle*, die mit Gemälden aus der Schule des Antwerpener Malers Marten de Vos im Stile der Renaissance ausgestattet ist.

Residenzmuseum im Celler Schloss

Burgen und Schlösser

Nach Georg Wilhelms Tod im Jahre 1705 übersiedelte der herzogliche Hofstaat nach Hannover, und das Schloss verwaiste. Eine kleine »Wiederbelebung« erfuhr es in den 1770er Jahren, als die wegen einer außerehelichen Beziehung hierher verbannte dänische Königin **Caroline Mathilde**, eine Welfin, in Celle lebte. Dass das Schloss in älterer Zeit als Burg auch der Verteidigung dienen sollte, kann man heute nur erahnen. Die Wälle und fünf Bastionen trug man ab, verschmälerte den Schlossgraben und gestaltete so den Schlosspark. Da heute in einem Großteil des Gebäudes das Residenzmuseum untergebracht ist, kann man sich ein gutes Bild von der Kunstentfaltung und dem Lebensstil der Herzöge und ihres Hofstaats machen.

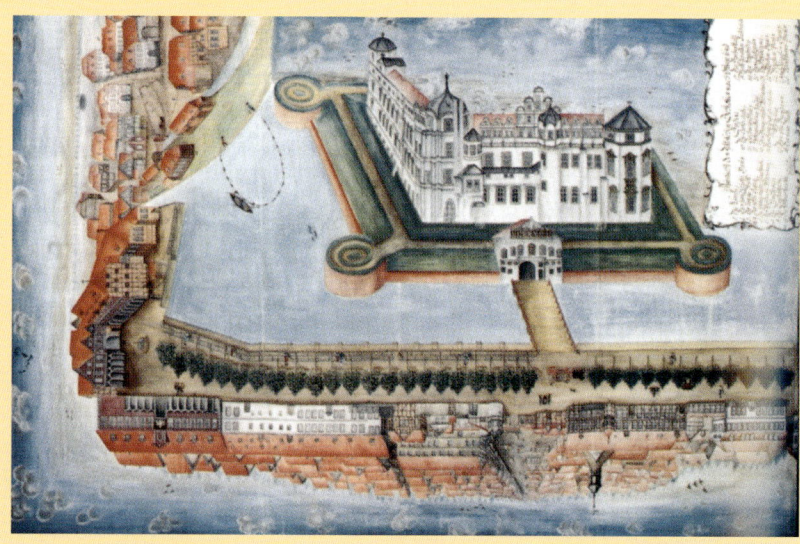

Schlossanlage in Celle, 1750

Die Rückkehr der »Celler Welfenpokale«

Dank der finanziellen Unterstützung der Kulturstiftung der Länder sowie zahlreicher weiterer Partner konnte vor kurzem ein ganz besonderer Schatz für das Celler Schloss zurückerworben werden: Drei kostbare silbervergoldete Pokale wurden auf einer Auktion in Paris, wo die Sammlung des verstorbenen Modeschöpfers Yves Saint Laurent und seines Freundes Pierre Bergé versteigert wurde, erworben. Sie stammen aus der Silberkammer des letzten Celler Herzogs Georg Wilhelm (1624–1705).

Pokale wie diese dienten in erster Linie der Repräsentation, sie sollten die Stellung des Fürsten und seine Herrschaft glanzvoll verdeutlichen und wurden deshalb in den fürstlichen Repräsentationsgemächern zur Schau gestellt. Bei einem Großteil der Silberpokale handelt es sich um Huldigungsgeschenke, die die Namen von Städten und landesherrschaftlichen Ämtern tragen. Oft wurden kostbare Huldigungspräsente anlässlich des Regierungsantritts eines Fürsten überreicht.
Diese Geschenke hatten aber noch eine weitere, rechtlich wichtige Bedeutung. Sie waren Ausdruck eines wechselseitigen Bekenntnisses: Die Anerkennung des Landesherrn und das Treueversprechen von Seiten der Untertanen und die Garantie der Rechte und Freiheiten an diese seitens des Herzogs.

Der 113 cm hohe »Riesenpokal« der Stadt Lüneburg, der seltene Tischbrunnen und der vierfache Trauben-pokal, ein Geschenk des Amtes Osterode an den Celler Herzog Christian Ludwig, bildeten die Höhepunkte des Celler Silberbuffets. Sie lassen erahnen, von welch eindrucksvoller Wirkung die Präsentation dieses Schatzes einst gewesen sein muss.
Die »Celler Silberpokale« sind europaweit einzigartig. Nur wenige Vergleichsstücke haben sich noch erhalten, so z.B. in der Rüstkammer des Moskauer Kremls oder im Kopenhagener Schloss Rosenborg. Für Celle sind sie sensationell, weil mit ihnen erstmals nach 300 Jahren herzogliches Inventar an seinen Bestimmungsort zurückkehrt. Sie ermöglichen es dem Residenzmuseum, die Bedeutung der Residenz Celle und ihre Ausrichtung an den höchsten Ansprüchen europäischer Hofkultur jener Zeit anschaulich zu machen.

Schloss Gifhorn, Innenhof

Im Schloss Gifhorn wird heute eine Ausstellung zur Geschichte des Landkreises Gifhorn von der Urzeit bis zur Gegenwart gezeigt.

Burgen und Schlösser

Schloss Winsen, Innenhof. Das Winsener Schloss beherbergt heute das Amtsgericht Winsen/Luhe.

Am Standort der 1519 zerstörten **Burg Gifhorn** ließen Herzog Ernst der Bekenner und sein Bruder Franz ab 1525 ein neues Schloss mit einer starken Verteidigungsanlage bauen. Ursprünglich war es nicht als Residenz und weitaus kleiner geplant, als es sich heute präsentiert. Doch Franz von Braunschweig-Lüneburg ließ es nach seinem Herrschaftsantritt 1539 zu einem standesgemäßen Residenzschloss im Stil der *Weserrenaissance* ausbauen. Noch heute kann man die Ausmaße der damaligen Anlage erkennen. Mit wuchtigen Bastionen, Wällen und dem früher doppelt so breiten Wassergraben war es eine beeindruckende Befestigungsanlage, die tatsächlich nie erobert werden konnte. Die Schlosskapelle von 1547 ist der erste evangelische Kirchenbau Norddeutschlands. In späteren Jahrhunderten hat sich das Gesicht des Schlosses durch Umbauten mehrfach verändert. Das heutige Erscheinungsbild mit den breiten Renaissance-Fenstern stammt vorwiegend aus dem Jahr 1581. Heute sind hier unter anderem Teile der Landkreisverwaltung und das historische Museum des Landkreises Gifhorn untergebracht.

Unterschiedliche Aufgaben erfüllte im Laufe der Jahrhunderte auch das Schloss in **Winsen an der Luhe**. Ursprünglich war es als Befestigungsbau zur Sicherung des Elbüberganges an der alten Heerstraße genutzt worden. Ab 1371 war in der Wasserburg die Obervogtei untergebracht, die Verwaltung über den nördlichen Teil des Fürstentums Lüneburg. Solange Lüneburg Residenzstadt war, hielten sich die Welfen häufig in Winsen auf. Doch als das Lüneburger Fürstenhaus 1433 seinen Hauptsitz endgültig nach Celle verlegte, wurde die Winsener Burg nicht mehr benötigt und war zeitweise verpfändet – auf diese Weise erhielten die Herzöge ein Einkommen daraus.

SPURENSUCHE

Museum Schloss Gifhorn
(Lokalgeschichte,
Ur- und Frühgeschichte)
Schloss Winsen (Luhe)

Weserrenaissance
... ist eine nordische Variante der Renaissance. Zwischen dem Beginn der Reformation und dem Dreißigjährigen Krieg erlebte der Weserraum einen Bauboom.

Wappen der Herzöge von
Braunschweig und Lüneburg
am Stadtschloss Lüneburg

Burgen und Schlösser

Im Jahr 1523 löste Herzog Ernst der Bekenner das Schloss wieder ein, und von 1592 bis 1617 war es der Witwensitz für Herzogin Dorothea, seine Schwiegertochter. Doch diese empfand die Anlage als baufällig und nicht zeit- und standesgemäß. Ihr Sohn ließ die Burg am Ende des 16. Jahrhunderts schließlich so umbauen, wie sie sich noch heute präsentiert.

Das Winsener Schloss blieb immer Verwaltungssitz. Heute beherbergt es das Amtsgericht und das Schlossturm-Museum und steht den Bürgern für Veranstaltungen und Trauungen zur Verfügung.

Das »neue« Schloss am Markt zu **Lüneburg** wurde in den letzten Jahren des 17. Jahrhunderts gebaut. In direkter Nachbarschaft des städtischen Rathauses gelegen, demonstrierte dieser Bau die wieder erstarkte Macht der welfischen Herzöge, die 300 Jahre zuvor aus Lüneburg vertrieben worden waren und seitdem in Celle residierten.

*Stadtschloss
Lüneburg*

Hinter der einheitlich verputzten Barockfassade verbarg sich der Witwensitz für **Eléonore d'Olbreuse**, Gemahlin des Herzogs Georg Wilhelm. Zwei noch erhaltene Stuckdecken, die nach barockem Vorbild gearbeiteten Wandbespannungen und Teile des alten Mobiliars lassen noch heute den einstigen Glanz lebendig werden. Mittlerweile ist hier das Landgericht untergebracht.

Eléonore d'Olbreuse

Das Jagdschloss in der Göhrde unter Georg Ludwig um 1710. Einige Nebengebäude blieben erhalten.

Heute ist dieser Teil nicht zugänglich.

Von der mittelalterlichen Wasserburg in **Wolfsburg** ist nur noch der *Bergfried* erhalten. Das heutige Schloss, das der Stadt Wolfsburg ihren Namen gab, stammt zum großen Teil aus dem späten 16. Jahrhundert und ist im Stil der Renaissance erbaut. Verschiedene adelige Besitzer lebten hier und gestalteten das Schloss nach ihrem Geschmack um. So gibt es neben Elementen der Renaissance-Zeit auch eine sehr schöne barocke Stuckdecke und einen erst 1840 angebauten West-Flügel.

Gegenüber dem Nordflügel befindet sich der »Lustgarten« aus der Zeit des Barock. Der umgebende Park ist im 18. Jahrhundert im Stile eines Englischen Landschaftsgartens angelegt worden. Heute lädt hier die Städtische Galerie mit eigenem Sammlungsbestand und mit Ausstellungen zu moderner Kunst ein. Darüber hinaus sind der Kunstverein Wolfsburg, das Institut Heidersberger, ein Institut für moderne und zeitgenössische Fotografie, und das Stadtmuseum hier beheimatet. Die moderne, am Reißbrett geplante Stadtanlage mit einer der größten Autofabriken der Welt in unmittelbarer Nähe bildet einen reizvollen Kontrast zur historischen Schlossanlage.

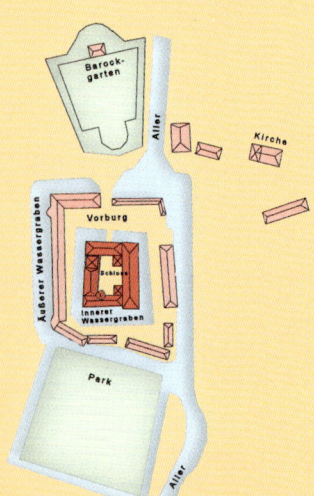

Schlossanlage Wolfsburg, 1750

Schlösser und Burgen lassen sich jedoch auch außerhalb der Städte entdecken, wie etwa in Bleckede in der Elbtalaue oder in der Göhrde. Das ausgedehnte Waldgebiet der **Göhrde** war lange Zeit ein beliebtes Jagdrevier der Welfen. Um die herrschaftlichen Jagdgäste mit ihren bis zu 500 Pferden angemessen unterbringen zu können, ließ der Hannoversche Kurfürst Georg Ludwig, zu dessen Herrschaftsbereich seit 1705 auch das Fürstentum Braunschweig-Lüneburg gehörte, zwischen 1706 und 1709 ein dreistöckiges Schlossgebäude mit etwa 100 Räumen bauen. Doch nachdem im Jahre 1752 die letzte *Hofjagd* stattgefunden hatte, verfielen die Gebäude. 1826 wurde das Schloss abgebrochen. Später renovierte man einige übrig gebliebene Bauten und die Göhrde wurde wieder zum herrschaftlichen Jagdrevier. Kaiser Wilhelm I., ein begeisterter Jäger, ließ (noch als preußischer König) 1869 einen alten Marstall (Pferdestall) zum heutigen Schloss ausbauen. Ein weiterer ehemaliger Pferdestall beherbergt heute das Jagdmuseum und ein Waldmuseum.

SPURENSUCHE

Wolfsburg (Schloss mit Park und Stadt – hier kann man auf engem Raum eine wahre Zeitreise unternehmen).

Der Amtsturm in Lüchow (rechts oben eine Innenansicht mit Ausstellung) ist der Rest des ehemaligen Lüchower Schlosses. An dieser Stelle befand sich bereits um das Jahr 1000 eine slawische Burg. Im 12. Jahrhundert errichteten die Grafen von Lüchow hier eine Burg und später die Herzöge von Braunschweig und Lüneburg ein Schloss. Heute ist hier eine Ausstellung zur Stadtgeschichte untergebracht.

Schloss Wolfsburg

Elbschloss Bleckede

Burgen und Schlösser

Bleckede war früher eine wichtige **Zollstation** an der Elbe, die mit einer wehrhaften Burganlage befestigt war. Von der ehemaligen Wasserburg aus dem 13. Jahrhundert sind noch der Rest eines mächtigen Backsteinturms (Bergfried) und der Graben erhalten. Das heutige *Fachwerkschloss* wurde unter Herzog Ernst von Braunschweig-Lüneburg um 1600 im Stil der Renaissance erbaut. Heute hat das *Informationszentrum für das Biosphärenreservat Elbtalaue* mit seinen Ausstellungsräumen hier seinen Sitz. Die ehemals herrschaftliche Anlage ist ein Informations- und Tourismuszentrum geworden, ein Ort der Begegnung von Kunst und Kultur.

Es gibt noch viel mehr Schlösser und kleinere Adelssitze in unserer Region zu entdecken. So etwa Ahlden, das durch das traurige Schicksal der Prinzessin Sophie Dorothea berühmt wurde, oder Schloss Fallersleben mit dem Hoffmann-von-Fallersleben-Museum oder Burg Neuhaus, die auch zu Wolfsburg gehört. Im Waldemarturm Dannenberg wurde im 13. Jahrhundert König Waldemar von Dänemark gefangen gehalten, und der Amtsturm in Lüchow trotzte dem großen Stadtbrand von 1811. Er bietet einen wunderschönen Blick über die Fachwerkstadt und die Jeetzelniederung.

Eine Giebelskulptur in der Großen Bäckerstraße erinnert an die Vorfälle der Ursulanacht.

Repräsentative Bürgerhäuser in Lüneburg, Am Sande, im Hintergrund die heutige Industrie- und Handelskammer, ein Renaissancebau von 1548.

Bürgerliche Architektur in den städtischen Zentren

»1371 in St. Ursula Nacht hat der Bäcker 22 Mann erschlagen«

Der Spruch an einem Hausgiebel in der Großen Bäckerstraße in Lüneburg erinnert an ein bedeutsames Ereignis: In einer blutigen Schlacht haben die Lüneburger Bürger in der **Ursulanacht** am 21. Dezember 1371 die Herzöge von Braunschweig-Lüneburg besiegt und aus der Stadt vertrieben. Noch lange über die Reformationszeit hinaus haben sie deshalb Jahr für Jahr den Tag der Heiligen Ursula gefeiert.

Für die Herzöge ging es in dieser Schlacht um die Vorherrschaft in einer der reichsten Städte Norddeutschlands, für die Lüneburger Bürger um ihre städtische Freiheit. Die Bürger siegten – vielleicht auch dank des Einsatzes von Lüneburgs »tapferem Bäckerlein«, der mit seiner Brotschiebestange ganz allein 22 Ritter erschlagen haben soll. Nach der Ursulanacht wurde die herzogliche Burg auf dem Kalkberg dem Erdboden gleich gemacht.

Lüneburger Rathaus

Bürgerliche Architektur

Im Jahre 1371 war Lüneburg eine mächtige, selbstbewusste und – auch dank des Salzes – reiche Stadt. Obwohl es in Norddeutschland vergleichsweise spät zur Gründung von Städten gekommen war, stiegen diese insbesondere im 13. und 14. Jahrhundert zu starken Wirtschaftszentren auf. Dies spiegelt sich sowohl in **mächtigen Kirchenbauten** als auch **repräsentativen Rathäusern und Bürgerhäusern** wider – allen voran das prächtige Lüneburger Rathaus. Es ist, neben dem Lübecker, eines der größten Rathäuser Deutschlands: ganze 111 Meter lang. Seine Geschichte beginnt im Jahre 1230, als ein erster Bau aus Gipsblöcken entstand. In den folgenden Jahren baute man immer wieder um und aus, dabei wurde eine ganze Reihe von benachbarten Gebäuden einbezogen. So kommt es, dass hinter der schönen Barockfassade Baustile verschiedener Jahrhunderte vereinigt sind.

Der **Festsaal** von 1450, ursprünglich »Danzhus« genannt, hat die stattlichen Maße von 35 Metern Länge und elf Metern Breite. Er ist üppig ausgestaltet für prächtige Feiern oder auch Hansetage. Man zeigte, was man hatte – besonders gern natürlich den Herzögen. Die »Große Ratsstube« aus der 2. Hälfte des 16. Jahrhunderts ist einer der schönsten Renaissance-Säle Deutschlands und diente als beheizbarer Versammlungsraum.

Seiteneingang des Lüneburger Rathauses: Ein schräg angebrachtes Wappen bedeutet »friedfertige Stadt«.

*Giebel von Bürger-
häusern in Celle*

*Grapen ist das nieder-
deutsche Wort für einen
Kochtopf mit drei Beinen,
der in das offene Feuer
gestellt wurde. Grapen
sind seit dem 12. Jahr-
hundert bekannt, zunächst
wurden sie aus Ton
hergestellt, später auch
aus Bronze und Eisen.
Grapengießer fertigten
mittels Guss in Lehm-
oder Sandformen neben
den Grapen viele weitere
Metallgegenstände für den
täglichen Bedarf, so etwa
Knöpfe oder Leuchter.
Sie gossen auch Glocken.*

Wenn man in Lüneburg die Backstein-Giebel der Häuser am großen alten Handelsplatz »Am Sande« oder, an der glänzenden Fassade der »Industrie- und Handwerkskammer« vorbei, die ehrwürdigen Häuser und die dahinterliegenden Innenhöfe in der **Grapengießerstraße** betrachtet, dann bekommt man noch heute einen Eindruck vom Stolz und Wohlstand der Erbauer. Gebaut wurde einheitlich mit Ziegeln – ganz im *Stil der Ostseehanse*. Und trotzdem war jedes Haus unverwechselbar und einmalig. Diese klare Orientierung am Baustil der Ostseeregion unterscheidet das Stadtbild der Hansestadt Lüneburg noch heute von anderen Städten in der Heide und im Wendland.

Vom Wohlstand der Hanse künden auch in Uelzen neben dem jüngeren Fachwerk vereinzelt reiche gotische Backsteinfassaden, so etwa die des *Gildehauses* und der *Propstei*.

In Celle gibt es aus der Zeit der Gotik nur noch wenige Spuren. Hier bestimmen vielfältig verzierte **Fachwerkhäuser** das Stadtbild, die meisten stammen aus dem 16. und 17. Jahrhundert. Die bunten Farben der Balken und Verzierungen sind allerdings erst viel später angebracht worden. Rund 400 Spitzgiebel mit geschnitzten Friesen und Bändern zeigen den individuellen Gestaltungswillen der Erbauer. Inschriften auf den Balken lesen sich wie fromme Bekenntnisse und gutbürgerliche Lebensweisheiten. Sie geben ganz nebenbei Einblick in die Entwicklung der Sprache. So wurde mitunter auf Niederdeutsch geschrieben, eine einheitliche Rechtschreibung gab es noch nicht.

*Das »Kavalierhaus« in Gifhorn, erbaut für Schlosshauptmann Caspar von Leipzig,
der ab 1543 leitender Hofbeamter für Herzog Franz von Braunschweig-Lüneburg
war. Das Kavalierhaus diente bis 1705 als Gästehaus für den fürstlichen Jagdbesuch,
heute beherbergt es ein bemerkenswertes Museum für Wohnkultur mit Mobiliar aus
dem Anfang des 20. Jahrhunderts und wechselnde Ausstellungen. Die Stadt Gifhorn
entwickelte sich am Wegkreuz der alten Salzstraße Lüneburg-Braunschweig und der
Kornstraße zwischen Celle und Magdeburg. Die Altstadt ist von Fachwerkhäusern
geprägt.*

Das Trüller Haus (1909) mit historisierenden Formen und die konsequent moderne, klar gegliederte Siedlung »Italienischer Garten« (1924) in Celle. Beide Projekte wurden von Otto Haesler entworfen.

Moderne Architektur –
Die Welt des Machbaren

>> *Der Mensch hat drei Häute: Er wird mit der ersten geboren, die zweite ist sein Kleid, und die dritte ist die Fassade seines Hauses.«* Friedensreich Hundertwasser

Er selbst hat sein vollendetes Werk nicht mehr sehen können: Im November des Jahres 2000 wurde der nach Plänen von Friedensreich Hundertwasser (geb. 1928) umgebaute *Uelzener Bahnhof* feierlich eingeweiht. Der Künstler war im Februar desselben Jahres verstorben. Der Bahnhof Uelzen, der bei seiner Errichtung 1885 durch den Königlichen Baurat Hubert Stier selbst ein Wahrzeichen der technischen Moderne in der Region war, erhielt durch den österreichischen Künstler Friedensreich Hundertwasser ein neues Gesicht: Er gestaltete ihn zu einem Kunst-Ort um, der kreative Formen und ökologische Ideen eng und fröhlich miteinander verzahnt. Begrünte Dächer, schillernde Mosaiken, geschwungene Linien und lebendige Farben haben ein neues Wahrzeichen in der Heide-Stadt entstehen lassen.

Die moderne Architektur fand verschiedene Wege ins ehemalige Fürstentum. Einer dieser Wege begann in den frühen Jahrzehnten des 20. Jahrhunderts. Der gebürtige Münchner **Otto Haesler** (1880–1962) lebte und arbeitete zwischen 1906 und 1934 in Celle. An seinem Werk kann man beispielhaft den Weg der Baukunst in die Moderne nachzeichnen: Zunächst baute er Häuser im sogenannten Heimatstil, der sich an traditionellen Bauformen orientierte, diese aber mit städtischen Elementen erweiterte und einen heute etwas altmodisch anmutenden Stilmix hervorbrachte.

Bahnhof Uelzen

Innenansicht der Turnhalle der Altstädter Schule von Otto Haesler, 1927/28.

Otto Haesler war von 1906 bis 1934 in Celle tätig und hat in dieser Zeit viele Gebäude errichtet, die in einzigartiger Weise seinen Weg von Stilpluralismus zum »Neuen Bauen« nachvollziehen lassen. 1927/28 wurde die Altstädter Volksschule nach seinen Plänen erbaut, sie gehört heute zu den wichtigsten Gebäuden des Bauhaus-Stiles weltweit. Nach der Machtergreifung der Nationalsozialisten, die das »Neue Bauen« ablehnten, zog sich Otto Haesler mehr und mehr zurück. 1934 löste er sein Büro in Celle auf und zog nach Eutin in Schleswig-Holstein. Nach dem Krieg arbeitete Otto Haesler in der DDR, zum Beispiel in der Stadt Rathenow. 1950 wurde er Leiter der Hochschule für Baukunst in Weimar.

Moderne Architektur

Nicht mehr Tradition, sondern Innovation und Erneuerung lautete spätestens ab dem Ende des 19. Jahrhunderts eine Zielrichtung moderner Architektur. Hieraus entstand das Neue Bauen, ein stark geometrischer und auf Nützlichkeit ausgerichteter Baustil, dem sich auch Otto Haesler zuwandte. Licht und Luft sollten in den Häusern sein, die in moderner Betonbauweise zu günstigen Preisen errichtet wurden. Klare *Würfelformen* und *Flachdach* kennzeichnen diesen Stil. In Celle baute Haesler gleich drei Siedlungen, eine Schule und das dazugehörige Rektorenhaus für den Direktor des Gymnasiums (heute Kunstgalerie). Unter dem Besucheransturm drohte zeitweilig sogar der Schulbetrieb zu leiden. Celle wurde in den 1920er Jahren zu einer Hochburg des Neuen Bauens, wie es am **Dessauer Bauhaus** gelehrt wurde. Die Weiterentwicklung der modernen Stilrichtungen brach jedoch mit der nationalsozialistischen Herrschaft vorerst ab.

Der ländliche Raum unserer Region war zwar weiterhin von Fachwerkhäusern und großzügigen Hofanlagen geprägt, aber auch hier hielten neue wissenschaftliche Erkenntnisse im Bauwesen Einzug: Über einzelne Baumeister- oder Baugewerkschulen wurde das ländliche Bauen mit neuen Stilelementen bereichert. Backstein, Quader und Ornamente übernahmen in der zweiten Hälfte des 19. Jahrhunderts das Regiment an den Fassaden. Sehen kann man das sehr gut an den Kirchenneubauten der Baumeister *Conrad Wilhelm Hase* (1818–1902) und *Eberhard Julius Eduard Wendebourg* (1857–1940), die sich deutlich von den in der Heide und dem Wendland bis dahin üblichen Kirchenbauten unterscheiden.

Volkswagen stehen im Werk Wolfsburg zur Abholung bereit, um 1955.

Wolfsburg als Symbol der zeitgenössischen Moderne. Was Namen aussagen können

》 Stadt des KdF-Wagens«. So hieß das heutige Wolfsburg vom 1. Juli 1938 bis zum 25. Mai 1945 – bis wenige Tage nach der Kapitulation der Deutschen im Zweiten Weltkrieg.

Heute ist der VW-Käfer ein beliebter Oldtimer.

KdF – »Kraft durch Freude« – war auch der Name der Freizeitorganisation der Deutschen Arbeitsfront, die nach der Machtergreifung durch die Nationalsozialisten gegründet wurde, um für die deutsche Bevölkerung Freizeit- und Urlaubsangebote vorzuhalten. Sie wurde auch Träger der Produktion und des Vertriebs des geplanten »Volkswagens«. »KdF-Wagen« sollte er heißen – ein Auto, das 100 km/h Dauergeschwindigkeit auf der Autobahn halten konnte, für eine Familie geeignet war und weniger als 1.000 Reichsmark kosten sollte. Ein gigantisches Projekt. Damals gab es ja kaum Autos in Privatbesitz, und Adolf Hitler nutzte das Thema der Massenmotorisierung, um Stimmung für sein sozialpolitisches Programm zu machen. Der Österreicher *Ferdinand Porsche*, einer der bedeutendsten Ingenieure der damaligen Zeit, bekam den Auftrag, den Wagen zu konstruieren.

Der ursprüngliche Name Wolfsburgs verrät noch mehr: Eine Fabrik zog einen Wohnort nach sich, und dieser wurde überdies nach dem herzustellenden Automobil benannt – solch einen hohen Stellenwert hatte der geplante »Volkswagen«.

Wolfsburg

Doch nicht nur für die Autoproduktion wurde bei Fallersleben geplant, sondern auch für die Menschen, die die Autos bauen sollten: Man hatte vor, eine neue Stadt auf der grünen Wiese zu errichten. Die Planer entwarfen eine »Gartenstadt« mit weiten Grünflächen und einer vorbildlichen *Infrastruktur*. Die Lebensbereiche **Wohnen, Arbeiten** und **Verkehr** sollten räumlich zwar deutlich voneinander getrennt angeordnet sein, aber dennoch in engem Zusammenhang zueinander stehen. Am Reißbrett wurde so das Bild einer »idealtypischen« Stadt der Arbeit geschaffen, einer Wohnstadt für die große Fabrik.

Nach dem Beginn des Zweiten Weltkrieges wurde das Volkswagenwerk allmählich in die Rüstungsproduktion eingegliedert, der massenhafte Bau des Volkswagens konnte nicht umgesetzt werden. Es gab auch zu wenig Arbeitskräfte – die deutschen Männer mussten ja in den Krieg. Deshalb wurden Kriegsgefangene und Zivilarbeiter, die man aus ihrer Heimat verschleppt hatte, gezwungen, die Produktion aufrecht zu erhalten. Die Lebensverhältnisse der ausländischen Zwangsarbeiter wurden von rassistischer Diskriminierung und Demütigung bestimmt. Sie wurden ihrer Menschenrechte und ihrer Würde beraubt. Für die Unterbringung der Zwangsarbeiterinnen und Zwangsarbeiter, Kriegsgefangenen und KZ-Häftlinge entstanden Barackenlager. Bis 1945 mussten hier mehr als 20.000 Menschen Zwangsarbeit leisten.

1953: Der 500.000ste Käfer läuft vom Band.

Eine Freizeitorganisation, ein Auto und schließlich eine ganze Stadt – benannt nach einer nationalsozialistischen Parole. »Kraft durch Freude« sollte von der Größe Deutschlands künden, geblieben ist die Erinnerung an Größenwahn und Unmenschlichkeit. Ihren heutigen Namen hat die Stadt Wolfsburg vom Schloss Wolfsburg an der Aller bekommen. Das Schloss besteht bereits seit 700 Jahren, das »Tausendjährige Reich« Adolf Hitlers wurde nur zwölf Jahre alt.

Mit dem in vieler Hinsicht schwierigen Abschnitt der Stadtgeschichte haben sich Stadt und Volkswagenwerk eingehend und offen auseinandergesetzt, und sie haben ihn vorbildlich aufgearbeitet. Der bundesweite historische Aufklärungsprozess erfasste in den 1980er Jahren auch Wolfsburg und prägte die öffentliche Willensbildung. Ein Bürgerantrag von 1985 verlieh dem öffentlichen Interesse an der NS-Vergangenheit einen verstärkten Impuls und veranlasste den Rat der Stadt, sich wiederholt mit der Thematik von Rüstungsproduktion und Zwangsarbeit im Volkswagenwerk auseinanderzusetzen. Als Ergebnis dieser Diskussion fasste der Rat eine Reihe von Beschlüssen, die zur Errichtung von Gedächtnisorten führten. Die Aufstellung eines zentralen Zwangsarbeiterdenkmals im Jahre 2010 stellt für die Stadt Wolfsburg einen weiteren Meilenstein im Zuge der historischen Aufklärung und Wahrnehmung ihrer moralischen Verantwortung dar.

Die Leitbilder und Vorstellungen des NS-Regimes wurden nachdrücklich verurteilt, die moderne Architektur als Anknüpfungspunkt jedoch in demokratischer und kritischer Weise aufgegriffen. Beflügelt durch den wirtschaftlichen Aufschwung der 1950er und 1960er Jahre, in denen der VW-Käfer zum Symbol des Wirtschaftswunders wurde, wandte man sich in Wolfsburg zeitgenössischer Kunst und Architektur in besonderer Weise zu. Mehr als eine Million »Käfer« waren vom Band gelaufen, als der Rat der Stadt einen der herausragenden Baumeister der Zeit, den finnischen Architekten **Alvar Aalto** (1898–1976), mit dem Bau des Kulturzentrums (Alvar-Aalto-Kulturhaus) beauftragte. 1962 nahm es seinen Betrieb auf und vereinte die drei Kultureinrichtungen Bibliothek, Volkshochschule und Jugendzentrum unter einem gemeinsamen Dach. Es war ein Gesamtkunstwerk entstanden, »in dem das Praktische und Funktionelle sich mit dem phantasievoll Künstlerischen sicher die Waage halten und symbolhaft vom schöpferischen Willen der Stadt zeugen« – so hieß es stolz zur Einweihung.

Die Heilig-Geist-Kirche von Alvar Aalto in Wolfsburg.

Heute beherbergt das **Alvar-Aalto-Kulturhaus** die Stadtbibliothek und den Geschäftsbereich Kultur und Bildung der Stadt Wolfsburg. Noch zwei weitere Bauwerke entwarf Alvar Aalto für Wolfsburg: die **Heilig-Geist-Kirche** und deren Gemeindezentrum sowie die Stephanus-Kirche. Sie zählen zu den bedeutenden Zeugnissen der modernen Sakralarchitektur. Gegenüber dem Alvar-Aalto-Kulturhaus steht seit 1994 das aus Glas und Stahl errichtete **Kunstmuseum** des Architekten Peter Schweger. Die offene Konstruktion des Museumsbaus trägt mit dazu bei, dass »die Menschen so selbstverständlich ins Museum gehen wie in eine Kneipe«, wie es der erste Direktor forderte.

ALVAR AALTO 1898–1976

SUOMI·FINLAND 0,80

Kulturhaus

»Das Wichtigste ist die Bewegung, der Fluss der Dinge, eine nicht-euklidische Geometrie, in der sich nichts wiederholt: eine Neuordnung des Raumes.« *Zaha Hadid*

Pilgerten Architekturbegeisterte schon wegen der komplexen Anlage der Autostadt und wegen der Bauten von Aalto und Schweger nach Wolfsburg, so ist mit der Fertigstellung des *Phaeno* ein weiterer Anziehungspunkt in doppelter Hinsicht geschaffen worden. **Zaha Hadid**, die britisch-irakische Architektin des Phaeno, gehört zweifellos zu den großen Stars der heutigen Architekturszene. Durch ihre frühen Wettbewerbserfolge verschaffte sie sich weltweit höchste Anerkennung für ihre eigenständige Weiterentwicklung der Architekturmoderne. »Das Ufo aus Beton ist gelandet«, titelte eine große deutsche Zeitung zur Eröffnung des **Phaeno** im November 2005. Direkt am Bahnhof, der »*Autostadt*« gegenüber, steht nun das Science Center der Stadt Wolfsburg. 250 interaktive Experimentier-Stationen laden dazu ein, Naturwissenschaft und Technik spielerisch und mit allen Sinnen zu erleben.

Phaeno, Science Center von Zaha Hadid in Wolfsburg.

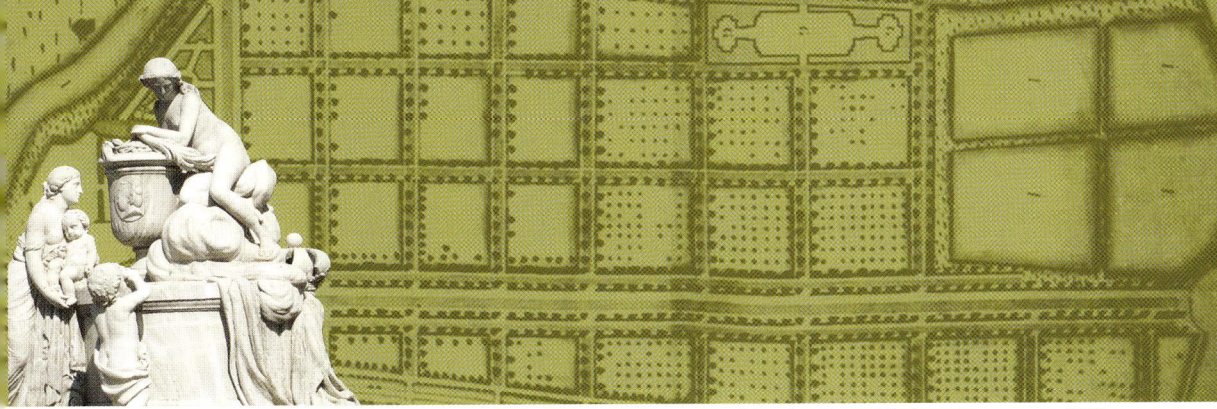

Caroline-Mathilde-
Denkmal im
Französischen
Garten

Plan des Französischen Gartens, um 1756

Gartenkultur

SPURENSUCHE

Französischer Garten
Celle
Reste eines englischen
Gartens in Holdenstedt,
Landkreis Uelzen

*Allee, Französischer
Garten Celle*

Nicht nur in Architektur und Innenausstattung stellen sich Zeitgeschmack und gegebenenfalls auch die gesellschaftliche Stellung eines Menschen dar, sondern auch in seinem Garten. Vor allem seit der Renaissance sollte die Natur nicht nur landwirtschaftlich genutzt, sondern auch ästhetisch beherrscht und in Form gebracht werden: Gärten und Parks, die hauptsächlich der Erbauung und Erholung dienen sollten, entstanden vor allem um die höfischen Repräsentationsbauten herum. Sie hatten eine ähnliche Bedeutung wie bildende Kunst oder Kunsthandwerk. Südlich des Celler Residenzschlosses entstand gegen Ende des 17. Jahrhunderts als **barocker Hof- und Lustgarten** der »Französische Garten«, angelegt in der höfischen Gartentradition zur Zeit Herzog Georg Wilhelms. Ganz im »französischen Stil« war er in geometrischen barocken Formen ausgelegt, an die heute nur noch die 1695 angelegte (heute rekonstruierte) Lindenallee erinnert. Der Lustgarten wurde später in einen *Landschaftspark nach englischem Muster* umgestaltet. Diese neue Mode wollte die Natur in Parks so »natürlich« wie möglich erscheinen lassen. Ganze Landschaften wurden künstlich geschaffen. Auch um das Schloss in Wolfsburg herum erstreckt sich ein **Englischer Landschaftsgarten**. Diesen ließ der Schlossherr Gebhard Werner von der Schulenburg 1750 nach der neuesten Mode anlegen. Es war einer der ersten »Englischen Gärten« Deutschlands. Gegenüber dem Nordflügel des Schlosses kann man den älteren Barockgarten mit seinen klaren Ornamenten noch heute bewundern. Darüber hinaus finden sich in der Region weitere Schlösser und Herrenhäuser mit Überresten alter Parkanlagen, die die jeweils zeittypischen Vorstellungen von Gartengestaltung zeigen, so etwa beim Schloss Holdenstedt im Landkreis Uelzen. Gartenkultur spielt auch in unserer Zeit eine große Rolle. Immerhin fanden zwei der bisher drei Landesgartenschauen Niedersachsens auf dem Gebiet des ehemaligen Fürstentums statt: 2004 in Wolfsburg und 2006 in Winsen (Luhe).

Künstler und ihre Werke
Kunst in den Klöstern

»Tristan und seine Leute nahmen überall Abschied. Sie verließen Weisefort mit großen Freuden. Nun folgten ihm bis in den Hafen aus Liebe zu Isolde König und Königin und ihr ganzer Hofstaat. Die strahlende, herrliche Isolde, von der er noch nicht wusste, dass sie seine Geliebte und die Not seines Herzens werden würde, die war immer weinend an seiner Seite.«

Aus »Tristan« von Gottfried von Straßburg

Tristanteppich im Kloster Wienhausen. Von links: Tristan steht verwundet vor König Marke, von Morolds vergiftetem Schwert erkrankt, verliert er alle Hoffnung auf Genesung. Verzweifelt lässt er sich im Meer aussetzen und gelangt schließlich nach Irland. Als Spielmann verkleidet, spielt er vor der königlichen Burg. Der blonden Königstocher Isolde gefällt sein Spiel, und sie holt ihn auf die Burg.

Gottfried von Straßburg (gestorben um 1215) war einer der großen mittelalterlichen Dichter. Er hat mit seinem »Tristan« eine der berühmtesten Liebesgeschichten der Weltliteratur aufgeschrieben. Die **Tragödie von Tristan und Isolde** blieb jahrhundertelang ein Bestseller. Auch die Nonnen im Kloster Wienhausen kannten sie. Sie haben die Geschichte im 14. Jahrhundert als Bildabfolge in drei große Wandteppiche eingestickt, so dass eine Art *mittelalterlicher Comic* entstanden ist. In kräftigen Farben und ausdrucksstarken Bildern wird erzählt, wie Tristan verwundet wird, wie er den Drachen besiegt und um Isolde wirbt. Eine weltliche Geschichte fand Eingang in den klösterlichen Alltag – und sie begeistert die Menschen heute noch genauso wie vor 600 Jahren.

Dass Kunst für jeden Menschen jederzeit zugänglich ist, empfindet heute niemand mehr als etwas Besonderes. Wer Lust hat, macht einen Ausflug zum **Springhornhof** in Neuenkirchen, zur **Kunststätte Bossard** in Jesteburg oder auch ins **24-Stunden-Kunstmuseum Celle**. Oder er radelt auf **kultureller Landpartie** gemütlich durchs Wendland. Oder er schaut sich beim örtlichen Kunstverein die neueste Ausstellung an.

Früher war das anders. Die meisten Menschen konnten nicht lesen und schreiben, von künstlerischer Bildung ganz zu schweigen. Die wichtigsten Träger von Bildung und Kunst nach der Christianisierung waren die Klöster. Hier wurden **Bücher** kopiert und **Noten** geschrieben, hier wurde unterrichtet, und es entstanden **Kunstwerke** – Skulpturen, Wandmalereien, Buchillustrationen oder auch Textilien. Dargestellt wurden natürlich in erster Linie biblische Geschichten, aber nicht nur. Denn in den Klöstern fanden immer wieder Frauen aus dem Adel ein Zuhause, die zuvor ein weltliches Leben geführt hatten. Sie brachten Gedanken und Themen aus ihrem Leben mit, die wiederum künstlerisch umgesetzt wurden. **Kunst** und **Religion** beflügelten sich gegenseitig.

Von vielen Klöstern unserer Region zeugen heute nur noch die baulichen Überreste. Sechs Frauenklöster aber leben aktiv weiter, nunmehr als evangelische Damenstifte: Lüne, Isenhagen, Medingen, Wienhausen, Ebstorf und Walsrode. Sie alle bergen wunderbare Schätze an Kunstwerken – Altäre und Chorgestühl, Malereien und Teppiche, Möbel und natürlich die Gebäude selbst. Kloster Wienhausen etwa gehört zu den bedeutendsten Zeugnissen der Backsteingotik in Norddeutschland. Berühmt ist der dortige Nonnenchor mit seinen farbenfrohen Ausmalungen, die so gar nicht »zisterziensisch« sind. Als in den 1950er Jahren der Fußboden im Nonnenchor repariert wurde, fand man unter den Dielen allerhand verlorene und versteckte Gegenstände aus dem 14. und 15. Jahrhundert: kleine Heiligenbildchen, Schreibgriffel, kleine Figürchen, ein Liederbuch und **die ältesten Brillen**, die wir kennen. Neben den Tristanteppichen haben sich in Wienhausen neun gotische Bildteppiche erhalten, die zu den besonderen Schätzen des Klosters gehören.

Auch im Kloster Lüne werden gotische Bildteppiche und wertvolle Altarstickereien aufbewahrt. Kloster Ebstorf birgt die berühmte **Ebstorfer Weltkarte**, und in Medingen gibt es mittelalterliche *Perlenstickereien mit Flussperlen* aus der Ilmenau zu bewundern. Im Kloster Isenhagen kann man einen Garten nach historischem Vorbild erkunden, und mit seinen mehr als 1000 Jahren Geschichte ist Walsrode das älteste Kloster in der Heide – es gibt also ganz viel zu entdecken.

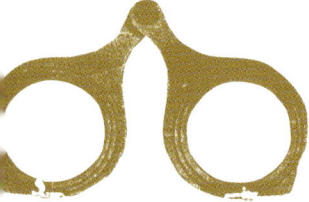

Die ältesten Brillen kann man in Wienhausen sehen.

Stickerei, Kloster Isenhagen

Kunstmuseum Celle

Bildende Kunst seit der Moderne

Seit der Christianisierung und bis zum Ende des 18. Jahrhunderts ist fast allen bedeutenden Kunstwerken gemeinsam, dass sie einen Auftraggeber hatten, zum Beispiel die Kirche, den Adel oder das wohlhabende Bürgertum. Diese Kunstwerke hatten eine bestimmte Funktion zu erfüllen: In der christlichen Kunst waren sie der Botschaft des Glaubens gewidmet, in der weltlichen Kunst beispielsweise der Verherrlichung eines bedeutenden Menschen oder der Nacherzählung und Deutung eines historischen Ereignisses.

Dass **Kunst um ihrer selbst willen** geschaffen wird, ist eine Vorstellung, die erst seit etwa 1830 zu wachsen begann: Kunst sollte nicht mehr in erster Linie einem Zweck dienen, sondern sie sollte einen zündenden Gedanken widerspiegeln, sie sollte bewegen und Gefühle ausdrücken. Erst diese neue Auffassung vom Ideal des freien Kunstschaffens und Kunstgenusses eröffnete den **Weg in die Moderne**, beginnend mit dem *Impressionismus*.
Die Ansichten darüber, was Kunst und wer ein Künstler ist, haben sich seither noch weiter verändert: »Jeder Mensch ist ein Künstler«, formulierte etwa Joseph Beuys 1967.
Eine Folge dieses neuen Selbstverständnisses war unter anderem die Ausrichtung von Kunstpreisen oder auch der Zusammenschluss von Künstlern zu Vereinigungen und Gruppen, die wiederum eine Wechselwirkung miteinander und mit der Region hervorbrachten.

SPURENSUCHE

Kunstmuseum Celle mit einem besonderen Schwerpunkt auf Lichtkunst, die hier erstmals auch für Kinder und Jugendliche aufbereitet präsentiert wird.

Eine davon war die Wolfsburger Gruppe »Schloßstraße 8«. Sie wurde von Künstlerinnen und Künstlern aus der ganzen Bundesrepublik und aus Österreich gegründet, die auf Anregung des Oberstadtdirektors Dr. Wolfgang Hesse seit Ende der 1950er Jahre im Schloss Wolfsburg Atelierräume nutzen konnten. Die Beteiligten verband allerdings kein einheitliches Konzept, sondern jeder schuf seine eigenen Werke. Seit der ersten Gemeinschaftsausstellung 1962 nannten sie sich wegen ihrer gemeinsamen Adresse im Wolfsburger Schloss »Schloßstraße 8«.

*Der Landschaftsmaler
Friedrich Schwinge
bei der Arbeit in der
Lüneburger Heide,
um 1900.*

Malerei, Grafik und Bildhauerei – ein Kaleidoskop

Heidekraut in voller Blüte, natürlich alles in Lila, in der Mitte ein Sandweg, der birkenumsäumt in die Weite führt, links das tiefgezogene Dach des Schafstalles, rechts ein paar Heidschnucken, die friedlich im Abendrot liegen ... möglichst realistisch und glänzend in Öl gemalt. So ungefähr sieht das Klischee eines Heidebildes aus. Und in der Tat gab und gibt es solche Bilder in großer Zahl. Aber Kunst in der Region, das ist mehr als das Heideidyll in Öl. Auch aktuelle Beispiele zeigen die Vielfältigkeit künstlerischen Schaffens in dieser Region.

*Zwei Häuser Am Sande,
Lüneburg, von Lyonel
Feininger*

Als sich der deutsch-amerikanische Maler Lyonel Feininger (1871–1956) zu Beginn der 1920er Jahre zweimal in Lüneburg aufhielt, fand er hier Motive für seine Architekturbilder, die auch die Zerrissenheit der Moderne widerspiegeln. Seine Bilder »Zwei Häuser Am Sande« und »St. Johanniskirche« können als gelungener Kontrast zum schon damals vorherrschenden Klischee von der heilen ländlichen Welt gelten. Lüneburg ist auf 13 Ölgemälden und mehreren Zeichnungen, Aquarellen und Bleistiftskizzen des Künstlers zu finden. Auch mit einem weiteren überregional bedeutenden modernen Maler ist Lüneburg verbunden. 1910 kam hier **Kurt Gottfried Johannes Leppien** als Sohn eines Lüneburger Fabrikanten zur Welt. Seine ersten Bilder entstanden bei Malausflügen im Lüneburger Umland, einige Semester hat er am berühmten Bauhaus in Dessau studiert. Nach seiner Auswanderung nach Frankreich nahm er den Namen Jean Leppien an, unter dem er als einer der großen abstrakten Maler der europäischen Malerei berühmt wurde. Er hatte Deutschland 1933 seiner jüdischen Frau zuliebe verlassen. Trotz internationalen Ruhms dauerte es Jahrzehnte, bis man Jean Leppien auch in der früheren Heimat anerkannte. Hier waren seine Bilder erstmals 1976 im *Springhornhof in Neuenkirchen* (Landkreis Soltau-Fallingbostel) zu sehen. Lüneburg würdigte Leppien 1988 mit einer Ausstellung. Er starb 1991.

Eberhard Schlotter, Wintertag, 1990, Aquarell

Eberhard Schlotter, Wind in den Bäumen, 1990, Aquarell und Kreide

Malerei, Grafik, Bildhauerei

SPURENSUCHE

Gerhard-Fietz-Haus

Im Jahr 2004 richtete man eine große Ausstellung mit einem Gesamtüberblick über das Schaffen Leppiens im Gerhard-Fietz-Haus in Bleckede-Göddingen aus. Auf diese Weise wurde der Bogen zwischen zwei großen Malern der modernen Kunst gespannt: **Gerhard Fietz** (1910–1997) gehört zu den namhaften deutschen Künstlern der Nachkriegszeit. Als Mitglied der Gruppe ZEN 49 hat er der Kunst des Neubeginns nach dem Zweiten Weltkrieg nachhaltige Impulse verliehen. Er setzte sich mit dem widersprüchlichen Bild vom Menschen auseinander und verarbeitete in seiner Malerei auch seine Kriegserlebnisse. Ab den 1970er Jahren wandte er sich stärker der *Abstraktion* zu und beschäftigte sich mit geometrischen Formen. 1979 war Fietz erstmals Gast in der Künstlerstätte Bleckede an der Elbe. Im selben Jahr zog er in den Bleckeder Ortsteil Göddingen. Hier erinnert das Gerhard-Fietz-Haus mit einem kleinen Privatmuseum an den Künstler und zeigt Ausstellungen der Werke moderner und zeitgenössischer Künstler.

In Bleckede kam 1945 **Jörg Immendorff** (1945–2007) zur Welt. Er studierte in Düsseldorf unter anderen bei Joseph Beuys und arbeitete zunächst als Kunstlehrer. Ab 1996 war er Professor an der Kunstakademie Düsseldorf. Immendorff, der sich auch politisch sehr kritisch äußerte, gilt als einer der bedeutendsten Maler der Gegenwartskunst. Zu seinem Werk gehören auch Zeichnungen, Grafiken und Skulpturen. Berühmt wurde er durch seine Bilderserie »Café Deutschland«, in der er die innerdeutsche Teilung und die politischen wie kulturellen Seiten des Ost-West-Konfliktes thematisierte. Ein frühes Werk bezieht sich thematisch auf Bleckede und die Elbgrenze.

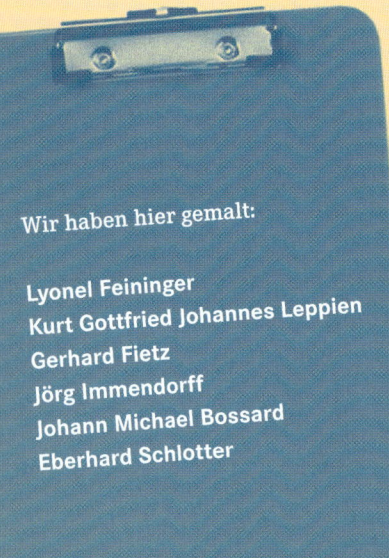

Wir haben hier gemalt:

Lyonel Feininger
Kurt Gottfried Johannes Leppien
Gerhard Fietz
Jörg Immendorff
Johann Michael Bossard
Eberhard Schlotter

»Wenn man ein Bild sieht, soll man nicht darüber nachdenken, was es bedeutet, sondern das mitnehmen, was es einem gibt.«

Wohnhaus, Museum, Kunstausstellung – kein Ort in der Region verbindet diese Bereiche so sehr miteinander wie die »Kunststätte Bossard« in Lüllau bei Jesteburg (Landkreis Harburg). Der Schweizer **Johann Michael Bossard** (1874–1950) war Professor an der Staatlichen Kunstgewerbeschule in Hamburg, als er 1911 das Grundstück in der Nordheide kaufte. Hierhin zog sich der introvertierte Künstler zurück und errichtete auf einem drei Hektar großen Areal ein einzigartiges Ensemble. Skulpturen, Bilder, Architektur, Gartenkunst, Möbel, bemalte Porzellane und kunstvoll gestaltete Alltagsgegenstände verschmelzen Haus und Garten zu einem Gesamtkunstwerk. Seine Frau Jutta, an vielen Kunstwerken beteiligt, hat nach seinem Tode diese Kunststätte der Öffentlichkeit zugänglich gemacht. Der Stil von Bossards Arbeiten bewegt sich zwischen Jugendstil und Bauhausbewegung, expressionistische Elemente sind unverkennbar. »Wenn man ein Bild sieht, soll man nicht darüber nachdenken, was es bedeutet, sondern das mitnehmen, was es einem gibt«, soll Bossard gesagt haben.

Ein weiterer Zugereister im Reigen der überregional bedeutenden Maler und Grafiker ist **Eberhard Schlotter** (*1921), der seit 1995 in Wienhausen bei Celle einen Wohnsitz hat. Mit der Region ist er aber schon länger und vielschichtiger verbunden. Nach dem Zweiten Weltkrieg zog seine Familie nach Bargfeld bei Celle. Eine enge

Freundschaft entwickelte sich seit den 1950er Jahren zu dem Schriftsteller Arno Schmidt, der sich ebenfalls in Bargfeld niedergelassen hatte. Die beiden Künstler regten sich gegenseitig an und arbeiteten zeitweilig an gemeinsamen Projekten. Eberhard Schlotter kam 1921 in Hildesheim zur Welt und besuchte ab 1939 die Akademie der Bil-

Eberhard Schlotter und Arno Schmidt, 1958

denden Künste in München. In den Jahren 1950 bis 1958 engagierte er sich in der Darmstädter Kunstszene und wurde zunehmend bekannt durch seine zahlreichen Wandbild-Projekte. Mitte der 1950er Jahre zog er sich nach Spanien zurück, wo er seitdem hauptsächlich lebt und arbeitet. Sein Werk ist umfangreich und thematisch äußerst vielseitig. Landschaften und Stillleben gehören ebenso dazu wie Illustrationen und Figurenbilder. Seit 1993 hat die Eberhard-Schlotter-Stiftung im Bomann-Museum in Celle ihren Sitz. Sie widmet sich der Betreuung, Pflege und Präsentation des künstlerischen Lebenswerks von Eberhard Schlotter. Zum Stiftungsbestand gehören über 700 Ölgemälde und Aquarelle aus allen Schaffensperioden, mehr als 4.200 grafische Arbeiten sowie zahlreiche Radierungen.

Kunstwerke suchen und erleben auf
dem Springhornhof in Neuenkirchen,
Lamdkreis Soltau-Fallingbostel

Malerei, Grafik, Bildhauerei

Springhornhof in
Neuenkirchen

Ganz unmittelbar mit der Landschaft lässt der Kunstverein Springhornhof in Neuenkirchen (Landkreis Soltau-Fallingbostel) die Künstlerinnen und Künstler der Gegenwart umgehen und zeigt, wozu die Heidelandschaft sie anregt. Seit Anfang der 1970er Jahre lädt der Kunstverein Springhornhof regelmäßig internationale Künstler dazu ein, in der Umgebung des Dorfes **landschaftsbezogene Werke** umzusetzen. In den ersten Jahren waren Materialien der Natur ein zentrales Thema. Mittlerweile finden sich hier auch architektonische Skulpturen und elektronische Klanginstallationen. Gemeinsam ist den Arbeiten die Auseinandersetzung mit ihrem Entstehungsort. Sie nehmen Bezug auf Mythen und Geschichte oder beschäftigen sich mit ökologischen Zusammenhängen in der Natur. Ausgangspunkt für die Erkundung von Kunst und Landschaft ist der Kunstverein Springhornhof, der in einer historischen Hofanlage Ausstellungen mit Werken junger Künstler zeigt. In den Innenräumen laden Ausstellungen zur Besichtigung und Vertiefung ein.

»Der helle Mondschein ließ uns von diesem Städtchen wenigstens so viel erraten, dass wir nicht bedauern dürfen, es nicht bei Tage gesehen zu haben.« Mme de Stael (1766–1817) über Celle

Literaturen:
Wortklauber und andere Suchende

Die Schriftsteller und Dichter der Klassik und Romantik hatten für die Heideregion eher abfällige Worte übrig – wenn sie sie überhaupt erwähnten. Ab der Mitte des 19. Jahrhunderts entwickelte sich eine regelrechte Heidedichtung, die eher volkstümlich zu nennen ist und sehr stark zum Wandel des Heidebildes beigetragen hat. Doch nicht diese Darstellung des – oft idyllisch und idealisiert gesehenen – Landlebens soll hier literarisch interessieren, sondern einige herausragende Persönlichkeiten, die in der einen oder anderen Weise mit unserer Region verbunden waren. Im 20. Jahrhundert zogen Lüneburger Heide und Wendland Schriftsteller und Literaten in größerer Zahl an.

Eckermann und Hoffmann von Fallersleben

Was hat Winsen an der Luhe mit Johann Wolfgang von Goethe zu tun? Mehr als man zunächst annimmt. Der aus armen Verhältnissen in Winsen (Luhe) stammende **Johann Peter Eckermann** (1792–1854) brachte es als **enger Vertrauter Goethes** in Weimar zu großem Ruhm. Er, der in seiner Kindheit die Kühe seines Vaters hütete, verdiente sein Geld später als Lehrer des Prinzen Carl Alexander von Weimar (1818–1901) und großherzoglicher Bibliothekar am Musenhof in Weimar. Bekannt wurde Eckermann durch die Aufzeichnungen der »Gespräche mit Goethe in den letzten Jahren seines Lebens«, die noch immer als wichtige Quelle über das Leben des großen Dichters Johann Wolfgang von Goethe gelten. Er kümmerte sich auch um *Goethes Nachlass* und gab dessen gesammelte Werke heraus. Eckermann ist weniger wegen seiner eigenen literarischen Tätigkeit berühmt geworden als in der Rolle, die er für den »Dichterfürsten« Goethe und die Literaturwissenschaft spielte.

»Auf Winsen sich die Ruhe legt, / kein Windeshauch die Luhe regt. / Da hebt Gemuh, Gemecker an: / die Herde heim treibt Eckermann.«

Schüttelreim des Verlegers und Besitzers des Insel-Verlages Anton Kippenberg (1874–1950)

*Einigkeit und Recht und Freiheit
Für das deutsche Vaterland!
Danach laßt uns alle streben
Brüderlich mit Herz und Hand!
Einigkeit und Recht und Freiheit
Sind des Glückes Unterpfand –
Blüh im Glanze dieses Glückes,
Blühe, deutsches Vaterland.*

Hoffmann von Fallersleben

Helgoland

*Alle Vögel sind schon
da, alle Vögel, alle.
Welch ein Singen,
Musiziern, Pfeifen,
Zwitschern, Tiriliern!
Frühling will nun
einmarschier'n,
kommt mit Sang
und Schalle ...*

*Kuckuck, Kuckuck
ruft's aus dem Wald.
Lasset uns singen,
tanzen und springen.
Frühling, Frühling
wird es nun bald.*

Von diesem Autor hat fast jeder in Deutschland Lebende einmal mindestens eine Strophe auswendig gelernt: **August Heinrich Hoffmann von Fallersleben** (1798–1874). Er schrieb das »Lied der Deutschen«, den **Text der Nationalhymne**. August Heinrich Hoffmann, bekannt als Hoffmann von Fallersleben, kam 1798 als Sohn eines Kaufmanns in Fallersleben (heute Stadtteil von Wolfsburg) zur Welt. Zunächst arbeitete er als Bibliothekar und als Professor für deutsche Sprache und Literatur an der Universität Breslau. Im August 1841 hat er auf Helgoland das Lied geschrieben, dessen dritte Strophe der Text der heutigen deutschen Nationalhymne geworden ist. 1842 wurde er wegen seiner »Unpolitischen Lieder«, die sehr wohl einen politischen Inhalt hatten, aus dem Staatsdienst entlassen und führte bis 1854 ein Wanderleben. Ständig von der Polizei bespitzelt, wurde er 39 Mal ausgewiesen, darunter dreimal aus seiner Heimatstadt Fallersleben. Schließlich fand er 1860 eine Anstellung als Bibliothekar in Corvey an der Weser, wo er 1874 starb. Hoffmann von Fallersleben hat sich selbst nicht als politischer Vordenker betrachtet. Entsprechend verteidigte er sich vor seinen preußischen Richtern: »Ich erkläre nochmals: Ich habe nur die Stimmung der Zeit und des Volkes wiedergegeben, denen ich nun einmal angehöre.«

Neben seiner politischen Lyrik schuf Hoffmann 550 Kinder- und Volkslieder. Berühmte Komponisten wie *Louis Spohr, Robert Schumann, Felix Mendelssohn-Bartholdy und Franz Liszt* haben sie vertont. Im Renaissanceschlösschen in Fallersleben ist neben einem Museum auch das Archiv und die *Studienstätte der Hoffmann-von-Fallersleben-Gesellschaft* untergebracht.

»Deutschland. Ein Wintermärchen«

Der große Spötter: **Heinrich Heine** zu Gast in der Region. So, wie einige Literaten ihre Heimat verließen, ehe sie zu Berühmtheit gelangt waren, so kamen andere Berühmte hierher zu Besuch. In den Jahren 1823 bis 1827 verbrachte der junge Heinrich Heine (1797–1856) insgesamt rund 300 Tage in Lüneburg. Seine Eltern waren aus gesundheitlichen Gründen in die Salzstadt gezogen. Das Einatmen der salzhaltigen Luft im Gradierwerk sollte Linderung bringen. Familie Heine mietete gegenüber dem Rathaus im Haus »Am Ochsenmarkt 1« eine Wohnung. Viele Jahre später, als Heine in Paris sein berühmtes Versepos **»Deutschland. Ein Winter- märchen«** schrieb, kamen auch Lüneburg und die Heide darin vor:

*»Denkt euch, mit Schmerzen sehne ich mich
Nach Torfgeruch, nach den lieben
Heidschnucken der Lüneburger Heid',
Nach Sauerkraut und Rüben.*

*Ich sehne mich nach Tabaksqualm,
Hofräten und Nachtwächtern,
Nach Plattdeutsch, Schwarzbrot, Grobheit sogar,
Nach blonden Predigerstöchtern.«*

Heinrich Heine ist dafür bekannt, oft mit spitzer Feder und Ironie geschrieben zu haben. Und diese lässt sich auch aus diesen Zeilen lesen, die auf den ersten Blick freundlich erscheinen. Er hatte sich in Lüneburg nicht wirklich wohl gefühlt. Als Jude litt er unter der allgemeinen Voreingenommenheit: »Ich lebe hier ganz isoliert, mit keinem einzigen Menschen komme ich zusammen, weil meine Eltern sich von allem Umgang zurückzogen.« Zum anderen empfand er als Stadtmensch das kulturelle Leben als provinziell: »Bildung ist hier gar keine; ich glaube, auf dem Rathaus steht ein Kulturableiter. Aber die Mensch sind nicht schlimm.« Später nannte er Lüneburg dann »Residenz der Langeweile.« Doch schließlich söhnte er sich mit der Stadt aus und hat es hier zu einiger Berühmtheit gebracht. Aus Göttingen jubilierte er 1824: »In Lüneburg werde ich rasend viel gelesen und gefeiert.« Vielleicht spielte für seine Bekanntheit auch sein unkonventionelles Verhalten eine Rolle. So wird berichtet: »Heine lief in Unterhosen durch das ganze große Haus, der stille Ort war im Hof gelegen, gewiss, aber hätte der junge Mann sich nicht richtig anziehen können, da sieben junge heiratsfähige Töchter im Hause waren?«

Heinrich Heine

Ich weiß nicht, was soll es bedeuten
Daß ich so traurig bin;
Ein Märchen aus alten Zeiten,
Das kommt mir nicht aus dem Sinn.

Die Luft ist kühl und es dunkelt,
Und ruhig fließt der Rhein;
Der Gipfel des Berges funkelt
Im Abendsonnenschein.

Die schönste Jungfrau sitzet
Dort oben wunderbar,
Ihr goldenes Geschmeide blitzet,
Sie kämmt ihr goldenes Haar.

Sie kämmt es mit goldenem Kamme,
Und singt ein Lied dabey;
Das hat eine wundersame,
Gewaltige Melodei.

Den Schiffer im kleinen Schiffe
Ergreift es mit wildem Weh;
Er schaut nicht die Felsenriffe,
Er schaut nur hinauf in die Höh'.

Ich glaube, die Wellen verschlingen
Am Ende Schiffer und Kahn;
Und das hat mit ihrem Singen
Die Loreley getan.

Loreleyfelsen am Rhein

Literaturen

In Lüneburg entstand auch Heines berühmtes **Loreley-Gedicht »Ich weiß nicht, was soll es bedeuten«**. Heinrich Heine zog 1831 nach Paris. Trotz literarischer Erfolge war er sehr arm. Heinrich Heine starb 1856 in Paris und ist auf den Friedhof Montmartre beerdigt.

Seit 1993 gibt es in Lüneburg das Heinrich-Heine-Haus im ehemaligen Wohnhaus der Familie. Es wird heute für Ausstellungen, Kunstvorträge, Lesungen, Konzerte und Literaturgespräche genutzt. Kunstverein, Literarische Gesellschaft und Literaturbüro haben hier eine Heimat gefunden. Das Literaturbüro wählt Schriftsteller für ein Stipendium in Lüneburg aus, die im »**Heine-Haus**« einen Ort zum Schreiben finden. Daneben wird einmal im Jahr ein bekannter Autor als Ehrengast eingeladen. Viele prominente Autorinnen und Autoren Deutschlands sind daher mit einem Eintrag im Goldenen Buch der Stadt Lüneburg vertreten.

Zeuge zerklüfteter Zeiten

» *Und mir war schon als Kind nichts lieber, als weite Ebenen, mit Haide bedeckt, Moor eingemischt, darin Kiefernwaldungen auf Sandboden; kurzum karge, menschenleere Öde.*« Arno Schmidt

Arno Schmidt (1914–1979) ist ein Schriftsteller, der sich jedem Klischee entzieht. Er gehört zu den bedeutendsten deutschsprachigen Schriftstellern der zweiten Hälfte des 20. Jahrhunderts. Schmidt verband traditionelle Erzählweisen mit avantgardistischen Schreibtechniken und scherte sich oft nicht um die Regeln von Rechtschreibung und Zeichensetzung. So schuf er vielfältige Sprachkunstwerke. Die unmittelbare Nachkriegszeit hatte er bei Walsrode verbracht und währenddessen die Heideregion schätzen gelernt. Im Winter 1958 zog der Schriftsteller mit seiner Frau Alice von Darmstadt nach Bargfeld im Landkreis Celle, um hier ungestört arbeiten zu können. »Arno ging sein ganzes Herz auf, als er die sich jetzt wieder mal auftuenden Wiesen und Wälder Norddeutschlands sah«, notierte Alice Schmidt in ihrem Tagebuch. In der Abgeschiedenheit des kleinen Dorfes arbeitete er an seinen Romanen, die sich in der literarischen Fachwelt große Anerkennung erworben haben. Während der etwa fünfjährigen Arbeit an »ZETTEL'S TRAUM« hat Arno Schmidt selten sein Haus verlassen. Das Buch ist zwar sehr berühmt, aber schwer zu lesen. Ein »Volksschriftsteller« wollte er nicht sein. Und seine Texte finden sich auch kaum in Schulbüchern. Schmidt schrieb nicht nur, er war auch ein begeisterter Leser. In seinem Haus in Bargfeld hatte er etwa 7.000 Bücher. Und er spickte seine Werke gerne mit literarischen Anspielungen und Zitaten. Manche seiner Geschichten lesen sich jedoch auch leicht und sind sehr unterhaltsam. Arno Schmidt starb 1979 in Celle. Sein Wohnhaus in der Südheide ist inzwischen Ausstellungshaus und Studienzentrum. Im Garten liegt das Urnengrab des Schriftstellers. Schwerpunkt der Arbeit der »Arno Schmidt Stiftung« in Eldingen-Bargfeld ist die Betreuung und Veröffentlichung des literarischen Nachlasses von Arno Schmidt.

Arno Schmidts Schreibtisch in seinem Wohnhaus in Bargfeld

Haus von Arno Schmidt in Bargfeld, Landkreis Celle

Literaturraum Elbe

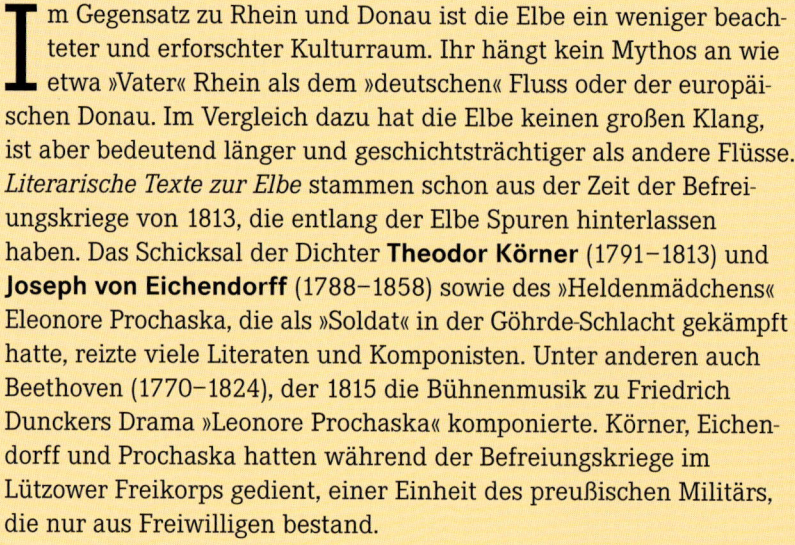

Im Gegensatz zu Rhein und Donau ist die Elbe ein weniger beachteter und erforschter Kulturraum. Ihr hängt kein Mythos an wie etwa »Vater« Rhein als dem »deutschen« Fluss oder der europäischen Donau. Im Vergleich dazu hat die Elbe keinen großen Klang, ist aber bedeutend länger und geschichtsträchtiger als andere Flüsse. *Literarische Texte zur Elbe* stammen schon aus der Zeit der Befreiungskriege von 1813, die entlang der Elbe Spuren hinterlassen haben. Das Schicksal der Dichter **Theodor Körner** (1791–1813) und **Joseph von Eichendorff** (1788–1858) sowie des »Heldenmädchens« Eleonore Prochaska, die als »Soldat« in der Göhrde-Schlacht gekämpft hatte, reizte viele Literaten und Komponisten. Unter anderen auch Beethoven (1770–1824), der 1815 die Bühnenmusik zu Friedrich Dunckers Drama »Leonore Prochaska« komponierte. Körner, Eichendorff und Prochaska hatten während der Befreiungskriege im Lützower Freikorps gedient, einer Einheit des preußischen Militärs, die nur aus Freiwilligen bestand.

In unserer Region war die **Elbe** zwischen 1945 und 1989 **Grenzfluss** zwischen den beiden deutschen Staaten. Mit den Landschaften, Stimmungen und Traditionen der Elbe sowie mit der Grenzland-Situation haben sich – über unsere Region hinaus – immer wieder Schriftstellerinnen und Schriftsteller auseinandergesetzt. Vor allem das Thema der innerdeutschen Grenze nahmen einige von ihnen mehrfach auf.

Eleonore Prochaska verkauft 1813 all ihre Habseligkeiten, um die nötige Ausrüstung der Lützower Jäger, der Freikorpstruppe im Kampf gegen die Franzosen, zu erwerben. Überliefert ist ein Brief aus ihrer Feder: »Lieber Bruder, nun habe ich Dir etwas ganz Neues zu erzählen, worüber Du mir aber versprechen mußt, nicht böse zu sein. Ich bin seit vier Wochen Soldat!« Als sie im September 1813 bei der Schlacht an der Göhrde schwer verwundet wurde und starb, wurde ihre wahre Identität offenbar. Die patriotische Freiheitskämpferin wurde danach als »preußische Jeanne d'Arc« verehrt.

Schätze des Wissens

Bibliotheken vermitteln zwischen Vergangenheit und Gegenwart. Sie bewahren Wissen und stellen es zur Verfügung – so kann neues Wissen entstehen. Historische Bibliotheken und besondere alte Bücher sind ein kostbares und leicht vergängliches Kulturgut. Wertvolle Handschriften entstanden in den Klöstern unserer Region. Seit der Erfindung des Buchdrucks im 16. Jahrhundert konnten Bücher zwar in großer Menge hergestellt werden, sie blieben aber dennoch zunächst eine teure Anschaffung, die sich nicht jeder leisten konnte. Oft haben die Drucker und Kupferstecher Bücher mit großer Pracht ausgestattet, wie etwa die berühmten

Bibeln der von **Stern'schen Druckerei** in Lüneburg. Es war also nicht nur der Inhalt, sondern auch die Ausstattung mit kunstvollen Kupferstichen, von Hand gemalten Bildern oder der besondere Einband, die zum Wert der Bände beitrugen.

SPURENSUCHE

Ratsbücherei Lüneburg

Buchdrucker, Kupferstecher und Buchbinder 1568

Eine der herausragenden Bibliotheken Deutschlands ist die **Ratsbücherei Lüneburg**. Seit 1493 werden hier Bücher gesammelt. Hier liegen kostbare Handschriften wie der »Lüneburger Sachsenspiegel«, eine aufwendig ausgeführte Sammlung städtischer Rechts- und Verwaltungsnormen aus der Zeit von 1401 bis 1412. Auch besondere Druckwerke finden sich, wie etwa die Heilige Schrift in der Übersetzung Martin Luthers aus dem Jahr 1638 oder das beim Nürnberger Formschneider Hans Weigel gedruckte Trachtenbuch von 1577. Immer wieder ergänzten Buchschätze die Ratsbibliothek, wie etwa die Bestände des in der Reformationszeit geschlossenen Franziskanerklosters oder der Gelehrtenschule der Stadt, des Johanneums. Die Chorbibliothek der St. Johanniskirche, eine bedeutende **Musikaliensammlung**, ging ebenfalls in den Besitz der Ratsbücherei über. Besonders im 16. Jahrhundert konnten wertvolle Buchgeschenke von Lüneburger Bürgern verzeichnet werden. Ein Brand vernichtete 1959 rund 9.000 kostbare Bände der »Alten Ratsbücherei«, vor allem theologische Erstdrucke der Reformationszeit und Werke der historischen, juristischen und naturwissenschaftlichen Sammlungen. Heute verfügt Deutschlands älteste Stadtbibliothek in den Räumen des ehemaligen Franziskanerklosters über rund 200.000 Bände aller Fachrichtungen.

Der »Computer« des Herzogs: Das Bücherrad Herzog Augusts des Jüngeren, 1627 in Hitzacker aufgestellt, ist als Nachbau im Museum im alten Zollhaus in Hitzacker zu sehen und darf auch bedient werden.

Zisterziensernonne mit Krone und Schleier vor dem Evangelisten Johannes. Aus einer Handschrift des Klosters Medingen, Landkreis Uelzen, 15. Jahrhundert.

Handschrift aus dem Kloster Wienhausen, um 1300.

Schätze des Wissens

Der »Bücherfürst« August der Jüngere lebte viele Jahre in Hitzacker. 1635 wurde er Herzog von Braunschweig-Wolfenbüttel und begründete die weltberühmte Herzog-August-Bibliothek in Wolfenbüttel.

In Hitzacker, das er sehr liebte, begann **August der Jüngere**, Herzog von Braunschweig-Wolfenbüttel (1579–1666), seine Büchersammlung, die er später nach Wolfenbüttel verlegen ließ. Hier gelangte diese stetig wachsende Sammlung unter dem Namen »**Bibliotheca Augustana**« zu Weltruhm. Beim Transport der Bücher von der Elbe an den neuen Standort half der Lüneburger Verleger Stern.

Auch die Klöster hatten eigene Bibliotheken. Bücher wurden ausgetauscht, um sie von Hand kopieren zu können. In der **Klosterbibliothek Ebstorf** gibt es eine berühmte Sammlung alter Handschriften. Hervorgehoben seien das sogenannte Ebstorfer Liederbuch, eine Sammelhandschrift niederdeutscher geistlicher Lieder, und das Wienhäuser Liederbuch (um 1470). Auch in den Klöstern Lüne und Medingen sind Handschriften, vor allem aus dem 15. Jahrhundert, erhalten. In erster Linie sind es niederdeutsche Gebetbücher.

Turmbläser in Celle
(Helmut Lorchheim)

»Wol up, Gesellen, ist an der Tyed ny«

Musik und Theater

D ie Welt der Musik ist im Umbruch – und der Dominikanermönch Ludulfus Wilkinus ist mittendrin.
Nach 600 Jahren gregorianischer Gesänge weht ein frischer
Wind durch die europäische Musikszene. Den will Wilkinus einfan-
gen, und so reist der musisch begabte Mönch durch die Lande, um
eine neue Art der Notenschrift kennenzulernen.

Sie heißt »**Mensuralnotation**« und macht die Darstellung verschiedener Tonlängen möglich. So können bewegte, rhythmische Musik-
stücke komponiert werden – die gregorianische Einförmigkeit weicht
fröhlicher Abwechslung. Wilkinus wird tatsächlich fündig. Unter der
Überschrift »In Wynsem« notierte er 1431 vier Orgelstücke und ein
Lied fahrender Handwerksgesellen *»Wohl auf, Gesellen, nun wird's
Zeit«* in sein Tagebuch.

Diese kleine Notensammlung, die sogenannte »**Winsener Tabulatur**«,
gilt als ältester Nachweis der neuen Notenschrift in Norddeutschland. Ob sich die Bezeichnung »Wynsem« tatsächlich auf den Ort
Winsen/Luhe bezieht, ist in der Forschung jedoch umstritten.

Neben der volkstümlichen Musik auf Instrumenten wie **Fiedel**,
Trommel, **Drehleier** oder **Dudelsack**, mit denen auf Festen oder
in Wirtshäusern zum Tanz aufgespielt wurde, waren es vor allem
Orgelklänge, die unsere Gegend musikalisch einten. **Orgelmusik** war
als gottesdienstliche Musik schon früher vielen Menschen zugänglich. Die vielen noch heute erhaltenen wertvollen Orgeln in unserer
Region deuten auf eine lange Musiktradition hin – und zwar nicht
nur in den großen Städten. Gerade auch in kleineren Orten wie Stellichte, Walsrode, Gerdau, Wittingen, Gifhorn, Bergen an der Dumme,
Plate, Lüchow und Gartow finden sich »Orgelschätze« aus alter und
neuer Zeit.

Die Orgel in der Kirche
Stellichte wurde etwa 1590
vom Niederländer Andreas
de Mare gebaut. Die Innen-
ausbauten der Kirche
stammen aus den Jahren
1608 bis 1609.

Die im Jahre 1777 von dem Orgelbauer Johann Georg Stein erbaute Orgel in Trebel (Landkreis Lüchow-Dannenberg). Stein hatte eine Orgelwerkstatt in Uelzen, hier baute er eine Orgel in der St. Marienkirche. Später verlegte er seine Werkstatt nach Lüneburg.

Musik und Theater

Eine außergewöhnliche Kostbarkeit steht in Trebel im Landkreis Lüchow-Dannenberg: Die 1777 vom **Orgelbauer Johann Georg Stein** (1712–1785) in der dortigen Feldsteinkirche erbaute Orgel ist im nordöstlichen Niedersachsen das einzige barocke Instrument in der Tradition des thüringischen Orgelbaus, das vollständig in seinem ursprünglichen Zustand erhalten ist. Nach einer aufwendigen Restaurierung klingt die **historische Orgel** gegenwärtig bei den klassischen Konzerten und in der Trebeler Orgelnacht – Veranstaltungen, die Gäste von weit her anlocken. Im Rahmen von Orgelführungen kann man hier auch das Orgelinnere begehen und besichtigen.

Mancher Musiker musste allerdings in die Ferne ziehen, um zu Ruhm zu kommen. Der »größte musikalische Sohn« der Stadt Uelzen, **Friedrich Daniel Rudolph Kuhlau** (1786–1832), war **Hofkomponist** am dänischen Königshof in Kopenhagen und Professor an der dortigen Universität. Nach seiner musikalischen Ausbildung in Hamburg war er 1810 als **Flötist** nach Dänemark gegangen. Seine beiden ersten Opern »Elisa« und »Die Räuberburg« waren mit viel Beifall aufgenommen worden. Dieser Erfolg war der Grundstein einer großen Laufbahn. Neben mehreren Opern komponierte Kuhlau Lieder, Klavier- und Instrumentalwerke, davon sehr viele für Flöte. Seine Sonaten werden noch heute im Musikunterricht verwendet. Er starb im März 1832 im Dorf Lyngby bei Kopenhagen.

Im Angedenken an ihren großen Sohn richtet die Stadt Uelzen seit 1983 alle zwei Jahre den **Internationalen Flötenwettbewerb** »Friedrich Kuhlau« aus.

Der musikalische Revolutionär:
Johann Sebastian Bach zu Gast in unserer Region

Der große **Komponist** Johann Sebastian Bach (1685–1750) lebte von 1700 bis 1702 außerhalb seiner Heimat Thüringen – als Schüler in Lüneburg. Er war sogenannter Freischüler im **Michaeliskloster**: Die Schule vergab Stipendien an etwa zwölf Knaben und einige ältere Schüler, die dort Messen und Abendgottesdienste singend begleiteten. Dank seiner außerordentlich schönen Stimme wurde Bach den Diskantisten (Sänger mit hoher Stimmlage) im Mettenchor zugeteilt. So hieß der Elitechor der Schulkantorei, der auch begabten Kindern aus armen Familien sowie Halb- oder Vollwaisen offen stand.

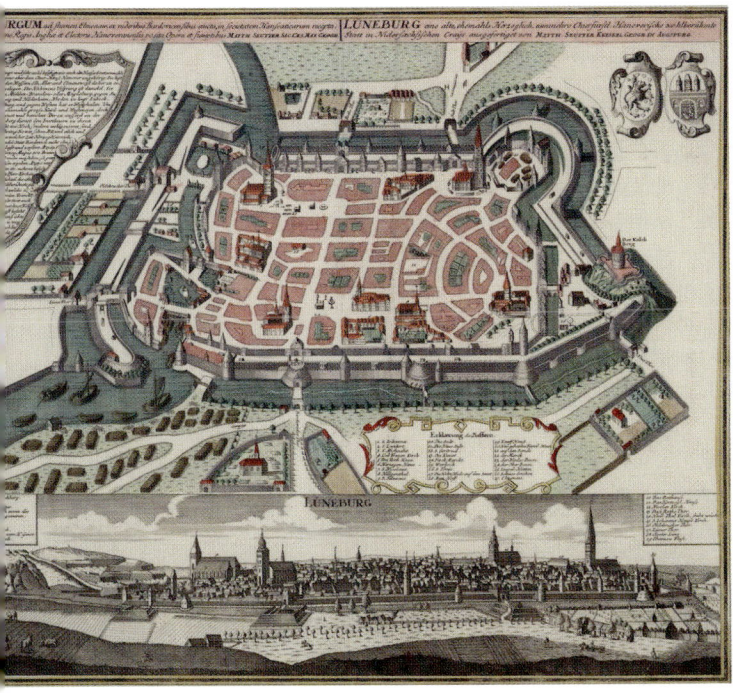

Lüneburg um 1740.

Die Schüler in der Michaelisschule wurden zu Gehorsam, Fleiß, Bescheidenheit und Frömmigkeit erzogen. Neben Latein, Griechisch, Theologie, Logik, Rhetorik und Philosophie stand auch die Dichtkunst auf dem Lehrplan. Die Mettensänger erhielten, zusätzlich zu ihrem kleinen Taschengeld, freie Unterkunft im Kloster sowie kostenlose Verpflegung und Unterricht.

Mit Beginn des Stimmbruchs verlegte sich der junge Bach vom Singen aufs instrumentale Musizieren und begleitete den Chor auf Violine und Cembalo. Bach muss bereits als etwa 13-Jähriger über ein außerordentlich hohes musikalisches und spieltechnisches Niveau verfügt haben, denn 2006 wurden in der Weimarer Anna-Amalia-Bibliothek Abschriften von zwei anspruchsvollen Orgelwerken gefunden, die er als Schüler in Lüneburg und Ohrdruf angefertigt hatte.

Von Lüneburg zog Bach nach Arnstadt, Mühlhausen und Weimar, wo ein Großteil seiner berühmten Orgelwerke entstand. Umfangreiche Kompositionen für Chor mit Orchester (Messen, Passionen und Kantaten) schuf Bach vor allem ab 1723 als Thomaskantor in Leipzig.

Es müssen nicht immer Drums sein: Musikexperimente auf den Musiktagen in Hitzacker.

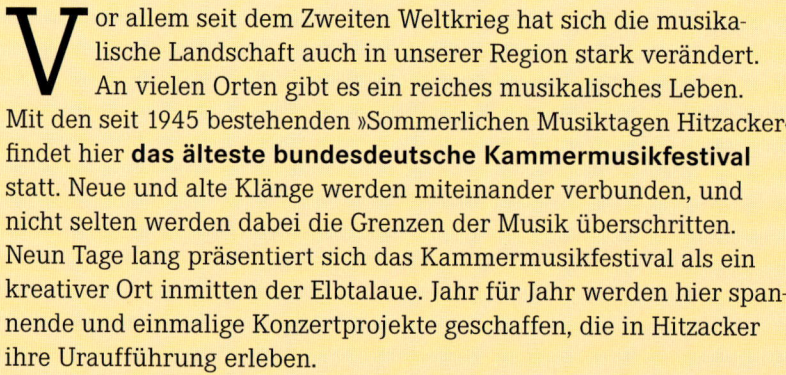

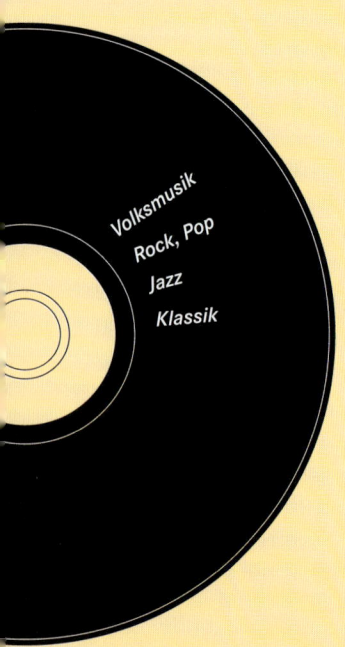

Volksmusik
Rock, Pop
Jazz
Klassik

Musikleben heute

Vor allem seit dem Zweiten Weltkrieg hat sich die musikalische Landschaft auch in unserer Region stark verändert. An vielen Orten gibt es ein reiches musikalisches Leben. Mit den seit 1945 bestehenden »Sommerlichen Musiktagen Hitzacker« findet hier **das älteste bundesdeutsche Kammermusikfestival** statt. Neue und alte Klänge werden miteinander verbunden, und nicht selten werden dabei die Grenzen der Musik überschritten. Neun Tage lang präsentiert sich das Kammermusikfestival als ein kreativer Ort inmitten der Elbtalaue. Jahr für Jahr werden hier spannende und einmalige Konzertprojekte geschaffen, die in Hitzacker ihre Uraufführung erleben.

Die Niedersächsische Stipendiatenstätte **Künstlerhof Schreyahn** bietet seit ihrer Gründung 1979 *Schriftstellern* und *Komponisten* längere Stipendienaufenthalte und führt Veranstaltungen durch. Der Künstlerhof liegt im **Rundlingsdorf** Schreyahn im Hannoverschen Wendland und bietet Wohn- und Arbeitsmöglichkeiten für deutsche und ausländische Künstlerinnen und Künstler in den Bereichen Komposition und Literatur. Zahlreiche Autoren haben hier Texte verfasst, in denen sich das Wendland mit seinen Traditionen und Schönheiten, aber auch mit seinen Krisen und Problemen spiegelt.

Und natürlich gibt es auch **Pop- und Rockfestivals** oder **Jazz-Tage** sowie Volksmusik-Feste, die zum Teil schon auf langjährige Traditionen zurückblicken können.

Celler Schlosstheater

»Hier wo umb uns der
bunte Frühling blüht /
Und durch dieß Thal
mit frischen Augen
sieht / Last uns ihr
frohen Hirten / Auff
unsern Weyden / Von
da biß dort umb jene
Püsch und Heiden /
Ein Kurzweil-Spiel
beginnen ...«

Aus einem »Singe-Spiel«
aus dem Jahr 1662, verfasst
von Herzog Anton Ulrich,
der in Hitzacker geboren
wurde.

Alles Theater

Theater, so wie wir es heute kennen, gab es im Fürstentum Lüneburg früher fast nur für den Adel. Auf Märkten gab es zwar kleinere Aufführungen von eher derb-volkstümlichem Charakter, dargeboten von umherziehenden Schauspieltruppen und von **Bänkelsängern**. Aber der Genuss eines Schauspiels im Saal mit Bühne und Vorhang und allem Drum und Dran fehlte im ländlichen Raum.

Auch am Theater kann man geschichtlichen und gesellschaftlichen Wandel ablesen. Zunächst wurden vorrangig italienische oder französische Schauspieltruppen für die exklusive Hofgesellschaft engagiert. Als auch die Bürgerlichen im Umfeld des Hofes – beispielsweise Offiziere und Beamte mit ihren Gattinnen – in den Genuss solcher Aufführungen kamen, veränderte sich das Programm von der reinen Unterhaltung hin zur Pflege des guten Geschmacks und bekam durchaus **erzieherische Aufgaben**. Zum Beispiel wurden hier die feinen Sitten vorgeführt, die im täglichen Umgang erwünscht waren. Erst im 19. Jahrhundert konnten auch breitere Schichten des Bürgertums die Schauspiele auf den Bühnen sehen. Entsprechend änderten sich die Stücke, ihre Inhalte und die *gesellschaftspolitischen Zielrichtungen*.

Erst seit dem 20. Jahrhundert gibt es staatliche, städtische und private Bühnen und Theatervereine, die meistens mit der Hilfe von öffentlichen Geldern arbeiten.

Im fürstlichen Residenzschloss Celle wurde bereits im 17. Jahrhundert ein Theater gebaut. Heute ist es das älteste noch immer bespielte **Barocktheater** Deutschlands. Ausschließlich die Herzöge von Braunschweig-Lüneburg-Celle und ihr großer Hofstaat hatten Zutritt zu Komödien, italienischen Opern und heiteren Singspielen.

Das Lüneburger Theater hat mittlerweile drei Spielstätten: Das Große Haus, die Studiobühne T.NT und die Junge Bühne T.3. Das Studio T.NT (Theater, Neues Theater) hat 99 Plätze und ist der Raum, in welchem etwas anderes Theater gemacht wird. Im Jungen Theater wird ein vielfältiges Programm geboten, und aufgrund der modernen Bauweise lassen sich auch ungewöhnliche Stücke umsetzen.

Musik und Theater

Seit dem Ende des 18. Jahrhunderts waren dann auch Bürgerinnen und Bürger Celles im Theater als Zuschauer zugelassen. Zunächst gab es hier kein festes Ensemble, also keine dauerhaft angestellten Schauspieler. Schauspieltruppen reisten aus Hannover, Bremen, Braunschweig und Berlin nach Celle und zeigten dort Komödien, Opern und Ballett. Die Aufführungen wurden jedoch immer seltener, bis man 1890 den Spielbetrieb ganz einstellte. Erst 1935 öffnete das Theater nach einer grundlegenden Instandsetzung erneut, musste jedoch bei Kriegsende 1945 wieder schließen. Im Jahre 1950 gründeten Bürger der Stadt Celle einen Verein mit dem Zweck, den Spielbetrieb auf der Bühne im Celler Schloss neu aufzunehmen. Dieser Verein ist seither Träger des Theaters. Seit 1957 wird es wieder ganzjährig und mit einem eigenen Ensemble bespielt – im schmucken barocken Umfeld.

Auch Lüneburg, als zweite große Stadt in unserer Region, leistet sich ein Theater mit eigenem Ensemble. Das Lüneburger Theater nahm wenige Monate nach Ende des Zweiten Weltkriegs mit Konzerten, Varieté- und Schauspielaufführungen seinen Betrieb auf – zunächst in einer Turnhalle und unter Duldung der englischen Militärregierung. »Nathan der Weise« und das »Weiße Rössl« waren die ersten »Renner« auf dem Spielplan. Ab 1961 war dann »An den Reeperbahnen« das ehemalige Truppenkino zu einem modernen Theater umgebaut worden. Spätere Um- und Anbauten haben ein funktionsfähiges Haus geschaffen.
Kleine Bühnen und Theatergruppen bereichern das Theaterleben ebenso wie Gast- oder Festspiele.

Das *Festival der Autostadt Wolfsburg* ist eines der wichtigsten Ereignisse der **modernen Tanzkunst**. Es wird erweitert durch Konzerte von Klassik über Jazz bis Pop, durch Lesungen, Kunst-Gespräche und Workshops. Kunst und Kultur bewegen hier im wahrsten Sinne des Wortes.

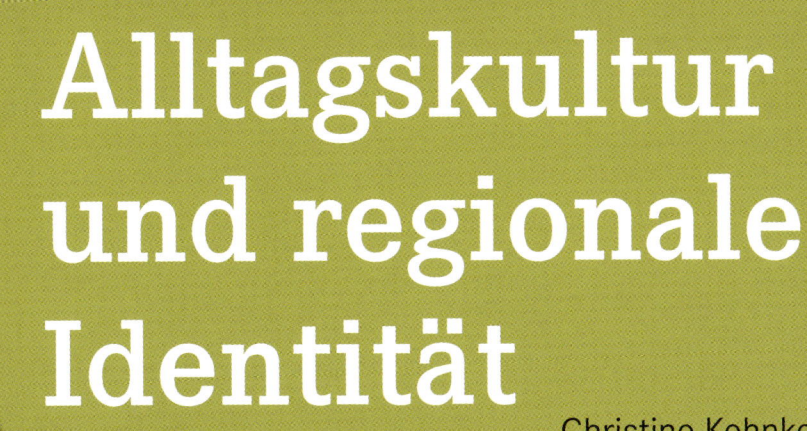

Alltagskultur und regionale Identität

Christine Kohnke
Andrea Hoffmann

Christine Kohnke

Alltagskultur und regionale Identität

sende Bild von zuhause

Heimat – was ist das?

Heimat hat viele Facetten. Zunächst bezeichnet das Wort ganz einfach den **Ort**, an dem man **zuhause** ist, wohnt, lebt, zur Schule geht oder arbeitet. Früher war für die meisten Menschen Heimat der Ort, an dem sie *geboren* worden sind und an dem sie wahrscheinlich auch *begraben* sein würden. Das hat sich im Lauf der Zeit geändert, weil die Menschen öfter umziehen und Familien nur noch selten über Generationen an ein und demselben Ort wohnen bleiben.

Dann ist Heimat auch **der vertraute Nahraum**, bei dem vieles so selbstverständlich erscheint, dass man gar nicht mehr darauf achtet. *Fachwerk* und *Backsteinhäuser* – aber klar doch, überall. Die Wälder? Na, Wälder eben, mit Bäumen. Dass es überwiegend *Kiefern*, an manchen Orten gemischt mit Laubbäumen, sind, fällt uns erst auf, wenn wir zum Beispiel in den Schwarzwald reisen, wo der Nadelwald aus vielen dunklen Tannen und Fichten besteht. Auch, dass die älteren Häuser in anderen Gegenden anders aussehen als hier, merken wir erst, wenn wir bewusst hinschauen.

Beim Kartoffelfest Wulfsode, Landkreis Uelzen. Kinder mit ihrem Kartoffelstand, angeboten wird die Sorte Linda.

Kartoffelsalat
Pellkartoffeln
Kartoffelbrei
Bratkartoffeln
Salzkartoffeln
Kartoffelpuffer

Elbfische

Aal

Zander

Hecht

Barsch

Butt

Wels

Heimat – was ist das?

Den typischen **»Geschmack« der Heimat** gab der Boden vor: Die regionale Esskultur war von dem geprägt, was vor Ort angebaut wurde. In der Heide waren dies vor allem Hafer, Roggen und Buchweizen. Die beliebte **Buchweizentorte** erinnert heute daran. Später baute man Kartoffeln an. Noch heute werden bei uns mehr **Kartoffeln** gegessen, als etwa im Süden Deutschlands, wo man Nudelgerichte bevorzugt. Eine der größten und ältesten Fabriken für Kartoffelchips steht in Hankensbüttel am Rande der Südheide.

Bis in die 1920er Jahre hinein bereicherte die *Elbfischerei* die Speisezettel mit frischem **Fisch**. Bei gutem Fang belieferte man von hier aus sogar die Märkte in Lüneburg, Altona und St. Pauli. Nach dem Zweiten Weltkrieg haben sich die Essgewohnheiten stark verändert und – auch weil nun weite Transportwege möglich sind – überregional angeglichen.

Auch Wandel und Veränderung gehören zur Heimat. Im Laufe der Zeit hat sich das Bild, das die Menschen von der Heide und dem Wendland haben, stark verändert. Die sogenannte Heimatbewegung des ausgehenden 19. und frühen 20. Jahrhunderts hat dieses Bild prägend mitgestaltet. Sie verstand unter Heimat mehr als nur einen Ort und ein Zuhause. Heimat sollte zu einem umfassenden **Gefühl von Zusammengehörigkeit** werden. Es ist gut, sich zugehörig, vertraut und zu Hause zu fühlen. Schwierig wird es allerdings, wenn das Heimatgefühl und die Vorstellung von »Heimat« benutzt werden, um andere auszugrenzen oder abzuwerten. Dann kann »Heimat« auch »unheimlich« werden.

»Wir sind die Niedersachsen ...«
und »Wi snackt platt ...«

Im Fremdenverkehr gibt es sie noch: **Die Heidjer**. Die alte Bezeichnung für die Bewohner der Lüneburger Heide lebt weiter in verschiedenen touristischen Angeboten, ansonsten aber ist sie aus unserem Sprachgebrauch verschwunden.

Würden Schüler sagen »Wir sind die Heidjer«? Bestimmt nicht. Im offiziellen Sprachgebrauch wird dieses »Wir« jedoch gerne verwendet. »Wir sind die Niedersachsen« heißt es etwa im Niedersachsenlied – das übrigens geschrieben wurde, lange bevor es ein Bundesland Niedersachsen gab. **Wer ist eigentlich gemeint mit diesem »Wir«?** So genau kann man das nicht beantworten. Denn mit den Veränderungen, denen die Gliederung der Region ebenso wie die Landschaft im Laufe der Zeit unterworfen war, hat sich dieses »Wir« immer wieder mitverändert. Das Bundesland Niedersachsen entstand ja erst 1946, nach dem zweiten Weltkrieg. Es wurde aus den vier bis dahin eigenständigen Ländern *Braunschweig, Oldenburg, Hannover und Schaumburg-Lippe*, die jeweils wiederum kleinere Regionen mit ihren eigenen Traditionen bargen, zusammengefügt. Eine dieser Regionen ist das **Gebiet des ehemaligen Fürstentums Lüneburg**.

Das Lager Uelzen, Bohldamm, um 1947. Die Zelte der Anfangszeit sind bereits Baracken gewichen.

Nach dem zweiten Weltkrieg fanden sehr viele deutsche Flüchtlinge aus Osteuropa eine neue Heimat in Niedersachsen. Ihre erste Anlaufstelle in Norddeutschland war das Notaufnahmelager Uelzen-Bohldamm. Allein im Jahre 1946 durchliefen mehr als 800.000 Menschen dieses Lager. Bis zu seiner Schließung 1963 waren es mehr als vier Millionen, unter ihnen auch viele Bürger der sowjetischen Besatzungszone und späteren DDR.

Das Niedersachsenlied gibt es inzwischen auch auf Türkisch. Übersetzt und als CD aufgenommen hat es die Grüne Fraktion des niedersächsischen Landtags in Hannover. Sie wollte darauf aufmerksam machen, dass heute zu den Niedersachsen auch Menschen ausländischer Herkunft gehören.

Sprache ist ebenfalls ein wichtiges Bindeglied, welches das Gefühl der Zugehörigkeit definiert. Es gibt Dialekte und Regionalsprachen, wie beispielsweise das Niederdeutsche.

INFO

Wi snackt platt ...

Im Norden Deutschlands wird neben dem offiziellen Hochdeutsch die alte Regionalsprache Niederdeutsch gesprochen, die auch als »Plattdeutsch« bezeichnet wird. Sie hat ihre Wurzeln in der Sprache der Alt-Sachsen. Zur Zeit der Hanse, die 1358 gegründet wurde, verwendete man das Lübecker Plattdeutsch als Handelssprache im Nord- und Ostseeraum. Aber mit dem Niedergang dieser international agierenden Handelsorganisation und dem Erstarken der Nationalstaaten am Beginn des 16. Jahrhunderts wurde in den Amtsstuben und Schulen die niederdeutsche Sprache durch Hochdeutsch ersetzt. Plattdeutsch mit seinen vielen Dialektvarianten wurde die gesprochene Sprache für Zuhause und die unmittelbare, alltägliche Umgebung und Begegnung ohne eine einheitliche Schriftsprache. Bis zum Ende des Zweiten Weltkrieges war sie trotzdem für viele Menschen in unserer Region die Muttersprache. Seitdem hat sich die Situation völlig verändert. Jüngere Menschen sprechen kaum noch Platt. Allerdings werden sich die Menschen zunehmend bewusst, dass damit ein altes Kulturgut verloren geht, und es gibt Bemühungen, die niederdeutsche Sprache zu bewahren und zu fördern.

Seit 1900 hat Prof. Dr. Eduard Kück (1867–1937) mit vielen Mitarbeitern den Wortschatz der Lüneburger Heide und ihrer Randgebiete systematisch erfasst, um ihn der Nachwelt zu erhalten. Er schuf das »Lüneburger Wörterbuch« – eine Fundgrube für alle, die sich für das heimische Plattdeutsch interessieren. Seit 1948 gibt es die »Bevensen-Tagung«, auf der Autoren, Wissenschaftler, Verleger sowie Vertreter niederdeutscher Vereinigungen und Medien gemeinsame Aktivitäten planen und durchführen.

Herbert Timm

SPURENSUCHE

Rundlingsmuseum Wendlandhof Lübeln
Im Parum-Schultze-Haus wird aus der »Wendlandchronik« berichtet.

A ndere Sprachen sind in Vergessenheit geraten. In unserer Region gehört das **Wendische** dazu. *»Ich bin ein Mann von 47 Jahren, wenn mit mir und dennoch drey Personen es vorbey in unserem Dorf, alsdann wir[d] wohl niemand recht wissen, wie ein Hund auf Wendisch genannt wird.«* Dies schrieb Johann Parum Schultze, Dorfschulze (Vorsteher) des kleinen wendländischen Ortes Süthen, im Jahre 1725. Parum Schultzes Muttersprache war das Wendische, Deutsch hatte er als Fremdsprache hinzugelernt. Er hat uns als Vermächtnis eine Chronik hinterlassen. Noch heute erinnern in den Landkreisen Lüchow-Dannenberg und Uelzen viele Orts- und Flurnamen an die einstige wendische Besiedlung. Von dem Namen des Höhenzuges Drawehn ist die Bezeichnung »Dravänopolabisch« für die wendische Sprache abgeleitet. Manche wendischen Namen hören sich für uns heute lustig an, so wie **Waddeweitz**, **Meuchefitz** oder **Salderatzen**.

»Snucken brukt wi nu nich mehr, nu heft wi de Hamborgers« – Menschen sehen die Heide

Lüneburg 524 Orte

Sand und Heide und kaum Fortschritt in Sicht

>> *Alles ist leer, trocken und kalt. Man sieht hier nicht einmal, wie in Arabien, Beduinen umherstreifen oder Pilger und Karawanen durch die Wüste ziehen. Man könnte, wenn man blind wäre, halbe Tage umherirren ohne sich an etwas zu stoßen da ist nichts als Sand, Heide, Moor, umgeben von Tannen und Fichtenwäldern.«* So ist in einem Schulbuch von 1903 die Lüneburger Heide beschrieben worden.

Stade 117 Orte

Hildesheim 93 Orte

Hannover 66 Orte

Osnabrück 40 Orte

Aurich 32 Orte

Endlose Weite, Sanddünen, Heidekraut, ein paar Wacholderbüsche und Heidschnucken – so etwa sah es um die Wende vom 19. zum 20. Jahrhundert hier aus. Deshalb galt die Lüneburger Heide über einen langen Zeitraum als **öde Gegend**, in der vor allem arme Bauern lebten. Und wirklich war die Gegend *äußerst dünn besiedelt*. Es gab hier besonders viele kleine und **kleinste Siedlungen**. 1900 zählte man im damaligen Regierungsbezirk Lüneburg 524 Ortschaften mit weniger als 100 Einwohnern. So viele kleine Dörfer gab es in keinem anderen Regierungsbezirk der damaligen Provinz Hannover!

Provinz Hannover
Orte und Weiler mit weniger als 100 Einwohnern im Jahr 1900 in den damaligen Regierungsbezirken

Größere Städte gab es bis ins 19. Jahrhundert hinein nur am Rande der Heide, wie etwa das schnell wachsende Harburg, und an den wichtigen Verkehrswegen wie Celle, Uelzen oder Lüneburg.

Vom Landtagsplatz Hösseringen konnte man im Jahr 1902 auf ausgedehnte Heideflächen sehen. Im Hintergrund die ersten Reihen von Kiefernaufforstungen. Das Foto entstand bei der Aufstellung eines Gedenksteines am Landtagsplatz durch die Lüneburger Ritterschaft. Heute erstreckt sich hier Wald.

Der Landtagsplatz um 1908. Im Hintergrund ist zu sehen, dass die Kiefern bereits ein gutes Stück gewachsen sind.

»*Fern der Stadt bewegtem Treiben*
Waltet rings ein seliger Friede,
Der gefangen nimmt die Seele,
Und sich aufwärts drängt im Liede.

Sei gegrüßt, mein trautes Dörfchen,
Da in diesen Sommertagen
Stadtluftmüde meine Lieben
Ihre Heimstatt aufgeschlagen«!

August Freudenthal, um 1890

Postkarte der Lüneburger Heide von 1914.

Großstädter entdecken die Heide –
eine neue Wahrnehmung entwickelt sich

Welch ein Gegensatz: Die rückständige Heide und dicht dran Hamburg, der Welthandelsplatz!
Wie andere Großstädte auch hatte Hamburg im 19. Jahrhundert einen enormen Menschenzulauf zu verkraften. Medizinische Fortschritte und verbesserte hygienische Bedingungen hatten in Westeuropa zu einem starken Bevölkerungsanstieg geführt. Die Kindersterblichkeit nahm ab und die Menschen lebten länger. Die Produktion von Nahrungsmitteln hielt mit dieser Entwicklung aber zunächst nicht Schritt, so dass es zu **Armut und Hunger** kam. Viele Menschen wanderten damals in die »neue Welt«, nach Amerika, aus, oder sie *suchten ihr Glück* in den schnell wachsenden Städten.
Mit dem Anstieg der landwirtschaftlichen Produktion seit etwa 1850 nahm die Auswanderungsbewegung nach Amerika ab, der Ansturm auf die Städte aber hielt unvermindert an. Hier fanden die Menschen Arbeit in Fabriken.
Viele Menschen lebten auf engstem Raum zusammengedrängt, oftmals unter katastrophalen Lebensbedingungen. Arbeiterfamilien hatten oft nur einen einzigen Raum als Wohnung. Kein Wunder, dass die »öde Heide« mit ihrer **Weite und Ruhe** mit einem Mal als **idyllisch, gesund, frei und schön** empfunden wurde.

Gebildete Großstädter und Künstler waren die ersten, die die Heide für sich entdeckten – als Rückzugsort und als Gegenstand künstlerischer Auseinandersetzung.

Gemüsemarkt
auf dem Hamburger
Hopfenmarkt
um 1900.

Maler entdecken die Heide

Zunächst waren es die Reiseberichte, in denen der Lüneburger Heide auch Reizvolles abgewonnen wurde. Doch erst die Maler der ersten Hälfte des 19. Jahrhunderts beschäftigten sich intensiver mit dieser Landschaft. Sie machten die Heide, die zuvor höchstens als Hintergrund für herzogliche Jagdbilder gedient hatte, zum eindrucksvollen Motiv.

Vorreiter war **Christian Morgenstern** (1805–1867). *»Wo Tausende teilnahmslos vorübergingen, da sah er eine Fülle von Schönheit, und gerade die anspruchslosesten Stellen in der Landschaft schlossen ihm entzückende Reize auf.«* So hieß es in der Würdigungsrede nach seinem Tod. Seine Motive fand Morgenstern vor allem bei Ehestorf im heutigen Landkreis Harburg. Er war einer der ersten norddeutschen Maler, die sich von der idealisierten Landschafts-

malerei abwendeten und die realistische Landschaft mit all ihren Formen und Zufälligkeiten abbildeten. Deshalb zog er zum Malen vor die Tore Hamburgs. Doch Morgensterns eigener Einfluss auf die Motivwahl der Zeit musste schon deshalb begrenzt bleiben, weil er früh die Heimat verließ. Anders verhält es sich mit seinem Malerfreund Hermann Kaufmann, der mit Unterbrechungen in Hamburg blieb. Er reiste über Jahre im Sommer in die Hamburger Umgebung Holsteins und der nördlichen Lüneburger Heide. Jedoch waren seine Werke keine reinen Landschaftsbilder, sondern sie schildern **idyllische Menschen- und Tierszenen** in der Landschaft.

Valentin Ruths,
Die Heide bei Bispingen,
um 1885

Albert König (1881–1944) Der Heidemaler

Kaum ein Künstler ist dauerhaft so sehr mit der Heidelandschaft verbunden wie der in Eschede (Landkreis Celle) geborene Albert König. Aus ärmlichen Verhältnissen stammend, machte er zunächst eine Malerlehre, bevor er sich der Kunstmalerei zuwenden konnte. In Düsseldorf, München und Berlin besuchte er Kunstschulen und nahm Unterricht, unter anderem bei dem berühmten Maler **Lovis Corinth** (1858–1925). Ab 1911 lebte er als freischaffender Künstler in seinem Heimatort Eschede. Seine **Holzschnitte** und Gemälde brachten ihm große Anerkennung im In- und Ausland.
1927 siedelte der Künstler nach Unterlüß über. In der folgenden Zeit zog er sich sehr zurück. Die Natur wurde zum vorherrschenden Thema in seiner Kunst. Es entstanden eindrucksvolle Baumporträts und Naturstudien in den benachbarten Kieselgurgruben.
In den 1930er Jahren verweigerte er die Aufnahme in die Reichskulturkammer und zeigte damit, dass er das NS-Regime ablehnte. In seinem ehemaligen Wohnhaus in Unterlüß befindet sich heute das **Albert-König-Museum**. Hier sind in wechselnden Ausstellungen seine vielfältigen Werke zu sehen.

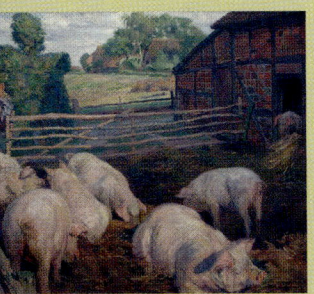

Hugo Friedrich Hartmann:
Schweinebucht, um 1905

Nach ihnen diente die Heidelandschaft vielen Künstlern als eigenständiges Motiv. Zu nennen sind hier Maler wie **Martin und Johann Gensler** sowie **Valentin Ruths**. Ein Bindeglied zwischen den Künstlern und ihrem Publikum war der Hamburger Kunstverein, der aus einer kleinen Gruppe von Bürgern hervorging, die sich ab 1817 regelmäßig trafen. Er zeigte 1826 die erste Ausstellung, die den Beginn eines laufenden Ausstellungswesens – und damit der Verbreitung der Kunstwerke – markierte.

Mit der Wende zum 20. Jahrhundert verbreitete sich auch hierzulande ein neuer Kunststil: der Impressionismus. Draußen in der Natur fingen die Künstler *Lichteffekte* ein. Mit flüchtig wirkenden *Tupfen und Strichen* in kräftigen, meist reinen Farben hielten sie ihre **»Impressionen« (Eindrücke)** im Bild fest. Eine neue Künstlergeneration steht für diese Entwicklung, unter ihnen der Bardowicker Maler Hugo Friedrich Hartmann (1870–1960), der sich später allerdings der naturnahen Freilichtmalerei zuwendete. Sein Freund, der in Schneverdingen geborene Maler und Grafiker Frido Witte (1881–1965), widmete sich neben der **Landschaftsmalerei** vor allem dem bäuerlichen Leben in der Heide. Seine Arbeit sah er als Beitrag zur Heimatschutzbewegung an.

Die Lüneburger Heide zog weitere Künstler an. So kamen seit 1900 beispielsweise die **Mitglieder des Hamburger Künstlerclubs** von 1897 zu regelmäßigen Sommeraufenthalten, zunächst nach Drage an die Elbe und dann nach Bardowick, Hittfeld und Eddelsen.

»Kopfweiden« 1922/23

»Baumruine« 1923

Das Atelier des Künstlers im
Albert-König-Museum Unterlüß.

Der Künstler hat sich ab 1928 fast ausschließlich der Darstellung von Bäumen, Baumgruppen und Waldszenen aus seiner Umgebung gewidmet, diese Konsequenz ist in der Kunst des 20. Jahrhunderts einmalig.

»... die Heide kam in Mode. Es regnete Menschen, es hagelte Volk. Sie kamen, wenn die Heide blühte, in hellen Haufen angezogen, zu Fuß und zu Rad und zu Wagen, rissen das blühende Heidkraut ab, fragten den Schnuckenschäfer dumm und albern, gaben mit weißer, roter und blauer Kreide auf den grauen Steinen an, dass sie Meyer, Müller oder Schulze hießen und hinterließen stets eine Unmenge von Wurstpellen, Eierschalen, Stullenpapier ...«

Hermann Löns, Das Naturdenkmal, um 1909

Hermann Löns

Die Heide in Dichtung und Literatur

Nach der Stille hatte ich Sehnsucht, und nach der Weite«, schreibt **Hermann Löns** (1866–1914) um 1900. Der unter anderem in Hannover lebende Journalist und Schriftsteller war schon zu Lebzeiten ein Star, seine Natur- und Heimatgeschichten waren Bestseller. Sie machten die Heide, zu der auch das Wendland gezählt wurde, berühmt.

So wie Löns entdeckten viele weitere Autoren die Schönheit der Heide und beschrieben sie in unzähligen Gedichten, Erzählungen und Romanen. Vor allem die literarischen Landschaftsbeschreibungen des Bremer Journalisten und Schriftstellers **August Freudenthal** (1851–1898) waren es, die Ende der 1880er Jahre den Stadtbewohnern Lust machten auf die als ursprünglich wahrgenommene Landschaft und ihre Bewohner. Freudenthal wuchs in Fintel bei Soltau auf, seine »Heidefahrten« können als **erster Reiseführer durch die Heide** gelten. August Freudenthal gab zusammen mit seinem Bruder Friedrich die heute noch bestehende »Zeitschrift Niedersachsen« heraus, die mittlerweile vom Niedersächsischen Heimatbund mitbetreut wird.

Bucheinband »Die Heide« von August Freudenthal, Bremen 1890, und Lesezeichen.

Hermann Löns (1866–1914) Heidedichter und Naturfreund

Ob Löns-Apotheke, Löns-Krug oder Hermann-Löns-Straße, ob Gedenkstein oder Erinnerungstafel – in vielen Orten unserer Region wird an den »Heidedichter« erinnert.

Hermann Löns kam 1866 in Westpreußen zur Welt und hatte 13 Geschwister. Nach dem Abitur begann er ein Studium, wechselte aber mehrfach das Studienfach und den Studienort und verließ schließlich die Universität ohne Abschluss. Anschließend arbeitete er für verschiedene Zeitungen.
Von Hamburg aus begann er als 26-Jähriger seine Entdeckungstouren in die Heide, die ihn begeisterte. Ab 1893 lebte und arbeitete Hermann Löns in Hannover, wo er unter anderem unter dem Künstlernamen »Fritz von der Leine« humoristische und spitzzüngige kurze Texte schrieb. Seit 1909 arbeitete er als freier Schriftsteller.

Hermann Löns muss ein sehr widersprüchlicher Mensch gewesen sein – der **naturverbundene Jäger** und der **städtische Schönling**, der heimatliebende Heidewanderer und Tierfreund und der hannoversche Redakteur.
Heute bringen viele Menschen Heideromantik und heile Welt mit Löns' Namen in Verbindung. Aber er war auch ein innerlich zerrissener Mensch, unsicher, manchmal maßlos. Beim Schreiben konnte er sich in eine Scheinwelt hineinsteigern. In seinen Bauernromanen entwarf er eine Welt aus Gut und Böse, auch mit fremdenfeindlichen Bekundungen. Andererseits hat er liebevolle und sprachlich außerordentlich schöne Naturschilderungen geschrieben und auf witzige und unterhaltsame Weise seine Zeit charakterisiert. Ein Mensch voller Gegensätze – so wie seine Epoche.

Bei Ausbruch des Ersten Weltkriegs 1914 meldete sich Hermann Löns freiwillig zum Militär und ist schon wenige Wochen später, am 26. September, in der Nähe von Reims in Frankreich gefallen. Erst 1933 fand ein französischer Bauer beim Pflügen ein Skelett und die Erkennungsmarke von Hermann Löns. Da man nun annahm, die Gebeine gehörten dem verehrten Schriftsteller, wurden sie 1934 nach Deutschland gebracht und zunächst bei Barrl (bei Schneverdingen) beerdigt. 1935 bettete man den Leichnam um nach Tietlingen bei Walsrode, wo sich Löns früher sehr gerne aufgehalten hatte. Dort befindet sich nun unter einem Findling das Löns-Grab. Auf dem Grabstein steht sein Vers: »Laß Deine Augen offen sein / geschlossen Deinen Mund / und wandle still, so werden Dir / geheime Dinge kund.«
Nicht zuletzt wegen seiner nationalistischen Romane, insbesondere »Der Wehrwolf«, vereinnahmten die Nationalsozialisten Hermann Löns für ihre Zwecke. Seine Naturbeschreibungen und die Darstellungen des Bauernlebens bezeichneten sie als »gesunde« Literatur.

Im **Löns-Zimmer im Heidemuseum Walsrode** kann man Einrichtungsgegenstände von Hermann Löns und eine Sammlung seiner Werke besichtigen.

**Im Heide-Erlebnis-
zentrum in Undeloh**
werden viele Themen
rund um die Heideland-
schaft vorgestellt. Die
moderne Ausstellung
schlägt den Bogen von
der Eiszeit, die unserer
Landschaft ihr Aussehen
gegeben hat, bis in die
Gegenwart. Es geht um
die Arbeit der Heide-
bauern, Schäfer und
Imker und natürlich um
die »Besenheide«. Ihren
Lebensraum – und damit
den vieler Tierarten –
zu erhalten, ist die
Aufgabe, vor der Land-
schaftspfleger heute
stehen. Gleich hinter
dem Haus erstreckt sich
das Naturschutzgebiet
Lüneburger Heide.

»de Hamborgers« kommen

Den Schriftstellern und Malern folgten bald die **reiselustigen
Bürgerinnen und Bürger**: Die Heide versprach Natur-
erlebnisse und Begegnungen mit »einfachen Landleuten«.
Hier konnte man den Einflüssen der Industrialisierung und der
städtischen Enge entkommen. Ausflügler und Urlauber kamen mit
Rucksack und Stiefeln, mit dem Fahrrad oder mit der Kutsche. Sie
reisten mit der Eisenbahn oder mit Postbussen aus den Städten an.
Zu Beginn des 20. Jahrhunderts fuhren zur Zeit der **Heideblüte** von
Hannover aus Sonderzüge und brachten Besucher zu dem Natur-
schauspiel. Über zehntausend Menschen reisten täglich an! Der
moderne **Heidetourismus** begann. In den Dörfern entstanden neue
Wirtshäuser und erste Cafés. So mancher Bauernhof stellte einen
Teil seines Betriebes auf »Fremdenverkehr« um. Wie vormals die
Schafherden wurden nun Reisende und Urlauber als wichtige Einnahmequelle betrachtet: »Snucken brukt wi nu nich mehr, nu heft
wi de Hamborgers« – »Heidschnucken brauchen wir nun nicht mehr,
wir haben jetzt die Hamburger« (als Einnahmequelle), soll damals
ein Heidebauer gesagt haben.

Die Postkartenidylle lebt weiter?

Im Fremdenverkehr lebt bis heute neben der modernen Heide-
vermarktung auch das Bild der alten Heidelandschaft weiter.
Erlebbar ist es nach wie vor anhand einiger großer Heideflächen,
etwa in der Ellerndorfer Heide. Die größten zusammenhängenden
Heideflächen liegen im **Naturpark Lüneburger Heide** rund um
Wilsede und in den Truppenübungsplätzen bei Munster und Bergen.

Heimatfilme Filme in der Region

»Die Heide, die weite, einsame, über die der Sturm schreitet und das Heer tintenblauer Gespensterwolken, wandernd von Ewigkeit zu Ewigkeit, die weite nordische Heide mit ihrem eintönigen zerzausten Gestrüpp, ... sie weiß Geschichten zu erzählen, süße, leidenschaftliche, dämonisch-unheimliche, dem, der sie zu belauschen vermag.«
So wurde der Film »Zur Chronik von Grieshuus« 1925 im Illustrierten Filmkurier angekündigt. Es war der erste Film, der nachweislich in der Heide gedreht wurde.

Filme in der Region

Die Alpen, der Schwarzwald und die Heide gaben lange Zeit eine ideale Kulisse für Heimat-filme ab. Diese Kinofilme spielten stets im ländlichen Umfeld und sollten – vor allem in den 1950er Jahren – das Bild einer heilen Welt zeigen. Das war gerade in Zeiten, die für die Menschen schwierig waren, wichtig. Zwischen den 1930er bis 1950er Jahren entstanden mehrere Heimatfilme mit großen Stars der damaligen Zeit in unserer Gegend.

Der erste Tonfilm entstand nach Motiven von Hermann Löns und heißt »Grün ist die Heide« (1932). Noch zwei weitere Male wurde dieser Stoff verfilmt: 1951 von Hans Deppe und 1972, wobei die letzte Verfilmung außer dem Titel nur noch die Hauptmotive Natur – Liebe – Musik mit den ersten beiden Filmen gemeinsam hat.

Neben Hermann Löns war auch die dem Nationalsozialismus zugewandte Heimatschrift-stellerin Felicitas Rose (1862–1938) eine Stichwortgeberin für entsprechende Kinofilme. In Anlehnung an »Heideschulmeister Uwe Karsten« entstand 1933 ein gleichnamiger Film, der 1954 in leicht veränderter Form neu gedreht wurde. Regisseur war wiederum Hans Deppe.

Die großen UFA-Filmstudios, zuvor das Herz der deutschen Filmindustrie, lagen in Potsdam-Babelsberg und damit nach 1945 in der Sowjetischen Besatzungszone und später in der DDR. Die Bendestorfer Filmstudios (Landkreis Harburg) waren die ersten Filmstudios, die nach Ende des Zweiten Weltkrieges wieder betrieben wurden. Im Filmmuseum in Bendestorf kann man einen Blick in mehr als sechs Jahrzehnte deutsche Filmgeschichte werfen.

Auch nachdem der große Boom abgeklungen war, gab die Region des ehemaligen Fürsten-tums Lüneburg immer wieder die Kulisse für Filmszenen ab. 1975 entstand im Landkreis Lüchow-Dannenberg der sozialkritische Film »Paule Pauländer« von Reinhard Hauff. Erst im Sommer 2008 war das versteckt liegende Schlösschen bei Eldingen Kulisse für Szenen in »Berlin 1936«.

Pflanzen

Tiere

Landschaft

Naturschutz hat viele Aspekte

Naturschutz in der Lüneburger Heide

Wilhelm Bode

Graue gehörnte Heidschnucke im Museumsdorf Hösseringen

Die **Heidschnucke**, das »Wappentier des Heidetourismus«, ist schon seit vielen Jahren weitgehend aus unserem Landschaftsbild verschwunden. Von den alten Außenschafställen, die früher die Heidelandschaft prägten, stehen nicht mehr viele und die Heideflächen selbst machen sich ebenfalls rar. Dort, wo früher die Lüneburger Heide ihrem Namen Ehre machte, erstreckt sich heute eines der größten Waldgebiete Deutschlands.

Die Heide braucht Schutz – und das wurde bereits um 1900 klar. Hermann Löns warnte damals vor dem Verlust dieser Kulturlandschaft, ebenso wie der als »Heidepastor« bekannt gewordene **Naturschützer Wilhelm Bode** (1860–1927):

Pfeife, Hut und ein stattlicher Leibesumfang – »Heidepastor« Wilhelm Bode war eine eindrucksvolle Persönlichkeit. Er ist als Retter der Heidelandschaft um Wilsede in die Geschichte eingegangen. 37 Jahre lang war der in Lüneburg geborene Bode Pastor in Egestorf im Landkreis Harburg. Bereits im Jahr 1906 hatte er mit Hilfe des Universitätsprofessors Andreas Thomsen für 6.000 Mark den **Totengrund bei Wilsede**, Landkreis Soltau-Fallingbostel, angekauft, um die dortige Heidelandschaft erhalten zu können. In Wilsede richtete er ein **Bauernmuseum** ein. Bode war Mitbegründer des 1909 gegründeten Vereins Naturschutzpark. In dessen Namen gelang es ihm ein Jahr später, durch Überzeugungskraft und geschickte Verhandlungen weitere Flächen um den Wilseder Berg zu erwerben. Der **Verein Naturschutzpark** sorgt noch heute, inzwischen gemeinsam mit der 2002 gegründeten *Stiftung Naturschutzpark*, für die Pflege, Erhaltung und den Schutz des weiträumigen Gebietes. Im Jahr 2007 wurde beschlossen, den ehemals rund 21.000 Hektar großen Park auf mehr als 107.000 Hektar zu erweitern. Damit zählt er zu den 20 flächenmäßig größten Parks in Deutschland.

Das niederdeutsche Hallenhaus war ein »Wohnstallhaus«: es barg die Wohnung der Menschen, den Stall des Viehs und den Speicher für die Ernte unter einem Dach (nach Bomann, 1927).

Alltag: Bauen, wohnen und leben auf dem Lande

Häuser erzählen vom Leben der Menschen

Vom niedern Herd aus dunkler Halle, Wo Menschen und Tiere wohnen alle. Und tritt er in den weiten Raum, Bedünkts ihn seltsam wie im Traum; Er sieht im magischen Schein Gestalten Geschäftig auf und nieder walten, Sieht dort zur rechten und zur linken Die Stirn der Rinder und Rosse blinken. Darüber schauen, wie vom Altan, Die Hennen mit ihrem Großsultan.

Karl August Meyer

Ganz anders als in der romantischen Darstellung von Karl August Meyer, entstanden um 1890, beschreibt der Franzose Mangourit auf einer Reise im Jahre 1803 die Wohnsituation in der Lüneburger Heide: »Ganze Familien mit bleichem Gesicht, mit zerfetzten Kleidern leben, essen, *schlafen im Stall ihres Viehs*! In der Nähe dieser wahren Katakomben sieht man einige dünne Roggen- und Gerstenhalme und hier und da ein Fleckchen mit Buchweizen.«

So unterschiedlich wie diese beiden Einschätzungen waren früher auch die Lebensumstände der Menschen. Es gab **reiche Bauern** und arme, es gab **Handwerker** und **Tagelöhner**, **Knechte** und **Mägde**, Soldaten und es gab auch vagabundierende Bettler.

Wie es um ihren Besitz bestellt war, das zeigten die Menschen früher so gerne wie heute auch mit ihren Häusern. Da gibt es den eindrucksvollen und aufwendig gestalteten **Brümmerhof**: 36 Meter lang und 13 Meter breit ist das 1644 erbaute Wohnhaus aus Moide im Landkreis Soltau-Fallingbostel. Seit 1980 steht es im *Museumsdorf Hösseringen*. Dort gibt es auch das **Kötnerhaus** von 1648 aus Bahnsen. Es ist gerade einmal halb so lang und war das Wohnhaus einer Familie mit wenig Landbesitz. Diese Menschen konnten von der Landwirtschaft allein nicht leben und mussten noch ein Handwerk, hier die Tischlerei, ausüben. Eines aber haben beide Gebäude gemeinsam: Es sind **niederdeutsche Hallenhäuser**.

Niederdeutsches Hallenhaus
in der Umgebung von Lauenburg
1866: Blick vom großen Einfahrtstor
auf die Diele. Im Hintergrund ist auf
dem Flett eine Herdstelle zu sehen;
eine Tür zum anschließenden Kammerfach ist geöffnet, dahinter eine
spinnende Frau. Rechts daneben
eine verschlossene Durchfahrt.

»Haus Oldendorf« von
1596 im Museumsdorf
Hösseringen mit dem
»Eulenloch« am Giebel.

SPURENSUCHE

**Freilichtmuseum am
Kiekeberg, Landkreis
Harburg**

Bauen, wohnen und leben

D as Hallenhaus ist eine Hausform, die weitgehend unverän-
dert vom hohen Mittelalter bis ins 19. Jahrhundert immer
wieder gebaut wurde. Kein Wunder: Sie war der bäuerlichen
Lebensweise gut angepasst. Unter einem Dach waren die **Wohnung**
für die Menschen, der **Stall** für das Vieh und auf dem Dachboden
der **Lagerraum** für die Getreideernte untergebracht.

Das Innere bestand zum großen Teil aus einer Halle. Man betrat sie
durch ein **großes Tor** an der Giebelseite, hier konnte man auch mit
dem **Erntewagen** einfahren. Von den Wagen wurde das Getreide
auf den Dachboden »gestakt«; im Herbst und Winter warf man es
dann zum Dreschen auf die Diele hinab. Seitlich der Diele lagen die
Stallungen für die **Rinder**, die mit dem Kopf in den Raum schauten.
Darüber, auf der »Hille«, saßen die **Hühner** und waren Futtervorräte
untergebracht.

Auf der **Diele** arbeitete man, feierte Feste und bahrte die Toten auf.
Am Ende der Stallboxen waren meistens die Schlafkammern der
Knechte und Mägde angebaut. So wärmten die Tiere die Menschen.
Am Ende der Halle, im Flett, befand sich die **offene Feuerstelle**. Sie
war die Küche des Bauernhauses.

Einen Schornstein gab es nicht – der **Rauch** zog unter die Decke,
räucherte *Speck, Schinken und Würste*, suchte sich dann seinen
Weg über den Dachboden und konservierte dabei das hier gelagerte
Getreide. Schließlich entwich er aus den »**Eulenlöchern**« ganz oben
am Giebel.

Langes Stroh wird eingeweicht.

Umwickeln der Staken.

Beim Ausfachen von Lehmwänden.
Museumsdorf Hösseringen/Studenten
der Hochschule Suderburg, 2009.

Anmischen von Strohlehm.

Verstreichen des Lehms.

So wie hier Heu auf den
Wagen »gestakt« wird,
wurde das Getreide im
Haus auf den Dachboden
befördert.

Bauen, wohnen und leben

Das **Flett** war der wichtigste Lebensraum des Hauses. Dahinter war das sogenannte **Kammerfach** angeordnet. Die Bauersleute, ihre Eltern und Kinder hatten hier ihre Schlafräume. Zudem gab es eine **gute Stube**, die man an Sonn- und Festtagen und für Gebetsandachten nutzte. Die Stube war der einzige beheizbare Raum. Hier aß man manchmal im Winter, die Frauen hatten hier ihre Spinnräder und den Webstuhl aufgestellt.

Das niedersächsische Hallenhaus besteht aus einer starken inneren **Holzkonstruktion**, die das Dach trägt und gleichzeitig den Innenraum gliedert, den Außenwänden und dem mächtigen, früher meist strohgedeckten Dach. Die Außenwände bestehen aus **Fachwerk** – also aus waagerecht und senkrecht miteinander verbundenen Holzbalken. Die so entstandenen Zwischenräume wurden geschlossen, indem man Hölzer (Staken) zwischen die oberen und unteren Balken steckte. Anschließend wurden die Staken mit Zweigen oder mit langem Stroh umwunden, darüber wurde **Lehm** gestrichen. Unser heutiges Wort »Wand« hat hier seinen Ursprung: Es kommt von »winden«. Später kamen Ausfachungen aus Backstein hinzu.

Der **Fachwerkbau** ist der Vorläufer der modernen Holzrahmenbauweise.

Rübenfeld

»Rübenburg« in Suderburg, Wohnhaus von 1913
im Heimatstil.

Treppenspeicher in Wulf-
sode, Landkreis Uelzen,
von 1808. Der Speicher
wurde in den 70er Jahren
von der Dorfgemeinschaft
an seinen derzeitigen
Standort versetzt.

Typisch für die Heide sind auch die **Treppenspeicher**, von denen es oft mehrere auf einem Hof gab. Hier wurden Lebensmittel, Saatgut, Brotgetreide und die gute Sonntagskleidung aufbewahrt – auch als eine Art Versicherung, falls im Wohnhaus ein Brand ausbrach. Kleine Landarbeiterhäuser, die sich noch vielerorts finden, erzählen von Menschen, die kein Land besaßen und auf den Höfen der Bauern arbeiteten.

Ab den 1890er Jahren ließen sich wohlhabende Bauern in den sehr fruchtbaren Gebieten, wie etwa um Uelzen herum, repräsentative Neubauten aus Ziegelsteinen errichten. Diese für den zeitgenössischen Betrachter fast protzig wirkenden Bauernhöfe nannte man im Volksmund »Rübenburgen«. Unter anderem waren es nämlich der Anbau von Zuckerrüben und die Herstellung von Zucker – etwa in der **Uelzener Zuckerfabrik** –, die den Bauern der Region zu Wohlstand verholfen hatten.

Abladen von Zuckerrüben. Aus Rüben wird
seit dem 19. Jahrhundert Zucker hergestellt.

Das **Rundlingsdorf Lübeln** im Wendland. Hier wird im Rundlingsmuseum Wendlandhof Lübeln die Geschichte der Rundlinge erklärt und das Leben und Arbeiten der Menschen vor 200 Jahren vorgestellt.

Eingang zum Flett des Kötnerhauses im Museumsdorf Hösseringen.

Bauen, wohnen und leben

Vom Entstehen der Dörfer

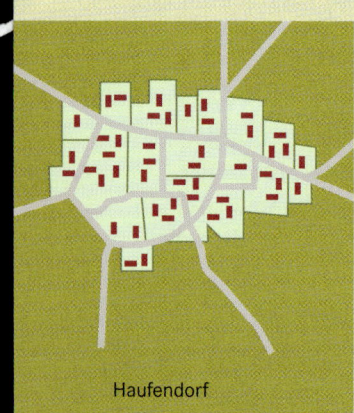

Haufendorf

Rundlingsdorf

Die am meisten verbreitete Dorfform im Lüneburgischen ist das **Haufendorf**. Haufendörfer entstanden, wenn ein Ort von einem Siedlungskern aus unregelmäßig nach außen wuchs, ein Vorgang, der typisch für sehr altes Siedlungsland ist.
Beispiel: Groß Häuslingen, Landkreis Soltau-Fallingbostel, ist ein besonders schön erhaltenes Haufendorf auf einer kleinen Anhöhe in der Allerniederung. Erstmals erwähnt 1220.

Sie sehen anheimelnd und ein bisschen altertümlich aus, und sie vermitteln ein starkes Gefühl der Geborgenheit – **Rundlingsdörfer** wirken wie ein schützendes Nest.
Auch in den Rundlingen des Hannoverschen Wendlandes finden sich die niederdeutschen Hallenhäuser – hier sind sie allerdings besonders angeordnet: Ihre Giebelseiten mit der großen Einfahrtstür stehen eng zusammen, und alle zeigen zum Dorfmittelpunkt hin. Zusammen bilden sie einen kreis- oder hufeisenförmigen großen Dorfplatz. Die Dörfer waren praktisch »Sackgassen«.
Entstanden ist diese planvolle Dorfform wohl in der Zeit der frühen deutschen Ostkolonisation (Besiedlung) um 1150 unter Herzog Heinrich dem Löwen, sie ist typisch für slawische (wendische) Siedlungen.
Beispiel: Satemin, Landkreis Lüchow-Dannenberg, ist der größte wendländische Rundling. Erstmals erwähnt wurde der Ort 1309 als Tzatemyn.

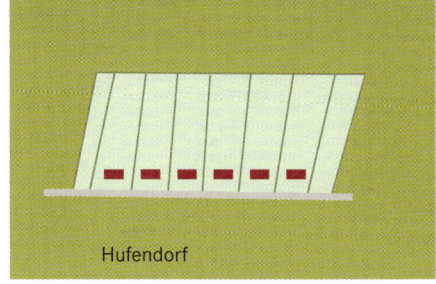

Hufendorf

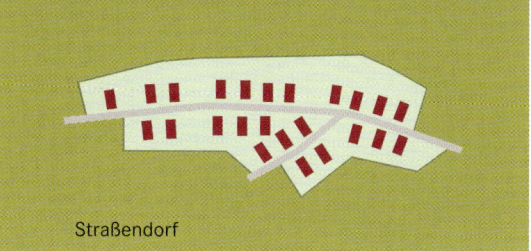

Straßendorf

Bauen, wohnen und leben

Ebenfalls ein Ergebnis von Kolonisation sind **Hufendörfer**. Hier liegen die Höfe entlang der Straße aneinandergereiht auf ihren langgezogenen Grundstücken, den sogenannten Hufen. In den Elb- und Wesermarschen entstanden im 12. Jahrhundert – nachdem Deiche Sicherheit vor Sturmfluten boten – Marschhufendörfer. Sie wurden teilweise von den Bremer Bischöfen zur Erstbesiedlung des eingedeichten Marschlandes gegründet. Moorhufensiedlungen sind ebenfalls Kolonistensiedlungen, sie entstanden allerdings erst im 18. Jahrhundert. Die feuchten Landstriche waren bis dahin unbewohnt. Als man den dort abbaubaren Torf als gutes, billiges Brennmaterial erkannte, das man auch gewinnbringend in die Städte verkaufen konnte, änderte sich das. Vor allem arme Leute wagten den mühevollen Weg ins Moor, denn das Land musste mit sehr anstrengender Arbeit überhaupt erst bewohnbar gemacht werden. »Dem Ersten den Tod, dem Zweiten die Not und dem Dritten das Brot« beschrieb man den harten Weg der Moorkultivierung. **Beispiele: Konau und Popelau, Landkreis Lüneburg sind Marschhufendörfer am Elbdeich. Sie weisen natürliche Dünen auf, die eine hochwasserfreie Besiedlung möglich machten. Neudorf-Platendorf, Landkreis Gifhorn, ist aus den beiden Moorkolonien Neudorf und Platendorf hervorgegangen. Die ersten Siedler hatten sich 1795 hier niedergelassen und einen tiefen Entwässerungsgraben ausgehoben. Dieser diente gleichzeitig als Transportweg für den Torf.**

Torfkahn im Moor, vor 1921.

Eine weitere Siedlungsform ist das **Straßendorf**. Hier folgen die Hofstellen beidseitig einem linearen Straßenverlauf. Straßendörfer gehen meist auf die Erschließung von noch unbesiedeltem Land innerhalb der bereits erschlossenen Region im 12. und 13. Jahrhundert zurück. **Beispiel: Nienhagen, Landkreis Celle: In einer Urkunde, die wohl zwischen 1227 und 1235 ausgestellt worden ist, bezeugt Agnes, die Witwe des Herzogs Heinrich von Braunschweig, dass sie einen Wald aus ihrem Besitz an Siedler gegeben hat. Diese sollten dort Äcker und ein Dorf anlegen.**

Dann gibt es noch die **Einzelhöfe**, weit zerstreut liegende Gehöfte. Sie entstanden erst spät an Orten, wo lediglich kleine bebaubare Landflächen zur Verfügung standen.

Ebstorfer Kinder beim alljährlichen Laternen-umzug, der traditionell im Kloster endet.

Zum Schützenfest in Suderburg gehören auch die Blumenbögen der Kinder.

Bauen, wohnen und leben

Feste, Feiern und Bräuche

In einer Zeit, in der es kaum Freizeit gab, die Menschen wenig mobil waren und nicht viel Zugang zu Kultur und Bildung hatten, nahmen Feste und Feiern vermutlich einen höheren Stellenwert ein, als es heute der Fall ist. Höhepunkte im Jahreslauf waren die christlichen Feste, die in vielen Orten mit besonderen Bräuchen verknüpft waren, und lokale Feierlichkeiten.

»In uns' Gegend ist dad Mod, das we alle Johr en Osterfür maken doht.«

Spruch aus der Heide

Das **Osterfeuer** kennt in Niedersachsen vermutlich jedes Kind. Es wird nach alter Tradition abends am Ostersonnabend entzündet. Auch die Ostereier gehörten früher wie heute zum Osterfest.

Noch heute werden zum Pfingstfest vielerorts **Maibäume** vor den Gasthäusern aufgestellt. »De Bohm will drink'n« heißt es dann – und wehe, der örtliche Gastwirt ist nicht spendabel genug. Dann kommen die jungen Männer des Nachts und sägen den Baum wieder ab. Dem Wirt aber wird dieses Vorkommnis noch lange nachgetragen.

Um den 11. November, den Tag des Heiligen Martin, gibt es allenthalben die abendlichen **Martinsumzüge**. Mit ihren Laternen ziehen die Kinder durch den Ort und erleuchten den dunklen Abend. Am **Thomsabend**, dem Abend des 21. Dezember, ziehen die Kinder durch die Dörfer und sammeln Gaben ein – ein Brauch, der sich trotz des seit einigen Jahren in Mode gekommenen Halloween-Festes in vielen Dörfern, insbesondere im Landkreis Uelzen, erhalten hat. Damals sangen die Kinder: »Thoms, Thoms, guter Mann, sieh mich nicht so grimmig an. Musst micht auch nicht schlagen, kann ich nicht vertragen.«

Der Brauch, am 1. Weihnachtstag einen siebenarmigen Leuchter – den **Siebenstern** – mit in die Kirche zu bringen, ist in Bad Bevensen seit 1842 üblich: Immer am Weihnachtsmorgen bringen die Kirchgänger ihre Siebensterne mit und lassen die Dreikönigskirche in hellem Glanz erstrahlen.

Aufstellen eines Mai-baumes im Jahr 2005 in Böddenstedt, Landkreis Uelzen.

»Fastnachtskerl«, um 1940 von Wilhelm Carl Mardorf in der Lüneburger Heide fotografiert.

Bauen, wohnen und leben

Ihren Namen alle Ehre machte die **Bauernrechnung**: Am Anfang des Jahres hieß es Kassensturz. Der Gemeindevorsteher las den Hofbesitzern Einnahmen und Ausgaben des letzten Jahres vor, dann wurde über allerhand Dorfangelegenheiten gesprochen und die Pacht bezahlt. Heute wird die Bauernrechnung in vielen Orten, zum Beispiel in Suderburg im Landkreis Uelzen, als **Rechenschafts-bericht** des Gemeinderates und der Verwaltung abgehalten, hier und dort gibt es auch noch den früher üblichen Tanzabend.

Es gab früher sehr viel mehr Bräuche und Feste in unserer Region. Manche davon unterschieden sich sogar von Dorf zu Dorf. Heute sind **Erntefeste**, **Heidefeste**, **Kartoffelfeste** oder **Beerenfeste** beliebt. Sie richten sich nach dem landwirtschaftlichen Jahreslauf. Am bekanntesten ist die Wahl der Heideköniginnen, die vor allem in Schneverdingen, Meissendorf, Amelinghausen und Westerweyhe in jedem Jahr viele Besucher anlockt. Sie sollen Botschafterinnen der Region und ihrer Besonderheiten sein.

Die Wacholderkönigin des Suderburger Landes 2010, Solveig Schäfer.

Die wohl berühmteste ehemalige **Heidekönigin** unserer Region ist Jenny Elvers-Elbertzhagen (geb. 1972). Sie stammt aus Ameling-hausen, wo sie mit 18 Jahren auf dem Heideblütenfest zur Heide-königin gewählt wurde. Jenny Elvers-Elbertzhagen arbeitet heute als Schauspielerin und Moderatorin.

Schützenfeste

Jede Stadt und fast jeder Ort in der
Region hat ein eigenes Schützenfest.
Vor allem in den kleineren Orten
sieht man an vielen Häusern unter
den Giebeln die runden **Schützen-
scheiben**, die zeigen, dass hier ein
Bewohner das Wettschießen gewonnen hat und **Schützenkönig** geworden ist. Die Schützenvereine mit
ihren etwas militärisch anmutenden
Uniformen und Fahnenaufmärschen
haben sich in dieser Form erst im
19. Jahrhundert entwickelt. Das Schützenwesen selbst geht jedoch auf mittelalterliche
Traditionen zurück. Die »Schützengilde der
Stadt Uelzen von 1270 e.V.« etwa bezieht sich darauf, dass Uelzen im Jahr 1270 Stadtrechte verliehen wurden.
Man nimmt an, dass es damals schon eine Bürgerwehr gegeben hat.
Erstmals schriftlich belegt ist die Schützengilde im Jahr 1547.

Schützengilden waren zunächst Bürgerwehren zur Verteidigung
des eigenen Wohnortes, zum Beispiel vor Plünderungen. Um mit den
Waffen zu üben, veranstaltete man Wettkämpfe im Schießen, aus
denen dann die Schützenfeste erwuchsen. Die frühen Schusswaffen
waren **Armbrust und Pfeil und Bogen**. Im 16. Jahrhundert begannen sich Feuerwaffen durchzusetzen.
In unserer Region gibt es einige der ältesten Schützenvereinigungen
Nordwestdeutschlands: Die *Altenceller Schützengesellschaft* von
1477 und die *Altstädter Schützengilde* von 1579 e.V. (beide Landkreis
Celle). Die Dannenberger Schützengilde entstand um 1530, und in
Winsen/Luhe gibt es seit 1592 Schützen. Auch Bardowick (1612)
oder Wittingen (1617) haben alte Schützengesellschaften.

Die **Ebstorfer Schützen-
gilde** (Landkreis Uelzen)
entwickelte sich vermutlich
aus einer Bruderschaft,
die im 13. Jahrhundert dem
Ebstorfer Kloster angeglie-
dert wurde. Noch heute
versteht sich die Gilde als
»Klostergilde« und pflegt
enge Kontakte zum Kloster.
Hier: Weihe der Ebstorfer
Klosterfahne im Jahr 2009.

Anmarsch der Schützen-
gilde Ebstorf zum Kloster,
vorn links der 1. Gildeherr
Dietrich Zarft.

Aufstellung im Klosterhof.

Fahnenweihe. Auf der
Klosterfahne ist traditionell
der Heilige Mauritius, der
Schutzheilige des Ebstorfer
Klosters, abgebildet.

Im Zuge der **Napoleonischen Kriege** zu Beginn des 19. Jahrhunderts erlebte das Schützenwesen einen großen Aufschwung. Im 19. Jahrhundert wurden auch in unserer Region viele Schützengilden und Vereine gegründet (z.B. Gifhorn 1823, Bostel-Sangenstedt im Landkreis Harburg, 1848). *Vaterlandsliebe* spielte zu dieser Zeit eine tragende Rolle im Schützenwesen.

Einer der wichtigen Unterstützer des niedersächsischen Schützenwesens war **König Georg V. von Hannover**. Im Mai 1855 reiste er extra nach Tostedt, um sich dort als ersten Schützenkönig feiern zu lassen. Den Silberpokal, den er zu diesem Anlass gestiftet hat, gibt es noch heute. Allerdings muss für ihn ein Stellvertreter geschossen haben, denn der König war blind.

Schützenbruder zu sein – heute in vielen Gilden auch Schützenschwester – ist oft *ein Bund fürs Leben*. Heute ist das Schützenfest auch ein **beliebtes Fest für die ganze Bevölkerung**.

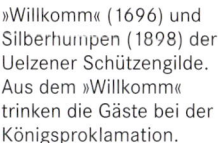

»Willkomm« (1696) und Silberhumpen (1898) der Uelzener Schützengilde. Aus dem »Willkomm« trinken die Gäste bei der Königsproklamation.

Beide Stücke sind im Uelzener Rathaus ausgestellt.

Georg V.

Faslam

Gleich nach Neujahr kamen früher die Knechte des Dorfes zusammen. Sie berieten die **Fastnachtsfeier** und wählten einen »Faslamsvader«. Am Faslamssonntag marschierte der **Faslamszug** durch den Ort. Am Montag- oder Dienstagnachmittag zogen die verkleideten Knechte von Haus zu Haus und sammelten Gaben, die am Abend gemeinsam verzehrt wurden. Faslam war ein **Fest der Knechte und Mägde**.

Auch heute ziehen in ländlichen Gegenden an Faslam bunt verkleidete Leute durch den Ort. Jedes Jahr richtet zum Beispiel in Bargfeld (Landkreis Celle) der 1891 gegründete Club Einigkeit im Februar einen Faslam aus.

Wilhelm Bomann

Bomann-Museum Celle

Wilhelm Bomann (1848–1926) Pionier der wissenschaftlichen »Heimatkunde«

Vom Fabrikantensohn und Geschäftsführer einer Wollgarnspinnerei und Färberei zum Direktor eines großen, heimatkundlich orientierten Museums – eine solche Karriere ist heute nur noch schwer vorstellbar.

Nach seiner Lehre arbeitete Wilhelm Bomann drei Jahre in der New Yorker Niederlassung des elterlichen Geschäftes. Zurück in Celle übernahm er die Firma, daneben widmete er sich seinem Hobby, der Heimatkunde.

Von Wilhelm Bomann ging 1892 der entscheidende Anstoß zur Gründung eines »Vaterländischen Museums« in Celle aus. Wie viele seiner Zeitgenossen sah er, dass die Industrialisierung und die Modernisierung der Landwirtschaft erhebliche Veränderungen in der vertrauten ländlichen Umgebung auslösten. Um Zeugnisse der althergebrachten Lebensweise vor dem Verschwinden zu bewahren, entstanden vielerorts Museen und Sammlungen.

Das Museum wurde ab 1897 von Wilhelm Bomann geleitet, auch den Bau eines neuen Museumsgebäudes hat er maßgeblich geprägt. Es wurde 1907 eingeweiht und steht an zentraler Stelle zwischen Schloss und Stadtkirche. Zum ersten Mal wurde in einem deutschen Museumsgebäude ein **komplettes altes Bauernhaus** wieder aufgebaut.

Ab 1907 war Bomann offizieller Museumsdirektor. Seine Firma verkaufte er 1909.

Wilhelm Bomann setzte Sammlungsschwerpunkte: Vor allem die **Darstellung des Alltagslebens** der ländlichen Heideregion war ihm wichtig. Mit dem »Mut zum Allereinfachsten« sammelte er auf den Bauernhöfen Gegenstände des täglichen Gebrauchs und der Landwirtschaft und brachte sie im Museum zu neuer Geltung. »Dat ole Ding künnt Sei doch nich mehr bruken« (das alte Ding können Sie doch nicht mehr gebrauchen) soll er oft gesagt haben, wenn er in einem Stall oder einem Schuppen ein mögliches Museumsstück entdeckt hatte.

Sein Buch »Bäuerliches Hauswesen und Tagwerk im alten Niedersachsen« ist noch heute ein Standardwerk der Volkskunde, es erlebte seit 1927 viele Nachdrucke.

Nachdem Bomann 1923 das Amt des Museumsdirektors aufgegeben hatte, benannte man ihm zu Ehren das »Vaterländische Museum« in »Bomann-Museum für Hannoversche Heimatkunde« um. Heute ist das Bomann-Museum eines der bedeutendsten Museen Niedersachsens mit einer großen volkskundlichen Abteilung.

Bardowicker Gemüse-
verkäuferinnen.

Haubenschachtel aus dem Wendland

Kleidung, Trachten und Folklore
»Bei dem letzten Bauer-Bier / Hab ich mich verliebt in Dir«

Brautkleid, Wendland

h eißt es auf einer alten Haubenschachtel aus dem Wendland. Haubenschachteln gehörten vor rund 200 Jahren zum wichtigen Zubehör für die Aufbewahrung diverser Kopfbedeckungen. Gerne waren sie mit herzhaft-romantischen oder auch deftigen Sprüchen geziert.

Hauben waren eine Zeit lang vielseitige Bestandteile der ortsüblichen Kleidung. Sie unterschieden sich von Region zu Region, und auch zu den verschiedenen Festen im Jahreslauf wurden insbesondere von den Frauen jeweils andere Kopfbedeckungen getragen.

Um das Jahr 1800 war es in einigen Gebieten der Lüneburger Heide zur Ausbildung regionaler Kleidungsstile – den Trachten – gekommen, so etwa in Bardowick und im Wendland. Diese Trachten waren allerdings nur wenige Jahrzehnte aktuell: Bereits um 1870 kamen sie aus der Mode und wurden weitgehend aufgegeben. Nicht so in Bardowick. Die Bardowicker Tracht war auch eine Art Werbung: Mädchen und Frauen, die auf den Hamburger und Lüneburger Märkten das Obst und Gemüse verkauften, trugen Trachten, um auf diese Weise auf ihre regionalen Produkte aufmerksam zu machen.

Im Zuge der Heimatbewegung gründeten sich erste Trachtenvereine schon in der zweiten Hälfte des 19. Jahrhunderts, beispielsweise im Wendland. Nach 1900 wurden Trachten auch andernorts wieder aufgegriffen und zur Darstellung regionaler Besonderheiten herangezogen, etwa von Volkstanzgruppen.

Personen, Gestalten, Figuren –
Ein regionales Panorama

Der Robin Hood der Heide Wildschütz Hans Eidig

In einer Gegend, in der die Jagd eine große Rolle spielt, muss natürlich auch ein Jägersmann eigentümliche Berühmtheit erlangen: Bei uns ist es Wildschütz Hans Eidig, der als Volksheld überall im Land bekannt war. Der 1804 in Klein Klecken (Landkreis Harburg) geborene Johann Christoph Eidig sollte wie sein Vater Förster werden. Er wurde zwar zum leidenschaftlichen Jäger – aber darüber hinaus auch zum allseits bekannten Wilderer, was damals unter strenger Strafe stand. Im Volk aber war Hans Eidig wegen seiner Hilfsbereitschaft sehr beliebt – genau wie der berühmte Robin Hood. Eidig wurde mehrfach erwischt und musste Haftstrafen verbüßen. Nachdem er wiederholt im Gefängnis gesessen hatte, gelang ihm 1831 die Flucht und er wanderte nach Amerika aus, wo er wahrscheinlich 1837 starb. Sein Andenken überdauerte seinen Tod, und in seinem Heimatort setzte man ihm sogar einen Gedenkstein.

Der Heilkundige Schäfer Ast

»In Radbruch wohnt der rechte Mann,
Der dir allein nur helfen kann.« Aus der »Schäfer-Ast-Polka« von Hugo Kuhnt

Der 1848 in Gronau an der Leine geborene Heinrich Ast (1848–1921) erlernte wie sein Vater das Schäfer-Handwerk. Er lebte in Radbruch bei Winsen/Luhe. In seiner Familie hatte allerdings nicht nur der Beruf des Schäfers Tradition, sondern auch das Wissen um die Geheimnisse der Heilkunst. Schon als junger Mann soll sich Ast im Selbststudium mit Heilkräutern und medizinischen Methoden beschäftigt haben. In Radbruch heilte er Menschen und Tiere.

Es war jedoch auch damals verboten, ohne eine entsprechende Ausbildung als Arzt zu arbeiten. Als es deshalb zu einem ersten Prozess gegen Schäfer Ast kam, schrieben viele Zeitungen darüber. So erfuhren Menschen aus ganz Deutschland von seinen besonderen Fähigkeiten. Der Prozess wurde zu einer prima Werbung, die Heilwillige in Scharen in den kleinen Ort brachte.

Es wollten sich so viele Menschen kurieren lassen, dass die Bahn zusätzliche Waggons an die Züge hängen musste. An manchen Tagen waren die Fahrkarten ausverkauft!

Bezahlen ließ Schäfer Ast sich mit Geschenken, Arme behandelte er zuweilen umsonst. Seine Diagnosemethoden waren sehr ungewöhnlich: Er erkannte Krankheiten, indem er Nackenhaare unter der Lupe betrachtete, und heilte mit Pflanzen und Kräutern.

Heinrich Ast wurde als Wunderheiler reich und kaufte sich 1910 einen großen Hof. Am 15. August 1921 starb er in Radbruch. Er ist in Bardowick beerdigt.

historisches Klassenzimmer

Punkt, Punkt, Komma, Strich – fertig ist das Mondgesicht. Wie haben Kinder früher Lesen, Schreiben und Rechnen gelernt? Von Schreibgriffel, Federkiel und Rechenbrett erzählt das **Schulmuseum Steinhorst**. Hier wird die Entwicklung des ländlichen Schulwesens vorgestellt. Ein historischer Klassenraum wird zum Erlebnisraum, in dem der Schulalltag vergangener Zeit nachempfunden werden kann.

Schulen – Bildung fürs Hinterland

Zu lernen und sich zu bilden, war lange ein Vorrecht des Adels und der wohlhabenden Stadtbürger. Auf dem Lande gab es nur sehr wenig Schulen und viele Menschen konnten noch im 17. Jahrhundert kaum lesen und schreiben. Herzog Christian von Braunschweig-Lüneburg forderte deshalb im Jahre 1618, dass in allen Pfarren auf dem Lande durch den Prediger und den Küster unterrichtet werden solle: Die »Kinder vom 5. oder 6. Jahre an sollten **lesen, schreiben und beten**« lernen. Der Schwerpunkt lag auf dem Religionsunterricht.

In der Bevölkerung wurde das allerdings nicht mit allgemeiner Zustimmung aufgenommen, denn die Eltern brauchten ihre Kinder für die **Arbeit auf dem Hofe**.

1687 wurde die »Dannenberger Schulordnung« erlassen, die **Schulpflicht für alle Kinder**, auch in den Sommermonaten, forderte. Mit der Umsetzung haperte es allerdings, und der Schulbesuch ließ trotz Androhung von Strafen besonders im Sommer zu wünschen übrig. Schulhäuser gab es zunächst nur in den größeren Orten, ansonsten wurde reihum auf den Höfen oder in den Schankräumen der Dorfgasthöfe unterrichtet. Diese sogenannten »Reiheschulen« waren bis weit ins 19. Jahrhundert auf den kleinen Dörfern unserer Region gang und gäbe. Ebenso notdürftig wie die Ausstattung der Schulen war auch die Auswahl und Ausbildung der Lehrer. Oft waren es ausgediente Soldaten, Handwerker oder Bauernsöhne, die von Quartier zu Quartier wanderten.

Planetenmodell, Tintenfässer

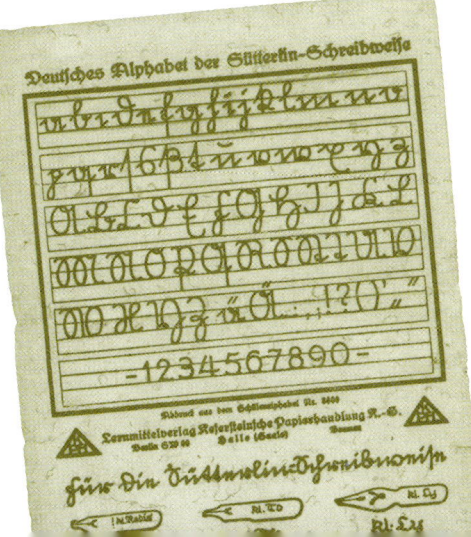

historisches Klassenzimmer

Kinder auf dem Schulhof in Wichtenbeck,
Landkreis Uelzen, um 1940.

Schulen

Um die Ausbildung der Lehrer zu verbessern, wurde 1850 in Lüneburg und 1906 in Uelzen ein Lehrerseminar eingerichtet. Im Jahre 1872 ging die Aufsicht über die Schulen aus den Händen der Kirche in die Verantwortung des Staates über. Nach dem Ersten Weltkrieg wurde die für alle verbindliche Grundschule eingeführt. Sie umfasste die ersten vier Schuljahre der achtjährigen Volksschulpflicht.

Eine möglichst einheitliche **Vermittlung von Wissen**, wie sie heute durch Lehrpläne, die das Kultusministerium erlässt, für ganz Niedersachsen angestrebt wird, gab es früher nicht. In einklassigen Volksschulen unterrichtete ein Lehrer die Kinder aller Jahrgänge gleichzeitig *in nur einem Klassenraum*. So manches Mal sorgte er mit dem Rohrstock für »Disziplin und Ordnung«, er verteilte »Tatzen« (Schläge auf die Hand) oder »Hosenspanner« (auf den Hintern).

Neben den Inhalten – Rechnen, Natur- und Heimatkunde, Deutsch und Religion – änderte sich auch die Schrift, die gelehrt und geschrieben wurde. Erst 1942 wurde unsere **lateinische Schreibschrift** verbindlich eingeführt.

Schule ist heute »Ländersache«, das heißt, jedes einzelne Bundesland kann die Lehrpläne selbst bestimmen. Im Großen und Ganzen soll jedoch in der gesamten Bundesrepublik vergleichbarer **Lehrstoff** vermittelt werden.

m M Die Mühle mahlt.

Müller, Mütze, Maß, Maus, Mäuse,
Mutter, Mark, Markt, Magd, Mann,
wehen, gehen, drehen, mähen, ruhig,
Mühle, Mehl, mahlen, zählen, hohl,
fahren, nähren, Ähre, rühren, mehr,
Mähne, wohnen, stöhnen, Gefahr, Rohr,
ihn, ihm, ihr, Schuh, Stroh,
Naht, Draht, Stuhl, Rahm, Sohn.

Müller, hast du nichts zu mahlen?
Deine Mühle steht fast still.
Du sollst mir den Roggen mahlen,
ei, so mahle doch geschwind!

Blatt aus der »Fibel für Niedersachsen«, 1910
illustriert von Hugo Friedrich Hartmann,
Bardowick

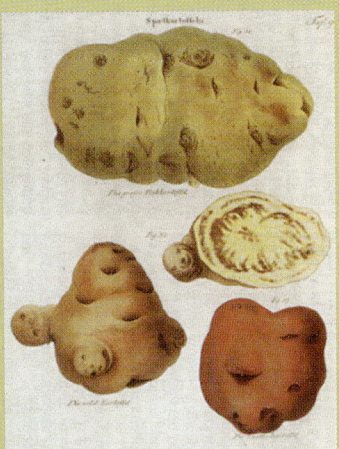

Die ersten Kartoffeln kamen bereits vor 1600 über England an den Braunschweiger Herzogenhof. Sie wurden zunächst als seltene und kostbare Pflanzen in den fürstlichen Gärten kultiviert. Auf dem Begräbnismahl für die Vorsteherin des Ebstorfer Klosters (Landkreis Uelzen) im Jahre 1667 wurden ebenfalls Kartoffeln verzehrt – ein damals noch seltener Genuss. Erst im 18. Jahrhundert begannen die Bauern in der Lüneburger Heide, Kartoffeln anzubauen. Auffällig ist die hohe Geschwindigkeit, mit der sich die Kartoffel ausbreitete. Sie wurde zunächst in den Gärten für den eigenen Bedarf angebaut, später auf Feldern. Der Kartoffelanbau lohnte sich auch für die arme Landbevölkerung mit wenig Landbesitz, denn mit keiner anderen Pflanze waren höhere Erträge auf kleinen Flächen zu erzielen. Die Regierung in Hannover förderte den Anbau mit besonderen Vergünstigungen.

Kartoffelkraut und -knollen.
Aus: Carl Wilhelm Putsche: »Versuch einer Monographie der Kartoffel oder ausführliche Beschreibung der Kartoffeln nach ihrer Geschichte, Charakteristik, Cultur und Anwendung in Teutschland«, Weimar 1819.

Esskultur: Region (als Umwelt und Heimat) fühlen und schmecken

Heimat kann man natürlich auch fühlen und schmecken. Barfuss über Sandboden laufen, in der Elbe, der Ilmenau oder der Aller baden, der Geruch des blühenden Ginsters oder der blühenden Heide – all das fühlt sich vertraut und heimatlich an.

Jede Region hat auch eine eigene Esskultur geprägt. Je nachdem, ob es eine arme oder reiche Gegend war, ob sie fruchtbare oder karge Böden hatte, ob sie Einflüsse von außerhalb aufnahm oder abgelegen war, entwickelten sich unterschiedliche Essgewohnheiten und Speisen.

Einfache Gerichte prägten den Speiseplan der bäuerlich-ländlichen Küche. Roggen und Buchweizen gediehen hier besonders gut. In der Regel aß man das Getreide zu Brei gekocht oder zu dunklen Broten und Fladen verbacken. Weizen, aus dem unser heutiges Brot meistens gebacken ist, wurde in der Heide nur selten angebaut, weil die Böden zu schlecht waren. Das Hauptgemüse war **Kohl**, der im Winter als Sauerkraut verzehrt wurde. Daneben wurden **Möhren, Sellerie, Bohnen, Erbsen, Rettich, Radieschen, Salat, Zwiebeln, Gurken und Blumenkohl** angebaut.

Ein Gemüse, das vor allem im Herbst und Winter Saison hat. Aus ihm lassen sich deftige Eintöpfe, Krautkuchen, Kohlrouladen oder Salate herstellen. Er zeichnet sich durch seinen hohen Anteil an Vitamin C aus.

Weißkohl

Hunger war früher ständiger Begleiter vieler Menschen in unserer Region. Erst die Einführung der aus Amerika stammenden Kartoffel brachte eine **billige und sättigende Kost** für die Massen. 1635 ließen die Herzöge Otto und Wilhelm in Harburg in ihrem Lustgarten »virginische Knollen« (Kartoffeln) anbauen und gebraten auf ihre Tafel bringen. Es sollte aber noch ungefähr einhundert Jahre dauern, bis die »Erdtuffeln« ihren Siegeszug auf den Äckern der Heide antraten. 1772 setzte die Landwirtschaftgesellschaft in Celle Prämien für Bauern aus, die bereit waren, Kartoffeln anzubauen. Die Kartoffel, das »**Gold der Heide**«, wurde zu einem der wichtigsten Grundnahrungsmittel.

Geerntete Rüben

Zuckersorten:
Puderzucker
Streuzucker
Würfelzucker
Hagelzucker
Zuckerhut
Kandiszucker
Vanillezucker
Gelierzucker

Auch Süßigkeiten waren etwas Besonderes auf dem Speiseplan. Man süßte mit Honig. Rohrzucker kam aus Übersee und war ein kostbares Luxusgut. Dass man auch aus Rüben **Zucker herstellen** kann, wurde erst in der Mitte des 18. Jahrhunderts entdeckt, und 1801 wurde in Schlesien die weltweit erste Zuckerfabrik gebaut. 1883 gründeten 279 Bauern aus Uelzen und dem Umland eine Zuckerfabrik. Seither baut man hier die recht anspruchsvolle Zuckerrübe an, die in Uelzen verarbeitet wird.

Für die Bauern war der Zuckerrübenanbau ein **Gewinn** in mehrfacher Hinsicht: Sie konnten ihre Rüben gut verkaufen und verdienten als Anteilseigner der Fabrik auch an dem Zucker. Außerdem lieferte das Kraut der Rübe gutes **Viehfutter** und es konnte *mehr Milchvieh* gehalten werden. Bis heute ist der Zuckerrübenanbau in unserer Region sehr wichtig. Allein im Landkreis Uelzen, wo es 1883 auf gerade mal 34 Hektar Zuckerrübenanbau gab, sind heute 17 Prozent (11.424 ha) der Ackerfläche mit Zuckerrüben bepflanzt.

Zuckerrübe

Uelzener Kalvill

Uelzener Rambour

Celler Dickstiel

Karl Peters

Schulwandbild
mit Obsternteszene,
um 1900.

F leisch kam früher selten auf den Tisch. Neben Heidschnucken
aß man Schwein, Schaf oder Ziege aus der eigenen Zucht. Wild
war überwiegend »Herrenspeise«, und Wilderei wurde sehr
streng bestraft.

Natürlich baute man auch Obst, vor allem Äpfel, an. Einige alte
Apfelsorten sind eng mit unserer Region verbunden. Der »Celler
Dickstiel« stammt eigentlich aus Mecklenburg und verbreitete sich
ab den 1850er Jahren von Zeven (bei Bremen) aus in die Region.
Gleich zweimal ist Uelzen Apfelpate geworden, mit dem um 1800
gezüchteten »Uelzener Kalvill« und dem 100 Jahre jüngeren »Uelzener Rambour«. »Karl Peters« heißt eine Lokalsorte, die im 19. Jahrhundert im Amt Neuhaus an der Elbe entstanden ist. Diese vom
Aussterben bedrohten Apfelsorten werden heute im Projekt »Alte
Obstbaumalleen – Früchte der Elbtalaue« (Landkreis Lüneburg)
bewahrt.

Mitarbeiterinnen der Firma
Karl Hinrichs (Uelzen) bei
der Apfelernte in den fünf-
ziger Jahren.

Da Wasser, vor allem in Städten, oft viele krankmachende Bakterien
enthielt, waren alkoholische Getränke meist die sicherere Lösung,
um den Durst zu löschen. Auf dem Land trank man früher häufig
ein süß-saures Getränk aus Wasser, Essig und Honig oder Sirup oder
auch einfaches »Brodwater« – das war Wasser, in das man Rinden
des Sauerteigbrotes gelegt hatte.

Die **Kunst des Bierbrauens** ist seit alters her bekannt und in
unserer Gegend verbreitet. Die Rohstoffe für die Bierherstellung –
Wasser, Hopfen und Getreide – gab es auch im ehemaligen Fürstentum: Getreide wie Gerste, Weizen, Roggen oder Dinkel braucht man
für die Herstellung von Malz. An der Elbe und in der Jeetzel-Region
baute man bis weit ins 19. Jahrhundert hinein Hopfen an. Allein in
Lüneburg gab es zur Zeit der Hanse 80 Brauereien. Eine davon, die
1485 gegründete Kronenbrauerei, bestand bis 2001. Mit der 1429
gegründeten **Wittinger Privatbrauerei** besteht in der Region eine
der ältesten Brauereien Deutschlands.

Jagd und Pferde

Niedersachsens
Landeswappen

Pferde sind nicht nur für Niedersachsen, wo immerhin ein Sechstel aller Pferde der Bundesrepublik grasen, sondern gerade auch für die Region des ehemaligen Fürstentums von besonderer Bedeutung. Im **Landeswappen** trägt das Bundesland Niedersachsen ein *springendes weißes Ross*.

Bauernhäuser werden am Giebel von sich kreuzenden Pferdeköpfen bekrönt. Warum es zu diesen Giebelzierden kam, weiß man nicht mehr, sie sind aber bereits seit mehr als 500 Jahren üblich.

Eine der berühmtesten Pferderassen der Welt, der »Hannoveraner«, stammt aus der Zucht des Celler Landgestüts. Zu den ersten bedeutenden **Pferderennen** der Region, die in Celle zwischen 1835 und 1863 abgehalten wurden, reiste sogar der König Ernst August (1777–1851) aus Hannover an.

Das Landgestüt Celle

König Georg II. von Großbritannien, Kurfürst von Hannover und Herzog zu Braunschweig-Lüneburg, ordnete 1735 die Gründung des Landgestüts Celle an. Pferde waren wichtige Arbeitstiere in der Landwirtschaft, und sie wurden zum Reiten und als Kutsch- und Zugpferde gebraucht. Außerdem benötigte der Landesherr für seine Kavallerie (Militäreinheit zu Pferde) gute Reitpferde. Man holte besonders gute Hengste aus Holstein, Mecklenburg und später aus England und baute so in Celle eine **Pferdezucht** auf, aus der eine neue Pferderasse entstand: die Hannoveraner.

Reiherpfahl in Altenhagen bei Celle

Der Celler Herzog Christian Ludwig frönte leidenschaftlich der Beizjagd. Die 1660 an der heutigen Bundesstraße 191 errichtete Sandsteinsäule erinnert an den ersten Fang von Reihern, die aus dem herzoglichen Reiherhaus stammten.

Schleppjagd

Jagdhornbläser

Georg Wilhelm
auf der Jagd

SPURENSUCHE

Walderlebniszentrum
Ehrhorn No. 1, Wildpark
Schwarze Berge, Wild-
park Müden/Örtze,
Ostpreußisches Landes-
museum in Lüneburg,
Naturmuseum Lüne-
burg, Elbschloss
Bleckede, Waldmuseum
Göhrde, Bomann-
Museum Celle,
Museumsdorf Hösse-
ringen, Jagdmuseum
Wulff in Oerrel

Foxhounds der Niedersach-
senmeute aus Dorfmark

Die Jagd

Über Jahrtausende waren das Sammeln von Früchten und die **Jagd die wichtigste Grundlage der Ernährung** des Menschen. Diese Bedeutung hat die Jagd seit der Einführung von Ackerbau und Viehzucht verloren, trotzdem wurde sie zu allen Zeiten betrieben. Vom gemeinschaftlich ausgeübten Nahrungserwerb wurde die Jagd allerdings allmählich zum Vorrecht des Adels. Schließlich wurde es den Bauern sogar auf ihrem eigenen Grund und Boden verboten, zu jagen. Sie durften das Wild noch nicht einmal vertreiben, wenn es auf ihren Feldern Schaden anrichtete, und mussten den Adligen bei der Jagd Hilfsdienste leisten. Diese Situation führte immer wieder zu starken Spannungen.

Das beliebteste **Jagdrevier** der Herzöge von Braunschweig-Lüneburg war die Göhrde. Hier ließen die Herzöge Christian Ludwig (1622–1665) und Georg Wilhelm, zwei Brüder, ein **Jagdschloss** mit allerhand Nebengebäuden errichten. Ihr Neffe Georg Ludwig (1660–1727), der später englischer König wurde, ließ ab 1706 ein großes zweistöckiges Schloss bauen. Dazu gehörten Stallungen für 300 Pferde und ein Haus für 100 Hunde!
Die **Hundemeute** wurde für eine besondere Jagdform gebraucht: die Parforcejagd. Hierbei wurden die Hunde auf die Spur von Hirsch oder Fuchs angesetzt und hetzten die Tiere, gefolgt von den berittenen Jägern, bis zur Erschöpfung. Seit 1934 ist in Deutschland die **Hetzjagd** auf lebendes Wild *verboten*. Schleppjagden in der Tradition der Parforcejagden werden heute mit einer künstlichen Duftspur für die Hunde ausgeführt. In unserer Region gibt es zwei gut ausgebildete Hundemeuten: die Harrier Meute aus Böhme mit etwa 60 Hunden und die Niedersachsenmeute aus Dorfmark (beide Landkreis Soltau-Fallingbostel).

Seit einigen Jahren gibt es wieder Wölfe in der Lüneburger Heide.

Jagd und Pferde

Die Revolution von 1848 machte den Weg in die Jagdreviere frei: Nun wurde die Jagd an das Eigentumsrecht an Grund und Boden gekoppelt. Wer heute jagen möchte, muss einen Jägerkurs besuchen und den **Jagdschein** ablegen. Beruf, Herkunft oder Stand spielen dabei keine Rolle.

Jagd ist heute auch **aktiver Naturschutz** und ein wichtiger Standortfaktor. Sie ist nötig, um die Wildbestände zu regulieren. **Rotwild, Rehwild und Schwarzwild** haben *kaum noch natürliche Feinde* in unserer Region. Bessere Lebensbedingungen wie mildere Winter und ein größeres Nahrungsangebot führen zudem zur starken Vermehrung der Bestände. Wenn es zu viele Tiere gibt, dann richten diese in der Landwirtschaft und im Wald Schaden an. Sie verwüsten Felder und fressen im Wald den jungen Aufwuchs ab, so dass keine neuen Bäume nachwachsen können.

Ziel ist ein artenreicher, gesunder und dem Lebensraum angepasster **Wildbestand**. Dazu gibt es *gesetzliche Regelungen*. Mit dem Arbeitskreis Natur wurde im Jahre 2002 im Landkreis Uelzen erstmals ein gemeinsames Forum von Naturschutzverbänden und der Jägerschaft geschaffen.

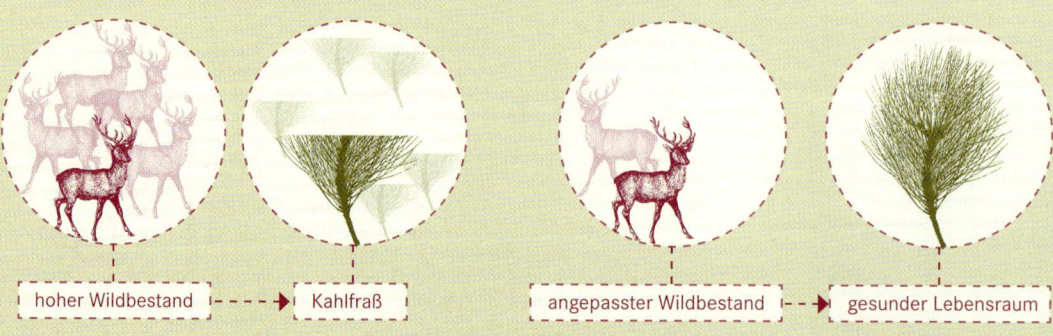

hoher Wildbestand ----> Kahlfraß   angepasster Wildbestand --> gesunder Lebensraum

Ulrich Brohm

Wie der Löwe in das Wappen kam

Ritter mit Rüstung

Viele Städte und Gemeinden besitzen ein Ortswappen, das sich als Erkennungs- oder Eigentumszeichen auf amtlichen Briefen und Behördenschildern, auf Wegweisern und Werbeprospekten, an Fahrzeugen und Gebäuden wiederfindet. Die »Wappen« entstanden in ihrer ursprünglichen, mittelalterlichen Form in der ersten Hälfte des 12. Jahrhunderts, unter anderem im Zusammenhang mit dem Auftreten großer Ritterheere. Ein **Ritter**, der eine Rüstung und einen Helm mit geschlossenem Visier trug, war nicht mehr eindeutig zu erkennen. Um in der Schlacht Verbündete von Feinden unterscheiden zu können, waren weithin sichtbare und deutliche *Erkennungszeichen* notwendig. Besonders geeignet und daher von Anfang an bevorzugt für die Anbringung dieser Kampfabzeichen waren Helm und Schild. Diese wurden dadurch Hauptbestandteile des »Wappens«, das bis heute als ein Zeichen in Form eines ritterlichen Schutzschildes geführt wird, und zwar von Personen, Familien, Organisationen und Gemeinwesen (Staaten, Länder, Landkreise, Städten und Gemeinden). Die Wissenschaft, die sich mit den Regeln zur Beschreibung und Gestaltung von Wappen beschäftigt, ihre Herkunft und Bedeutung erforscht, wird **Heraldik** oder Wappenkunde genannt.

In der Lüneburger Heide weisen die Wappen vieler Gemeinden, Städte und Landkreise einen blauen, manchmal auch goldenen Löwen auf, der zumeist steigend, d. h. aufgerichtet, vereinzelt auch schreitend dargestellt wird. Damit verweisen diese Ortswappen auf die Zugehörigkeit zu dem ehemaligen Fürstentum Lüneburg, das 1267 durch Erbteilung des Herzogtums Braunschweig-Lüneburg entstanden war und von Herzögen aus der Familie der Welfen regiert wurde. Das Wappen der von Herzog Johann I. (um 1242–1277) begründeten Lüneburger Linie zeigt einen **blauen steigenden Löwen** in einem goldenen, mit **roten Herzen** bestreuten Schild. Der aufgerichtete Löwe wurde zunächst ohne Zusätze verwendet. 1293 erschienen die Herzen erstmals in dem Wappenschild und wurden im Laufe des 14. Jahrhunderts zu dessen festem Bestandteil. Allerdings war ihre Zahl nicht immer gleich und schwankte zwischen 4, 6, 7, 9, 10 und sogar 12.

Wappen des Hauses Lüneburg: Steigender blauer Löwe in einem goldenen Schild, allerdings ohne Herzen. Links ist der Helm zu sehen. Er ist mit goldenen Büffelhörnern, die an den Außenseiten mit Pfauenfedern geschmückt sind, verziert. An den Spitzen der Hörner steckt jeweils ein Federbusch. Zeichnung von 1792 eines nicht mehr erhaltenen Wappenfensters der Michaeliskirche Lüneburg. Es wird Herzog Johann, der 1277 geboren wurde, zugeschrieben.

steigender Löwe

schreitender Leopard

dänisches Wappen

D ie Frage nach den Vorbildern für das Lüneburger Wappen ist bis heute nicht eindeutig geklärt. Die Familie der **Welfen** hatte schon unter Heinrich dem Löwen (um 1132/33 oder 1134/35–1195), Herzog von Sachsen und Bayern, den *Löwen* als Wappentier genutzt. Neben dem steigenden Löwen findet sich auch die Form des sogenannten »Leoparden«, worunter in der Heraldik ein schreitender, den Betrachter anschauender Löwe verstanden wird. Den *Leoparden* benutzten die Söhne Heinrich des Löwen als Wappentier. Dabei übernahmen sie das Wappen der Familie ihrer Mutter Mathilde, einer englischen Königstochter. Das englische Königswappen zeigt drei goldene Leoparden auf rotem Grund. Wilhelm (1184–1213), der jüngste Sohn Heinrichs, war seit 1202 mit der dänischen Prinzessin Helena (um 1180–1233) verheiratet. Ihr Sohn Otto das Kind (1204–1252) erhielt 1235 das Herzogtum Braunschweig-Lüneburg, wodurch Helena die Stammmutter aller späteren welfischen Herzöge wurde.

Nach der Teilung des Herzogtums 1267 übernahm die Braunschweiger Linie zwei Leoparden in ihr Wappen, während die Lüneburger Herzöge den steigenden Löwen wählten. Dabei könnte es sich um das alte welfische Wappentier gehandelt haben. Die später hinzu gefügten Herzen wären nichts weiter als ein Füllsel ohne Bedeutung, um das Wappen von ähnlichen unterscheiden zu können. Angesichts der von den welfischen Herzögen immer wieder betonten königlichen Abstammung ist aber auch eine andere Deutung möglich: *Der Lüne- burger Löwe wurde aus dem dänischen Königswappen übernommen.* Dieses zeigt drei blaue schreitende Löwen auf goldenen Grund, der mit roten Herzen bestreut ist. Nicht nur die Farbgebung des Lüne- burger Wappens, sondern auch die später hinzugekommenen Herzen könnten für diese Annahme sprechen.

Das Wappen des Landes Niedersachsen, zu dem die Lüneburger Heide heute gehört, zeigt nicht die welfischen Löwen, sondern *ein weißes Ross.* Doch das alte Wappentier der Herzöge von Braunschweig-Lüneburg lebt in vielen Ortswappen fort.

Schlusswort

Zum guten Schluss:
eine literarische Spurensuche
von Heinz Kattner

Kein schöner Land ...
Warum hier leben und bleiben?

»Willkommen in der Heimat.« Du liebe Güte. Wenn ihn früher jemand so begrüßt hätte, dann wäre das für ihn fast eine Beleidigung gewesen. »Heimat«, das war der »Förster im Silberwald« oder »Die Schwarzwaldklinik«. Also im besten Fall Kitsch! Oder noch schlimmer? Es hörte sich für ihn in der Jugend so »braun« an, als könnte das Wort nur aus der Nazi-Zeit kommen. Und Lieder, in denen die Heimat besungen wurde, waren ebenfalls verdächtig. Die hatte er als Kind bei den Treffen der »Heimatvertriebenen« aus Schlesien gehört. Er war doch einmal als Zwerg verkleidet bei einem Umzug im »Rübezahlwagen« mitgefahren. Heute noch jagt ihm die Fernsehunterhaltung mit dem Titel »Heimatmelodie« Wellen von Sinnverlust über den Rücken.

Und doch. Das Wort »Heimat« hat ihn nie verlassen. Im Gegenteil: In den vielen Jahren, in denen er an seinem Ort, in seiner »Lüneburger Landschaft« lebt, beginnt es sich zu verändern. Als käme es aus großer Ferne immer näher. Ja, in der Erinnerung bringt das Wort ein warmes Licht mit. Es liegt auf den Kindertagen wie eine besänftigende Folie. Auch über den unangenehmen und schmerzenden Bildern. Wie oft hat er am Schreibtisch gesessen, den Kopf auf die Hände gestützt, und hat in sich hineingehört. Woran lässt sich das denn erkennen: Heimat?

Natürlich ist es ein Gefühl, das sehr tief geht. Bilder, Gerüche, Klänge, Geräusche senden Signale direkt in das Stammhirn, in die Tiefen unseres Menschheitsgedächtnisses. Aber welche Signale sind das? Sicherlich die Landschaft. Und die Sprache.

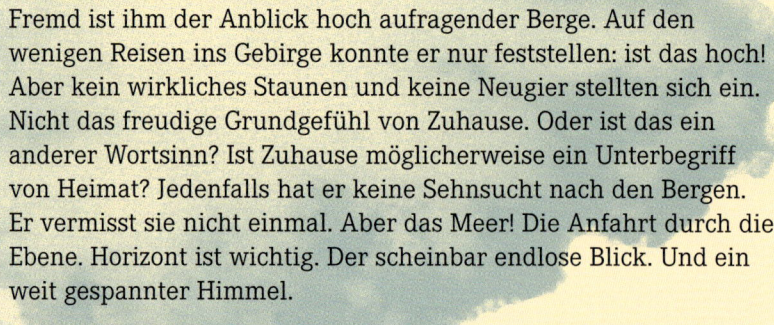

Fremd ist ihm der Anblick hoch aufragender Berge. Auf den wenigen Reisen ins Gebirge konnte er nur feststellen: ist das hoch! Aber kein wirkliches Staunen und keine Neugier stellten sich ein. Nicht das freudige Grundgefühl von Zuhause. Oder ist das ein anderer Wortsinn? Ist Zuhause möglicherweise ein Unterbegriff von Heimat? Jedenfalls hat er keine Sehnsucht nach den Bergen. Er vermisst sie nicht einmal. Aber das Meer! Die Anfahrt durch die Ebene. Horizont ist wichtig. Der scheinbar endlose Blick. Und ein weit gespannter Himmel.

Reichen denn diese wenigen Eindrücke aus für das große Gefühl? Oder ist das alles nur eine Frage der Gewohnheit? Endmoräne ist doch nur eine Bezeichnung. Wie aber soll er dieses erfüllte Grundgefühl bei seinem Spaziergang durch Schlehenblüten und Blaubeerbüschel beschreiben?

Neulich war er in einem Nachttraum gefangen. Er besuchte einen Bekannten in einer Großstadt, die aus hunderten von Stockwerken bestand. In jeder Etage ein ähnliches Bild: mehrspurige Straßen, Hochhaus an Hochhaus, Menschenströme. Der Himmel ein graues Licht. Und wenn er hochblickte? Weitere Stockwerke. Er fuhr dann mit einem gewaltigen Fahrstuhl einige Etagen hinauf. Beim Aussteigen der gleiche Anblick: Straßen, Hochhäuser, Menschenströme. Unbegreiflich. Das hörte nicht auf. Und über jeder neuen Etage dieses graue Himmelslicht wie eine Milchglasscheibe. Kein Blick in die Wolken war möglich, kein Horizont. An Kreuzungen und Hauseingängen standen einzelne Grünpflanzen einsam in großen Kübeln. In Panik rannte er einige Stockwerke in einem riesigen Treppenhaus hinab. Außer Atem blieb er vor einer Fahrstuhltür stehen und fragte eine aussteigende ältere Frau: »Wie komme ich nach Hause?« Sie sah ihn an, als hätte sie so einen Menschen lange nicht gesehen. Dann sagte sie leise: »Sie müssen wohl bis ins Erdgeschoss fahren.« Wieder sah sie ihn an, verwundert, zweifelnd. Und im Weggehen rief sie noch: »Das ist aber einhundertzwanzig Städte tiefer.« Er drückte voll Angst einen Knopf und dachte: So tief muß ich hinunter, um nach Hause zu kommen? Lange dauerte die Fahrstuhlreise. Als er endlich hinaustrat, begann vor der Tür ein Sandweg. Der führte einen kleinen Hügel hinauf. Am Rand lagen von der Eiszeit rundgeschliffene Steine, groß wie Kürbisse. Dazwischen rankte im üppigen Grün Jelängerjelieber. Und ein vertrauter Geruch. Unbeschreiblich. Er atmete tief ein. Und sein Herz schlug ruhig.

Auch das Wort »Lüneburg« war ihm früher verdächtig. Als müsse er ein Glaubensbekenntnis beten, das Hermann Löns geschrieben hat. Auch so einer, in dessen Nähe sich das Wort »Heimat« wurmartig nach innen bog. Nun aber, nach so vielen Jahren, spricht er den Namen »Lüneburg« gern aus. Es macht ihn stolz, wenn er anderen von dieser Stadt erzählt. Er hält sie für einmalig mit ihren Straßenzügen, Kirchen, Geschäften und Restaurants. Vertraut bewegt er sich in ihr mit einem Gefühl, als wäre er für sie verantwortlich. Deshalb mag er den Anblick staunender Touristen, grüßt und taucht hier und da in Hauseingänge und Geschäfte ein. Die Schneiderin weiß, was sie an seinen neuen Hemden ändern soll. In einem Lokal fragt die Bedienung lachend: »Wieder der gleiche Rotwein?« Und in einem anderen: »Wollen Sie nicht doch vorher noch in die Speisekarte sehen?« Und in mehreren: »Nur schwarze Oliven, keine Tomaten, keine Paprika.« Seit vielen Jahren ruft ihn eine Buchhändlerin an, wenn wieder ein Titel seiner Lieblingsautoren erschienen ist.

Wie aber erklärt man anderen, warum man dort gern lebt? Warum man begeistert nach dem Gang durch die großen Kirchen auf der Hotelterrasse über der Ilmenau sitzt und dem Besuch von dem reichen Kulturleben in der Region erzählt? Dieses Grundgefühl ist nicht mit Gewohnheit zu erklären. Es hat eine Oberfläche mit tausenden Sensoren. Und jeder Reiz wird ins Zentrum geleitet. Das geschieht einfach.

Und was ist mit den Menschen, die sich überall zu Hause fühlen? Die am liebsten jeden Tag den Ort wechseln würden, um sich von neuen Eindrücken überraschen zu lassen? Die Weltbürger. Die Abenteuerreisenden. Die Fernflieger. Die Alpen- und Ozeanüberquerer und Arktisbezwinger. Er weiß es nicht. Aber er ahnt es, denn er liest ja viel. Von Menschen in anderen Ländern aus allen Menschheitszeiten. Seine Bibliothek ist bis zur Decke mit Büchern gefüllt. Zwischen Buchdeckeln liegt die Ferne aufgeschlagen neben dem Lesesessel. Oder auf dem runden Tisch an seinem Teich. Davor der Gartenstuhl. Dort hört er manchmal den Schrei der Kraniche. Laut über allen Vogelstimmen. In den Wiesen im Erlenbruch haben sie sich niedergelassen. Zugvögel. Und vielleicht kommen sie im nächsten Jahr wieder.

Er jedenfalls reist nicht viel. Vor allem nicht weit. Gern in die Seenlandschaft im Osten und an die Ostsee. An der Elbe kann man inzwischen sogar wieder baden oder am Sandstrand liegen. Manchmal mag er auch die Besuche in Großstädten. Hamburg ist ja nicht weit entfernt. Dann taucht er für Stunden ein in eine andere, reizvolle Welt. Aber wenn er zu Hause die Tür aufschließt, sagt er sich: Das war ein schöner Tag, aber leben möchtest du dort nicht.

Und die Ausflüge ins Wendland. Vor Jahren hatte er bei Demonstrationen gegen das Endlager für Atommüll dort junge Bäume gepflanzt. Die sind inzwischen zu einem großen Waldstück aufgewachsen. Später lebte und arbeitete er mit einem Stipendium neun Monate im Künstlerdorf in Schreyahn, an der damaligen Grenze zur DDR. Das war gerade im Jahr 1989. Das unvergessliche Erlebnis, als die Wachtürme und der Zaun weggerissen wurden. Seither ist die Landschaft dort für ihn noch schöner geworden. Etliche Gesichter aus der Zeit tragen nun einen weißen Bart. Lebenszeit. Bei Konzerten in Hitzacker, bei Veranstaltungen in Schreyahn oder bei Lesungen im Heinrich-Heine-Haus in Lüneburg sieht er die treuen Bewohner wieder. Manchen möchte er gern den kritischen Bertolt-Brecht-Satz von Herrn Keuner sagen: »Sie haben sich gar nicht verändert.« Aber bei denen rechnet er nicht damit, dass sie dabei erschrocken erbleichen.

Und die Jahreszeiten liebt er in der Lüneburger Landschaft. Die meist milden Winter. Die Grünpalette im Frühjahr mit Birken, Buchen, Kiefern und Wiesen voller Hahnenfuß und Löwenzahn. Natürlich weiß er, dass man andere nicht mit Argumenten überzeugen und in dieses Grundgefühl führen kann. Sie müssen das erleben. Und wenn es passt, werden sie es spüren.

Er jedenfalls wird bleiben. Auch wenn er das nicht genau erklären kann. Das ist eben sein Bildschirm, der auf Berührung reagiert und aus der Tiefe antwortet. Beim Philosophen Ernst Bloch findet sich dieser Satz, dem er sich im Laufe des Lebens nähert: »...was allen in die Kindheit scheint und worin noch niemand war. Heimat.«

Mit leichtem Gepäck

Feucht im Grau liegt unerklärbar ein Tag. Beim Erwachen
dieses ortlose Gefühl, diese Suchsekunden im Blick.
Und morgen schon ein anderer Breitengrad. Bleiben ist
ein falsches Wort. Ohne Zukunft. Der Wunsch kennt keine
Landkarte. Einmal unter den Hüten der Pilze liegen.
Lamellenlinien, die Warmlicht verbreiten. Über der Moos-
ebene färbt sich der Horizont zum Abend. Wasserläufe im
klingenden Ohr. Weit oben die trockenen Rufe der Krähen.
Zusammengerottet belauern sie Gedankenwege. Bleiben,
wenn der Zug in der Ferne mit metallischem Rauschen
vorbeirast. Mit dem Ankommen anfreunden. Unter dem
Flügelschlag der Taube in einen violetten Moosschlaf gleiten.
Und gleich darauf schaffen wir das Weinen ab.

Autorenverzeichnis

Autoren

Dr. Ulrich Brohm	*Historiker, Leiter des Kreisarchivs Uelzen*
Dr. Andrea Hoffmann	*Kulturwissenschaftlerin, kreativbüro wortwerk*
Heinz Kattner	*Schriftsteller und Dozent, Agentur für Sprachgestaltung*
Christine Kohnke	*freie Journalistin*
Prof. Dr. Hansjörg Küster	*Professor für Pflanzenökologie am Institut für Geobotanik der Leibniz Universität Hannover, Präsident des Niedersächsischen Heimatbundes*
Dr. Gudrun Pischke	*Historikerin, Lehrbeauftragte am Institut für Mittlere und Neuere Geschichte der Georg-August-Universität Göttingen*
Dr. Martin Salesch	*Direktor des deutschen Erdölmuseums Wietze*
Dr. Otto Stumpf	*Ministerialrat a. D., Abgeordneter des Niedersächsischen Landtages 1994–2008*
Herbert Timm	*Rektor a. D., Beauftragter für niederdeutsche Sprache des Landkreises Harburg*

Außerdem danken wir für Hinweise und redaktionelle Mitarbeit

Dietrich Banse	*Geschichtswerkstatt Uelzen e. V.*
Dr. Dieter Brosius	*Leiter des Hauptstaatsarchivs Hannover a. D.*
Martin Exner	*Leiter des Bereichs Standortpolitik bei der Industrie- und Handelskammer Lüneburg-Wolfsburg*
Axel Fischer	*Kreiskantor des Kirchenkreises Lüchow-Dannenberg, Orgelrevisor in der ev.-luth. Landeskirche*
Dr. Oliver Fok	*Direktor Schloss Clemenswerth*
Klaus D. Forstmann	*Vorstand Stiftung Springhornhof*
Dr. Jürgen Fröchling	*Freiberufler mit den Schwerpunkten Schreibtraining und Redaktion*
Dietmar Gehrke	*Kreisarchäologe des Landkreises Lüneburg*
Martina Grohmann	*Historikerin*
Axel Kahrs	*Leiter der Stipendiatenstätte Künstlerhof Schreyahn, Lehrbeauftragter an der Leuphana Universität Lüneburg*
Dr. Horst Löbert	*Leiter Museumsdorf Hösseringen*
Dr. Arendt Mindermann	*Historiker, Landschaftsverband der ehemaligen Herzogtümer Bremen und Verden e. V.*
Anita Placenti	*Leiterin des Institut für Zeitgeschichte und Stadtpräsentation, Wolfsburg*
Bernd Rauschenbach	*Literaturwissenschaftler, Autor, Vorstandsmitglied der Arno Schmidt Stiftung*
Rainer Voss	*Leiter Kreisarchiv Celle*
Dr. Marion Widmann	*Rheinisches Landesmuseum Bonn*

Allen Autoren und allen Anderen, die durch Anregungen und Informationen zum Entstehen der Landeskunde beigetragen haben, sei herzlich gedankt.

Literaturhinweise

Die nachstehende Literaturliste stellt eine kleine Auswahl der zahlreichen für die Landeskunde verwendeten Publikationen dar. Sie soll für Lehrer und an der Region Interessierte eine Vertiefung in einzelne Themenbereiche ermöglichen.

Bargstedt, Stefan: **Platt! Wo und wie Plattdeutsch ist**, Bremen 2008

Baumann, Hinrich: **Die Heidmark. Wandel einer Landschaft.**
Die Geschichte des Truppenübungsplatzes Bergen, Walsrode 2005

Bengen, Etta; Brohm, Ulrich; Löbert, Horst W.: **Steinreiche Heide.** Verwendung und Bearbeitung von Findlingen in der Lüneburger Heide, Lüneburg 1998

Bomann-Museum Celle, Landwirtschaftsmuseum Lüneburger Heide e.V., Suderburg-Hösseringen (Hrsg.): **Jagd in der Lüneburger Heide**, Beiträge zur Jagdgeschichte, Celle 2006

Brohm, Ulrich; Meyer-Hoos, Elke (Hrsg.); **Kali und Leinen.** Industrialisierungsansätze im Raum Wustrow 1874–1928, Wustrow 2005

Brosius, Dieter: **Niedersachsen – Das Land und seine Geschichte**, Hamburg 2006

Brockhoff, Horst; Wiese, Giesela; Wiese, Rolf (Hrsg.): **Ja, grün ist die Heide ....**
Aspekte einer besonderen Landschaft. Schriften des Freilichtmuseums am Kiekeberg, Band 33, Ehestorf 1998.

Deutsche Hugenotten-Gesellschaft e.V. (Hrsg.) **Hugenotten**, Zeitschrift, Heft 3/2008

Dupke, Thomas: **Hermann Löns – Mythos und Wirklichkeit**, Hildesheim 1994

Löbert, Horst (Hrsg.): Gerhard Eitzen. **Bauernhausforschung in Deutschland.**
Gesammelte Aufsätze 1938–1980. Veröffentlichungen des Landwirtschaftsmuseums Lüneburger Heide Nr. 14, Hösseringen 2006

Grotjahn, Karl-Heinz: **Meiler, Mühlen und Monarchen.** Kleine Geschichte des Kieselgurbergbaus in der Lüneburger Heide (1836–1994), Unterlüß 1999

Grottian, Tilman: **Mühlen zwischen Elbe und Aller**, hg. vom Mühlenförderverein Lüneburg e.V., Hamburg 1999

Häßler, Hans-Jürgen: **Ur- und Frühgeschichte in Niedersachsen**, Hamburg 2002

Hauptmeyer, Carl-Hans: Niedersachsen. Landesgeschichte und historische Regionalentwicklung im Überblick, Oldenburg 2004

Heinemann, Stephan: **»Es ist aber ganz anders leben hier wie bei euch«.**
Auswanderung aus dem Gebiet der Hohen Heide zwischen 1848 und 1918, Walsrode 2008

Heinemann, Stephan: **Jüdisches Leben in den niedersächsischen Kleinstädten Walsrode und Uelzen**, in: Schriftenreihe des Bundes der Freunde des Heidemuseums Walsrode e.V., Band 14, Walsrode 2001

Lindemann, Silke: **Jüdisches Leben in Celle**. Vom ausgehenden 17. Jahrhundert bis zur Emanzipationsgesetzgebung 1848, Gütersloh 2003

Lüneburger Arbeitskreis »Machtergreifung« (Hrsg.): **Heimat, Heide, Hakenkreuz.**
Lüneburgs Weg ins Dritte Reich, Lüneburg 1995

Homann, Klaus: **Maler sehen die Lüneburger Heide,** Hannover 1998

Jürries, Wolfgang (Hrsg.): **Rundlinge und Slawen,** Beiträge zur Rundlingsforschung, Lüchow 2004

Klosterkammer Hannover (Hrsg.): **Evangelische Klöster in Niedersachsen,** Rostock 2008

Köhler, Nils: **Zwangsarbeit in der Lüneburger Heide**. Organisation und Alltag des »Ausländereinsatzes« 1939–1945, Bielefeld 2003

Küster, Hansjörg: **Geschichte der Landschaft in Mitteleuropa.** Von der Eiszeit bis zur Gegenwart, München 1999

Obenaus, Herbert: **Historisches Handbuch der jüdischen Gemeinden in Niedersachsen und Bremen**, Band I und II, Göttingen 2005

Obenaus, Herbert (Hrsg.): **Landjuden in Nordwestdeutschland.** Vorträge des Arbeitskreises Geschichte der Juden in der Historischen Kommission für Niedersachsen und Bremen, Hannover 2005

Panne, Kathrin (Hrsg.): **Albrecht Daniel Thaer – Der Mann gehört der Welt.** Begleitpublikation zur gleichnamigen Ausstellung im Bomann-Museum Celle zum 250. Geburtstag von A.D. Thaer, Celle 2002

Pischke, Gudrun; **Die Landesteilungen der Welfen im Mittelalter**, Hildesheim 1987

Stölzl, Christoph (Hrsg.): Die Wolfsburg-Saga. Stuttgart 2008

Wiegand, Christian: **Spurensuche in Niedersachsen: Historische Kulturlandschaften entdecken**, Hannover 2005

Besonders für Jugendliche sind folgende Literaturhinweise geeignet:

Frank, Anne: **Anne Frank Tagebuch**, Übersetzung von Miriam Pressler, Frankfurt / Main 2006

Kästner, Erich: **Till Eulenspiegel**, Hamburg 2000

Pintschovius, Joska: **Heidschnucken und Donnerbesen**. Lüneburger Landschaften, Wien 2001

Verolme, Hetty E.: **Wir Kinder von Bergen-Belsen**, Beltz-Gelberg 2010

Ortsregister

Das Register enthält insbesondere Orte, Flüsse und landschaftliche Regionen, die sich in der Lüneburger Heide und dem Hannoverschem Wendland – seltener in anderen Teilen Niedersachsens oder Deutschlands – befinden. Europa und die übrige Welt wurden hingegen nicht berücksichtigt.

259

Abbildungsnachweis

Natur und Landschaft

S. 13 Wilseder Berg. Foto: H. Küster | S. 14 Erdölprobe. Erdölmuseum Wietze | S. 15 Heidesalz. Foto: Homann Güner Blum | S. 16 Kalkberg. Foto: Beate Schröder-Wettewer; historische Karte Helgoland. Wikipedia | S. 17 Gletscher. Wikipedia, Foto: Fred Walton, NOAA | S. 18 Heidekraut. Tourismusregion Celle (TRC); Binnendüne Aller. Wikipedia, Foto: Axel HH | S. 20 Bodenobjekt. Foto: H. Küster | S. 21 Giebelmoor. Wikipedia, Foto: Axel HH | S. 22 Kartoffelacker. Foto: Christian Wiegand | S. 23 Bickelstein. Wikipedia, Foto: Axel HH; St. Marienkirche. Foto: Jochen Odewald; Giebelfassaden Lüneburg. Wikipedia, Foto: Michael J. Zirbes | S. 24 Diatomeen. Wikipedia | S. 25 Bernsteintier. Niedersächsisches Landesmuseum, Foto: Karl-Heinz Uhe; Birkengruppe. © Rainer Sturm/Pixelio; Kiefern. Wikipedia, Foto: Ramin Nakisa; Rentierflechte. Wikipedia, Foto: Tigerente | S. 26 oben: Haselnüsse. Wikipedia, Foto: Vassil; Mitte: Haselnüsse. Bomann-Museum Celle | S. 27 Flussperlmuschel. Wikipedia, Foto: Boldie Joel Berglund | S. 28 oben: Bullenkuhle. Wikipedia, Foto: Fice/Christian Fischer; links oben: Torfmoss. Wikipedia, Foto: Fice/Christian Fischer; links Mitte: Glocken-Heide. Wikipedia, Foto: Elke Freese; links unten: Sonnentau. Wikipedia, Foto: Denis Barthel | S. 29 oben links: Ackerkratzdistel. NABU/H. May; oben Mitte: Schwarzerle. NABU/H. May oben rechts: Klettenlabkraut. NABU/H. May; links: Hopfen. Otto Wilhelm Thomé 1885 – Koll/ima; unten: Waldrebe. Otto Wilhelm Thomé 1885 – Koll/ima | S. 30 Steingrab. Foto: Thomas Lessig-Weller | S. 31 oben: Lein. Wikipedia, Foto: Dr. Hagen Graebner; unten: Wildschweine. Wikipedia | S. 32 oben: Bodenprofil Heide. Wikipedia, Foto: Nikanos; unten: Heideboden. © O.M. – Fotolia.com; Kartoffelacker Holxen. Foto: Christian Wiegand | S. 33 Birken-Heide. Kreisarchiv Celle/Gde. Eschede | S. 34 Schäfer. Tourismusregion Celle (TRC) | S. 35 Schnucken. Tourismusregion Celle (TRC) | S. 36 Mineralischer Mehrnährstoffdünger. Wikipedia, Foto: Dr. Eugen Lehle | S. 37: Schild Naturschutz. Foto: A. Hoffmann

Geschichte

S. 40 oben: Medaille. Wikimedia/Brunswyk | S. 41 oben Steingrab. Foto: Thomas Lessig-Weller; unten: Haarknotenfibel: Museum für das Fürstentum Lüneburg, Inv.Nr.55:48 | S. 42 Karte. Geschichtlicher Handatlas von Niedersachsen, bearb. v. Gudrun Pischke, hg. v. Institut für Historische Landesforschung der Universität Göttingen, Neumünster 1989, Karte 16; unten: Karl: 799 Kunst und Kultur der Karolingerzeit. Karl der Große und Papst Leo III. in Paderborn, Katalog der Ausstellung Paderborn 1999, hg. v. Christoph Stiegemann und Matthias Wemhoff, Verlag Philipp von Zabern, Mainz 1999, S. 77 | S. 43 oben: Kaiserkrone. Homann, Güner, Blum unten: Siegelabdruck. Aus: »Museum für das Fürstentum Lüneburg«, Westermann Verlag, 1991, S. 34 | S. 44 oben: Briefmarke. Aus: Heinrich der Löwe und seine Zeit. S. 251; links: Statue. Aus: Heinrich der Löwe und seine Zeit. S. 56; Mitte: Reitersiegel. Niedersächsisches Staatsarchiv Wolfenbüttel, 24Urk 11, Foto: Chr. Treptow-Göse; unten rechts: Löwe. Aus: Der Dom zu Bardowick (DKV-Kunstführer), München 2006, Rückseite (Foto: Jutta Brüdern). | S. 45 oben: Landkreis Gifhorn/Museum Burg Brome; links: Karte. G. Pischke/Handatlas, Karte 19; rechts: Urkunde. Niedersächsisches Staatsarchiv Wolfenbüttel, 1Urk 13, Foto: Chr. Treptow-Göse | S. 46 oben links: Altarbild. Wikipedia; rechts: Kalkberg. Foto: Beate Schröder-Wettewer; unten: Siegel. Aus: »Dokumentation der Stadtsparkasse zur Geschichte der Stadt. Celle 1990«, S. 3 | S. 47 Pischke/Handatlas (1989), Karte 35a | S. 48 oben: Grabmal. Stadt – Land – Schloss. Celle als Residenz, Celler Beiträge zur Landes- und Kulturgeschichte. Celle 2000, S. 245 | S. 49 oben: Gifhorn. unten: Dannenberg. Stich nach Merian, aus: Topographia Germaniae | S. 50 oben: Wappen. Wikipedia/Lokal_Profil; mittig: Flagge. Homann Güner Blum; unten: Georg von Calenberg © Bomann-Museum Celle/Residenzmuseum im Celler Schloss (Leihgabe des Oberlandesgerichts Celle) (Foto: Fotostudio Loeper, Celle) | S. 51 oben: Rethem. Stich nach Merian, aus: Topographia Germaniae | S. 52 Medaillen © Bomann-Museum Celle/Residenzmuseum im Celler Schloss (Foto: Fotostudio Loeper, Celle); unten rechts: Schloss. Foto: G. Pischke, unten: Stammbaum. © Residenzmuseum im Celler Schloss | S. 53 oben: Karte. Pischke/Handatlas (1989), Karte 35d; unten links: Kurfürsten. Brockhaus Geschichte, S. 495/Historisches Archiv Köln, S. 52; unten rechts: Erst August © Bomann-Museum Celle/Residenzmuseum im Celler Schloss (Foto: Fotostudio Loeper, Celle) | S. 54 oben: Georg Wilhelm, Sophie Dorothea, Königsmarck © Bomann-Museum Celle/Residenzmuseum im Celler Schloss (Foto: Fotostudio Loeper, Celle); unten: Ahlden. Stich nach Merian, aus: Topographia Germaniae | S. 55 Harburg. Stich nach Merian, aus: Topographia Germaniae | S. 56 Krone. Wie S. 43 Homann Güner Blum | S. 57 Schriftstück. Aus: Welck, Stephan Freiherr von: Franzosenzeit im Hannoverschen Wendland (1803–1813). Hannover 2008, S.108: Stadt Dannenberg, Alt-Stadtarchiv Dannenberg (Elbe), Fach 7, Nr.10; Mitte: Tafel. Foto: G. Pischke. unten: Grabmal. Welck, Stephan Freiherr von: Franzosenzeit im Hannoverschen Wendland (1803–1813). Hannover 2008, S. 299. | S. 58 oben: Karte. Pischke/Handatlas (1989), Karte 38c; unten: Grumbrecht. Harburg. Von der Burg zur Industriestadt. Beiträge zur Geschichte Harburgs 1288–1938, Veröffentlichung des Helms-Museums 22/Veröffentlichung des Vereins für Hamburgische Geschichte XXXIII, Harburg 1988, S. 253, Abb. 8, Org. und Repro H[elms]M[useum]/Torlop; | S. 60 oben: Amtshof. Foto: K. Stumpf; unten: Stechinelli. Bomann-Museum Celle | S. 61 Bauer. Museumsdorf Hösseringen | S. 62 Urkunde. Heinrich der Löwe und seine Zeit. Herrschaft und Repräsentation der Welfen 1125–1235, Katalog der Ausstellung Band 1, Braunschweig 1995, S. 374. | S. 63 Saline. Exkursionskarte Lüneburg, Aus: Historisch-Landeskundliche Exkursionskarte von Niedersachsen, Blatt Lüneburg, S. 214; Pokal: Aus: »Museum für das Fürstentum Lüneburg«, Westermann Verlag, 1991, S. 93 | S. 64: Briefmarke. Wikipedia/Deutsche Bundespost; Brücke. Foto: G. Pischke; Fabrik. Postkarte, Privatbesitz; Arbeiter: Phönix-Arbeiter, aus: Harburg. Von der Burg zur Industriestadt. Beiträge zur Geschichte Harburgs 1288–1938, Veröffentlichung des Helms-Museums 22/Veröffentlichung des Vereins für Hambur-gische Geschichte XXXIII, Haburg 1988, S. 343, Abb. 2/ StA Harburg, Firma Phoenix AG 33; unten: Postkarte. Privatbesitz. | S. 65: Rathaus Celle. Wikipedia/Frank Bulla; Kaisermanöver: Postkarte, Kreisarchiv Celle. | S. 66 Weltkriegsteilnehmer. Foto: Privat/Wohlde. | S. 67 Unruhen Uelzen. Aus: Reimer Egge, Uelzen von 1918 bis 1948. Vom Stresemann zum Braunhemd, Uelzen 1985, S. 11. | S. 68 links: Geldschein. Wikipedia/Reichsbank; Jubelnde. Reimer Egge, Uelzen von 1918 bis 1948. Vom Stresemann zum Braunhemd, Uelzen 1985, S. 61. | S. 69 oben: Hitler. Lüneburg unterm Hakenkreuz, S. 36; Abzeichen: Hoffmann; Celle Schloss und Straße. Foto: Reinhardt Rohde. | S. 70 Rakete. Homann Güner Blum; Erbhofbuch: Privatbesitz. | S. 71 Haus. Lüneburg unterm Hakenkreuz, S. 17; Käferparade: Stadt Wolfsburg, Institut für Zeitgeschichte und Stadtpräsentation; Straßenzug. Stadt Wolfsburg, Institut für Zeitgeschichte und Stadtpräsentation | S. 72 Synagoge. Lüneburg unterm Hakenkreuz, S. 29 | S. 73 Kriegsgefangene. Gemeindearchiv Tangendorf, in: Katharina Hoffmann/Michael Kreidner, Zwangsarbeitende im Landkreis Harburg 1939–1945, Schriften des Freilichtmuseums am Kiekeberg 61, Rosengarten-Ehestorf 2008, S. 92; Kriegsschäden. Hartwig Beseler/Niels Gutschow, Kriegsschicksale Deutscher Architektur. Verluste – Schäden – Wiederaufbau I, Neumünster 1988, S. 92 | S. 74 Abzeichen. P: Kreisarchiv Celle; O: aus: Katharina Hoffmann/Michael Kreidner, Zwangsarbeitende im Landkreis Harburg 1939–1945, Schriften des Freilichtmuseums am Kiekeberg 61, Rosengarten-Ehestorf 2008, S. 31; Zwangsarbeiterin. Kreisarchiv Celle. | S. 76 Buchcover. Aus: Anne Frank Tagebuch, Fischer Verlag 1992 | S. 77 Bergen-Belsen. Begleitheft zur Ausstellung, Hameln 1990, S. 35. | S. 78 links: Kämpfende. Reimer Egge, Uelzen von 1918 bis 1948. Vom Stresemann zum Braunhemd, Uelzen 1985, S. 124; rechts: Amerikaner. Hans Mommsen mit Manfred Grieger, Das Volkswagenwerk und seine Arbeiter im Dritten Reich, Düsseldorf 1996, S. 957 oben (Stiftung AutoMuseum Volkswagen).| S. 79 oben: Parade. Aus: Reimer Egge, Uelzen von 1918 bis 1948. Vom Stresemann zum Braunhemd, Uelzen 1985, S. 140; unten: Rosinenbomber. Kreisarchiv Celle | S. 80 oben: Kopf. CULTURCON medien; unten: Denkmalseinweihung. Stadt Wolfsburg, Institut für Zeitgeschichte und Stadtpräsentation. | S. 81 oben: drei Bilder von Flüchtlingstrecks. Kreisarchiv Celle; Flüchtlingskinder. Fotoarchiv Wolfgang Morcek, aus: Reimer Egge, Uelzen von 1918 bis 1948. Vom Stresemann zum Braunhemd, Uelzen 1985, S. 138 | S. 82 Rangierbahnhof. Wikipedia | S. 83 Rauchwolken. Kreisarchiv Celle/Gemeinde Eschede; Löscharbeiten. Kreisarchiv Celle/Gemeinde Eschede; Achterbahn. © lettau/Pixelio

Glaube, Religion, Kirche
S. 86 Der Auferstehende. Foto: Kloster Wienhausen | S. 88 Fotos: Kohnke | S. 89 Snorre-Edda. Wikipedia; Sattel. Foto: Archäologie Land Niedersachsen, hier: Wilhelm Gebers: Rullstorf / 20 Jahre Archäologie am Rand der Elbmarsch, S. 412 ff., Oldenburg 2004 / Foto: Chr. Fuchs, NLD | S. 90 Grabplatte des Widukind. Widukind Museum Enger, Foto: Harald Wurm, Enger. Die Bildunterschrift ist ein Zitat aus: »Westfalen im Bild«, Heft: »Widukind – Geschichte und Mythos« von Anne Roerkohl | S. 91 Heliandskreuz. Foto: Kohnke | S. 88 Kopf Christi. Abb.: Leuphana Universität Lüneburg | S. 93 Plan Bardowick. Samtgemeinde Bardowick, Reproduktion von Hans-Joachim Boldt | S. 93 Bischof. Foto: Kohnke | S. 94 Guidonische Hand. Abb.: Kloster Ebstorf | S. 95 Agnes. Foto: Kloster Wienhausen | S. 99 links: Stich nach Matthäus Merian; rechts: Perlstickerei. © Klosterkammer Hannover; Goldene Kirche. Foto: Wikimedia/Taxiarchos228 | S. 97 Tristanteppich. Foto: Kloster Wienhausen; Kreuzgang. © Klosterkammer Hannover; Brunnen. Foto: Wikimedia | S. 98 Nikolaikirche. © Markus Gäthke – Fotolia.com; unten: Stich nach Merian, aus: Topographia Germaniae; Wikimedia; Nikolaus Lüneburg. Foto: Frank Vincentz | S. 99 Ebstorf. Stich nach Merian, aus: Topographia Germaniae; Klosterfahne. Foto: Kloster Ebstorf | S. 100 David und Goliath. Aus: Einblicke. Drittes Heimatbuch für den Landkreis Lüneburg. Hier: Eckhard Michael, Das Zisterzienserkloster Scharnebeck, Lüneburg, 1997; unten: Herzog Ernst. Foto: Kohnke | S. 101 Apollonia. Foto: Kohnke | S. 102 Ludwig-Kirche. Tourismusregion Celle (TRC) | S. 103 Nonnen. Foto: Tibetisches Zentrum e.V., Christof Spitz | S. 104 oben: St. Michaelis. Foto: Kohnke; unten: Madonna. Foto: Aus: Bilder aus Kloster Ebstorf, Hrsg. von Hans-Curt Brüdern, Königstein, 2000 | S. 105 oben: Pilgerwege. A. Hoffmann; Mitte: Ebstorfer Weltkarte, Detail. Abb.: Leuphana Universität Lüneburg; unten: Jakobus. Foto: Kohnke | S. 106 Apollonia/ Wenzeslaus. Fotos: Kohnke; unten: Auferstehender. Foto: Kloster Wienhausen; rechts: Pilger. Wikipedia | S. 107 Pilgerpass. A. Hoffmann; Mirakelbild. Foto: Martin Zunhamer, Altötting | S. 108 oben: Außenmühle. Foto: Aus: Alte Mühlen neu entdeckt, Christians, 2001; unten: Funktionsweise. Florian Friedrich: Papier aus Lachendorf seit 1538, Celle 2008, S. 218 | S. 109 oben: Kirchenordnung. Florian Friedrich: Papier aus Lachendorf seit 1538, Celle 2008, S. 219; unten: Buchdruck. Florian Friedrich: Papier aus Lachendorf seit 1538, Celle 2008, S. 226; rechts: Herzog Wilhelm d.J. Schlosskapelle.beide: © Bomann-Museum Celle/Residenzmuseum im Celler Schloss (Foto: Fotostudio Loeper, Celle) | S. 110 Dialogus. books.google. com | S. 111 Uranus Rhegius: Wikipedia | S. 112 Eléonore. © Bomann-Museum Celle/Residenzmuseum im Celler Schloss (Foto: Fotostudio Loeper, Celle) | S. 113 oben: Hugenottenhäuser. Foto: A. Hoffmann; Hugenottentempel. Fotos: Evangelisch-reformierte Gemeinde Celle; Mitte: Straßenschild. Foto: A. Hoffmann; unten: Wappen. Wikipedia | S. 114 Hermannsburger Kirche, Logo und Gebäude. Fotos: Deutsche Schule Hermannsburg | S. 115 oben: Kandaze. Ev.-luth. Missionswerk in Niedersachsen (ELM); Mitte: Harms. Ev.-luth. Missionswerk in Niedersachsen (ELM) | S. 116 Christus vor Herodes. Aus: Kloster Wienhausen, 80 Tafeln nach Aufnahmen von Hans Grubenbecher, Einführung und Beschreibung Horst Appuhn, Hamburg 1955 | S. 117 Synagoge Walsrode. Aus: Stephan Heinemann, Jüdisches Leben in den nordostniedersächsischen Kleinstädten Walsrode und Uelzen, Walsrode, 2001 | S. 118 Stolpersteine Celle. Foto: Reinhardt Rohde | S. 119 Gerd Jordan und Boykott. Aus: Dietrich Banse, gedemütigt, vertrieben, ermordet, Uelzen 2008 | S. 120 Bergen-Belsen. Fotos: K. Kohnke

Wirtschaft

S. 122 Karton. Foto: Homann Güner Blum | S. 123 oben: Getreideernte um 1930. Museumsdorf Hösseringen + Heimatbund Soltau, Foto: Wilhelm Carl-Mardorf; Getreideernte heute. Archiv Museumsdorf Hösseringen, Foto: Günther Reimers; unten: Wirtschaftskette: Homann Güner Blum | S. 124 Steinaxt/Werkzeug: Bomann-Museum Celle | S. 125 Karl der Große. Wikipedia | S. 126 Dinkelgarben. Wikipedia, Foto: André Karwath aka Aka | S. 127 oben: Obstgarten im 14. Jahrhundert, Wikipedia; unten: Erntewagen, Museumsdorf Hösseringen | S. 128 Roggenpflanze. © SarahC/Pixelio; Roggen. Foto: Homann Güner Blum; Buchweizenpflanze. © Maren Beler/Pixelio; Buchweizen. Foto: Homann Güner Blum | S. 129 oben: Bannkorb. Foto: Ergin Güner; Bienenzimmer. Bomann-Museum Celle; Bienenstand. Kreismedienzentrum Uelzen; Eléonore als Figurenbeute. Foto: A. Hoffmann; unten: Honigglas. Foto: Homann Güner Blum | S. 130 Möhrensalat. Foto: Homann Güner Blum | S. 131 Windmühlenausschnitt. Tourismusregion Celle (TRC) | S. 132 Mühlrad. Landkreis Celle/Gemeinde Eschede; Postkarte. Museumsdorf Hösseringen | S. 133 Wienhausen. Tourismusregion Celle (TRC) | S. 134 Goldenes Schiff. Foto: C. Kohnke | S. 135 Carta Marina. Wikipedia | S. 136 links: Lein/Flachs. Museumsdorf Hösseringen; rechts: Webstruktur. Foto: Homann Güner Blum | S. 138 Torftransport. Museumsdorf Hösseringen; Torfsack. NABU/H. May | S. 140 Bienenkörbe historisch. Wikipedia; Imker. Wikipedia, Foto: Mats Hagwall | S. 142 Bohrturm. Erdölmuseum Wietze/TRC | S. 143 Handpumpe in Wietze. Erdölmuseum Wietze; Alter Pumpenbock in Wietze. Erdölmuseum Wietze | S. 144 unten: Auswanderer. Wikipedia; Briefmarke. Wikipedia, Deutsche Bundespost | S. 145 Thaer-Denkmal. Foto: Bomann-Museum Celle | S. 146 Briefmarke Albrecht Thaer. Wikipedia, Deutsche Bundespost | S. 147 oben: Schachbrett Versuchsfeld. KWS LOCHOW GMBH; Mitte: Kartoffelacker. © Harald Gebel/Pixelio; Kartoffeln. Kartoffelchips. Chipstüte. Fotos: Homann Güner Blum | S. 148 Sirup. Eintopf. Fotos: Homann Güner Blum; Landgestüt. Foto: A. Hoffmann | S. 149 Briefmarke Lehrer Lempel. Wikipedia, Deutsche Bundespost; unten: Sandweg. Museumsdorf Hösseringen; Kopfsteinpflaster. Wikipedia, Foto: Ch. Pagenkopf | S. 150 Rieselwiesen. Rieselwiesen heute. Museumsdorf Hösseringen | S. 151 Wald. Kreisarchiv Celle/Gemeinde Eschede | S. 152 Feld. Foto: Christian Wiegand | S. 153 oben: TrÜPl. Kreisarchiv Celle/Stadt Bergen; Panzer-Schild. © pb press – Fotolia.com; Planwagenfahrt. Jagdreiter. Tourismusregion Celle (TRC) | S. 154 oben links: Eisenbahn. Fibel für Niedersachsen – Reprint, S. 54; rechts: Bahnsteig. Kreisarchiv Celle/Gemeinde Unterlüß; unten: Niedersachsenkarte. Homann Güner Blum | S. 155 oben: Wasserkraftwerk. Beide Bilder: Kreisarchiv Celle/Gemeinde Hambühren; unten: VW-Kraftwerk. © cameraw – Fotolia.com | S. 156 Überlandleitungen. © mr.nico – Fotolia.com; Steckdose. Homann Güner Blum | S. 157 Stecker. © Christian Jakimowits – Fotolia.com | S. 158 Windkraft- und Biogasanlage. Kreisarchiv Celle/Gemeinde Eschede | S. 160 Radfahrer. Tourismusregion Celle (TRC)

Kultur und Kunst

S. 162 Skulptur. Fotos: Kohnke | S. 163 Born. Foto: Irmgard Born | S. 164 Porträtkarten unter Verwendung von: Eckermann. Wikipedia, Johann Joseph Schmeller, 1825; Heine. Wikipedia, Kupferstich aus: Deutscher Musenalmanach für das Jahr 1837. Weidmann, Leipzig 1837; Schmidt. Eberhard-Schlotter-Stiftung Celle; Fallersleben. Wikipedia, Postkarte um 1910/20, Verlag Albert Frisch, Berlin; Bach. Wikipedia, Elias Gottlob Haussmann, 1748 | S. 165 Bernsteintier. Abb.: Nds. Landesmuseum Hannover, Dr. Stephan Veil, Foto: Ursula Stamme, aus: Archäologie Land Niedersachsen, Oldenburg, 2004 | S. 166 Urne. Foto: Kohnke | S. 168 Modell. Foto: Kohnke | S. 169 Steinhäuser. Foto: Wikimedia, Larisius; Grabbeigaben. Foto: Kreisarchäologie Gifhorn, A. Wallbrecht | S. 170 Pfote. Foto: Museumsdorf Hösseringen; Domportal. Foto: Kohnke | S. 171 Fotos: Kohnke | S. 172 Hanstedt und Wienhausen. Fotos: Kohnke; Stellichte. Fotos: ev. Kirchengemeinde Stellichte | S. 173 Festtafel. aus: »Tafelzier des Barock« | S. 174 Schloss. Wikimedia, Foto: Hajotthu; Grundriss. © Bomann-Museum Celle/Residenzmuseum im Celler Schloss | S. 175 Ausstellung oben und unten: Fotos: Homann Güner Blum; Mitte: Putto. © Bomann-Museum Celle/Residenzmuseum im Celler Schloss (Foto: Fotostudio Loeper, Celle) | S. 176 Caroline. Struensee. © Bomann-Museum Celle/Residenzmuseum im Celler Schloss (Foto: Fotostudio Loeper, Celle); Schlossansicht. © Gottfried Wilhelm Leibniz Bibliothek – Hannoversche Landesbibliothek | S. 177 Pokale. © Land Niedersachsen (Foto: Ursula Bohnhorst) | S. 178 Burg Gifhorn. Schloss Winsen. Fotos: Kohnke | S. 179 Wappen und Stadtschloss. Fotos: Kohnke; **Eléonore. Illustration nach: © Bomann**-Museum Celle/Residenzmuseum im Celler Schloss (Foto: Fotostudio Loeper, Celle) | S. 180 Jagdschloss Göhrde. Fotos: Kohnke; Grundriss. Wikipedia | S. 181 Amtsturm, derselbe innen und Elbschloss. Fotos: Kohnke; Wolfsburg. Foto: Wikipedia | S. 182 Bäckerlein. Foto: Kohnke; Bürgerhäuser. Foto: © ArTo – Fotolia.com | S. 183 Rathaus. Fotos: Kohnke | S. 184 Bürgerhäuser. Tourismusregion Celle (TRC); Kavalierhaus. Foto: Kohnke | S. 185 Hundertwasserbahnhof. beide CULTURCON, Foto: Jürgen Eggers; Italienischer Garten. Foto: TRC; Trüller-Haus. Foto: Robbin | S. 186 Haesler Haus. Otto Haesler Stiftung/TRC; Turnhalle. Otto Haesler Stiftung | S. 187 Volkswagen. Foto: Archiv Museumsdorf Hösseringen | S. 188 Käferjubiläum. Ingrid Eichstädt, Dr. Jürgen Conrad, Dr. Karl-Wilhelm von Wintzingerode-Knorr, Die Geschichte des Raumes Gifhorn-Wolfsburg, S. 214 und 232, Gifhorn, 1996 | S. 189 Heilig-Geist-Kirche außen. Foto: Ev. Kirchengemeinde; Heilig-Geist-Kirche innen. Foto: Robbin; Kulturhaus. Wikipedia, Foto: Zahlenmonster | S. 190 Phaeno. Wikipedia, Foto: DooMMeer | S. 191 Caroline-Denkmal. Lindenallee. Fotos: A. Hoffmann | S. 192 Tristanteppich. Kloster Wienhausen, Archiv | S. 193 Stickerei. © Klosterkammer Hannover | S. 194 Kunstmuseum. Bomann-Museum Celle/Kunstmuseum | S. 195 Schwinge. Foto: Museumsdorf Hösseringen; Aquarell »Am Sande«. Aus: Museum für das Fürstentum Lüneburg, Westermann Verlag, 1991, S. 57 | S. 196 Aquarelle. Eberhard-Schlotter-Stiftung Celle | S. 197 Schlotter/Schmidt. Eberhard-Schlotter-Stiftung Celle | S. 198 Kunstwerke und

Springhornhof. Kunstverein Springhornhof | S. 200 Fallersleben. Wikipedia, Postkarte um 1910/20, Verlag Albert Frisch, Berlin | S. 201 Winterlandschaft. Foto: Erhard Poßin; Heine. Wikipedia, Kupferstich aus: Deutscher Musenalmanach für das Jahr 1837. Weidmann, Leipzig 1837 | S. 203 Arbeitszimmer. Foto: Rainer Voss; Wohnhaus. Wikipedia | S. 204 Tafel. Foto: Kohnke | S. 205 Buchdrucker. Florian Friedrich: Papier aus Lachendorf seit 1538, Celle 2008, S. 225 | S. 206 Bücherrad. Foto: Museum Hitzacker; Nonne. Staats- und Universitätsbibliothek Hamburg; Handschrift Wienhausen und Herzog August. Abb: Wikimedia | S. 207 Bläser. Tourismusregion Celle (TRC); Orgel. Ev. Kirchengemeinde Stellichte | S. 208 Orgel Trebel. Foto: Gerhard Kleinau, Lüchow | S. 209 Plan. Wikipedia | S. 206 Trommler. Foto: Heine; Musiktage. Foto: Susanne Römer, Hamburg | S. 207 Schlosstheater. Foto: J. Quast | S. 208 Theater. Wikipedia, Foto: Andreas Praefcke

Alltagskultur und regionale Identität

S. 214 Handy. Homann Güner Blum; Haus. Foto: Kreisarchiv Celle/Gemeinde Eschede | S. 215 Baumhaus. Kreisarchiv Celle/Gemeinde Eschede; Kinder. Foto: Kohnke | S. 216 Lager. Foto: KreisMedienZentrum Uelzen | S. 217 Lübeln. Foto: Kohnke | S. 218 Landtagsplatz. Beide Abb.: Museumsdorf Hösseringen | S. 219 Heide. Abb.: Museumsdorf Hösseringen; Hopfenmarkt. Wikimedia | S. 220 Bispingen. Abb.: Bomann-Museum Celle | S. 221 Schweinebucht. Abb.: Eigentum Gudrun Barnbeck; Baumporträts. Albert-König-Museum Unterlüß; Museum. Foto: Kohnke | S. 222 Porträtfoto. Thomas Dupke, Hermann Löns, Mythos und Wirklichkeit, Hildesheim, 1994; Buch und Lesezeichen. Bucheneinband »Die Heide« von August Freudenthal, Bremen 1890 | S. 223 Lönsgrab. Wikimedia | S. 224 Storch. Schaftstall. Biene. Tourismusregion Celle (TRC); Heide. H. Küster; Panzer. 2010 Bundeswehr/Ströter | S. 225 Plakat. Repro: Haus der Geschichte, Bonn | S. 226 Klappe. © Mircea Maties – Fotolia.com; Kamera. © Anna – Fotolia.com | S. 227 Blume. Spinne. Heide. Tourismusregion Celle (TRC); Bode. Foto: Archiv VNP; Schnucke. Foto: Kohnke | S. 228 Herdfeuer. Foto: Museumsdorf Hösseringen; Aufriss. Nach Bomann, 1927 | S. 229 Hallenhaus. Abb. Archiv Museumsdorf Hösseringen; Haus Oldendorf. Foto: Kohnke | S. 230 Lehmbau. Heu. Fotos: Kohnke | S. 231 Rübenfeld. Christian Wiegand; Rübenburg. Speicher. Fotos: Kohnke; Zuckerrüben. Dia: Kreismedienzentrum Uelzen; Zuckerwürfel. Foto: Homann Güner Blum | S. 232 Kötnerhaus, Lübeln. Fotos: Kohnke | S. 233 Torfkahn. Abb.: Adolf Wiechmann, Wandertage in Heide und Moor, München, 1921 | S. 234 und 235 Fotos: Kohnke; Fastnachtskerl. Repro: Archiv Museumsdorf Hösseringen | S. 236 Fotos: Kohnke | S. 237 Humpen und Willkomm. Fotos: Bornemann; Georg V. Foto: Homann Güner Blum | S. 238 Wilhelm Bomann. Bomann-Museum Celle; Bomann-Museum. Foto: Tourismusregion Celle (TRC) | S. 239 Gemüseverkäuferinnen. Heimatmuseum Bardowick, Titelmotiv Faltblatt; Brautkleid. Bomann-Museum Celle; Haubenschachtel. Foto: Kohnke | S. 241 Klassenzimmer. Modell. Tintenfässer. Alle: Schulmuseum Steinhorst/Kulturamt Landkreis Gifhorn | S. 242 Klassenzimmer. Schulmuseum Steinhorst/Landkreis Gifhorn Kulturamt; Kinder. Archiv des Museumsdorfes Hösseringen, Foto: Wilhelm Carl Mardorf | S. 243 Kohl. Foto: Homann Güner Blum | S. 244 Rüben. Niedersächsische Landwirtschaftskammer; Zucker. Foto: Homann Güner Blum; Äpfel. Aus: Faltblatt »Früchte der Elbtalaue« | S. 245 Wandbild und Apfelernte. Abb.: Archiv Museumsdorf Hösseringen | S. 246 Reiherpfahl. Jagd. Fotos: Kohnke; Jagdhornbläser. Foto: A. Hoffmann | S. 247 Georg Wilhelm. Foto: Bomann-Museum Celle; Hundemeute. Foto: Kohnke | S. 248 Wolf. Foto: Grüntjens | S. 249 Rüstung. Wikipedia, Meyers Großes Konversations-Lexikon, Band 17. Leipzig 1909; Wappen. Aus: Peter Veddeler: Das Niedersachsenross, Hannover, 1996 | S. 250 Wappentiere. Homann Güner Blum; dänisches Wappen. Wikipedia, Galico

Illustrationen und Informationsgrafiken: Homann Güner Blum, Visuelle Kommunikation, Hannover

Trotz größter Sorgfalt konnten die Urheber bzw. die Rechtsinhaber des Bildmaterials nicht in allen Fällen ermittelt werden. Wir bitten gegebenenfalls höflichst um Mitteilung an den Verlag.

»Heimat ist der Ort, an dem ich mich geborgen fühle und mich jedes Mal freue, wenn ich dorthin zurückkehre.«

Luise, eine Achtklässlerin aus Gockenholz